怪帝ナポレオン三世

第二帝政全史

鹿島　茂

講談社学術文庫

目次

図版レイアウト　宗利淳一

怪帝ナポレオン三世

第二帝政全史

プロローグ　謎の皇帝

「ルパンには孫がいた。その名もルパン三世！」は、ご存じモンキー・パンチ作の『ルパン三世』の惹句だが、このルパンをナポレオンに代えて「ナポレオンには孫ならぬ甥がいた。その名もナポレオン三世！」としたとき、案外、この「ナポレオン三世」も「ルパン三世」と同工のパロディーだと思ってしまう日本人が多いのではなかろうか。

言うまでもなく、ナポレオンにルイ＝ナポレオンという甥がいたのはまぎれもない事実であり、しかもその甥がナポレオン三世としてフランスの皇帝となり、第二帝政を築いたのもまた確固たる歴史的真実である。

だが、たとえナポレオン三世の存在を知っている人でも、彼に対しては、けっして好ましいイメージを抱いてはいまい。それどころか、歴代フランスの君主の中でも、ナポレオン三世の評価は最悪といっていいのではないだろうか。

たとえば、多少フランス近代史をかじった人がナポレオン三世に対して抱いているイメージはおおむね次のようなものだろう。

すなわち、ナポレオンの輝かしい栄光をなぞろうとした凡庸な甥が陰謀とクー・デタで権力を握り、暴力と金で政治・経済を二〇年間にわたって支配したが、最後に体制の立て直しを図ろうとして失敗し、おまけに愚かにもビスマルクの策にはまって普仏戦争に突入して、セダン（スダン）でプロシャ軍の捕虜となって失脚した。

ようするに、ナポレオン三世は偉大なるナポレオンの出来の悪いファルスしか演じることはできなかったというものである。

こうした否定的イメージはとりわけ中年以上のインテリに根強い。なぜなら、このイメージは、彼らのアイドルだったマルクスによってつくられたからである。

ヘーゲルはどこかでのべている、すべての世界史的な大事件や大人物はいわば二度あらわれるものだ、と。一度目は悲劇として、二度目は茶番《ファルス》として、と、かれは、つけくわえるのをわすれたのだ。ダントンのかわりにコーシディエール、ロベスピエールのかわりにルイ・ブラン、一七九三年から一七九五年までの山岳党《モンターニュ》のかわりに一八四八年から一八五一年までの山岳党《モンターニュ》、叔父のかわりに甥。（マルクス『ルイ・ボナパルトのブリュメール十八日』伊藤新一・北条元一訳）

少しでもマルクスをかじった人なら、この『ルイ・ボナパルトのブリュメール十八日』の冒頭の一節を読んだにちがいない。だが、やんぬるかな、ほとんどの人は、そこしか読まなかった。そして、ナポレオン三世は、出来損ないの茶番を演じた漫画的人物、ようするに、ただのバカだと決め付けてしまった。最後まで読めば、マルクスが一番憎んでいたのは、ナポレオン三世のクー・デタで一掃されたティエールらのオルレアン王朝派ブルジョワジーであり、ナポレオン三世はプロレタリア革命を準備するために登場した、一種の「歴史的必然」であったと主張されているのがわかったはずなのに。

ところで、ナポレオン三世に対するこうした戯画的イメージは、本国のフランスでは、日本よりもはるかに強烈に人々の頭に焼き付いている。その証拠に、いまだに、ナポレオン三世のことを、「バダンゲ」というあだ名、あるいは「ナポレオン・ル・プティ（小ナポレオン）」という蔑称で呼ぶ人さえいる。これは、ひとえに、共和国のシンボルであったヴィクトル・ユゴーから影響を受けたものにほかならない。

マルクス
『ルイ・ボナパルトのブリュメール十八日』によって、世界中のインテリの頭の中に、ルイ＝ナポレオン・ボナパルトを出来損ないの茶番を演じた漫画的人物として記憶させることに成功する。[R]

ユゴー
はじめ、ナポレオンという名に幻惑され、ルイ＝ナポレオンに肩入れしたが、クー・デタを境に最も激越な反ナポレオンの闘士に転ずる。亡命先から、ナポレオン三世を罵倒する本を出版しつづけ、反ナポレオン世論の醸成に寄与した。[E]

一八五一年一二月、クー・デタで亡命を余儀なくされたユゴーは、英仏海峡のジャージー島やガーンジー島に居を据えて、『ある犯罪の物語』『小ナポレオン』『懲罰詩集』などナポレオン三世を徹底的にやっつける詩や散文を次々に書きつづけたが、これらの作品は、実際に読まれたか否かを問わず、ナポレオン三世の戯画化に限りなく貢献した。なにしろ、ユゴーは、フランスの国民的詩人であり『レ・ミゼラブル』の作者である。そのユゴーが悪党だと断定している以上、ナポレオン三世は悪党であるにちがいない。フランスの大部分の人たちがそう考えるのも無理はない。

だが、それだけなら、ナポレオン三世のパロディー化は完成を見るまでには至らなかっただろう。一番いけなかったもの、それはナポレオン三世自身の不手際、とりわけ、その失脚の仕方である。いまだかつて、戦場に自ら赴き、敵に包囲されて降伏してしまった皇帝はいない。すなわち、この間抜けでみっともない最後が、ナポレオン三世＝バカ説に決定的根拠を与えたのである。そして、こうした結末が、さかのぼってクー・デタという体制の始まりをさらにいっそうダーティーなイメージに変えてしまった。つまりは、戯画化を招いたのは、結局のところ、ナポレオン三世自身の責任なのである。

だが、このように、たとえ、歪んだイメージを作り出したのが本人の過失であろうとも、それが歪曲されたイメージであるなら、歪みを正し、そこから歴史的真実を掬い出してやるのが後世に生きる者の使命ではなかろうか。かく言う私も、これまで『新聞王伝説』を始めとするいくつかの著作で、あきらかに、ナポレオン三世を悪役に仕立てるような書き方をしてきている。だが、その一方で、調べを進めるにしたがって、従来のような紋切り型のイメージでは、どうしてもナポレオン三世を捉え切れないという思いが強くなってきていた。はっきり言ってしまえば、私はナポレオン三世に、様々な局面でクセのある脇役を演じさせているうちに、この摩訶不思議な人物の魅力に取り付かれ始めたのである。

ナポレオン三世はバカでも間抜けでもない。これはすでにあきらかである。またマルクスのいうようなゴロツキでもないし、左翼教条主義者の主張するような軍事独裁のファシストでもない。

では、ナポレオン三世は、ド・ゴール主義の歴史家の言うような善意に溢れる民衆の護民官だったかというと、そう簡単に評価を変えるには、歴史的事実として残っているマイナスの要素が多すぎる。あのクー・デタと言論弾圧の抑圧体制や、「いざ楽しめ」の号令のもとに行われた「帝国の祝祭」はいったいなんだったのかということになるのである。

だが、そうした疑問を抱いて文献に当たってみても、謎は深まりこそすれ、決して晴れることはない。なんとなれば、ナポレオン三世とは、「ほとんど語らず、書き残すことはさらにない」（ゼルディン『ナポレオンⅢ世の政治システム』）スフィンクスのような人物、つまりどんな定義の網もかぶせることのできない謎の皇帝、端倪《たんげい》すべからざる怪帝だからである。

しかし、いくら謎の皇帝だからといって、いつまでも、それを台風の目のような空虚の中心としておくわけにはいかない。なぜなら、一九世紀の歴史、というよりも、近現代史は、たんにフランスのみならず、ほとんど世界的な規模で、このナポレオン三世と第二帝政を、歴史の別れ道としているからである。

たとえば、フランスの歴史を、第二帝政をカッコにくくってしまった形で眺めてみるとどうなるのか。すなわち、一八四八年一二月の大統領選挙の時点で、歴史のオルターナティブを現実に起こったのとは違う選択肢に変え、二月革命を六月事件の労働者弾圧でうまく収拾したブルジョワ共和派が旧勢力のオルレアン王朝派や正統王朝派と手を組んで、カヴェニャック将軍を大統領に当選させたと仮定してみよう。そして、その後、共和制という名前のみ残して、実質は、上層ブルジョワ独裁の体制に移行したと考えてみよう。

そうすると、これはそのまま、一八七一年のパリ・コミューン後の第三共和制の体制とつながる。つまり、ナポレオン三世と第二帝政は、まるで悪い夢を見ていたように「なかったも同然」ということになる。実際、第三共和制の支配者たちはそのように考えようとした。だが、世界史のパラダイムは、現実には、ナポレオン三世と第二帝政の出現で大きく変わってしまったのである。それは、普仏戦争で生じたアルザス・ロレーヌの帰属問題が後に第一次大戦と第二次大戦の遠因となったとか、あるいはボナパルティスムが二〇世紀の軍事独裁体制やファシズムの雛型を準備したというような負の遺産ばかりではない。

たとえば、拙著『絶景、パリ万国博覧会』で指摘したように、ナポレオン三世が人為的に誕生させた加速型資本主義がその後の産業社会、とりわけ消費資本主義の骨組みを決定づけたというようなこともある。また評判の悪かったパリ改造も、今日では都市計画の嚆矢《こうし》として再評価されている。

したがって、ナポレオン三世をたんなるバカな陰謀家と決め付けることも、第二帝政を抑圧的な体制と片付けることも、歴史の流れに興味を持つ者としては取るべきでないことはたしかである。それどころか、この時代とこの皇帝を紋切り型の見方でしか捉えてこなかったために、見落としてきた点があまりに多いことを反省しなければならない。

われわれが試みるべきは、ナポレオン三世という人物をまず色メガネを外して眺めてみることである。そのためには、ナポレオン三世という特異な人物の人となりを、その出生の時点に立ち返って解明することからはじめなければならない。

第一章　陰謀家ルイ＝ナポレオン

1　生い立ち

出生にまつわる噂

のちのナポレオン三世、すなわち、シャルル＝ルイ＝ナポレオン・ボナパルト（以下ルイ＝ナポレオン）は一八〇八年四月二〇日の夜から二一日の朝にかけて生まれた。母親は、ナポレオンの最初の妻ジョゼフィーヌ・ド・ボーアルネの娘オルタンス・ド・ボーアルネ、父親はナポレオンの弟、オランダ王ルイ・ボナパルトである。つまり、ルイ＝ナポレオンから見ると、ナポレオンは父方の伯父であると同時に、母方の義理の祖父という複雑な関係にある。なぜ、こうした込み入った関係が生まれたかというと、ナポレオンと結婚しながら子供ができなかったジョゼフィーヌが、なんとか自分の血を引く跡取りを残したいと考えて、先夫との間にできた娘オルタンスを、一八〇二年に、無理矢理、ナポレオンの弟のルイに嫁がせたからである。

だが、ジョゼフィーヌの娘だけあって、美しく、魅力的で、無軌道な一八歳のオルタンスが、いかにナポレオンの弟であるとはいえ、陰気で嫉妬深く、病気がちのルイを愛せるはずはなかった。はたせるかな、二児（長男ナポレオン＝シャルルと次男ナポレオン＝ルイ。長男ナポレオン＝シャルルは五歳で死亡）をもうけたあと、オルタンスは夫のもとを飛び出し、一八〇七年まで元の鞘には収まらなかった。その間、当然ながら、オルタンスは、フラオー将軍を始めとする何人かの愛人と生活を共にしていたので、一八〇八年に生まれた三男ルイ＝ナポレオンの出生の正統性について疑問が呈されたのも無理はない。ルイ＝ナポレオンはオルタンスが「行きずりに作った、父親のわからぬ子供」（ユゴー）だという噂をたてられた。また、ルイ王自身が親子関係を否定したという噂も根強かった。しかし、この夫婦にも、長男を亡くした一八〇七年に、ほんの短い期間であるとはいえ奇跡的によりが戻

父ルイ・ボナパルト
ナポレオンの弟で、第一帝政時代にはオランダ王となる。ルイ＝ナポレオンとの親子関係を否定したという噂も流れた。[C]

母オルタンス
ナポレオンの最初の妻ジョゼフィーヌが最初の夫ボーアルネ子爵との間に設けた子供で、ジョゼフィーヌの意向でルイ王と結婚。噂にのぼった愛人は数知れず、後にクー・デタの演出者となるモルニー伯爵もフラオー将軍との間につくった子供だった。[C]

った時期があり、しかもそれがルイ＝ナポレオンの懐胎と符合しているため、最近では、ルイ＝ナポレオンの父親がルイ王であった可能性が強いと見る歴史家のほうが多い。また、ルイ王がオルタンスと離婚したあとに作った私生児カステルヴェッキオ伯爵とルイ＝ナポレオンが瓜二つだったという証言もある。

いずれにしろ、これは両者の遺骸から遺伝子を抽出して比較でもしないかぎり結論が出せない問題であり、いつまでもこれにかかずらっていてもしかたがない。ただ、ルイ＝ナポレオンが外見的にナポレオンといささかも似ていなかったこともあって、こうした出生にまつわる噂はまことしやかにささやかれ、彼がなにをするにも必ずついてまわったことだけは事実である。

母と息子

そんな事情もあってか、ナポレオン没落後、一族が亡命を余儀なくされたとき、兄のナポレオン＝ルイがフィレンツェに居を定めた父に引き取られたのにたいして、弟のルイ＝ナポレオンは、母オルタンスに従って、一八一七年にスイスのアレネンベルクのシャトーに安住の地を見いだすまで、ヨーロッパ各地を転々とすることになる。

こうした不安定な旅は、思春期のルイ＝ナポレオン少年の肉体と精神に大きな影響を与えずにはおかなかった。ルイ＝ナポレオンは月足らずで生まれたこともあり、もともと病弱な体質だったが、兄と引き離されたことで、性格的にも無口で内気な少年になってしまった。夜中に、しばしば悪夢にうなされるので、一二歳になっても、部屋にはお付きの女中が欠かせなかったといわれる。母親は、手元に残されたこの一人の息子を徹底的に甘やかした。

アレネンベルクのシャトー自体はこぢんまりとした城だったが、コンスタンツ湖とライン川を見晴らす環境は素晴らしく、ルイ＝ナポレオン少年がロマンチックな夢想をはぐくむのにおおいに貢献することとなる。

ただ、母親としては、いつまでも息子を夢想にばかりふけらせておくわけにもいかない。そこで、だれか家庭教師として適当な人材はいないかと心あたりをあたってみたが、最初に

ルイ＝ナポレオンを抱くオルタンス
ルイ王と別居したオルタンスは二人の息子のうちルイ＝ナポレオンだけを引き取り、アレネンベルクに隠棲したため、ルイ＝ナポレオンを甘やかして育てた。[C]

アレネンベルク城
ルイ＝ナポレオンが少年時代を過ごしたスイス・コンスタンツ湖のほとりの城。アレネンベルクはドイツ語圏スイスに属するため、ルイ＝ナポレオンはドイツ語訛りが抜けなかった。[C]

やとったベルトラン神父は、優しすぎて、ルイ＝ナポレオンの甘ったれの性格を直すにはいたらなかった。次いで白羽の矢が立てられたのは、ナポレオンの遠征にも加わったことのある退役軍人でいまはパリ市庁に勤めているフィリップ・ル・バだった。ル・バは、国民公会でルイ十六世の処刑に賛成投票した父を持つ熱烈な共和主義者だったが、高給にひかれて、妻とともにルイ＝ナポレオンの養育係を引き受けたのだった。

家庭教師ル・バのスパルタ教育

ル・バは、一八二〇年に初めてルイ＝ナポレオンと引き合わされたとき、この一二歳のプリンスがまったく無知で自堕落な状態に放置されているのに驚いた。そこで、彼は、少年の生活習慣を一から改めさせることにして、朝の六時に始まり夜の九時に終わる超ハードな勉強の時間割りを作成した。突然、生活習慣を変えられた少年は、また夜、悪夢にうなされるようになったが、ル・バは、断固として女中に添い寝することを禁じ、ルイ＝ナポレオンをいつまでも泣かせておいた。夜泣きは数週間後におさまった。やがて、少年は猛勉強にも耐えられるまでに成長した。父親不在の孤独なルイ＝ナポレオンの人生において、ル・バはきびしい父親の役割を果たしたのである。

少年が十分勉強に耐えられるようになったのを見たル・バは、アウグスブルクのギムナジウムに入学させるように母親に進言した。これまで、同年輩の子供のいない環境で育ってきたことを心配したからである。こうして、ナポレオンがセント・ヘレナ島で死んだ一八二一年に、ルイ＝ナポレオンは通学生としてギムナジウムに入った。そこでの成績はとりたてて光ったものではなかったが、それでも、入学したときには九四人中五〇番だった席次が二四番にまで伸びた。とりわけ、ドイツ語では長足の進歩を見せ、第二の母国語となった。もっとも、こうしてギムナジウムで身につけたドイツ語アクセントのため、のちにフランスの国会で初めて演説したとき、皆の嘲笑の的となるのだが。

毎日、ギムナジウムから帰ると、ル・バ夫妻が親代わりで彼の面倒を見た。彼の熱烈な共和主義がルイ＝ナポレオンの思想形成に影響を与えたと見る歴史家も多い。とりわけ、主権は国民にあるとするルイ＝ナポレオンの思想には、ル・バの教えがおおきくかかわっていた。

だが、成長するにしたがって、ルイ＝ナポレオンは、母のサロンに出入りする若い娘や人妻との社交生活に楽しみを見いだすようになり、ル・バの厳しい仕付けに反発を感じ始めた。こうして一八二七年、ルイ＝ナポレオンが一九歳になったとき、ル・バは突然、家庭教師の任を解かれることとなる。

スポーツ青年ルイ＝ナポレオン

青年ルイ＝ナポレオンは、中肉中背であるという点を除けば、いささかも伯父のナポレオンに似たところはなかった。胴長で短足、おまけに、まぶたは深く垂れ下がって、一般的な標準からすればけっして「いい男」ではなかった。ただ体全体から発するいわく言いがたい魅力があり、とりわけ、その夢見るような瞳と謎を秘めた微笑は若い女性をひきつけずにはおかなかった。どうやら、若い頃から、ルイ＝ナポレオンには、女性の愛情本能を掻き立てる不思議な力が備わっていたようで、この力は、ルイ＝ナポレオンの人生において、何度となく彼の危機を救うことになる。彼のためとあらば、すべてを投げ出してもかまわないという女性が、そのたびごとに現れて、彼を窮地から救い出すからである。もっとも、この頃、ルイ＝ナポレオンは活発ではつらつとした青年だったらしいので、後年の鈍い動作のナポレオン三世のイメージでことを判断するのは慎んだほうがいいかもしれない。後にイギリスの外相となるマームズベリー卿は、『元大臣の回想』の中でルイ＝ナポレオン二〇歳の肖像を次のように描いている。

8歳のルイ＝ナポレオン
オルタンスが描いた8歳のルイ＝ナポレオン。鼻と口に面影がある。[C]

19歳のルイ＝ナポレオン
ルイ＝ナポレオンは伯父のナポレオンにはいささかも似ておらず美男子とはいいがたかったが、いわく言いがたい魅力があったらしく女性にはモテた。[C]

彼は、フランス人が《空威張り》と呼ぶ、やたらに騒がしい青年で、公衆の迷惑も顧みずに、公道で、馬をへいきでギャロップで走らせる。フェンシングと射撃をたしなみ、一見すると何ひとつまじめな考えをもっていないように見える。だが、その一方で、いつの日にか自分はフランスの支配者となるだろうと確信している。乗馬の名手で、スポーツも万能である。短軀だが、たいへん活発で、筋肉も隆々としている。表情は重々しくメランコリックだが、不思議なほどに晴れやかな微笑が浮かぶと、一気に明るくなる。（ウィリアム・H・C・スミス『ナポレオン三世』）

ナポレオン三世となってから描かれた彼の肖像を思い浮かべると、この活発なスポーツ青年のイメージはいささか意外な感じがするが、それはそれとして、この時点で、すでに、フランスの支配者となることを確信していたというのはさすがである。ルイ＝ナポレオンが、スイスのトゥーンにある砲兵学校で軍事訓練を受けたいと言い出した背景には、おそらくこうした野心が働いていたにちがいない。ギリシャ独立戦争に志願しようとしたのも、同じ動機からだろう。だが、父親のルイ王は息子のギリシャ行きを許そうとはしなかった。そんなときである、七月革命とブルボン王朝崩壊のニュースが彼のもとに届いたのは。

2　運命の星を信じて

七月革命と野心の目覚めと陰謀家ルイ＝ナポレオンの誕生

一八三〇年の七月の末にパリで勃発した七月革命の知らせを受けたとき、ヨーロッパの各地に散らばったナポレオン主義者（ボナパルティスト）の残党は、すわ帝政の復活かと色めきたったが、オルレアン王家のルイ・フィリップを担ぎ出したティエールによって、混乱はうまく収拾され、彼らの望みもはかなく潰えてしまった。

その原因の一つに、ナポレオン帝政を復活しようにも、跡取りとなるべき人材がいないという問題があった。というのも、ナポレオンとオーストリア皇女マリ＝ルイーズの間に一八一一年に生まれたナポレオン二世、すなわちローマ王は、ナポレオン没落後、母親の実家のオーストリア宮廷に引き取られ、そこでライヒシュタット公として育てられていたが、オーストリア宮廷に厳重に監視されている上に病弱で、とうていボナパルティストたちを指揮する任にはたえなかったからである。いっぽう、ナポレオンの兄弟たちも現在の落ち着いた生活を捨ててまで、行動を起こそうという元気はなかった。

ナポレオン一族の中で、唯一、七月革命によって帝政復活の野望を抱いたのが、ほかならぬ我らがルイ＝ナポレオンであった。トゥーン駐屯地で軍事訓練を受けている最中に革命勃発の知らせを受け取った彼は母親のオルタンスにあててこう書きおくっている。

いま、フランスには三色旗が翩翻《へんぽん》とひるがえっています。最初の蜂起に立ち会うことのできた人たちはなんと幸運だったでしょう。（中略）この革命のあと、わたしたちがフランスの市民権を回復できたらと願っています。（アンドレ・カストゥロ『ナポレオン三世』に引用）

七月革命
1830年7月末に勃発した七月革命で、ブルボン王朝のシャルル十世は追放され、傍系オルレアン家のルイ・フィリップが王座に祭りあげられた。ボナパルティストの抱いていた帝政復活の夢はこれで潰えた。[K]

ローマ王
ナポレオンが二度目の妻であるオーストリア皇女マリ＝ルイーズ（マリア＝ルイーザ）との間に1811年にもうけた皇太子。ただちにローマ王となったが、ナポレオン没落後は母とともにオーストリアに帰り、ライヒシュタット公爵として一生を終えた（1832年没）。[S]

だが、その願いは空しかった。ルイ・フィリップは、ブルボン王朝のときと同じように、ナポレオン一族の追放令を解除しようとはしなかったからである。落胆したルイ＝ナポレオンは母親とともにイタリアに避暑にむかったが、このときはまだイタリアが伯父の場合と同じように運命の大転換をもたらす国だとは気がついていなかった。

当時、イタリアは、ナポレオンの軍隊が引き揚げたあと、ふたたび分裂国家の状態に後戻りしていた。イタリアという名称は地理的な呼び名にすぎず、ロンバルディアとヴェネトはオーストリアの領土で、残りの部分もローマ教皇領と小さな公国に分裂していた。こうしたオーストリアとローマ教皇の支配に反発する共和主義者たちはカルボナリと呼ばれる秘密結社を組織して各地で一揆を起こしていた。七月革命は彼らにおおきな希望を与えたのである。ルイ・フィリップの登場で、フランスでの共和主義革命の夢は無残にも打ち砕かれたが、イタリア各地では、まだ陰謀の火種は消えてはいなかった。

一八三〇年の秋にローマに滞在していたルイ＝ナポレオンは、こうした陰謀団の一員と接触をもったものと思われる。その結果、一二月の一一日に陰謀団の一揆が失敗したとき、司直の手はルイ＝ナポレオンにも伸び、国外退去の命令を受けた。そこで彼は、兄ナポレオン＝ルイのいるフィレンツェにむかった。

兄のナポレオン＝ルイは、フィレンツェの落ち着いた環境で父に育てられていたので、弟とはまったく違った性格の持ち主となっていたが、彼もまたカルボナリの運動にはひそかにコミットしていたらしい。ひさしぶりに再会した兄弟は、イタリア各地に広がった革命の息吹によって自分たちの使命が目覚めるのを感じ、革命のためにともに立ち上がる決意を固めた。ルイ＝ナポレオンはローマに滞在していた母に、人質になる恐れがあるのですぐにローマを立ち去るように命じ、こう続けている。

「ぼくたちは決心を固めました。もう後戻りすることはできません。ぼくたちの名前が、ぼくたちを呼んでいる不幸な人々の救済に赴くように強いるのです」（スミス前掲書に引用）

兄弟はともに陰謀団に加わり、蜂起を計画したが、やがて、情報を入手したオーストリア官憲から追われる身となる。兄弟がフォルリの町に潜伏していたとき、思わぬアクシデントが起こった。一八三一年の三月一九日、兄ナポレオン＝ルイがハシカにかかって死んでしまったのである。ルイ＝ナポレオンも同じ病気にかかったが、知らせを聞いてかけつけた母の看病によって、からくも一命を取りとめることができた。海路イタリアを脱出した母子は、パリを経由してロンドンに入り、バースで湯治治療を行ってから、アレネンベルクの居城に戻った。ロンドンに向かう途中、パリには極秘で数日滞在し、ルイ・フィリップ王に永久滞在許可を願い出たが、ボナパルティストの反乱を恐れた王によってこの願いは却下された。

兄の死と病気の後遺症で、ルイ＝ナポレオンは精神と肉体の両面で深い傷を受けた。ところが、なんとも不思議なことに、こうした不幸は、逆に彼に自らの天命をますます強く自覚させるようになる。

そのきっかけとなったのは、一八三二年にボナパルティストたちの希望の星であったローマ王が二一歳の若さで世を去ったことである。この年の末にロンドンでひそかに開かれたボナパルト一族の親族会議で跡取り問題が検討され、ナポレオンの兄のジョゼフは皇位継承者からルイ＝ナポレオンを排除する決定を行ったが、ルイ＝ナポレオンはそんなことでは少しもひるまず、いよいよ自分がナポレオン三世となるべき時が到来したとの思いを強くして、『スイスに関する政治的・軍事的考察』という小冊子を印刷させ、皇帝の資格や後継問題についての考えを披露する。

それと同時に、イギリスに滞在中に観察した産業革命の有り様から社会問題にも強い関心をもつようになり、帰国すると、さっそく、死んだ兄の養育係だったナルシス・ヴィエヤールを先生にして、サン＝シモン主義の勉強を始める。

サン＝シモン主義との出会い、そして民衆主権へ

サン＝シモン主義というのは、サン＝シモン伯爵の唱えた思想を、エコール・ポリテクニック（理工科学校）の生徒たちが受けついだ一種の産業至上主義で、私企業の育成をはかることで産業を無制限に発達させ、それによって民衆の生活水準を向上させようという考えだった。彼らの標語は「人間による人間の搾取のかわりに、人間による自然の活用を置く」とあらわすことができるだろう。ただ、一八三〇年頃からはサン＝シモンの『新キリスト教』に拠るアンファンタンの指導力が強まり、グループは、自由恋愛を主張する宗教色の濃厚な秘密結社的傾向を強めていた。

こうしたサン＝シモン主義の運動自体は、一八三二年にメニルモンタンで共同生活を送っていた同志たちが、風俗壊乱罪で当局に一斉検挙されて終焉を迎えたが、産業界の各界に散らばったミシェル・シュヴァリエやペレール兄弟などの元同志たちは、それぞれの分野でサン＝シモン主義の原理を実践に移そうと努力し、やがて、第二帝政の開始とともに、ナポレオン三世の知恵袋となるのである。

ルイ＝ナポレオンがサン＝シモン主義を知ったのはおそらく一八三三年の夏頃だと思われるが、そうだとすると、サン＝シモン主義は、非常に早い時期からルイ＝ナポレオンの思想形成に影響を与えていたことになる。もっとも、最初は、なかなかヴィエヤールの言うことが理解できなかったらしい。

「いままでのところ、サン＝シモン主義的な議論をあなたとするたびに、わたしはまるで、盲人が色彩のことを話すような感じで、あなたの奉じる主義について論じている状態で

サン＝シモン伯爵

マルクスから空想社会主義の父と呼ばれたサン＝シモン伯爵(『回想録』で知られるサン＝シモン公爵は彼の伯父)。その思想は、社会主義というよりも加速型の産業資本主義で、1830年代には大きな影響力を及ぼした。ルイ＝ナポレオンは最も早くその思想を血肉化した一人。[Z]

若き日のルイ＝ナポレオン

ロンドンから戻ったルイ＝ナポレオンは共和派の家庭教師ヴィエヤールを先生にしてサン＝シモン主義の勉強を始める。その勉強の成果は『スイスに関する政治的・軍事的考察』となって結実した。[C]

す」（スミス前掲書に引用）

しかし、もともと、ルイ＝ナポレオンには、イギリスで見聞してきた産業社会のイメージが頭にあったので、ひとたび飲み込むと理解は早かったようである。こうして、スイスのコンスタンツ湖畔のシャトーの中で、ルイ＝ナポレオンは一人サン＝シモン主義の著作に親しみ、革命によって実現すべきユートピアのイメージをはぐくんでいく。

ところで、ここでひとつ注目しなければならないのは、主権がどこにあるかをあまり問わなかったサン＝シモン主義とはことなって、ルイ＝ナポレオンがこの時点ですでに、主権は民衆にありという思想をはっきりと打ち出していることである。それは、『スイスに関する政治的・軍事的考察』の中で明言されていた。そのため、この小冊子を受け取った父のルイ王は、こう息子を非難している。

君の本の二六ページの次の箇所《民衆はあらゆる党派の中で最も強く、最も正しい。民衆は隷属と同じように行き過ぎを嫌悪する。民衆を籠絡《ろうらく》することはできない。民衆はおのれにふさわしいものをつねに感じとる》。遺憾だが、この際、君にはっきり言っておかなければならない。この一節は、どの一字一句もすべて誤りである。わたしなら、君の本のこの部分をより理性的に次のように書きなおすだろう。《民衆は、最も強いが、しばしばあらゆる党派の中で、最も大きな不正を犯す。民衆は行き過ぎに走りやすく、また容易に隷属に身をゆだねる。民衆はいとも簡単に籠絡され、おのれにふさわしいものを感じとるこ

とはまれにしかない》。（カストゥロ前掲書に引用）

さすがに、それなりに辛酸をなめてきた人物だけあって、ルイ王、なかなかいいことを言うじゃないかという気もするが、もちろん、理想に燃えた血気盛んな若者にはこんな大人のシニカルな言葉が通用するはずはない。それにルイ＝ナポレオンには、一度こうと思い込んだら絶対にその思想なり方針なりを曲げないという粘着質の気質があるらしく、結局のところ、ここで披露されている民衆主権という考えは、死ぬまで彼の最大の信念となる。

揺るぎなき信念

ところで、だれしもここで、民衆主権を主張したら、それを言うルイ＝ナポレオンの立場はいったいどうなってしまうのかという疑問を感ずるにちがいない。民衆主権に基づく皇帝などというものがありえるのだろうか。ルイ＝ナポレオン自身もこの矛盾には気付いていた。だが、彼は、早くも、一八三三年の時点で、それが実現可能だと固く信じていた。

私の立場は、きわめて複雑ですけれども、それがどんなものかは自分でよくわかっています。この点は信じてください。名前では大物ですが、自分自身ではまだゼロです。生まれは貴族ですが、性格と思想では民主主義者です。以前はすべてが遺伝できましたが、いまではすべてが選挙できます。人々から歓待されるとき、私の名前によることもありますが、私の称号によることもあります。私が自分の行動範囲から一歩でも外へ踏み出すと、個人的な野望をもっているといわれますが、自分だけの一角でじっとしていると、無気力、無関心と非難されます。ようするに、私は名前のもつ影響力のせいで、自由派にも絶対王権派にも同じように恐怖を引き起こしてしまうので、私の政治的な友といえる人はほとんどありません。あるとしたら、それは、運命のいたずらというものになれていて、もしかすると将来、私を踏み台として役立てることができるかもしれないと考える連中だけです。私は、どんな道を選ぼうと、第一歩からありとあらゆる困難に出会うことがよくわかっていますので、なにかしら有益な目的のために有効に行動しようとするときには、自分の心と理性と良心の導きにのみ従い、二義的な利益を考えて歩みをとめるようなことがいっさいないようにしたいと思っています。ようするに、途中でいかなる困難に出会おうとも、まっすぐ歩きつづけ、セント・ヘレナ島からさしてくる光にもう一度照らされることができるように自分を高く持したいと思うのです。(ヴィエヤールへの手紙、スミス前掲書に引用)

こんなことを言うと、歴史を遡行的にとらえると批判されそうだが、ルイ＝ナポレオン二五歳のときのこの信条告白は、その自己把握の適確さと信念の堅固さによって、読むものに感嘆を呼び起こさずにはいない。言葉こそ抽象的だが、その一句一句がのちのナポレオン三世を正確に予言しているからだ。このあと、ルイ＝ナポレオンの人生の行路は、さまざまな曲折を経るのだが、それらは「あらゆる困難」の部類にすぎず、自らの設定した最終目標からは一歩もはずれることはない。ようするに、ルイ＝ナポレオンの行動は、外見的には、いかに行き当たりばったりに見えようとも、心のなかではすべてが首尾一貫していたのである。

腹心ペルシニーとの出会い

とはいえ、一八三四年から一八三五年にかけて、ルイ＝ナポレオンは、自らが進むべき具体的な道について、かなり迷っていたものと思われる。たとえば、トゥーンの砲兵学校で学んだ成果を『砲兵学入門』というかたちで発表して、伯父ナポレオンの軍事的栄光と自分を結び付けようと試みるが、かといって、なにか積極的な行動に打って出るわけではない。そんなとき、ルイ＝ナポレオンは一人の男と運命的な出会いをする。

それは元軽騎兵で、熱烈なナポレオン主義者のジャーナリストだったジャン＝ジルベール＝ヴィクトール・フィアラン、通称フィアラン・ド・ペルシニー子爵である。このペルシニーは、その共和主義的思想のゆえに軍隊を解雇され、ボナパルティストの政治新聞『クーリエ・フランセ』を創刊して、共和主義的ボナパルティスムの運動を起こそうとしていたが、その一号だけの創刊号がたまたまジョゼフ・ボナパルトの目にとまり、甥のルイ＝ナポレオンに紹介されたのである。ペルシニーは、ナポレオン主義者というよりもナポレオン教徒といったほうがよいぐらい固い信念をもった熱狂的《ファナティック》なボナパルティストだった。

ペルシニー子爵

通称フィアラン・ド・ペルシニー子爵は本名ジャン＝ジルベール＝ヴィクトール・フィアラン。熱烈な共和主義的ボナパルティストで、1835年にルイ＝ナポレオンと相知るや、最も忠実な腹心となった。[E]

ルイ＝ナポレオンとペルシニーは一八三五年にアレネンベルクで出会ったが、その瞬間から、お互いに相手こそが自分の探しもとめていた人間であると気づいた。すなわち、夢想だけでなんら行動の手段をもたない頭だけのような存在だったルイ＝ナポレオンは、ペルシニーの中に、自分の胴体や手足となるべき人物を見いだし、反対に、ナポレオンに代わる第二のナポレオンを探していたペルシニーは自分の頭となるべき存在を発見したと思った。一心同体とはまさに彼らのことを指す言葉だった。性格的には、二人は正反対だったが、それゆえに、ドン・キホーテとサンチョ・パンサのように互いに補い合う部分も多く、また思想面でも、共和主義的ボナパルティスムという同一の理念を信奉していたので、これ以上はない最高のコンビといえた。そして、ふたりとも、どれほどの困難があろうとも、固く自分の運命の星を信じるという点では共通するものをもっていた。

なによりも実践の人であるペルシニーは、ルイ＝ナポレオンにただちに行動を起こすように勧めたが、ルイ＝ナポレオンはこの年にもうひとつの出会いを経験し、そちらのほうによりおおくの情熱を傾けていたため、ペルシニーの誘いに乗るまでにはいたらなかったのである。

マチルド皇女との婚約

思春期の頃から女性には特別の関心を示し一三歳の時にエリザという女中と初体験を済ませていたルイ＝ナポレオンは、成長するに及んで、たえず女の尻を追いかけ回している漁色家になった。

この当時、彼の心をしめていたのは隣家の娘ルイーズ・ド・クルネーだったが、同時に、アレネンベルクで一、二度しか会っていないような女性、たとえばド・ルダン嬢などにもさかんにアタックをかけ、ときには、寝室に突然あらわれて強姦まがいの手段に訴えることもあったといわれる。

こうした息子の態度に不安を抱いた母親は、息子の身持ちを固めさせるため、パドゥー公爵の娘と結婚させようと目論《もくろ》んだが、これは条件が合わず不成功におわった。そんなとき、ルイ＝ナポレオンの前にひとりの美貌の少女が姿をあらわした。しかも、その少女は、彼と同じく、ボナパルト姓をもっていた。

マチルド・ボナパルトはナポレオンの末の弟ウェストファリア王ジェローム の長女で、一八三五年に父親とともにルイ＝ナポレオンのいるアレネンベルクの城を訪れたときには、まだ一五歳になったばかりだった。ルイ＝ナポレオンはすでに二七歳になっていたから、最初は子供扱いして取り合わなかったが、次第にこの色白ですらりとした美少女にひかれるものを感じるようになっていった。そんな息子の目付きを観察していた母親のオルタンス女王は、義弟に、二人を結婚させてみてはどうかと打ち明けた。いとこ同士の結婚だが、疎遠になっているボナパルト一族を近付けるという意味では、ナポレオン皇帝の遺志にかなうはずだ。おまけに、マチルドの母はヴュルテンブルク王女だから、ヨーロッパ中の皇室とつながりがある。ジェローム王も乗り気になって、もし結婚ということになれば、娘はヴュルテンブルク王やロシア皇帝から持参金をもらえるはずだと言った。オルタンス女王はすっかりこの話に夢中になった。ルイ＝ナポレオンの父のルイ王は弟のジェローム王の財政状態を知っていたので結婚に猛反対したが、ジェローム王はオルタンス女王とルイ＝ナポレオンを説得することに成功した。

翌年、アレネンベルクを訪れたマチルドは見違えるほど女らしくなっていた。夕食にあらわれたマチルドは大胆なデコルテで肌をむきだしにしていたので、さすがのジェローム王も娘をたしなめたほどだった。オルタンス女王のお付きだったヴァレリー・マジュイエはこう証言している。

父親のいうとおりでした。マチルドはほとんど裸でした。ですが、あらわにしているすべてが素晴らしく美しかったものですから、それを見ることにはおおきな快感がありました。プリンスはすっかり官能をくすぐられ、むさぼるように彼女をながめていました。
（カストゥロ前掲書に引用）

どうして、一六歳のマチルドは、三十女にもまけないコケトリーをもっていたのである。おまけに、マチルドは、ルイ＝ナポレオンがデコルテでむきだしにされた肩に弱いということもしたたかに計算していたらしい。だから、オルタンス女王が彼女に貸しあたえた帝政風の薄いスケスケ・ドレスに身をくるんであらわれるまでもなく、すでに勝負がついていた

若き日のマチルド皇女
ナポレオンの末弟でウェストファリア王だったジェローム・ボナパルトの長女。ルイ＝ナポレオンとは従兄妹同士だったが、ボナパルト一族の血を濃くするという名目で結婚話が進められた。プロン＝プロンことナポレオン・ジェロームの姉。［C］

のである。マチルドが接吻を拒めば拒むほど、ルイ＝ナポレオンの情欲はたかまった。また、マチルドも、ルイ＝ナポレオンが思っていたよりもはるかに魅力的でインテリであることに気づいていた。こうして、ルイ＝ナポレオンの父ルイ王の反対はあったが、ふたりは婚約を交わし、持参金その他の財産分与の条件も取り決められた。

だが、その年の一〇月三〇日、ルイ＝ナポレオンは、だれもが予想できない、唐突な行動に出たのである。

3　超前段階蜂起

ストラスブールの一揆

一八三六年一〇月三〇日の早朝、ストラスブールの駐屯地で、砲兵第四連隊が、ルイ＝ナポレオンに忠誠を誓ったヴォドレー大佐とパルカン少佐ほか一五人ほどの将校に率いられて決起し、駐屯部隊を掌握しようとしたが、ものの見事に失敗、ルイ＝ナポレオンを含む反乱軍全員がその場で逮捕された。それは、尋問した係官が呆れ返るほど杜撰《ずさん》な、およそ反乱とも呼べないような反乱だった。

反乱軍を率いるヴォドレー大佐は、ペルシニーが情婦のエレオノール・ブロー通称ゴルドン未亡人を使って色仕掛けで仲間に引き入れた人物である。だが、大佐自身、信念のあるナポレオン崇拝者ではいささかもなく、また駐屯部隊の中での影響力もなかったので、部下の将校を数名仲間に引き入れただけで、他の連隊に対する根回しも行われてはいなかった。

いっぽう、駐屯部隊の師団長ヴォワロル将軍に対しては、ルイ＝ナポレオンが「手紙」で接触を試みてはいたものの、ヴォワロル将軍はルイ＝ナポレオンなどという得体の知れない人物を相手にせず、その手紙をパリのスルト元帥のもとに回して警戒を呼びかけていた。もっともスルト元帥もヴォワロル将軍も、まさかルイ＝ナポレオンが本気で反乱を起

ストラスブールの一揆

1836年10月30日、ルイ＝ナポレオンは砲兵第四連隊を率いてストラスブール駐屯地で一揆を企てたが、惨めな失敗に終わる。［C］

こすとは考えもしなかったので、予防措置は講じていなかった。

だから、いちおう、反乱は、原則どおり、寝耳に水の「不意打ち」ではあった。しかし、いかに不意打ちでも、それがうまく遂行されなければ、反乱には至るはずもない。師団長のヴォワロル将軍は寝込みを襲われたが、すきを見て脱出し、ただちに配下の将校に命じて、反撃を開始した。かくして、反乱は、開始から二時間もたたないうちに簡単に鎮圧されてしまったのである。

一揆計画と予審裁判

ルイ＝ナポレオンとペルシニーの計画では、アルザス地方の首都ストラスブールはもともと反政府感情が強いところなので、「ナポレオンの甥」という言葉を反乱軍が発しさえすれば、駐屯部隊は全員恭順の意を示し、エルバ島からナポレオンが脱出したときと同じような勝利の進軍が、ストラスブールからパリにむけてただちに開始されるはずだった。だが、予想に反して、「ナポレオンの甥」という言葉に平伏する将兵はひとりもいなかったのである。

それどころか、その言葉を聞いても、まさかそこにいる冴えない小男が「ナポレオンの甥」だとはだれひとりとして信じようとはしなかった。この将兵たちの反応で、ルイ＝ナポレオンは自分がいかに無に近い存在であるかを思い知らされた。

しかし、逮捕されたルイ＝ナポレオンは予審判事の尋問に対し堂々と自説を展開して、蜂起の理由と責任の所在についてこう答えた。

質問――軍事政権を樹立しようと考えたのか？
答え――普通選挙に基づく政権だ。
質問――支配権を握ったら何をしようとしたのか？
答え――国民会議《コングレ・ナシオナル》を召集することだ。今回の事件は私一人が組織したものだ。友人たちは私によって仲間に引き入れられたにすぎない。私がもっとも罪の重い犯人だ。法の厳重な裁きを受けるべきはこの私だ。（カストゥロ前掲書に引用）

のちに明らかになるように、このストラスブール一揆の裁判で開陳されたルイ＝ナポレオンの思想と権力奪取の方法は、一八五一年一二月二日のクー・デタに至るまで、基本的にほとんど変化していない。すなわち、フランス革命で認められた「民衆の意志を反映した国家」をつくるには普通選挙に基づく政権を樹立するしかないが、フランスの市民権を認められていないルイ＝ナポレオンは合法的な権力奪取の道を閉ざされていたのだから、理想の実現にはこうした非合法の方法しかないというのである。

尋問に答えるルイ＝ナポレオンは、あくまで誠実に、年来の自説を披露したにすぎなかったが、予審判事には、当然ながら、こうした論法は、犯罪行為を合理化するための子供っぽい冗談としか映らなかった。

ルイ・フィリップ王の考えも同じだった。王は一揆発生の知らせで、エルバ島からパリに進撃したナポレオンの奇跡の再来ではないかと非常に心配したが、続報で、一揆が惨めな失敗に終わったことを知ると、逆に自らの権力基盤の強さに自信を持ち、寛大な気持ちになった。ルイ・フィリップの娘のクレマンチーヌは父の考えを次のように伝えている。

私はこの企てに腹を立ててはいない。企てはボナパルティスト党の無力さを証拠だてている。なぜならば、プリンス・ナポレオンがそこに存在し、《皇帝万歳》という叫びが兵営に響いたにもかかわらず、われらが勇敢な将兵はいささかも動揺を見せなかったからだ。(同書に引用)

政府は、この事件を取るに足りない愚劣な一揆として処理することに決め、首謀者たちに対して、寛容な態度を取ることにした。こうして、自説をフランス中に披露するために統一公判を求めたルイ=ナポレオンの請求にもかかわらず、当局は、ルイ=ナポレオンひとりを個別審理してアメリカへの国外追放という処分に決めてしまった。他の容疑者も全員、無罪放免された。

このように、一揆自体は惨めな失敗に終わり、それをきっかけに自らの存在をアピールするというルイ=ナポレオンの戦略も結局、目的を果たすことはできなかった。だが、ルイ=ナポレオンはこの事件からひとつだけ大きな利益を引き出すことに成功した。それは、この蜂起で、自分こそがナポレオン一族の希望の星だということを全国のボナパルティストたちに強く訴えるのに成功したことである。

伯叔父のジョゼフやジェロームは、事件の知らせに激怒して、マチルドとの婚約も当然ご破算になったが、ルイ＝ナポレオンは、こうした親族からの非難にはいささかもひるまなかった。ジョゼフ伯父にあてた手紙で彼はつぎのように書いている。

私の企ては失敗しました。それは事実です。ですが、これによって、皇帝の一族はまだ死んではいないことが証明され、同時に多くの友人をもっていることがフランス中に宣言されたのです。ようするに、皇帝の一族は、政府に心づけをねだっているのではなく、外国とブルボン家が破壊したものを国民のために取り戻そうとしていることがあきらかにされたのです。以上が私のしたことです。これでも伯父さんは私をお恨みでしょうか。（同書に引用）

文面からも察しがつくように、ルイ＝ナポレオンは一揆のことをいささかも反省していない。それどころか、皇帝となり、民衆主権を実現しようとする彼の信念はますます強固なものになっていた。ウィリアム・H・C・スミスの指摘するように「ボナパルティスムはストラスブール事件によって生まれた」のである。

亡命と母の死

ストラスブール事件の首謀者を乗せたアンドロメダ号は、政府の指示でわざわざリオ・デ・ジャネイロを経由するという遠回りの航路を経てから、一八三七年の三月末ヴァージニア州のノーフォークに着いた。ルイ＝ナポレオンは、ニューヨークでは、社交界に好意的に迎えられたが、アメリカ社会の観察をする間もなく、母からの手紙を受け取った。文面から、母が子宮癌で余命いくばくもないことを悟った彼はただちに、イギリス行きのジョージ・ワシントン号に乗船し、フランス政府の依頼を受けた各国の官憲の追跡を振り切って八月にアレネンベルクに到着した。

オルタンス女王はその二ヵ月後、息子に抱かれて息を引き取った。彼女は、父に疎まれたルイ＝ナポレオンにとって唯一の肉親であり、生涯で彼が愛した唯一の女性だった。第二帝政崩壊後、ロンドンに亡命して亡くなった元皇帝の札入れには、病気を告げた母の最後の手紙が挟まれていたという。

母の莫大な遺産を相続したルイ＝ナポレオンは、アレネンベルクを去って、一八三八年の一〇月、ロンドンに居を定めた。愛着のあるアレネンベルクを離れたのは、フランス政府が政治犯の退去を要求して軍隊を国境に移動させて、スイスの郡政府に圧力をかけたためである。こうしたフランス政府の強硬な態度は、逆にルイ＝ナポレオンの存在を彼らがいかに恐れているかを広く知らしめる結果となった。ルイ＝ナポレオンはいまや、敵からもナポレオンの後継者と認められたのである。

母から受け継いだ遺産は年金にして三〇〇万フラン（三〇億円）にものぼったので、ルイ＝ナポレオンは、ロンドンの宏壮な邸宅に住み、執事役のペルシニーを始めとする召し使いを何人も雇って、鷲の家紋をあしらった高級馬車で外出するという豪勢な暮らしを送ることができるようになった。ロンドンの上流貴族社会にも認められ、オルセー伯爵やレディ・ブレシングトンの友人となる一方、ディズレーリやメルボーンらの政治家との交際を深めた。ディズレーリは、フランス人には珍しい寡黙で落ち着いた彼の態度に好感を持ち、たまに発せられる短い言葉の深い意味に強い印象をもった。

女性関係のほうももちろん華やかで、タリョーニやカルロッタ・グリジといったバレリーナと付き合うかたわら、良家の娘との結婚も考え、エミリー・ロールズ嬢とは婚約寸前までいったこともあった。

しかし、こうした華やかな社交生活は、ある意味では、『忠臣蔵』の大石内蔵助と同じように、人の目を欺くための演技だったということができる。というのも、ルイ＝ナポレオンの生活は基本的に、彼が定めた生涯の目標、すなわち、皇帝になり、民衆のためのユートピアを建設するという目標から一歩も外れてはいなかったからである。彼はブリティッシュ・ミュージアムで歴史や社会科学などの著作をひもといて、理想社会の構想を練る一方、観光旅行という名目でイギリスの工業地帯を見て回り、技術者や科学者に質問をして、実際的な知識を身につけることに精力を傾けていた。

著作活動の開始

その成果は一八三九年に『ナポレオン的観念』の出版となってあらわれた。この著作は、従来、まともな研究の対象にならず、自己の権力を動機づけるためにルイ＝ナポレオンが書き上げたたんなるプロパガンダの書として片付けられてきた。

しかし、のちに第二帝政においてナポレオン三世が採用する政策と照らし合わせて見る

レディ・ブレシングトン

当代第一のフランス通として知られたロンドン社交界の中心的な存在。ルイ＝ナポレオンは彼女のサロンでオルセー伯爵やディズレーリなどの著名人と知り合う。[C]

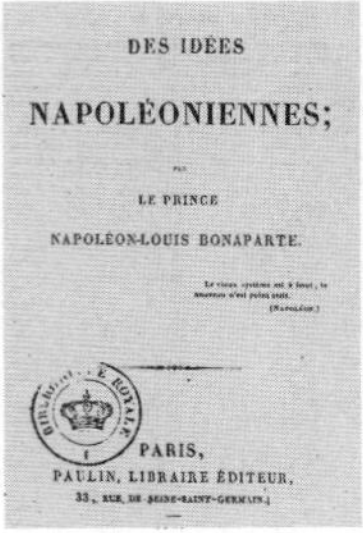

DES IDÉES

NAPOLÉONIENNES;

LE PRINCE

NAPOLÉON-LOUIS BONAPARTE.

PARIS,

PAULIN, LIBRAIRE ÉDITEUR,

『ナポレオン的観念』

ルイ＝ナポレオンが亡命先のロンドンで書き上げた初の本格的著作。民衆の意志を直接的に反映する選挙と、その意志の代行者としての皇帝という、皇帝民主主義が説かれている。[C]

と、そのほとんどはすでに萌芽の形でこの中にあらわれているから、注意深く検討する必要がある。だが、いまそれを行ってしまうと、あとでもう一度繰り返さなければならなくなるので、ここでは以下の点だけを確認しておくに止めよう。『ナポレオン的観念』の狙いは二つある。

ひとつは、伯父の大ナポレオンが、フランス革命の打ち立てた民衆主権と自由の理念を受け継ぐと同時に、大革命に含まれた破壊的、否定的な側面を取り除いた唯一の「大革命の遺言執行人」であったことを明確に示すことである。今日の社会に進歩があるとするならば、それはすべてナポレオンが最初に手をつけたものにほかならないという主張である。

いまひとつの狙いは、未来において、繁栄と平和を実現するには、民衆の意志を直接に反映する制度と、その意志を秩序と権威をもって実行に移す指導者すなわち皇帝の存在が、歴史的に見て必然的かつ必要不可欠であることを証明することである。反動勢力と共和派の不毛な争いを止揚し、民衆の生活の向上を図るには、ナポレオン思想に基づいた皇帝民主主義が緊急に必要であり、それを実現できるのはナポレオンの甥であるこの自分以外にはないというのが、ルイ＝ナポレオンの訴える眼目である。

ある意味では、いかにも亡命生活の長かったプリンスらしい夜郎自大な言い分だともいえるが、また別の意味では、きわめて実際的な主張だともいえる。

というのも、大革命の後、国民は理念的にはさまざまな権利を認められたが、実際の生活水準は、旧体制《アンシャン・レジーム》の頃とほとんど変わらず、民衆の大多数は相変わらず飢えの不安に苦しめられていたからだ。にもかかわらず、共和派はこうした民衆生活の向上という問題を積極的にとりあげようとはしなかった。したがって、政体の選択よりも、実行力のある統治者による生活本位の政治をという声は社会のあらゆる階層で、いわば声なき声となっていた。それゆえ、もっていきようによっては、こうした主張は、ひとつの大きな勢力となりうる可能性を秘めていたのである。

それにまた、国民の間にもかつてないほどのナポレオン崇拝の感情が蘇っていた。というのも、外交政策、とくに一八四〇年のアルジェリア問題で、その拡張主義的態度をヨーロッパの列強から非難されたルイ・フィリップは、国民的栄光としてのナポレオン神話をリバイバルさせて排外主義を煽ろうと考え、ジョワンヴィル王太子に命じてセント・ヘレナ島へナポレオンの遺骸を引きとりに行かせたからである。したがって、ルイ＝ナポレオンの著作が広範な読者に受け入れられる下地は十分に整っていたといえる。

だが、不思議なことに、ルイ＝ナポレオンは、せっかく自己の信念を書物の形であらわしながら、それをフランス国民のあいだに広めるということに関してはあまり熱心ではなかった。すなわち、こうしたナポレオン崇拝感情に乗って、議会でボナパルティスト党の代議士の数を増やすという合法的な戦術が可能になっていたにもかかわらず、そのお膳立てを利用するということは彼の考慮の埒外にあったのである。

チャンスは近づいていた。しかし、ルイ＝ナポレオンは、そのチャンスのつかみかたを知らなかった。彼には「皇帝民主主義」は、「皇帝」↓「民主主義」でなければならないという固定観念があった。実際は、「民主主義」↓「皇帝」のほうが数倍も容易なのに、この時点ではまだそのことに気がついていないのである。そして、ふたたびルイ＝ナポレオンはストラスブールの轍を踏む。

ブローニュの一揆

一八四〇年八月四日早朝、英仏海峡の港町ブローニュの沖に一隻の小型蒸気船エジンバラ・カースル号が錨を降ろした。船をチャーターしたのは、ヌペルロというシティーの株式仲買人で仲間とフランスへ小旅行をするという話だった。もちろん、乗っていたのはルイ＝ナポレオンと五四名の部下で、ストラスブール一揆に加わったペルシニーやパルカン少佐それに大ナポレオンの副官としてセント・ヘレナ島に随行したモントロン将軍の顔も見えた。荷物としては馬車や馬のほかに、多数の武器と第四〇歩兵連隊の軍服五四人分が用意されていた。ブローニュが選ばれたのには理由があった。ナポレオンがイギリス上陸作戦を企て軍隊を集結させたのが、この港町だったからである。港の外れには、ナポレオンを頂上にいただいた記念柱が建てられていた。

ボートで上陸したルイ＝ナポレオンの一行は、ただちにブローニュの第四二歩兵連隊の兵営に向かった。作戦は、ストラスブールの時とほとんど同じだった。すなわち、まず、軍服に着替えた連中が兵営内で「皇帝万歳！」を叫びながら、将兵たちに檄文と金を配る。ついで、ルイ＝ナポレオンが檄文を読み上げ、決起を呼びかける。すると、感激した将兵が次々に鷲の軍旗のもとに馳せ参じるというものである。

だが、前回と同じように、ルイ＝ナポレオンがいくら演説を行っても、だれひとりとして、呼びかけに応えるものはいなかった。期待した事態は何ひとつ起こらなかった。部下たちは作戦の失敗に気づいた。残された道は船に逃げ帰るしかない。

ところが、そのときルイ＝ナポレオンが発した命令は退却ではなかった。彼は、ブロー

ブローニュの一揆
1840年8月、ルイ＝ナポレオンは英仏海峡の町ブローニュに同志とともに上陸し、再び一揆を起こした。[H]

ニュの港近くのナポレオンの記念柱の下《もと》で玉砕しようと言い出したのである。同志たちは彼をむりやり引きずって、海岸に退却し、ボートに飛びのった。だが、ときすでに遅かった。駆けつけた憲兵隊にルイ＝ナポレオン以下全員が捕らえられた。腹心の部下のファーヴルは射殺され、エナン伯爵は溺死した。ルイ＝ナポレオン自身も腕に銃弾を受けた。前回はうまく脱走したペルシニーも逮捕された。作戦開始から潰滅までに要した時間はストラスブールのときとほぼ同じだったが、内容は一段とひどくなっていた。

作戦があまりにも無謀だったので、当初から、ブローニュの兵営にいたはずのルイ＝ナポレオンの同調者が裏切ったのではないか、あるいは初めから同調者を装った者が囮《おとり》として一味に加わっていたのではないかと噂された。また、ルイ＝ナポレオンが布告する予定になっていた臨時政府の首班にティエールの名があげられていたことから、ティエールが黒幕だったのではないかという説も根強かった。

しかし、そうだったとしても、ルイ＝ナポレオンの希望的プログラムと客観的現実の隔たりは大きすぎた。ナポレオン崇拝熱は高まってはいたのだが、肝心のルイ＝ナポレオンとはいささかも結びついていなかったのである。

ひとことでいえば、ストラスブールの一揆のときと同じく、民衆はおろか、軍隊の内部ですらも、ルイ＝ナポレオンの名はほとんど浸透してはいなかったのである。

いまのところ、ナポレオンは神話だが、ルイ＝ナポレオンは小話《アネクドート》にすぎない。

しかし、歴史は、その小話が、ある濾過装置を通ってのちに神話に変わったことを証明している。ただ、その濾過装置、すなわち普通選挙が出来上がるのはまだ先のことである。

4 栄光への脱獄

ブローニュ蜂起裁判での自己主張

ブローニュ蜂起の失敗で、ルイ＝ナポレオンはあらためて自分の存在の小ささを思い知らされた。

だが、皮肉なもので、前回の失敗に懲りた当局が、ブローニュ一揆の参加者に厳しい態度で臨むことを決め、パリの上院に設けた特別法廷に被告たちを立たせてからというもの、ルイ＝ナポレオンの名前はにわかに人々の話題にのぼるようになった。ルイ＝ナポレオンは人定尋問の冒頭で陳述の機会を与えられ、次のように述べた。

私は今ようやく、人生で初めてフランス国内において声を発し、自由にフランス国民に語りかけることを許されました。（中略）すでに五〇年も前に、民衆主権の原理は世界でもっとも激しい革命の末に確立されましたが、それ以来、帝国憲法制定のさいに国民が国民投票によってその意志を示したときほど広範で自由な投票が行われたことは一度としてありません。国家は、この民衆主権の偉大なる行為を無効と宣言してはいないのです。ナポレオンは「民衆主権なくして行われたものはすべて、非合法的なものである」と述べています。ですから、私が個人的な利害に引きずられ、フランスの意志に反して帝政の復活を図ろうとしたなどとは考えないでいただきたい。あなたがたに思い起こしていただきたいのは、ひとつの原理、ひとつの大義、ひとつの敗北であります。原理、それは民衆主権であります、大義、それは帝国の大義であります。敗北、それはワーテルローであります。民衆主権の原理、これはあなたがたもお認めになられることでしょう。帝国の大義、あなたがたもこれに殉じました。ワーテルローの敗北、あなたがたもこの敗北の雪辱を期したいとお思いのことでしょう。そうなのです、あなたがたとこの私の間にはいかなる不一致も存在しないのであります。（中略）もし、あなたがたが勝利者とお考えならば、私はあなたがたに公正な裁きを期待してはおりません。私はあなたがたの寛大さを欲したりはいたしません。（カストゥロ前掲書に引用）

なかなかどうして、堂々たる弁論ではないか。ルイ＝ナポレオンをたんなる馬鹿か狂信者だと見なしていた上院議員たちは、しまいには、裁かれているのはむしろ自分たちではないかと感じるはめになった。というのも彼らの多くは爵位や地位をナポレオンによって授けられた人たちだったからである。

検事が、ナポレオンの真の後継者はルイ＝ナポレオンではなく、ルイ・フィリップだと言いくるめようとすればするほど、ルイ＝ナポレオンの存在がアピールされる結果になった。処置に困った当局は、刑法にない罰則を作り出し、「フランス領土内の要塞における終身禁固刑」を言い渡した。こうして、一八四〇年の一〇月、ルイ＝ナポレオンは、副官のモントロンと医師のコノーを随員として認められた上で、アム要塞に収容されることになったのである。

《アム大学》での猛勉強

アムはパリの北一三五キロに位置するソンム県の小さな町。ソンム川沿いに建てられたその要塞は、ジャンヌ・ダルクを始めとする有名な反逆者を幽閉したことで知られていた。

当局は、ルイ＝ナポレオンの身分を考慮して、要塞内の建物の一角に二部屋のアパルトマンと従者用の部屋を与え、通常の日常生活を許可した。要塞内は、湿気がひどく、快適とは言いがたい状態ではあったが、外部との通信も認められ、書籍の取り寄せも自由だったので、ルイ＝ナポレオンはかねてよりの念願だった学究生活にふけることができた。彼は、のちにこのアム要塞の虜囚生活を回顧して《我がアム大学》と呼んでいる。

書物と並んで、当局は、ルイ＝ナポレオンのもうひとつのパッションである《女》に関しても寛大な措置を取った。洗濯女という形で、エレオノールという村娘をそばに置くことを認めたのである。エレオノールは一八四三年に長男ウージェーヌを、ついで一八四五年には次男ルイを生み落とした。ルイ＝ナポレオンはこの二人の息子の世話を、幼友達のコルニュ夫人に託した。二人の私生児は、長らくその存在が伏せられていたが、一八七〇年に至って、それぞれオルクス伯爵、ラボンヌ伯爵として爵位を与えられた。

しかし、アム要塞におけるルイ＝ナポレオンの最大の快楽は夢想であった。手紙の中で彼はこう書いている。

「幸福は現実の中よりもむしろ想像力の中にあります。私は思い出と希望からなる想像の世界をもっていますので、こうして隔離されていようとも、群衆の中にいるのと同じほどに自分を力強く感じることができます」（スミス前掲書に引用）

アム要塞

ソンム県の小さな町アムには中世の古城があり、昔から身分のある囚人を幽閉するために使われていた。ブローニュの一揆に失敗したルイ＝ナポレオンは、前回と異なって厳罰を受け、終身禁固犯としてここに収容された。[H]

コルニュ夫人

ルイ＝ナポレオンの母オルタンスの侍女の娘で、ルイ＝ナポレオンの幼友達。ルイ＝ナポレオンを献身的に支え、彼の望む本をアム牢獄に差し入れした。[C]

ルイ＝ナポレオンはこうした夢想を定着するために好んで筆をとった。執筆に必要な資料は、コルニュ夫人が特別の許可をえてパリの王立図書館（今日の国立図書館）からすべて借りだしてきてくれた。

コルニュ夫人は旧姓をオルタンス・ラクロワといい、ルイ＝ナポレオンの母オルタンス女王の侍女の娘として生まれた。アレネンベルクの城では、孤独なルイ＝ナポレオンの唯一の遊び友達となり、姉弟のように彼を愛し、励ましを与えた。ルイ＝ナポレオンとは男女の関係にはいたらなかったが、むしろそれゆえに両者の絆は強まったようで、画家のセバスチャン・コルニュと結婚したあとも、相談相手となって、失意のプリンスを支えた。彼女は、幼友達の運命を固く信じ、未来の皇帝のためとあらば、どんな献身も厭《いと》わなかった。アムの幽閉生活はじつにコルニュ夫人ひとりの力で支えられていたといってもいいすぎではないのである。

コルニュ夫人の尽力を得て、ルイ＝ナポレオンは獄中でいくつかの著作を完成することができた。そのひとつは、以前に書いた『砲兵学入門』の改訂版『砲術学の過去と未来についての考察』である。この著作に没頭したルイ＝ナポレオンは、いつの日にか自分も伯父と同じように全軍を指揮することになるだろうと確信するに至った。

伯父の事績に学んだのは砲術学だけではない。砂糖大根の研究もそのひとつである。大陸封鎖による砂糖の欠乏に対処するため砂糖大根から砂糖を抽出する方法の研究を命じた伯父にならって、ルイ＝ナポレオンは砂糖大根の栽培法と砂糖の精製法の研究に打ち込んだ。

砂糖大根は貧しい北部フランスの農家の収入を安定させると信じていたからである。
また電気の持つ無限の可能性を予見していた彼は、小さな実験室を設けて、化学実験に熱中した。のちに万国博覧会を積極的に推進し、諸産業の育成につとめた《産業皇帝》の萌芽はすでにこのころに出来あがっていたのである。

ルイ＝ナポレオン思想の結実『貧困の根絶』

しかし《アム大学》における研究生活の最大の成果は、なんといっても、『貧困の根絶』を一八四四年に書き上げたことだろう。
ルイ＝ナポレオンは、アダム・スミス、ジャン＝バチスト・セーなどの自由主義経済学者から、ルイ・ブラン、プルードンなどの社会主義者まで、とりわけ、アンファンタンやミシェル・シュヴァリエなどのサン＝シモン主義者の著作を広く渉猟して、社会を根本的に改造する方法について考察を巡らしていたが、この本はそうした研究の成果を踏まえて、一〇人に一人がぼろを着たまま飢えで死んでいくフランス社会の改造案を提出したものである。その主旨は次の点につきる。

労働者階級は、なにものも所有していない。なんとしてもこれを持てる者にかえなければならない。労働者階級の財産は腕だけである。この腕に、万人に役立つ使用法を与える必要がある。彼らは、遊蕩好きの民の間に置かれた奴隷のようなものである。社会の中に、彼らにふさわしい場所を与え、彼らの利益を大地の利益に結びつけなければならない。ようするに、労働者階級は、現在、組織もなければ連帯もなく、権利もなければ未来もない。彼らに権利と未来を与え、協同と教育と規律によって彼らを立ち直らせなければならない。(『ナポレオン三世著作集』)

ルイ=ナポレオン学究の日々

アム要塞に幽閉された日々は、ルイ=ナポレオンにとってまたとない学習の機会となった。ここで、彼はサン=シモン、プルードンを始めとする社会思想を読み耽り、産業発展による社会革命やパリの改造計画に思いを馳せた。ルイ=ナポレオンはこの牢獄を《アム大学》と呼んだ。[K]

この宣言を前にして我々は、四年後に発表されることになるマルクスとエンゲルスの『共産党宣言』と同じ主張を見いだして驚くべきなのだろうか、それともこの程度のことなら、同時代のだれでもが言えただろうと平静を装うべきなのだろうか。

いずれの立場に立つにしろ、ひとつだけ頭にいれておかなくてはならないのは、当時、「労働者階級」という観念は、政治家はおろか、文学者、ジャーナリストなどの《知識を所有する人間たち》においても、きわめて希薄であり、貧困と労働者階級の存在は意識されていなかったということである。

社会主義者や共産主義者を名乗る者たちも、観念的に理想の社会を語るだけで、労働者階級の現状も知らず、生活水準向上の具体的方策の立案には取り組まなかった。

したがって、これだけのことでも、それを言い出すには、貧困の原因に対する適確な現状分析と、その解決策を考慮するための推論能力が必要だったのである。

しかも、『貧困の根絶』の主張はある面ではきわめて現実的であった。たとえば、貧困は抑制のない無駄遣いからくるから貯蓄を励行すればいいというような意見に対して、ルイ＝ナポレオンはこう反論する。

貯蓄銀行は、おそらく、労働者のうち裕福なものたちには有益だろう。だが、貯蓄をしようにもその方策をもたない大多数の労働者にとって、このシステムはまったく不十分である。食べるものもない人間に対して、持てるはずのない金を毎年貯蓄しろと勧めること

は、およそ話にもならない暴論であり、まったくのナンセンスである。(同書)

したがって、貧困を解決するには、どうしても政治が介入する必要がある。そのさい第一に注目すべきは、税金の徴収と予算の配分である。これをルイ＝ナポレオンは次のような比喩で表現する。

税金の徴収は太陽の働きに似ている。すなわち、大地から蒸気を吸収し、それを雨という形で、受胎と生産のために水を必要としている大地のあらゆる地点に降らせる太陽と同じなのである。この再分配が公平に行われるならば、次には豊かな実りがもたらされるだろうが、もし、天が怒りにまかせて、雷雨や豪雨や嵐という形で、吸収した蒸気を不公平に撒き散らしてしまうと、生産の芽は破壊され、あとには不作が残るだけである。(中略)行政についてもこれと同じことがいえる。もし、すべての住民から毎年徴収される税金を、必要もない官職を増設したり、不毛な記念碑を建立したり、あるいは平和のさなかにアウステルリッツの会戦の時よりも金のかかる軍隊を設けたりするといった非生産的な用途に用いるなら、そのとき税金は重圧となり、国を疲弊させ、取るだけ取ってなにも与えない凶器と化す……したがって、国家予算の中にこそあらゆる制度を変えるテコの最初の支点を見いだすべきであり、また国家予算の目的とは労働者階級の生活の向上でなくてはならない。(同書)

何度も繰り返すように、現在ならこの主張は当たり前のものだが、当時はまだ、国民の大多数を占める労働者階級には、選挙権を始めとして政治的権利はほとんど与えられていなかったのだから、こうした主張を掲げることによってルイ＝ナポレオンが手にするメリットはまったくなかったはずである。つまり大衆におもねるにしても、おもねるべき大衆に一切の権利がないならば、それはおもねるといえるだろうかということである。

皇帝民主主義へ

では、こうした政治と行政の改革を実現可能にするにはどうすべきだとルイ＝ナポレオンは考えていたのだろうか？　マルクスの言うように、労働者階級が一致団結して権力を奪取し、労働者政府を樹立すればいいのか。じつは、『貧困の根絶』には、ソヴィエトのコルホーズに似た「農民コロニー」や「労働者コロニー」などの社会主義的な政策も提言されている。

だから、これをエチエンヌ・カベー流の社会主義的ユートピアのジャンルに分類することもできなくはない。だが、基本的には社会全体の生産力を増やさなければならないというサン＝シモン的な発想から資本と生産手段の私有を認めているので、その根幹は社会主義的というよりはむしろ修正資本主義的である。

しかし、ルイ＝ナポレオンの夢想する社会にあって本当に重要なのは、そうしたイデオロギー的区別ではない。重要な点、それは、なによりも自分が、皇帝として、こうした改革を実現しなければならず、その皇帝を労働者階級が支えるという認識である。「皇帝」と「民主主義」は国民の「頭」と「胴体」なのだからそのいずれが欠けてもいけない。「民主主義」だけでは衆愚政治に陥り、「皇帝」だけでは独裁政治になる。「民主主義」によって支えられた「皇帝」だけが唯一、労働者階級の解放をなしとげ、貧困を根絶することができる。二度の一揆の失敗と長い幽閉にもかかわらず、フランスが皇帝としての自分を待っているというルイ＝ナポレオンのこうした確信は強まりこそすれいっこうに衰える気配はなかった。それは野心というよりも、ほとんどメシア的な使命感にまでなっていた。

一八四三年に、彼はヴィエヤールにこう書きおくっている。

私をして、命よりも大切な評判というものを二度にわたって危険にさらさせたのは個人的な野心ではありません。再三にわたって私の個人的な愛情や休息を犠牲にさせたのは支配しようという野心ではありません。つねに私を導き支えているのはもっと気高く、もっと神秘的な感情なのです。（スミス前掲書に引用）

ルパンもどきの大脱獄

したがって、こうした漠然とした夢想や感情が、焦点を結ぶようになればなるだけ、牢獄に幽閉されている自らの境遇が我慢できなくなるのは当然である。「民主主義」を実現して労働者階級の生活を向上させるには、自分が皇帝となるしかない。ところが、その自分はこうして永久に自由を奪われている。

それに、アム牢獄での暮らしにかかる費用は無料ではなく、従者や女中の分も含めてすべて自分持ちである。他の牢獄にいる共犯者たちの家族にも扶養手当を支給している。それらの出費は年間二〇万フラン（約二億円）にも上っている。アレネンベルクの城を売り、ロンドンの自宅の家財を競売にかけてもまだ足りない。おまけに、牢獄内の激しい湿気で足がリューマチにやられ、肉体的にも幽閉生活に耐えられなくなっている。なんとか脱出する方法はないものか。

そんなとき、父のルイ王が危篤であるという知らせが届いた。そこで、仮出獄を認めてくれるよう、ルイ・フィリップに直接手紙をしたためたり、オディロン・バローなど知り合いの代議士に働きかけたが、試みはすべて無駄におわった。かくなるうえは、監視の目を欺いて脱獄するしかない。

じつはルイ＝ナポレオンは、かねてより、ひとつの脱獄のプランを温めていた。それは、出る者に対する警戒は厳重だが、入ってくる者に対するチェックは甘いという盲点を衝くものだった。とりわけ、獄内のアパルトマンなどで工事などが行われているときには、職人は材料や道具を取りに牢獄を出入りしているので、この職人に変装すれば脱獄は決して不可能ではないと考えたのである。

脱獄するルイ＝ナポレオン
1846年5月、ルイ＝ナポレオンはアパルトマン改修の口実を設け、職人服に着替えて脱獄に成功した。身代わりとなった職人がパンゲという名前だったことからの連想からか、以後、ルイ＝ナポレオンはバダンゲというあだ名を頂戴することとなる。[H]

ルイ＝ナポレオンの場合、いったん決意すると実行に移すのは早い。かくして、脱獄計画の布石が次々に打たれることとなった。

まず、彼は、居住しているアパルトマンの改修工事を自費で行いたいという申請を出した。ついで、許可が下りると、部下に命じて、出入りの石工の服を用意させた。なかでも姿形がよく似たパンゲという名の一人の石工に目をつけ、その男に成り済ますことにした。決行は一八四六年の五月二五日とした。

当日の朝五時、起床したルイ＝ナポレオンはトレードマークの口髭と顎髭を剃り落とすと、職人服に着替えた（一説によると、パンゲに脱がせた服を着たという）。そして、ひそかに運びこんでおいたマネキン人形をベッドに寝かせ、毛布をかぶせた。医師のコノーは、不在が早めに露見しないように、ルイ＝ナポレオンは病気で、一日床に伏していると獄吏たちには伝えておいた。

六時四五分、パンゲと同じパイプを口にくわえ、板切れを担いだルイ＝ナポレオンは、部下のテランに先導される形でアパルトマンを出た。テランはあらかじめサン・カンタンに所用で出掛けるという許可を得ていたのである。

第一の関門は難なく突破したが、第二の歩哨の前を通りすぎるとき、緊張したのか磁器のパイプを地面に落としてしまった。だが、彼は少しも慌てずパイプのかけらを拾いあつめると、それをゆっくりとポケットに入れた。

歩哨は笑いながら見ていたが誰何《すいか》することはなかった。はね橋を渡り、門を出ようとしたとき、むこうからやってきた二人の職人が、見知らぬ石工の顔に驚いたような表情を見せた。さすがのルイ＝ナポレオンももはやこれまでと観念した。だが、彼らは咎《とが》めだてもせず、そのまま行ってしまった。

夕方、ベッドにマネキン人形が寝ているのが発見されたが、そのときにはもうルイ＝ナポレオンはブリュッセルに到着していた。二日後、無事ロンドンに落ち着いた彼は友人のレディ・ブレシングトンの家の夕食に招かれ、まるで、他人事のように冷静に事件の顚末を語った。

まさに、怪盗ルパンも顔色なからしむる劇的な脱獄劇であった。翌日、新聞はいっせいに潤色をまじえて事件を報じた。ルイ＝ナポレオンは、こうして、一夜にしてパリとロンドンの有名人となったのである。

ただ、この事件で、ひとつだけ彼は大きな不利益を蒙った。それは、身代わりとなった石工パンゲの名前にちなんで、バダンゲという変なあだ名を頂戴してしまったことである。このあだ名は死ぬまで彼についてまわることになる。

5　革命を利用せよ

父の莫大な遺産と女に対するパッション

一八四六年の九月、父のルイ王がフィレンツェで世を去った。

当時フィレンツェはオーストリア領だったので、ルイ＝ナポレオンは五月末にロンドンに到着すると同時にオーストリア大使館に対しヴィザの発行を願い出たが、結局入国は認められず、父の死に目に会うことはできなかった。

相続により、ルイ＝ナポレオンは、一生遊び暮らしてもなお余るほどの金を手にすることとなった。にもかかわらず、遺産は瞬く間に蕩尽されてしまった。浪費の理由は、ひとえに、彼がまだ、皇帝となる夢を捨てていないことにあった。ウィリアム・H・C・スミスは『ナポレオン三世』の中で次のように語っている。

金銭に関して、ルイ＝ナポレオンはとんでもない無能者だったとか、彼の金遣いの荒さには病的な要素があったとか言われているが、実際には、どちらも正しくない。彼にとって、金とは、自らに与えられた運命をまっとうするひとつの方法にすぎなかった。また彼が自分の未来にたいしていだいている考えはいささかもゆらいではいなかった。一八四七年には、四〇歳に手の届くまでになり、二度の大きな失敗を経験していたが、彼はあいかわらず、自分の星を信じていた。その星は二〇年前と同じ明るさで輝いていた。

すなわち、ルイ＝ナポレオンは、いまだに、フランスの皇帝になるという自分の星を信じ、クー・デタで行動を共にした部下やその家族に年金を送りつづけていたのである。

とはいえ、遺産は、こうした大義名分のたつ目的のためにだけ使われていたわけではない。彼のもうひとつのパッションである女がこの遺産のかなりの部分を吸い取っていたのは事実だからである。

ロンドンの社交界に復帰したルイ＝ナポレオンが、最初に関係を結んだのは、コメディー・フランセーズの名女優で、ロンドン公演にきていたラシェルである。ところが、ラシェルは、ルイ＝ナポレオンに金をさんざん使わせておきながら、ある日、ポイと彼を捨てて、たまたまフィレンツェからきていた彼の従弟のナポレオン・ジェローム（以前の婚約者マチルドの弟）と一緒にパリに逐電してしまった。

ルイ＝ナポレオンは、第二帝政確立後、この共和思想の従弟を権力から遠ざけ、閑職しか与えなかったが、そうした確執においてこの事件が遠因となっていたことはまちがいない。

しかしながら、女性とのアヴァンチュールがルイ＝ナポレオンの財政を擦り減らしてばかりいたかといえば、必ずしもそうとはいいきれない。というのも、一八四七年に知り合ってたちまち深い関係になったミス・ハワードは、のちに彼の財政を陰から支える重要人物となるからである。

ミス・ハワードは、貧しい靴屋の娘で、本名をエリザベス＝アン・ハリエットという。最初、舞台をこころざしたが、芽が出ずにくすぶっているうち、その美貌がある富裕な軍人の目にとまり、やがて、愛人となって一人の男子を産み落とした。軍人は、子供を認知することができなかった代わりとして彼女に巨額の年金を与えたが、その年金が株や債券で運用されるうちに大きな財産となって、ミス・ハワードはロンドンの社交界でも一、二を争う美貌と資産を有する女性となっていたのである。

当時、ミス・ハワードは二三歳で、何人かの富裕な求婚者がいたが、ルイ＝ナポレオンと知り合ったとたんある種の啓示を受け、すぐその場で愛人になったといわれている。ルイ＝ナポレオンにたいする彼女の献身はまったく私心のないもので、常に借金苦に悩んでいたルイ＝ナポレオンを支えつづけたばかりか、第二帝政そのものも彼女の財布から生まれたといってもけっしていいすぎではないのである。

このように、ルイ＝ナポレオンは、一八四七年から一八四八年の初頭にかけ、ミス・ハワードの愛に包まれて養生につとめながら、牢獄生活で衰弱した健康を回復するのに専心していたが、もちろん、自分に課せられた天命を忘れたわけではなかった。

ただ、フランスの政治状況は、彼にとっては好ましいものではなく、チャンスはしばらく巡って来そうもなかった。彼は腹心のヴィコフにあててこう書きおくっている。「こうなったら当分、行動は諦めて、なにか事件が起きるのを待つだけです」（同書に引用）

だが、その「事件」がついに起こったのである。言わずと知れた一八四八年の二月革命である。

二月革命への態度

二月革命が起こり、「フランス人の王」として君臨していたルイ・フィリップが王座を追われてイギリスに亡命したとき、それと入れちがうように、ルイ＝ナポレオンはフランスの土を踏んだ。一八年前の七月革命のときには、パリにいなかったため、ボナパルティストたちの勢力を結集できなかったが、今度こそはあのときの轍を踏むまいと心に誓っていた。

ルイ＝ナポレオンはパリのホテルに荷をほどくやいなや、臨時政府にたいして、到着を知らせ、共和国への忠誠を誓った。

だが、臨時政府のラマルチーヌは、この突然の帰国の意図を怪しんで、彼に「国内が平静を取り戻して、憲法議会が成立するまで、ロンドンに戻っているよう」要請をおこなった。この退去要求は、ルイ＝ナポレオンにとってまったく不当なものだったが、彼としてはフランス国内になんの勢力基盤ももってはいなかったので、自分に野心がないことを示すためにも、要請に従うほかはなかった。しかし、ここで、慎重に振る舞って、フランスにとどまらなかったことがルイ＝ナポレオンにとってはむしろ吉と出た。その理由は二つある。

ひとつは、彼の主張が、革命の熱狂で生まれた多くのユートピア的政治思想の渦の中に埋没せずにすんだことである。当初の熱狂が過ぎ去ると、こうした泡沫党派はすぐに忘れられ

ミス・ハワード

アム要塞を脱獄した後、ルイ＝ナポレオンがロンドンで知り合ったミス・ハワードはその豊かな財産で、常に借金に苦しむルイ＝ナポレオンを支えつづけた。[C]

二月革命

1848年2月、改革宴会中止に怒った民衆が蜂起し、二月革命が起こった。ルイ・フィリップは亡命し、臨時政府によって共和制が宣言された。[L]

てしまったから、もし、ルイ＝ナポレオンがこの時点で政治活動に乗り出していたとしたら、かえってうさん臭い目で見られ、危険人物視されていたかもしれない。またボナパルティストたちの策動に乗って、武力で権力を奪取しようと試みていたら、ストラスブールやブローニュの二の舞を演じていたことは確実である。

第二の理由は彼の政治的ポジションの問題である。すなわち、政治日程が街頭闘争から選挙に移ると、革命の実質的主体となった労働者や社会主義者と、事態をうまく収拾しようとするブルジョワ共和派との間に大きな亀裂が生じ、左右激突の危機が生まれたため、もし、彼が早めに政治活動を始めていたら、どちらかの陣営に利用されたあげくに捨てられていた可能性があるからだ。

ルイ＝ナポレオンはそのへんの事情をしっかりと考慮にいれていたらしく、ロンドンに帰るとすぐに、ペルシニーにこう書きおくっている。

私にたいする革命の状況は明らかに変化している。といっても、私への考えが変わったというのではない。変わったのは二つの階級の利害関係である。もはや私を必要としなくなった共和派は、私を評価しながら私の敵となっている。いっぽう、王党派は私のチャンスと能力に疑いをいだきながら私の友となっている。この状況を変えることのできるのは時間だけである。

目下のところ、武力で権力を奪取するなどというのは問題外である。私がパリに戻れば、国民兵の部隊が私を担いでパリ市庁舎の椅子に座らせるかもしれないが、そこに一週間もとどまれはしないだろう。(中略) 秩序を代表する人物の意見が通るには、あらゆる幻影が消え去るのを待たなければならない。(カストゥロ前掲書に引用)

これが過去に二回も無謀なクー・デタを企てた男の発言かと目を疑いたくなるほど、冷静な状況分析ではなかろうか。あるいは、彼はロンドンにいたおかげで、フランス国内にいる人間たちがだれ一人としてもちえなかった政治的判断力に恵まれていたのかもしれない。

ルイ＝ナポレオン、慎重居士を決め込む

事実、左右対立の構図は、四月の末に行われた憲法制定議会選挙で決定的なものになった。革命政府の思惑とは逆に、選挙結果は、九〇〇の議席にたいして、与党の共和左派と社会主義者は一〇〇議席、ブルジョワ共和派五〇〇議席、王党派三〇〇議席というように、臨時政府の完敗だった。臨時政府の無策からくるインフレと失業の増加によって、秩序待望の声がたかまってきていたのである。

ルイ＝ナポレオンは、この第一回普通選挙には、腹心のペルシニーらの熱心な要請があったにもかかわらず、あえて立候補しなかった。彼は、その理由を選挙のあとの五月一一日に恩師のヴィエヤールにこう語っている。

フランス社会が落ち着かないかぎり、いいかえれば、憲法が制定されないかぎり、フランスにおける私のポジションはきわめて難しく厄介なものとなるだろう。それどころか、私自身にとってたいへん危険なものとなるかもしれない。（同書に引用）

実際、状況は彼の危惧したとおりの方向へ進んでいった。まず、五月一五日に過激派の議会乱入事件が発生したが、このときは、陰でボナパルティストが糸を引いているというデマが流れ、ルイ＝ナポレオンの国外追放を議決しようという動きが起こった。ルイ＝ナポレオンは、代議士に選ばれていたヴィエヤールに、普通選挙で選ばれた議会にたいし絶対的忠誠を誓う旨の手紙を送り、これを議会で読み上げてくれと要請せざるをえなかった。それと同時に、彼は、待ち切れずにボナパルティストのプロパガンダを開始したペルシニーにむかって、次のような警告を発している。

「フランスの状況について考えれば考えるほど、また私の立場を考慮すればするほど、さらに私の気持ちや能力や希望について思いを巡らせば巡らすほど、私はなおしばらく、起こっているすべてのことに部外者でいようと決意したのだ。私は自分の思ったとおりに行動し、自分にふさわしい役割を演じたい。さもなければ、まったくの無でいるほかない」

だが、本人の慎重論とは裏腹に、ルイ＝ナポレオンを待望する声は、とりわけ農民の間で次第にたかまってきていた。六月の四日に補欠選挙が行われると、ルイ＝ナポレオンは、立候補しなかったにもかかわらず、パリのほか、イヨンヌ県、シャラント・アンフェリユール県、コルシカ県で当選してしまった。小説家のメリメは手紙に書いている。「シャラント県から戻ってきた友人の話では、ルイ＝ナポレオンに投票した農民たちは、その伯父に投票したつもりでいるということです」

これを機会にペルシニーらのプロパガンダは力を得て、ボナパルティストの機関紙がいくつか生まれた。軍隊の内部でも親ナポレオン勢力が形成された。こうしたルイ＝ナポレオンの人気に共和派は恐怖した。

そこで、ルイ＝ナポレオンはこの恐怖を取り除くため、議員を辞職する旨を議会に伝えた。一歩後退二歩前進の戦略である。この方針の正しさは、その後の状況によってただちに証明された。あの六月事件が発生したのである。

六月事件とルイ＝ナポレオン

六月事件は、失業者救済のために開設されていた国立作業場を、五月暴動に恐怖を感じた議会の多数派が六月二一日をもって閉鎖すると突如通告したことから起こった。パリの労働者はこの措置に抗議して「パンを、しからずんば銃弾を！」と叫んで東部地区を中心に四〇〇のバリケードを築いてたてこもった。

政府から全権をゆだねられたカヴェニャック将軍は、言論・集会の自由を禁止する法律を可決させた上で、徹底的な弾圧に乗り出し、四日間の戦闘で蜂起を完全に鎮圧した。死者は五〇〇〇人、逮捕者は一万五〇〇〇人を超えた。大革命以来、疑心暗鬼ながらも数度の革命で共闘していたブルジョワと労働者の間には、この六月事件を境に、深い溝が生まれることとなる。労働者はブルジョワにたいして憎悪を抱き、ブルジョワは労働者を恐怖するという相互不信の構図ができあがったのである。

ルイ＝ナポレオンがこの六月事件のさいにフランスにいなかったことは大きなプラス・ポイントになった。もしルイ＝ナポレオンが、なんらかの形でこの事件にコミットしていたら、囚人か獄吏かという最悪の二者択一を迫られていたところだろう。それでなくとも、

六月事件
1848年6月21日、失業者対策として開設された国立作業場の閉鎖を機に、パリ東部の民衆が一斉に蜂起してバリケードを築いたが、政府から全権を委譲されたカヴェニャック将軍は徹底的にこれを弾圧。以後、ブルジョワ共和派と民衆の間には深い溝がうがたれることになる。［Q］

この六月事件は、労働者の中に入り込んだボナパルティストが引き起こしたものだという噂がまことしやかにささやかれ、警視庁の密偵たちはルイ＝ナポレオンの関与を暴こうと必死になっていたので、彼がパリにいたら何らかの嫌疑をでっちあげられ逮捕されていたかもしれない。ルイ＝ナポレオンはコルニュ夫人にあてて、こう語っている。

「つくづく議員を辞職しておいてよかったと思っています。もしそうでなかったら、まちがいなく、この恐ろしい事件の首謀者にしたてられていたことでしょう。もちろん、パリにいなかったにもかかわらず、中傷がおこなわれ、私が暴動を支援したという噂が広まっていることは知っています。でも、そんな噂はいずれ事実があきらかになれば消えてしまうことでしょう」

ルイ＝ナポレオンは、こうして自分の方針の正しさを確認しながら、ロンドンを一歩も離れずパリの状況を冷静に見守っていた。

カヴェニャック将軍に全権がゆだねられたというニュースをレディ・ブレシングトンの夕食の席で聞いたとき、彼はこうつぶやいたという。

「あの男は私に道を開いてくれるだろう」

登場の機、熟す

やがて夏が過ぎ、状況は少し落ち着きを見せた。九月に補欠選挙が行われたとき、ルイ＝ナポレオンは、これまでの方針を転換し、フランスの一三の県で立候補した。といっても、ロンドンを離れたわけではなく、ペルシニーらを使って、候補者名簿に名前を登録させただけである。積極的な選挙運動を展開したわけでもないのに、五県で当選、セーヌ県（パリ市）では堂々トップ当選だった。

ついに機は熟したのである。九月二五日、ルイ＝ナポレオンは、ふたたびドーヴァー海峡を渡り、伯父ゆかりのヴァンドーム広場に面したライン・ホテルに姿をあらわした。だれもこの人物の素顔を知らなかった。だから、彼が、当選の挨拶をするため、雛壇に登場したとき、代議士たちは固唾を呑んで演説を待ち受けた。

完全な失望だった。ルイ＝ナポレオンが自分をふたたび受け入れてくれた共和国に感謝する短い演説をよく聞き取れない声で述べただけで早々に雛壇を下ると、議場のいたるところから、「なんだ、あれは」という呟きとともに、せせら笑いが聞こえた。共和国（レピュブリック）をレピブリックと発音するドイツ訛りもさることながら、とりわけ、冴えないその風貌が満場の嘲弄の種になった。オルレアン派の大物レミュザは次のように描写している。

「長い顔に鈍重そうな表情。病人のような鉛色の顔色。オウムのような大きな鼻。ボーアルネ家特有のだらしない口元。（中略）顔は体にたいして長すぎ、体は足にたいして長すぎる。身振りは鈍くぎこちなく、動作はまるで腰でも悪いように鈍重だ。声は鼻にかかってよく通らず、話し方も熱がこもらず単調だ。ようするに外見からすると、非常に感じが悪い」（『我が人生の回想』に引用）

ヴァンドーム広場

1848年9月、機は熟したと見たルイ＝ナポレオンはドーヴァー海峡を渡り、ナポレオンゆかりのヴァンドーム広場に面したライン・ホテルに姿をあらわした。[C]

ルイ＝ナポレオンの議会初登場

9月25日、ルイ＝ナポレオンは議会に初登場し、当選の挨拶を行ったが、ドイツ訛りがひどく、満場の失笑を買った。ティエールは「ただの馬鹿だ」と片付けた。戯画は、元家庭教師で、ボナパルティスト党の代議士となったヴィエヤールがルイ＝ナポレオンを後ろから支えているように描いている。[N]

ティエールは一言、「ただの馬鹿だ」と片付けた。ティエールのこの言葉はすべてを要約していた。ルイ＝ナポレオンへの議会の期待はこの演説で完全に消え去ったのである。

だが、こうした悪印象はむしろルイ＝ナポレオンにとって好都合に作用した。だれもが、彼にたいする警戒心を解いてしまったからである。そして、右も左も、この馬鹿は変に人気があるから、ひょっとして利用価値があるかもしれないと考えた。担ぐ神輿は飾りが立派で軽いほうがいい、というわけである。

しかし、この神輿、『2001年宇宙の旅』のコンピュータ「HAL」以上のすさまじい深慮遠謀を秘めていたのである。

共和国大統領へ

一一月に入ると憲法制定議会での議論が煮詰まり、共和国の政治形態が決定された。

行政の執行権は直接普通選挙で選ばれた任期四年の大統領が有する。大統領は議会に責任を負わずに内閣を任命及び解任できるが、議会の解散権はもたない。要するに、アメリカの政治形態をまねた大統領制なのだが、大統領と議会が対立した場合、どちらにより強い権力を与えるかが規定されておらず、しかも、大統領は再任できないという規定があって、これが後々、大きな禍根を残すことになるのである。

とまれ、第二共和制の憲法は賛成多数で可決された。政治日程は当然、大統領選挙へと移っていく。投票日は一二月一〇日と決まった。立候補者は、カヴェニャック将軍、ラマルチーヌ、ルドリュ＝ロラン、ラスパーユ、それに、ルイ＝ナポレオンの五人である。

このうち、大本命と目されたのは、六月事件の立て役者カヴェニャック将軍である。彼は議会の多数派である穏健（ブルジョワ）共和派の全面的支持を取りつけていた。内務大臣デュフォールは全国の知事にプロパガンダに取り掛かるように命じていた。支援に回った新聞は、穏健共和派の二大紙『ナシオナル』と『シエークル』を中心に、穏健保守の『ジュルナル・デ・デバ』、それに共和派の風刺新聞『シャリヴァリ』などである。

いっぽう、臨時政府の閣僚の二人、ラマルチーヌとルドリュ＝ロランは、革命の一方の主体であった民主・共和派が基盤のはずだったが、六月事件で幻滅したこの層の支持を失って、対抗馬たる実力を発揮しえなくなっていた。まだ革命に希望をたくしている左翼や社会主義者は、むしろ、五月の議会乱入事件で逮捕され獄中立候補しているラスパーユの支持に

カヴェニャック将軍

共和国初代大統領の大本命と見なされたカヴェニャック将軍。穏健共和派の新聞の多くが彼を支持したが、初の選挙権を与えられた民衆からは六月事件の弾圧者として忌み嫌われた。[N]

まわっていた。

その結果、初めは泡沫候補としか見なされていなかったルイ＝ナポレオンが、にわかに大穴として浮上し、ついで、選挙戦が中盤にさしかかる頃から堂々たる対抗馬となってきたのである。

第二章　大統領就任

1　四面楚歌

大統領選挙に圧勝

大統領選挙中盤からルイ＝ナポレオンの人気が急上昇するにつれ、勝馬に乗ろうとする連中が次々に彼の支持に回った。

最初から支持を表明していたナポレオン・コンプレックスの塊のような二人の男ヴィクトル・ユゴー（新聞『エヴェンヌマン』）とエミール・ド・ジラルダン（新聞『プレス』）のほかに、オルレアン王朝派と正統王朝派の二大保守勢力も、敵の敵は味方だという論理で彼の陣営に加わった。オルレアン王朝派のティエールは、公然とこう言い放った。

「ルイ＝ナポレオンが選ばれるのがいいとは言わないが、我々のような穏健な人間にとって、それは最小の悪である」

こうして、歴史上初の普通選挙による大統領選挙は、奇妙な対決の構造を呈してきた。すなわち、共和派の本命カヴェニャック将軍は、共和主義の主体となるはずの労働者や知識人からは、六月事件の虐殺者として忌み嫌われている。いっぽう、対抗馬たるルイ＝ナポレオンはといえば、民衆の味方ユゴーと自主独立の改革派ジラルダンに支持されてはいるものの、傀儡《かいらい》化を目論む旧体制派からの支援を受けている。そしてこの大統領制の生みの親である臨時政府の候補はまるで人気がない。

ようするに、まさにティエールの言葉どおり、左右どちらの有権者にとっても、大統領候補は、よりマイナスが少ないのは誰かという引き算型の候補でしかなかったのである。そのせいか、選挙戦は、政策論争よりも、相手の悪いイメージを誇張し、スキャンダルをあばく暴露合戦に終始した。

なかでも、カヴェニャック支持にまわった共和派のジャーナリスト、ジュール・エッツェルは、『ルヴュ・コミック』という新創刊の絵入り風刺新聞でドーミエ、ナダール、シャムなどの風刺画家を総動員して、ルイ＝ナポレオンを徹底的に愚弄した。カリカチュアはルイ＝ナポレオンがティエールの傀儡であることや、かれが借金返済のために大統領選挙に打って出たという噂を繰り返し強調した。この揶揄の刷り込みはよほど強烈なものだったらしく、知識人の抱くルイ＝ナポレオンのイメージはほぼこの線で固まってしまう。

いっぽう、ルイ＝ナポレオンについたジラルダンの『プレス』は、カヴェニャックの当選は一七九三年の恐怖政治の再来で、社会と経済の大混乱がくると警告した。

だが、こうしたプロパガンダは、あくまで、候補者の思想信条に興味をもつ知識階級の人間にしか影響を及ぼさなかった。有権者の大多数を占める農民にとっては、なにが暴露されようが、そんなことはまったくおかまいなしだったのである。

　というのも、彼らのほとんどは読み書きができず、新聞はおろか選挙公報に記されている候補者の名前すらも解読できなかったからである。投票にさいしては、ただ、耳から入った候補者の名前が親しみのあるものか否かだけが選択の基準になった。この点は、今日の日本の大都市の首長選挙とまったく同じである。違いは、名前の浸透がテレビではなく、口コミによって、たとえば、村のカフェや教会の説教を介して行われたという点だけである。彼ら農民にとって、カヴェニャックもラマルチーヌもルドリュ＝ロランも、外国人の名前と変わらなかった。聞いたことのあるのはルイ＝「ナポレオン・ボナパルト」というこの名前だけである。伯父との区別がついているかどうかも怪しかった。

　選挙結果はあらゆる予想をはるかに越えていた。ルイ＝ナポレオンは総投票数の七四・二パーセント、すなわち五五〇万票を獲得。いっぽうカヴェニャックは二〇パーセントを得

ルイ＝ナポレオンの風刺画

上◉牛（ナポレオン）と偉大さを張りあおうとするカエル（ルイ＝ナポレオン）。

中◉ルイ＝ナポレオンを持ち上げようとするユゴーとジラルダン。

下◉ルイ＝ナポレオンを操るティエール。ルイ＝ナポレオンはティエールの傀儡であるとしている。[N]

たにとどまった。ルドリュ＝ロランはわずか五パーセント、ラスパーユとラマルチーヌは一パーセントにも届かなかった。なかでもラマルチーヌの総得票数はわずかに一万七九四〇票で、国民の憫笑《びんしょう》を買った。二月革命の主体となった労働者たちは棄権するか、ルイ＝ナポレオンに投票したのである。

憲法には、第一位の得票数が過半数に達しないときには議会の投票で大統領を決めるという規定があったが、この規定が適用されるまでもなかった。ストラスブールとブローニュの一揆で二度囚人になり、石工に化けて脱獄した男が、わずか二年半後には、フランス共和国の初代大統領になろうとは、本人を除いて、いったいだれが予測しえただろうか。獄中で夢想した、普通選挙による帝政の実現というルイ＝ナポレオンの摩訶不思議な夢が実現に一歩近づいたのである。

たった一人で大統領府へ

一八四八年一二月二二日、立法議会で宣誓を終えたルイ＝ナポレオンは、大統領官邸のエリゼ宮におちついた。これ以降、彼はナポレオン三世として皇帝に即位するまで、皇太子＝大統領（プランス＝プレジダン）と呼ばれるようになる。

だが、この敬意にあふれた名称とは裏腹に、議会でも官邸でも、ルイ＝ナポレオンは、外国の寄宿学校に途中入学した生徒のように、まったく孤独だった。否、むしろ、敵中降下を敢行した落下傘兵のごとくに孤立無援、四面楚歌だったといったほうが適切かもしれない。パリには、ロンドンとちがってだれ一人、心を許せる友も知己もいなかった。もちろん、忠実な部下のペルシニーはつねに彼と行動を共にしていたが、ペルシニーとても、一〇ヵ月前に牢獄から釈放されたばかりの身で、政界・財界・社交界のつては一切なかった。政治家たちは、右も左も、この闖入者にたいして、まずはお手並み拝見とばかり、高みの見物を決め込んでいた。というよりも、本当のところは、だれにも大統領制というものがよく呑みこめていなかったので、この「スイス人」（ドイツ語圏スイス出身のルイ＝ナポレオンはこう呼ばれた）をどのように扱っていいか見当がつかなかったのである。それに、ルイ＝ナポレオンの思想というのが、従来の見方からすると右なのか左なのか、見極めがつかなかった。

勝手がわからないという点では、ルイ＝ナポレオンのほうでも同じだった。味方になってくれそうな有力政治家はひとりもいなかった。ナポレオンの治世からすでに三〇年以上が経過し、皇帝の威光を知る将軍たちもいなくなっていた。だが、大統領となった以上は、早急に首相を指名し、組閣を命じなければならない。

首班には、選挙戦の経緯からして、順当にいけば、殊勲甲のジラルダンかティエールが指名されるはずだった。

政策面では、サン＝シモン主義に対する共感という点でルイ＝ナポレオンとジラルダンは共通するものをもっていた。しかし、ジラルダンは政界ではまったくの一匹狼で、内閣を運営するにはあまりに敵が多すぎた。それに、ジラルダンは独自の急進的改革案をもち、内閣を組織したあかつきには、ただちにその実現を図ろうとしていたので、早晩、ルイ＝ナポレオンと対立することは目に見えていた。秩序の回復を第一に掲げるルイ＝ナポレオンにとっては、この選択肢は危険すぎた。

いっぽう、最終局面でルイ＝ナポレオン擁立に回ったティエールはといえば、ジラルダンの首班には強硬に反対したものの、最初から難航が予想される政局で自分が泥を被るつも

議会での宣誓
12月10日に行われた初の大統領普通選挙で、ルイ＝ナポレオンは74.2パーセントの得票率で圧勝。フランス共和国初代大統領に選ばれた。12月22日、落下傘兵さながらに議会の演壇に降り立ったルイ＝ナポレオンは宣誓を終える。[C]

オディロン・バロー
どの党派の協力も得られずに組閣に苦しんだルイ＝ナポレオンは、七月王朝で最後の首相をつとめたオディロン・バローに組閣を命じたが、オディロン・バローは保守派で固めた内閣を作って抵抗した。[I]

りは毛頭なかった。彼が考えていたのは、ルイ＝ナポレオンをより操り易い傀儡にすることだけだった。そこで、ルイ＝ナポレオンから相談をうけたとき、ルイ・フィリップのもとで七月王政最後の首相を務めたオディロン・バローを推薦した。ティエールは、無能なオディロン・バローなら、手足として思いのままに使えると踏んだのである。

ルイ＝ナポレオンは躊躇した。オディロン・バローは、彼がアムの牢獄にいたとき、父親のルイ王の死に目に会うため一時釈放をルイ・フィリップに申請した手紙の仲介者でもあり、まったく見知らぬ仲ではなかったが、自分の理想を実現するにふさわしい首相とは思われなかったからだ。

オディロン・バローなら、むしろ、共和派に内閣を組織させたほうがよいように思えた。しかし、共和派の政治家たちは、大統領選挙での因縁もあり、ほとんどが協力を拒んだ。ルイ＝ナポレオンはのちにエミール・オリヴィエに「初めに共和派の内閣を組織できずに、ポワチエ街の連中（ティエールとモレを中心にした王党派連合）に組閣を任せざるをえなかったのは私にとって大きな不幸だった」（オリヴィエ『自由帝政』）と語ったと伝えられる。

共和派に拒否されたルイ＝ナポレオンは、つぎにラマルチーヌのことを思い浮かべた。ラマルチーヌなら、微温的な共和派であり、左右融和を目指すルイ＝ナポレオンとしては組みやすい相手である。それに、民衆の福祉という自らの理想にも理解を示すにちがいない。そこで、ブローニュの森を散歩中に偶然出会った風を装って、ラマルチーヌに近づき、首相になってくれるよう懇請した。

ラマルチーヌは自分はフランスで一番不人気な男だからと首相就任を固辞した。ルイ＝ナポレオンは人気なら私が二人分もっていると答えた。これにたいして、ラマルチーヌは、「私としてはバローを推すが、もしバローが辞退したら、そのときはお受けしましょう」と含みをもたせる答え方をした。

結局、オディロン・バローは首相を引き受け、ラマルチーヌ内閣は実現しなかった。

内閣との確執

オディロン・バローは、『回想録』の中でエリゼ宮に初めて参内したときの模様をこう記している。

「『あなたは貧困に関する私の本（『貧困の根絶』）を読まれましたか？』と彼《ルイ＝ナポレオン》は私にたずねた。

『はい、ざっと目を通しました』

『で、どうですかな、新内閣のプログラムは全部書かれているとお感じにはなりませんでしたか？』

『いかにも、お考えはご立派なものと存じます。ですが、実際的で実現可能なものはなにひとつないように思われますが』（中略）

『なるほど、たしかにあなたの言われるとおりかもしれません。しかし、私のような名前をもつ男が政権についたときには、なにか偉大な事業を成して、人々の心を政府の栄光によって感動させなくてはならないのです』

『そのような政府でしたら、私はまったく不適切な人間です』」

たしかに、ルイ＝ナポレオンの理想を実現するには、オディロン・バローは「まったく不適切な人間」だった。だが、ルイ＝ナポレオンとしては、ほかに首相の引き受け手がいなかったので、他の選択の余地はなかったのである。

案の定、オディロン・バローは、共和主義者のビクシオを除くと、閣僚をすべてオルレアン派（ルイ・フィリップ王朝派）や正統王朝派の古株政治家で固めた内閣をつくった。

しかし、ティエールやモレ、モンタランベールといった、実際に党派の意向を代表する実力政治家は、身を危うくするのを恐れて入閣しておらず、閣僚はどれも二流の政治家ばかりだった。いわば、彼らは何かをするために入閣したのではなく、大統領に何もさせないために入閣したのだった。事実、閣僚たちは、ルイ＝ナポレオンの意図した政治をなにひとつ実行に移そうとしないばかりか、ことあるごとに大統領の存在を無視し、その手足を縛ろうとした。

だが、最初のうち、ルイ＝ナポレオンは内閣のこうした態度に抵抗しようとはしなかった。閣議が開かれても、ほとんど口を開かず、夢遊病者のような態度で、閣僚たちのおしゃべりを聞いていた。自分の意志も述べようとはしなかった。第二次オディロン・バロー内閣で外務大臣をつとめたトクヴィルはルイ＝ナポレオンについてこう語っている（トクヴィル『フランス二月革命の日々――トクヴィル回想録』喜安朗訳）。

話をするのは不得手で実り少ないものだ。彼は人に話をさせたり、そうした人と親密な間柄になるといった技術を持ち合せなかった。自分自身の考えをはっきり述べることが、なかなかできなかったが、三文文士的習性をもっていて、ある程度は文筆家としての自負があった。自分を表に出さないという彼の性格には、陰謀をこととする生活を送った人によくみられるような根深さがあったが、彼の場合はとくに、表情の動きのなさや、まなざしに光がないということによって、それが輪をかけたものになっていた。彼の目はどろんとしてもやがかかったような具合で、船室のあかり取りの窓の厚いガラスのようだった。

ようするに、閣僚たちとルイ＝ナポレオンの間には外国人同士のような完全なコミュニケーション・ギャップが横たわり、ほとんど意思の疎通は行われていなかったのである。

お互い相手の思考が読めぬまま、両者は、しばらく出方をうかがっていたが、やがて正面から対立するようになる。最初の軋轢《あつれき》は、ルイ＝ナポレオンが、オディロン・バロー内閣の内務大臣マルヴィルに、ストラスブール事件とブローニュ事件の関係書類一式を手渡すよう命じたときに表面化した。マルヴィルはこの命令を断固拒否し、内閣もマルヴィルに同調して総辞職をもって応えようとした。

ところが、オディロン・バローが辞表を携えて官邸に現れると、ルイ＝ナポレオンは、自分の取った態度を丁重にわび、内閣の総辞職を思いとどまるよう要請した。結局、内相のマルヴィルとそれに同調したビクシオが辞任しただけで事件はケリがついた。この出来事で、保守派の政治家たちは、ルイ＝ナポレオンがどうやらただの馬鹿ではないらしいと気づきはじめた。オディロン・バローはこう述べている。

「最初、彼は抵抗に遭うと、自分の心の秘密の部分へと退却し、忠告者たちの意見に耳を傾けているように見える。だが、実際は、いったん攻撃を延期し、待機しているにすぎないのだ」

内閣がまったく動こうとしないのを見ると、ルイ＝ナポレオンは、方針を転換したかのように、軍服に身をくるんで、閲兵や市内各所の視察に出掛けるようになった。兵士や民衆の間での彼の人気はすばらしかった。行く先々で「ナポレオン万歳！」、さらには「皇帝万歳！」という叫びが聞こえた。人々は、ルイ＝ナポレオンはエリゼ宮を出てチュイルリ宮に入ろうと狙っている（皇帝になろうとしている）と噂した。事実、クー・デタの噂が何度か流れた。だが、ルイ＝ナポレオンは、絶好のチャンスを前にしても野心をまったくのぞかせなかった。国民軍およびパリ駐屯部隊の司令官シャンガルニエ将軍などは、「あの臆病野郎は帝国がほしくないんだ」とさえ、言い放った。

ルイ＝ナポレオンの真意の読めない政治家たちは、「女をあてがっておきさえすればいいだろう」とささやきかわした。

華やかな女性関係

実際、この方面での大統領の活躍はなかなかのものだった。ロンドン亡命時代から彼を愛情の面でも財政の面でも支えていたミス・ハワード（エリザベス＝アン・ハリエット）は、エリゼ宮のすぐ近くにあるシルク街に住んでいた。執務が終わると、ルイ＝ナポレオンは、マリニー街の裏口から抜け出して、この愛人の宏壮なアパルトマンに身を落ち着け

閲兵するルイ＝ナポレオン
バロー内閣と対立したルイ＝ナポレオンは軍服姿で閲兵を行ったり、市内の視察に出掛け、民衆の支持が自分にあることを確信するに至った。この頃から、ルイ＝ナポレオンのクー・デタが噂されるようになった。［C］

『眠るニンフ』
世界一の肉体の持ち主といわれたアリス・オジー。ルイ＝ナポレオンがオジーを描いたシャセリオーのこの絵画を所望すると、関係者が「いっそ、オリジナルをお買いになられては？」と勧めたという話は有名。［C］

た。ミス・ハワードは、パリでは目立ちすぎる大柄な金髪美人だったので、昼間は同じ馬車には乗らず、ブローニュの森で待ち合わせをすることになっていた。

ミス・ハワードのアパルトマンには、パリの社交界で名をはせているハートフォード侯爵、その弟でジョッキー・クラブの設立者ヘンリー・シーモア卿、彼らの甥でその名を公共水飲み場に残すリチャード・ウォーラス（仏語読みではヴァラス）などのイギリス人のダンディーや、ルイ＝ナポレオンの腹心の軍人たちが出入りしていた。

もちろん、女性に対するルイ＝ナポレオンの好奇心は、ミス・ハワード一人で満たされていたわけではない。ロンドン時代に知り合った女優のラシェルとよりを戻したり、画家のシャセリオーの愛人兼モデルで、世界一の肉体の持ち主といわれたアリス・オジーとも関係を結んだ。ルイ＝ナポレオンが、アリス・オジーを描いたシャセリオーの『眠るニンフ』を熱心に眺め、ぜひこれを購入したいと申し出ると、関係者が「いっそ、オリジナルをお買いになられては？」といったという話は有名である。

ブローニュ一揆で婚約破棄になってしまった従妹のマチルド皇女と再会したのもこの頃である。マチルドは政略結婚でロシアの大富豪デミドフ公に嫁いだが、夫の暴力に耐え兼ねて別居状態になっていた。マチルドは、すでにかなり肥満し、あの美しい肩にも肉が付いていたので、痩せ型好みのルイ＝ナポレオンとしてはすでに興味の対象外だった。ただ、きらめくようなマチルドの知性は相変わらずだったので、ルイ＝ナポレオンは彼女のサロンにはよく足を運んでいた。

このマチルドのサロンで、ルイ＝ナポレオンは素晴らしい肩をした一人の若い女性に出会った。母とともにパリに婿探しにきていたスペインの大貴族の娘、エウヘニエ・デ・モンティホー（ウージェニー・ド・モンティジョ）である。

彼女と母親は一八四九年の秋、ヴェルサイユで馬を巧みに操っていたルイ＝ナポレオンの姿を遠くから見かけ、ひそかな関心を抱いていた。もちろん、そのときには、ルイ＝ナポレオンは彼女には気づかなかったが、マチルドのサロンで出会ったときには、たちまちその輝くような美しさにひきつけられた。マチルドはかねてよりミス・ハワードに反感を抱いていたので、進んで取り持ち役をひきうけた。

ルイ＝ナポレオンにひきあわされたモンティホー嬢は、『貧困の根絶』を読んだことがあるといって、彼を驚かした。彼女は、ストラスブールの一揆で大きな役を演じたマダム・ゴルドンとピレネーの温泉で知り合い、ルイ＝ナポレオンに対する称賛を聞かされたことを話した。ルイ＝ナポレオンはモンティホー嬢にいっそう興味を抱いた。だが、賢明な母親は、娘が皇太子《プランス》＝大統領《プレジダン》の愛人となることは許さなかった。結婚の約束以外は聞き入れてはならぬと、常々、娘に言い聞かせていたのである。モンティホー母娘は、ウージェニーの姉のアルバ公爵夫人の進言もあって、いったんパリを離れた。ルイ＝ナポレオンと再会するのは二年後のことである。

2　議会との暗闘

立法議会選挙の思わぬ結果

一八四八年の暮れに大統領となってからほぼ半年の間、ルイ＝ナポレオンは内政面ではなんら成果らしい成果をあげることができなかった。

内閣が手足となって動いてくれなかったことがその最大の原因だが、憲法制定議会で、穏健共和派と秩序派（オルレアン派と正統王朝派）が勢力を二分して、大統領を支持する党派がほとんどゼロに等しかったことも大きく影響していた。

しかし、五月になれば、憲法制定議会が解散し、立法議会の選挙が行われる予定なので、事態は多少好転する可能性がある。あいかわらず国民の間のルイ＝ナポレオンの人気は素晴らしかったからである。

ところが、五月一三日と一四日の両日に行われた立法議会選挙（定数七五〇）の結果はだれにとっても予想外のものだった。

憲法制定議会の多数派だった穏健共和派は八〇議席に転落。反対に、秩序派はオルレアン派と正統王朝派合計で四五〇議席を獲得し、絶対過半数を制した。いっぽう、ルドリュ＝ロランらの山岳党（共和派左派と社会主義者の連合）も大きく進出して二一〇議席を得た。

肝心のボナパルティスト党は、人材を欠き、組織も整備されていなかったので、知事や町長を掌握している秩序派の敵ではなく、党派と呼べぬほどのわずかな議席を占めたにすぎなかった。ルイ＝ナポレオンの個人的人気は、議会選挙にはいささかの影響も及ぼさなかったのである。

じつは、秩序派にとっても、この選挙結果は、不満足なものだった。というのも、地滑り的勝利で、共和派を一掃できるものと踏んでいたのが、山岳党が二一〇議席も獲得し、「夢みていたほどの勝利が得られなかったために、大変がっかりしてしまって、本当に敗北してしまったような気持ちになっていた」（トクヴィル『フランス二月革命の日々』喜安朗訳）からである。これに対し、山岳党は「一転して喜びに酔い、度はずれて大胆になり、あたかも選挙によって新議会で多数派になった」（同書）ように振る舞っていた。

そんなとき、かねてよりくすぶっていたイタリア問題が火を吹いた。

イタリア問題と共和派左派の六月蜂起

オーストリアに国土の半分以上を支配されていたイタリアでは、二月革命の後、ローマに共和政府が成立し、教皇ピウス九世は一八四八年の一一月二四日にガエタに難を逃れていた。

ルイ＝ナポレオンは、大統領選挙のさいカトリックの支援を受けるのと引き換えに教皇のローマ帰還を約束していた。その約束に基づいて、四月二四日に、チヴィタ・ヴェッキアに軍隊を派遣したが、これは、オーストリアの進出を阻止するという立派な名目があったか

プランス=プレジダン時代のルイ=ナポレオン
大統領となったルイ=ナポレオンはプランス=プレジダンと呼ばれた。[C]

ら、フランスの左右両陣営にとって、異存のない措置だった。

しかし、五月の初め、大統領からの命令を受けたフランス軍がローマに入城しようとすると、ローマ共和国軍の激しい抵抗に遭い、撃退されるという事態が生じた。ルイ=ナポレオンとしては、国連の調停軍のようなつもりで軍隊を派遣したのだが、ローマ共和国側は、これを侵略と受け取ったのである。伯父にちなんで、イタリアの解放者気取りでいたルイ=ナポレオンは、この抵抗に、フランス軍の栄光が汚されたと激怒して、軍隊の増援を決定した。

これに対して、フランスの共和派の新聞は、軍隊による外国革命への干渉を禁じた憲法を盾にとって、この干渉を激しく非難した。とりわけ、山岳党は批判の急先鋒に立ち、先述の五月の立法議会選挙では、イタリア問題を政治の焦点にして、大躍進をとげた。六月に入って立法議会が開かれたとき、再び、ローマ攻撃のニュースが届いたので、山岳党のルドリュ＝ロランは大統領と前内閣に対する非難決議案を提出するいっぽう、大衆にデモ行進を呼びかけた。これに答えて六月一三日、シャトー・ドーの広場に八〇〇〇人の群衆があつまった。

成立したばかりの第二次オディロン・バロー内閣は混乱し、右往左往していたが、暴動による社会の混乱をなによりも嫌うルイ＝ナポレオンは、むしろ左翼勢力の一掃を図る機会到来と考え、冷静に指揮にあたった。「いまや、善人は安心し、悪人は震えるときがきた」という布告を発布し、みずから軍服を着て、シャンガルニエ将軍とともに騎兵部隊の先頭にたち、議会にむかって行進してきたデモ隊に割って入り、叛徒を四散させてしまった。パリの民衆はルイ＝ナポレオンの勇姿に拍手喝采した。

ルドリュ＝ロランらの山岳党の代議士たちは拠点の工業技術学院に立てこもったが、民衆は彼らの呼びかけにまったく答えず、バリケードもわずかしか作られなかった。ルドリュ＝ロランはからくも脱出してベルギーに亡命した。山岳党はこの武装蜂起の失敗で、三〇名の代議士が逮捕されるか、あるいは亡命し、大幅にその勢力を減少させた。

左右対立の調停者として振る舞う

だが、暴動に恐怖した秩序派は、これだけでは満足せず、山岳党の残党を武力で一掃するようルイ＝ナポレオンをけしかけた。ところが、ルイ＝ナポレオンは、秩序派のための傀儡となってクー・デタを起こしてやるような馬鹿なまねはしようとはしなかった。ラ・フォンテーヌの『寓話』にたとえれば、猿のベルトランのおだてに乗って焼けた栗をかきだす猫のラトンにはならなかったのである。

逆に、ルイ＝ナポレオンは秩序派のくびきを脱するための工作を開始した。六月に始まった全国遊説がそれである。

この全国遊説では、ペルシニーがまえもってお膳立てをしていたこともあって、ルイ＝ナポレオンは行く先々で「皇帝万歳！」の圧倒的歓呼で迎えられた。彼は演説の中で、秩序派のもちかけたクー・デタ計画を退けたことを明かしたうえで、みずからは左からの革命と右からのクー・デタをともに排し、左右の調停者となって共和国を守っていくという決意を述べ、混乱に倦み秩序と安定を欲する国民、とりわけ、農民と労働者から強い支持を受けた。

秩序派は、こうしたルイ＝ナポレオンの動きに不快感を隠さなかったが、一〇月にイタリア問題が再燃すると、両者はより深刻な対立にみまわれた。

ことの発端は、七月にローマを奪還したフランス軍によって教皇の座に戻されたピウス九世が、革命の教訓を理解せず、ふたたび反動政治を始めたことにあった。ルイ＝ナポレオンは、これを憂慮し、内閣には知らせずに、派遣部隊の総司令官エドガール・ネー大佐に次のような書簡を送った。

「フランス共和国はイタリアの自由を圧殺するためにローマに軍隊を派遣したのではない。（中略）教皇権を暫定的に復活させた目的は、全面的休戦、政府の還俗、ナポレオン法典の施行、自由な政府の確立である」

山岳党の六月蜂起

イタリア問題をきっかけに山岳党のルドリュ＝ロランは民衆の支持を当て込んで蜂起したが、ルイ＝ナポレオンは軍隊の先頭に立ってこれを粉砕。ルドリュ＝ロランらはすんでのところで処刑されるところだった。これ以後、山岳党は勢力を失う。[H]

全国遊説

皇帝民主主義者だったルイ＝ナポレオンは、小まめに地方を回って遊説し、各地で農民と労働者の人気を確たるものにした。[H]

この手紙は、初めイタリアで、ついでフランスで公表され、大きな紛糾を引き起こした。ルイ＝ナポレオンをうまく利用してイタリア問題を処理したと思い込んでいた秩序派、とりわけカトリック支持の正統王朝派は、裏切りだといきりたち、反対に共和派は大統領の意外なリベラルさに驚いた。外務大臣をつとめていたトクヴィルはルイ＝ナポレオンについてこう記している。

大統領についての私の評価、その陣営の者たちがこうあってほしいと願っていたところよりするると、それよりはるかに劣る人物。彼の敵対者と、彼を支配し都合のよい時に厄介払いしようと考えて、彼を大統領にした人びとが考えていたところよりもずっと出来のよい人物。（トクヴィル前掲書）

トクヴィルは、保守派の中ではルイ＝ナポレオンの性格をもっとも正確につかんでいた政治家で、外務大臣としてイタリア問題の処理にあたっていた。だが、その彼も、今回の書簡のことは理解出来なかった。第二次オディロン・バロー内閣は総辞職した。

自ら新内閣の首班となる

ルイ＝ナポレオンは、これを機会に、秩序派と決別する腹を決め、首相を置かずにみずからが実質的首班をつとめることにし、一一月二日に、ルエール、フールト、バリューなど実務官僚ばかりを集めた軽量内閣を組織した。

新しい内閣の打ち出した政策は、ルイ＝ナポレオンの志向する政治を判断する上で、きわめて興味深いものだが、そこに、一貫した政治理念を読みとることは今日の我々にとってさえ、至難のわざである。というのも、山岳党シンパの官吏の解雇命令を知事に出すなどの反動政策を実施するいっぽうで、一八四八年の六月事件の囚人を解放したりして、政策の機軸が右にあるのか左にあるのか、にわかに判定がつきかねるからである。

ひとつだけいえることは、ルイ＝ナポレオンの思考が、政治上の左右の別を超越していることである。彼が奉仕しようと考えている民衆とは、政治家やインテリの政治思想とは関係のないところにいる、言葉をもたない存在だった。

もしかすると、おしゃべり好きのフランス人ではない「スイス人」であるルイ＝ナポレオンは、やたらに言葉を弄ぶ政治家たちが左右の別なく嫌いだったのかもしれない。いずれにしても、彼は、政治家と民衆は切れているという確信をもっていた。

そして、これは、きわめて正しい直感だった。というのも、一八四八年の六月事件以来、共和派はもはや民衆の代弁者たりえず、両者の間には大きな溝が横たわっていたからだ。革命があったにもかかわらず、というよりも、数度にわたる革命のせいで、そのたびに経済の成長が停滞し、民衆の生活レベルはあきらかに下落していた。

ところが、政争に明け暮れる政治家たちは、右も左も、その重要な事実を知らなかった。民衆は、自由や平等という言葉よりもパンを欲していた。立法議会選挙での秩序派の躍進は、民衆が彼らに期待したというよりも、共和派に幻滅したことを物語っていた。だから、共和派追い落としの反動政策にも民衆の反発はなく、六月事件の囚人の解放にのみ拍手を送った。一八五〇年にサン・カンタンの鉄道除幕式に出席したルイ＝ナポレオンはこう演説した。

「私は、日々、確信を深めています。もっとも親身な、もっとも献身的な私の友は、宮廷の中にはおらず、あばら家の中にいる。彼らは、金箔塗りの天井の下ではなく、作業場や畑にいると」（カストゥロ前掲書に引用）

ひとことでいえば、ルイ＝ナポレオンの思い描いたプログラムは、秩序派の勢力を利用して、まず革命を扇動するだけで社会を混乱させる左翼（悪人《メシャン》）を取り除き、ついで、今度は、秩序派を抑えて、しかるのちに、民衆（善人《ボン》）の生活を向上させるための改革に着手するというものだったのである。「国内では、秩序、権威、宗教、そして民衆の福祉、国外では、国家の威信」という彼の言葉は、こうした青写真をよく物語っている。

いっぽう、城主《ビュルグラーヴ》と呼ばれたティエールやモレなどの秩序派の首領たちは、ただの傀儡だと思っていたルイ＝ナポレオンが意外に手ごわい相手だとわかったので、警戒を強めていたが、ルイ＝ナポレオンの内閣が最初に打ち出した政策が文句のつけようのない反動的なものだったため、民衆保護的な言辞が目障りでも、反対に回るわけにはいかなかったのである。

ファルー法

その典型は、第一次、第二次オディロン・バロー内閣で文部大臣をつとめたファルーが提出した教育改革法案、俗にいうファルー法である。

オルレアン派（三〇〇議席）と穏健共和派（八〇議席）の中間的存在だったオディロン・バロー内閣の中で、正統王朝派（一五〇議席）を代表するファルーは異色の存在だった。正統王朝派は、トクヴィルがいうように「彼らを打ち倒した七月王政を倒し、彼らにも権力への道を開くことにしたのであったから、持続している共和政に、おおかたのものたちよりも満足して」（トクヴィル前掲書）いるという点でルイ＝ナポレオンとの結び付きは強かった。すなわち、ルイ＝ナポレオンの最大の敵は、共和派ではなくオルレアン派だったから、その敵の敵である正統王朝派とカトリックはルイ＝ナポレオンの味方ということになり、ファルーは、オルレアン派を牽制するために欠かせない存在となっていたのである。

ところが、ローマ事件の例のリベラルな書簡で、ファルーは真っ先に辞表をたたきつけ、内閣から飛び出してしまった。

これは、ルイ＝ナポレオンにとってはけっして好ましいことではなかった。そこで、彼は、ファルーがかねてより主張していた、中高等教育における私学の認可と、初等教育におけるカトリック権力の導入を骨子とした教育改革法案を議員立法という形で成立させて、カトリックと正統王朝派の機嫌を取ってやることにした。もちろん、ファルーのほうでも、「最初からルイ＝ナポレオンのどういうところを彼（自分）の目的のために利用できるか

ファルー

オディロン・バロー内閣で文部大臣をつとめた正統王朝派のカトリック支持者。ルイ=ナポレオンは、議会多数派のオルレアン派を牽制するために、中高等教育における私学の認可と初等教育におけるカトリック権力の導入を骨子とするファルー法を成立させた。[E]

を、ぼんやりとだが予知していた」（トクヴィル前掲書）のである。

一八五〇年三月のファルー法の施行にともない、共和思想の小学校教員が一斉にパージされた。フローベールの『ブヴァールとペキュシェ』には、共和派シンパの貧しい小学校教員のプチが、遠隔地への転勤をちらつかせて宗教教育を強要する司祭のジュフロワの恫喝に屈して泣き崩れる場面が出てくるが、これなどは、革命の理念を信じたインテリが、ルイ＝ナポレオンとカトリックとの妥協の犠牲になって悲惨な生活を強いられた歴史的事実の見事な絵解きとなっている。おそらく、インテリのルイ＝ナポレオン嫌いは、こうしたところに根をもっているのだろう。

秩序派の普通選挙骨抜き策動

だが、一連の反動政策は、共和派の左翼バネを刺激することとなり、同じ時期におこなわれた補欠選挙では、山岳党がまたまた躍進し、三〇議席中二〇議席を獲得した。この左翼の盛り返しは、反動勢力の恐怖を引き起こした。そこで、秩序派は決定的な巻き返しに出た。有権者資格として、三年以上の定住期間という制限を設けて普通選挙を骨抜きにしてしまおうというのである。

秩序派の望みは、ルイ＝ナポレオンや山岳党に勢力拡大の道を開く普通選挙を廃止することにあった。だが、直接的にそれを要求したのでは、またまた暴動を引き起こすことになりかねない。そこで、左翼的な都市部の労働者からのみ選挙権を取り上げる方法がないものか思案した。こうして考えだされたのが、有権者資格を、定住期間三年以上の者に限るという法案である。当時、都市部の労働者の多くは出稼ぎの季節労働者だったから、この制限で、一〇〇〇万人の有権者のうち三〇〇万人以上が参政権を失った。とりわけ、パリでは、有権者の六二パーセントが選挙資格を奪われることとなった。これで、普通選挙は事実上、完全な骨抜きになるわけである。

それればかりではない。この制限を設けることによって、議会は、大統領選挙までも意のままに操ることができると計算していた。というのも、大統領の有効当選資格の二〇〇万票という規定は変わらなかったので、もし次の大統領選挙でこの得票数を得る候補があらわれなかったとしたら(その可能性は改正の結果、非常に大きくなった)、規定により、上位三人の候補者のうちから立法議会が大統領を選ぶことになっていたからである。マルクスの指摘するとおり「この法律は大統領選挙を人民の手から国民議会の手へこっそりうつすためにできるだけのことをやった」(マルクス前掲書)のだ。

山岳党は当然のようにいきり立ったが、ここでまた蜂起したりすれば権力の思う壺にはまると考えて、反対は院内行動にとどめ、直接行動は自重した。その結果、選挙法改正案は一八五〇年五月三一日、立法議会ですんなりと可決されてしまったのである。

秩序派はしてやったりとほくそ笑んだ。しかし、そのうちのだれが、これが一年半後のクー・デタの大きな口実となると予測しえただろうか。

3　ついに白刃きらめく

ルイ＝ナポレオンの深慮遠謀

ルイ＝ナポレオンは自分自身、普通選挙にその権力を負うていることを充分、承知していたし、またそう公言してもいた。だから、この秩序派の策動は彼にとって決して好ましいものとは映っていなかったはずである。彼は常々、普通選挙による大統領と民衆の直接的結び付きを主張していたのではなかったか。大統領再選を禁じた憲法の改正を行ってでも次期大統領選挙に出馬しようと目論む彼こそ、反対運動の先頭に立って、秩序派の陰謀と戦わなければならないのではなかろうか。

ところが、ルイ＝ナポレオンは、選挙法改正に関しては、反対を表明はしたものの、そのために行動を起こすことはせず、秩序派のなすがままに任せていた。だが、彼の場合、なにもしないということは賛成を意味してはいない。そんなときには、彼はただ「考えている」のである。

ルイ＝ナポレオンの行動に疑問をもったコルニュ夫人が、「普通選挙によって生まれた子供」であるあなたが選挙法改正に賛成なのかと尋ねたとき、彼はこう答えた（カストゥロ前掲書に引用）。

「あなたはなにひとつ分かっていませんね。わたしはいま、議会の連中を失脚させようとしているだけです」

「でも、議会と一緒に、あなた自身が失脚するんじゃありません？」

「とんでもない。議会が断崖の上にいるときを狙って命綱を切ってやろうと思っているんです」

たしかに、ルイ＝ナポレオンの読みのほうが一歩先を行っていたようだ。議会の秩序派は、選挙法改正でルイ＝ナポレオンの支持者を切り捨てたつもりで、反対に、強固な支持者を作り上げてしまったのである。なぜなら、ルイ＝ナポレオンは、選挙法改正の責任をすべて秩序派に押し付け、自分は、普通選挙の擁護者、民衆の失われた権利を回復させる護民官として立ち現れる決意を固めたからだ。

五月の三一日、法案可決の知らせをもってエリゼ宮を訪れた「城主たち」の一人、モレは、さすがに、政治的嗅覚の鋭さで知られた政治家だけあって、ルイ＝ナポレオンの反応にいささかの不安を感じた。彼はティエールにこう言った。「あの大統領に関しては、なにひとつ確信できない。あいつは法案可決を喜んでいるのかそれとも腹をたてているのかよくわからない。私は、ナポレオン一世、ルイ一八世、シャルル一〇世、ルイ・フィリップの側近だったが、彼らの表情で何を考えているか大体は読めたものだ。だが、あのプリンスときたら、そんなことはおよそ不可能だ」（同書に引用）ジャーナリストのギュスターヴ・クローダンは、「城主たちは、この法案で王国の再建を図ったつもりだが、実際は、帝国のために働いてやったにすぎない」（同書に引用）と喝破している。

俸給増額要求を巡る攻防

選挙法の改正で、革命の危機が遠のいたと見た秩序派は、今度は、ルイ＝ナポレオンをお払い箱にしようと考えた。といっても、いきなり力ずくでというわけにはいかないから、なにかほかの方法を講じなければならない。そんなとき、ルイ＝ナポレオンのほうから、その方法を教えに来てくれた。兵糧攻めである。

ルイ＝ナポレオンは陰謀家の常として、味方を作るのに金品を用いるという癖が抜けなかった。そのため、味方が増えれば増えるだけ、出費も多くなり、大統領の俸給六〇万フランと機密費六〇万フラン（いずれも年額。現在の貨幣価値に換算すると俸給、機密費ともに約六億円）では、とうてい出費を賄っていけなかった。愛人のミス・ハワードに借金したり、高級馬車を売り払ったりしてもまだ足りない。

そこで、議会に対して、俸給を年額三〇〇万フランに増額するよう要求した。マルクスは、こうしたルイ＝ナポレオンのやり方は、いかにもゴロツキにふさわしい手口だとして、次のように手厳しい批判を加えている。

ボナパルトはながい放浪生活のおかげで、自分のブルジョアから金のゆすれる弱気の瞬間をさぐり出す、きわめて発達した触角をもっていた。かれは、本式の恐喝《シャンタージュ》をやった。国民議会が人民主権を侵犯したのはボナパルトの援助をうけ彼と通謀してであった。そこで彼はもし議会が財布のひもをゆるめて口どめ料に毎年三〇〇万よこさなければ議会の犯罪を人民の裁判に告発する、とおどかした。議会は、三〇〇万人のフランス人から投票権をうばったのだった。そこでかれは、通用しなくなったフランス人ひとりにつき、通用する一フランを、だからかっきり三〇〇万フランを要求した。（マルクス『ルイ・ボナパルトのブリュメール十八日』伊藤新一・北条元一訳）

議会は、待ってましたとばかり要求を突っぱねた。ルイ＝ナポレオンの弱点がどこにあるかがわかったのだ。クー・デタなどを起こさなくとも、兵糧攻めにしてやれば、そのうち降参して、なんでもいうことを聞くようになるだろう。ミス・ハワードの財布は打ち出の小槌ではないはずだから。

しかし、あまりに締め上げすぎるのもよくないかもしれない。何を考えているのかよくわからない男だから、逆上してとんでもないことをしでかす恐れもある。そうなっては、元も子もないから、今回は、俸給という形ではなく、選挙法改正協力の謝礼として、一時金を支給してやることにしよう。こうして、一八五〇年の夏、議会は二六〇万フランの臨時俸給を大統領に支給することを決めた。ルイ＝ナポレオンは一安心した。というのも、彼には、心ひそかに期するところがあったからだ。

ルンペン・プロレタリアートとマルクス

議会が一八五〇年八月に夏休みに入ると、ルイ＝ナポレオンは、一挙に反撃に出た。議会が休会になり、各党派の大物政治家たちが国民の目につかなくなるとルイ＝ナポレオンが俄然張り切り出すというパターンは前年と同じである。すなわち、例によって、地方遊説に出掛け、自分こそが、自分だけが、共和国憲法の擁護者であり、左からの暴動と右からのクー・デタを同時に封じて、国内に平和と繁栄をもたらすことのできる唯一の存在であることをアピールしたのである。

ただ今年は、遊説で人気取りに勤しむ一方、だれにも気取られないように、後々の歴史の転換に非常に重要な布石を打っていた点がちがっていた。秩序派の頼みとする軍隊にクサビを打ち込む準備を開始したのである。

一つは、後にヒトラーが突撃隊を組織したのと同じように、自分の大統領当選の日にちなんだ退役軍人たちの親睦団体「一二月一〇日会」を作って、これを地方遊説に帯同したことである。


汽車につめこまれて送られてきたこの会の分遣隊は、かれの旅行中、かれのために即席の公衆となり、公衆の熱狂を実演し、皇帝万歳 Vive l'Empereur をがなりたて、共和主義者を侮辱し、たたきのめさねばならなかった。（同書）

マルクスは、この「一二月一〇日会」のメンバーのほとんどは、ペルシニーが金でかき集めたゴロツキやルンペン・プロレタリアートだったとしているが、たしかにそうした面はあったのかもしれない。

だが、マルクスが、「ルンペン・プロレタリアートのかしらとなったボナパルト、自分が個人的に追っている利益を大衆的なかたちではこんなところでしか見つけることのできないボナパルト、こうしたすべての階級のかす、くず、ごみこそ自分が無条件にたよれる唯一の階級だとみとめるボナパルト、このボナパルトこそ、ほんとうのボナパルトであり、生地《サン・フラーズ》のままのボナパルトである」（同書）と口汚く罵るその口調からは、現実のルイ＝ナポレオンを、マルクス自身がこうあってほしいと願う矮小なイメージに還元して一人悦にいっている姿が浮かんでくるだけである。

これでは、怪人物ルイ＝ナポレオンの実像を見失うばかりか、歴史をみずからの手でゆがめてしまうことになりかねない。マルクスが一番嫌いだったのは、資本家でも反動政治家でもなく、ルンペン・プロレタリアートである。

反対に、マルクスが理想化するのは「正業」を持った「清貧」の組織労働者であり、同じプロレタリアートでも、「濁貧」のルンペン・プロレタリアートは、蛇蝎のように忌みきらっていたのである。マルクスにとって、ルイ＝ナポレオンとは、こうしたルンペン・プロレタリアートの「皇帝」としてしか映っていなかったのである。われわれとしては、ルイ＝

ルンペン・プロレタリアートとしてのルイ＝ナポレオン（風刺画）

上◉ドーミエは狂信的なボナパルティスト「ラタポワール」という人物を創造して、ペルシニーの組織したボナパルティスト団体「一二月一〇日会」を風刺する。

下◉農村での教宣活動を終えて帰っていくラタポワール。「あの親切なラタポワールさんはここに署名すれば、鳥の丸焼きが空から降ってくるって約束してくれたよ」[1]

ナポレオンに肩入れする必要はないが、マルクスの作ったこうした感情的なイメージをそのまま鵜呑みにすることも厳にいましめなければならない。

ライバル、シャンガルニエ将軍との暗闘が始まる

それはさておき、ルイ＝ナポレオンとて、こうした私兵組織をもって軍の正規部隊に対抗できると考えていたわけではない。権力を掌握するには、なによりもまず、軍隊それ自体を味方につける必要がある。これはだれでも考えるところではある。だが、どうやれば、軍隊が味方につくのか。陰謀家の習性が抜けないルイ＝ナポレオンは考えた。手っ取り早く金で買ってしまえばいい！

「そこでかれは、まず手はじめに、エリゼ宮の部屋で士官と下士官に葉巻とシャンパン、つめたい鳥肉とにんにく入りソーセージをふるまった」(同書)

こうした大盤振る舞いは、閲兵式や観兵式のたびに繰り返された。なるほど、これではいくら大統領の俸給を引き上げてもらっても足りないはずである。

だが、こうした大衆的な人気取りばかりしていたのでは、クー・デタの際に、軍隊が味方についてくれるという保証はどこにもない。軍隊は士官と下士官という「胴体」からのみ構成されるのではなく、その上に将軍と司令官という「頭」がついているからだ。ところで、「胴体」はさておき、この「頭」の部分は、目下のところ、ほぼ全員が「敵」だった。これを「味方」にすげ替えなければならない。

シャンガルニエとの暗闘

当初、山岳党の弾圧でルイ＝ナポレオンと協力関係にあったパリ管区総司令官シャンガルニエは、秩序派によるクー・デタ計画の中心人物と目されたが、ルイ＝ナポレオンによって更迭された。これによって、秩序派は武装解除されたも同然となる。[1]

陰謀家ルイ＝ナポレオンの才能は、この方面で存分に発揮されることになる。

彼の最初の標的は、パリ管区総司令官のシャンガルニエ将軍だった。

シャンガルニエは、ルイ＝ナポレオンと秩序派が蜜月関係にあったときには、大統領の後ろ盾として振る舞い、憲法制定議会を包囲して解散を強行したり、山岳党の弾圧に協力したりした。共和派を一掃するクー・デタをルイ＝ナポレオンに唆《そそのか》したこともあった。だが、大統領と秩序派との亀裂が深まるに従い、公然と秩序派に味方し、「立法議会の議長の要請があり次第、いつでも大統領をヴァンセンヌ牢獄にほうり込んでやる」と公言するに至った。

さらに、シャンガルニエは、ルイ＝ナポレオンが閲兵に立ち会うときには、兵士たちが「ナポレオン万歳！」「皇帝万歳！」と叫ばぬようにと配下の将軍に命じたので、二人の確執はますます深まり、どちらが先にクー・デタを起こすかと公然と噂されるまでになった。

とりわけ、シャンガルニエを押し立てた秩序派のクー・デタの日程は、一八五〇年の暮れには、かなり具体性を帯びたものとして浮上していた。いまなら、軍隊の全権はシャンガルニエの手の内にある。しかも、ルイ＝ナポレオンの手兵は、ほとんどゼロに等しい。ルイ＝ナポレオンを逮捕するならこのときをおいてほかにない。

だが、秩序派は、オルレアン派と正統王朝派の間で意思統一を欠き、ルイ＝ナポレオンの逮捕命令はついに降りなかった。

シャンガルニエ将軍追い落としに成功

いっぽう、ルイ＝ナポレオンはといえば、この喉元に突き付けられたあいくちに等しいシャンガルニエをなんとしても取り除こうと、さまざまに策謀を巡らしていた。

一八五一年の一月二日、ボナパルティスト系の新聞に、シャンガルニエが、危機に際しては議会や大統領のシビリアン・コントロールに従う必要はまったくないという日々命令を一八五〇年の五月に部下に発した事実が暴露された。シャンガルニエ追い落とし工作が始まったのである。一月三日、シャンガルニエは議会で抗弁したが、ルイ＝ナポレオンはその晩ただちに閣議を召集し、シャンガルニエの更迭を告げた。ティエールがシャンガルニエを擁護しようとすると、ルイ＝ナポレオンは珍しく気色ばんで答えた。

「それでは、なにかね、君は、私をヴァンセンヌにぶち込んでやると公言している男を配下に置いておけというのかね？」

まだ自宅のベッドで寝ているとき司令官解任の手紙を突き付けられたシャンガルニエは「プリンスは妙なやり方でわたしの奉公に報いるものだ」と叫んだが、すでにあとの祭だった。

この唐突なシャンガルニエ総司令官の更迭は議会のみならず、内閣の反発も招き、秩序派の閣僚の数名が辞表を提出したばかりか、内閣不信任案が可決される騒ぎにまで発展した。だが、ルイ＝ナポレオンはいささかも動ぜず、既定方針としてシャンガルニエ更迭を貫き、閣僚は自派の人間で補充して、新内閣を発足させた。

これまで自分のほうからは決して動こうとせず、いわば『大菩薩峠』の机竜之助のように「音なしの構え」を決め込んでいたルイ＝ナポレオンが、ついに白刃《はくじん》をきらめかせたのである。勢いに呑まれた秩序派は、すごすごと決定に従わざるをえなかった。自分たちが武装解除されたことも知らずに。こうしたルイ＝ナポレオンの「音なしの構え」について、マクシム・デュカンは『半世紀の回想』の中でこう語っている。

この無口な、一見すると無感動に見える男を追い詰めることは、どんな党派にも不可能である。この男は、ひとつの固定観念に支えられていて、その実現を偏執狂的なしつこさで追求する。彼は、演説者が口角泡を飛ばして議論しても、ジャーナリストがいくら悪口を書いても、また代議士たちが論争し、更迭された将軍が彼を罵り、党派の主たちが悪罵を飛ばしても、たった独りで、黙ったまま、いっこうに動じることがない。敵たちは彼を馬鹿扱いし、安心しきっているが、彼のほうはエリゼ宮に閉じこもり、長い顎髭をしごきながらタバコをふかしているか、さもなければ、大木の蔭の下をうつむきかげんに歩きながら、こうしたありとあらゆる叫び声を遠くに聞いて、ひそかに計画を練っているのだ。

シャンガルニエの電撃的な解任は、まさにこうした熟慮のすえに生まれたものにほかならない。

のちに「自由帝政」の担い手となるエミール・オリヴィエは、『自由帝政』にこう記している。

「シャンガルニエ更迭は、議会に対する大統領のクー・デタの序曲ではなかったかもしれない。だが、大統領に対して企てられていた議会の側からのクー・デタを未然に予防する牽制にはなった」

マルクスはもっとはっきりと断言している。

シャンガルニエの免職をもって、すなわち軍事権力がボナパルトの手におちたことをもって、今われわれが見ている時期すなわち秩序派と執行権力の戦いの時期の第一幕が終わる。

両権力の間の戦争が、いま公然と布告された。それは公然と遂行される。だが時すでに、秩序派が武器も兵隊も失ってしまった後のことだ。（マルクス前掲書）

かくして、シャンガルニエの更迭により、秩序派のほうに大きく傾いているかに見えた運命の秤は再びバランスを取り戻し、両者の真ん中でぴたりと止まった。ルイ＝ナポレオンの頭上を覆っていた雲はかき消えて、導きの星がふたたび輝き始めたのである。

4　クー・デタへ、役者そろう

憲法規定がクー・デタを迫る

シャンガルニエの電撃的な解任によって、ルイ＝ナポレオンは秩序派の大きな牙を抜くことには成功したものの、客観的に見れば、まだ秩序派のほうが圧倒的に優位なポジションを維持していた。

なぜなら、共和国憲法の第四五条に、大統領の再選は認められないという規定があったからだ。ルイ＝ナポレオンは、立法議会が定数の三分の二以上の賛成によって憲法改正に同意してくれない限り、当選後四年目、つまり一八五二年の五月の第二日曜日をもって任期を満了することになっていたのである。しかも、定数七五〇の立法議会は、秩序派四五〇議席、山岳党二〇〇議席、穏健共和派八〇議席という配分だったから、憲法が改正される可能性はほとんどないに等しかった。

いいかえれば、座視しているかぎり、刻一刻と、ルイ＝ナポレオンの権力の有効期限は減じていくわけである。ルイ＝ナポレオンに残された道は、困難を承知で合法的に憲法改正にいどむか、さもなければ、クー・デタで暴力的に議会を屈服させる以外になかった。マルクスはこうした共和国憲法の規定に含まれる矛盾と危険性を次のように指摘している。

憲法の第四五条から第七〇条までの条項は、国民議会は大統領を憲法にしたがって片づけることができるが、大統領は立法議会を憲法に違反してのみ、つまり憲法そのものを片づけることによってのみ片づけることができる、というように作成されている。だからここで憲法は、おれを暴力で破壊してみろと、挑発しているのである。（同書）

したがって、ルイ＝ナポレオンがこの挑発に乗る可能性は、任期満了の期日が近づけば近づくほど大きくなるわけである。おまけに、ルイ＝ナポレオンは、シャンガルニエの解任で、議会を丸腰状態に置くことに成功している。そのため、一八五一年の春から夏にかけて、パリでは、人が二、三人集まると、大統領はいつクー・デタを起こすのかと、その話で持ち切りだった。

憲法改正の努力実らず

だが、ルイ＝ナポレオンは、「殿、ご決断を！」と迫るペルシニーに対して、いっかなゴー・サインを出そうとしなかった。それどころか、憲法第四五条の改正を議会に図ろうと「平和共存」の方向に舵を取った。大統領の任期満了を大攻勢の期日と定めて活動を始めている山岳党や革命勢力に対する拒否反応から、秩序派と穏健共和派の一部に、憲法改正を認めてもいいとする議員たちが出てきていたからである。

その典型は、オディロン・バロー内閣で外相をつとめたことのある高名な歴史家アレクシス・ド・トクヴィルだった。彼は、もし議会が憲法改正に同意しなければ、ルイ＝ナポレオンが黙って任期満了を待つはずはなく、かならずやクー・デタに走るにちがいないと予想していた。しかも、ティエールなどとは異なって、クー・デタ成功の確率はかなり高いと踏んでいた。それならば、大統領が独裁権力に移行しないよう足かせをはめたうえで、憲法改正を認めたほうがいいという意見に傾いたのである。トクヴィルのように考える議員は、秩序派の中で次第にその数を増していた。だが、三分の二の壁は厚かった。

七月一九日、立法議会は、六日間の白熱した議論のあとで、ボナパルティストとオディロン・バロー派の議員の提案した憲法改正案を、賛成二七八票、反対四四六票で否決した。議員に復帰したシャンガルニエ、およびティエールらのオルレアニストの一党が山岳党と共和派に歩調をあわせて反対票を投じたためである。

かくして、事態は完全に出口なしのデッド・エンドの状態に陥った。あとは、ルイ＝ナポレオンが「いつ」クー・デタを起こすかという時期の問題だけとなった。

　しかし、この期に及んでも、ティエールやシャンガルニエは、ルイ＝ナポレオンの力をなめ切っていた。オディロン・バローにクー・デタのことを尋ねられたシャンガルニエは、俺が命令さえすれば、軍隊は盲目的に従うし、警視総監のカルリエも俺に忠誠を誓っていると答えた。

　だが、シャンガルニエの考えは甘かった。というのも、議員たちが夏休みでのんびりと休暇を過ごしている間に、ルイ＝ナポレオンは、着々と軍隊と警察に布石を打っていたからである。

トクヴィル
オディロン・バロー内閣で外務大臣を務めたアレクシス・ド・トクヴィルは憲法の矛盾からルイ＝ナポレオンのクー・デタは不可避と理解していたので、大統領の再選のための憲法改正を議会に働きかけたが否決された。［I］

サン＝タルノー
クー・デタを目論むルイ＝ナポレオンは、軍隊に橋頭堡を築くため、トルコで旅団長を務めていたサン＝タルノー将軍を大抜擢し、陸軍大臣のポストを与えた。［A］

軍隊と警察に橋頭堡を築く

シャンガルニエをパリの総司令官から解任したにもかかわらず、ルイ＝ナポレオンには、ひとつの決定的な弱点があった。それは、軍隊の内部に手兵となって動いてくれる将軍がほとんどいないことである。ナポレオンの栄光の記憶は軍隊の幹部のあいだではすでに薄れつつあった。士官や下士官にいくら人気があっても、将軍に自派の人間がいなければ、クー・デタが成功する可能性はほとんどない。

ルイ＝ナポレオンが思案にくれていると、腹心のペルシニーが思い掛けぬ提案をした。

「それならいっそ、わたしたちで、そうした将軍をつくってしまったらどうでしょう？」

すなわち、若手の野心家で、植民地で冷や飯を食わされている将軍の中からシャンガルニエの息のかかっていない人物を選び出し、彼らを総司令官や陸軍大臣に抜擢しようというのである。

ペルシニーの依頼を受けて人材探しの旅に出た副官フルーリが白羽の矢を立てたのは、トルコのコンスタンチノープルで旅団長をつとめていたサン＝タルノー将軍だった。この男は、若いころにアンビギュ座の端役やコミック・シンガーをしていたことのある変わり種だが、その鷲のような鼻と鋭い目付きは、野心のためとあらば、理の通らないことでも平然とやり遂げる人物であることを雄弁に物語っていた。

ペルシニーは、この男をまずパリ管区総司令官に、やがては陸軍大臣に取り立てようと目論んだ。しかし、陸軍大臣になるには、最低でも師団長でなければならないという規定があつたので、ペルシニーは、サン＝タルノーのために、カビリア人の部族に対する戦闘を「こしらえて」やり、戦功をあげさせることにした。こうして、サン＝タルノーは目出度《めでた》く、五二人抜きの大出世を遂げ、一八五一年の七月にはパリ管区第二師団長に、一〇月には、ついに陸軍大臣におさまったのである。

このときすでに、パリ管区総司令官には、ルイ＝ナポレオンの昔からの腹心であるマニャン将軍がついていた。軍関係の備えはこれで万全となった。だが、軍を押さえただけでは、クー・デタはまだ不可能である。合法的な逮捕を行うには、警察を掌握しておく必要がある。

ルイ＝ナポレオンは、もちろん、警察組織にも同じような布石を打っていた。いや正確には、そのつもりでいた。

ルイ＝ナポレオンが警察で期待をかけていたのは、二月革命の臨時政府の時代から公安警察の長官をつとめていたカルリエだった。カルリエはルイ＝ナポレオンが大統領に当選すると接近をはかって信頼をかちえ、一八四九年の一一月には警視総監にまで上りつめた。公安警察あがりだけあって、カルリエはパリのあらゆる階層に密偵を放って情報を収集することを得意としていた。おかげで、極左派の陰謀についてはもちろん、秩序派のクー・デタの動きに関しても、カルリエは相当な情報網をもっていた。

マニャン
ルイ＝ナポレオンの昔からの腹心であるマニャンはパリ管区総司令官の座に就いていた。[E]

モルニー
オルタンス王妃がフラオー将軍との間に設けた庶子であるモルニー伯爵は、オルレアン派の代議士だったが、異父兄のルイ＝ナポレオンの要請を入れ、クー・デタの「総合プロデューサー」となることを承知する。[A]

クー・デタの総合プロデューサー、モルニー公爵

こうして、クー・デタという荘厳なシンフォニーを奏でるためのオーケストラのパートはすべてそろったことになる。だが、このオーケストラには肝心要の指揮者が欠けていた。ルイ＝ナポレオンがこれまでに何度かクー・デタの機会がありながら実行に踏み切れなかったのは、このためだった。いや、指揮者が不在なばかりではなかった。そもそも、演奏会のお膳立てをするプロデューサーもいなかった。

どこかに、クー・デタの指揮といわずに立案から実行までのすべてを請け負ってくれる総合プロデューサーはいないものか？　ストラスブールとブローニュの蜂起の失敗を見ればわかるように、強硬一本槍のペルシニーでは、今度もまた焦り過ぎて失敗する恐れがたぶんにある。そうなったら、ナポレオン帝国再建の夢は完全に閉ざされる。しかし、かといって、ほかの人間では、いつ裏切られるかわからない。だれか、絶対の信用を寄せることができて、しかも権謀術数にたけた人物はいないものか？

だが、そんなお誂えむきの人物がいるものだろうか？　それがいたのだ。しかも、彼の身内に。種違いの弟であるモルニー伯爵（のちに公爵）、戸籍名オーギュスト・ド・モルニーがその人である。

ルイ＝ナポレオンが、母オルタンスがナポレオンの副官だったフラオー将軍との間にもうけた弟がいるという事実を知ったのは、母の葬式の席でのことだった。といっても、この時には、二人の兄弟のあいだになにがしかの交流が生まれたわけではない。よそよそしい関係は、ルイ＝ナポレオンが大統領に就任したあとも変わらなかった。

モルニーは、颯爽としたダンディーで、人よりも一歩先を見通す聡明な頭脳、素早い決断力、断固たる意志、如才ない人あしらいなど、性格の点でも兄とはおよそ似ても似つかぬ弟だった。軍隊を退役したあと実業界に入り、砂糖工場、炭鉱などをつぎつぎに手掛けて巨万の富を築き、一八四二年には与党から立候補して国会議員に選ばれ、また社交界でもジョッキー・クラブ会員として勇名を馳せていた。

ルイ＝ナポレオンとは、一八四九年の一月に初めて顔を合わせたが、大統領の取り巻き連中、とりわけペルシニーと馬が合わなかったためもあって、ボナパルティストの一党には加わらずに、議会ではオルレアニストとして活動していた。

そんな彼とルイ＝ナポレオンが、一八五一年七月の憲法改正の否決の後に急接近したのは、双方にどうしても相手を必要とする事情ができたからである。モルニーのほうは、自分の事業が思わしくなく、巨額の借り入れが必要になっていたこと、一方、ルイ＝ナポレオンのほうは、いわずとしれたクー・デタ準備のための人材探しである。

一八五一年七月の上旬、エリゼ宮にあらわれたモルニーは、ルイ＝ナポレオンと並んで、葉陰を歩いていた。モルニーが残した手記をもとに、伝記作者のアンドレ・カストゥロが『ナポレオン三世』で再現してみせた会話は、おおよそ次のようなものだった。

「殿下、いよいよ最後の段階に来ております。もはや、躊躇しているときではございません。殿下が、どのように未来を思い描いておられるのかは存じません。が、わたくしの見るところ、殿下にとっても、国家にとっても、残された解決策はただひとつ、クー・デタ、これだけしかないと存じます」

「まったく同じ意見だ。わたしとて真剣に考えている。だが、やんぬるかな、この仕事を任せられる人間がいない」

「わたくし以外に人材がいないと仰せられるならば、どうか、このわたくしめをお使いください」

クー・デタ計画の練り直し

　こうしてモルニーは、クー・デタのジェネラル・プロデューサーを引き受けた。だが、いざ、準備に入り、警視総監のカルリエが作成したクー・デタ計画を目にしたとき、モルニーはその杜撰《ずさん》さに驚かざるをえなかった。クー・デタの布告の文面はへたくそだし、戒厳令関係の法もデタラメ、取るべき措置もなっていなかった。逮捕予定者リストには、ほとんど無名の人間ばかり五〇〇人も並べてあるだけで、シャンガルニエ、あるいはカヴェニャック派の元軍人のシャラスやラモリシエールなどの名前はなかった。モルニーがカルリエを問い詰めると、そうした軍人たちは警察の力では逮捕できないので、国民衛兵を使うつもりだと答えた。モルニーは腰がぬけるほどびっくりした。

「この将軍たちを国民衛兵に逮捕させるだって！　で、成功の自信があるのか？」

「一〇〇パーセント確かです」カルリエはそういって、作戦の成功を保証した四人の将校の名前をあげた。

　モルニーはカルリエに答えた。

「彼らの勇気は疑うまい。だが、彼らは、いざとなったら、シャンガルニエ将軍に発砲するだけで逮捕はできないだろう。それこそ、クー・デタでは絶対に避けなければならないことだ。クー・デタというのは、相手にかすり傷一つ与えずに、髪の毛一本さえ抜かずに成功させなければならないものだ。わたしが戦闘よりもクー・デタを選ぶのもそのためだ。もし、戦闘で、だれか著名な人物が死ねば、その男の血は君の顔にかかる。そして、彼の死は、君のせいだと永遠に非難されるだろう」（カストゥロ同書に引用）

ルイ＝ナポレオンはモルニーの言い分の正しさを認めざるをえなかった。もし、カルリエのプランに従ってクー・デタを決行していたら、惨めな敗北を喫していたことは確実である。それに、たとえ成功したとしても、流血の惨事は避けがたかったことだろう。それは、「民衆に奉仕する皇帝」たらんとするルイ＝ナポレオンにとっても、けっして好ましいことではなかった。

こうして、九月二二日に予定されていたクー・デタは当面延期と決まった。しかし、やると決まった以上は、できるかぎり早く決行しなければならない。さもないと、いつ逆に、クー・デタをくらうかもわからない。だが、その前に片づけておかなければならない問題が二つあった。

ひとつは、無能で頼りにならないカルリエを解任して、有能な人物を警視総監にすることである。ルイ＝ナポレオンはサン・クルーの宮殿に候補者二人を招いて、モルニーにどちらを取るか尋ねた。モルニーは、片方は年寄りで、片方は若造だが、どうせなら若いほうがいいといって、トゥルーズの警察長官をしているモーパを選んだ。

もう一つの懸案は、金だった。クー・デタは武力で決まるが、武力を支えるのは金である。だが、慢性的金欠状態にあるルイ＝ナポレオンは、前年度の臨時のボーナスなどとっくに使ってしまっているので、頼みの綱は女しかいなかった。元婚約者のマチルド皇女から四〇〇〇フラン、以前の愛人のカンパナ侯爵夫人ことエミリー・ロールズから三万三〇〇〇フラン、目下の愛人のミス・ハワードから二〇万フラン、これがルイ＝ナポレオンが手に入れた軍資金のすべてだった。ミス・ハワードは馬車を売り、ロンドンの家作を抵当に入れた。クー・デタは、愛人たちの献身で支えられたのである！

事態、切迫す

一〇月二七日、内閣の改造でサン＝タルノーを陸相に、モーパを警視総監に据えて自信を得たルイ＝ナポレオンは、一一月四日の議会の開会式で、選挙資格を制限した例の五月三一日法の廃止を訴えて、秩序派を挑発した。

議会はこの挑発を受けて立ち、議会の議長が直接的に軍隊を動員できるとした憲法制定議会の一八四八年五月の政令を法文化する議員立法を提出した。もしこの法案が通れば、軍隊の統帥権は、大統領から議会に移ることになる。つまり、議会は、自分たちにも、クー・デタを起こす権利があることを公言したわけである。

一一月一一日、パリに秩序派のクー・デタが起こるという噂が流れた。作家のヴィエル＝カステルはこう書き留めている。

「明日、議会が大統領を告発して、即座にヴァンセンヌに護送するという噂が広まっている。そのいっぽうでは、大統領が議会の機先を制して、クー・デタを起こすという噂もある」（カストゥロ同書に引用）

いずれにしろ事態は切迫していたのだ。

一一月一三日、議会は大統領の提案した選挙資格制限法の撤廃を否決した。これで、ルイ

=ナポレオンは晴れて、普通選挙を擁護する護民官として振る舞うことができるようになった。クー・デタの錦の御旗はルイ=ナポレオンの手に渡ったのである。

だが、ルイ=ナポレオンにとって、クー・デタ決行の格好の口実になるはずだった議員立法は、意外なことに、四日後の一一月一七日、こちらも否決されてしまった。可決即クー・デタ決行の予定で臨戦態勢に入っていたサン=タルノーやモーパは拍子抜けした。クー・デタはまたまた延期となった。

だが、結果的には、これがルイ=ナポレオンには吉と出た。議会側は、あまりに何度もクー・デタは明日だと言われ続けたため、狼少年の警告を信じなくなった猟師たちのよう

モーパ
クー・デタに必要不可欠の警視総監として、モルニーはトゥルーズで警察長官をしていたモーパを選んだ。[E]

クー・デタの謀議
左からモーパ、サン=タルノー、モルニー、ペルシニー、ルイ=ナポレオン。クー・デタはこの5人にパリ管区総司令官のマニャンを加えた6人で立案・実行された。[C]

に、完全に警戒心を解いてしまったのである。シャンガルニエはあいかわらず強気で、秩序派の代議士たちを前にして、クー・デタなどたちまちのうちに粉砕してみせるといきまいた。どんな備えをしているのかと尋ねられると、彼は答えた。

「わたしのアパルトマンは小さな要塞だ。住民はみなわたしの味方だ。とくに一階のケーキ屋は、なにかあったら鍋を鳴らして知らせてくれるはずだ」(同書に引用)

シャンガルニエの鍋に対して、サン＝タルノーとマニャンは軍隊に大動員をかけて万全の態勢を整えていたのである。

5　賽は投げられた

クー・デタ決行

よく準備されたクー・デタはオリンピックの競技に似ている。準備には数ヵ月あるいは数年かかるが、始まったら、短ければ十数秒、長くても数時間でケリがつく。

一八五一年一二月二日の朝は霧が低く立ちこめ、空は陰鬱な雲で覆われていた。雨もパラついていたが、気温は四度で、霜は降りてはいなかった。パンを買いに出たパリジャンたちは、街頭にいっせいに張り出された次のような共和国大統領の布告ビラに驚いた。

フランス国民の名において

共和国大統領は以下の旨をここに布告する
第一条　国民議会は解散する。
第二条　普通選挙は復活する。五月三一日の法律は廃止する。
第三条　フランス国民は一二月一四日から二一日までの間に投票所に出頭する。
第四条　戒厳令が陸軍第一師団の管区に敷かれる。
第五条　国務院は解散する。
第六条　内務大臣は以上の布告を責任もって遂行する。

エリゼ宮にて記す　一八五一年一二月二日
ルイ＝ナポレオン・ボナパルト
内務大臣ド・モルニー

この布告を読んだパリの民衆たちの口からは怒りの言葉はついに発せられなかった。むしろ、六月事件の弾圧者たちの集まりである国民議会が解散され、普通選挙が復活されたことに対する快哉さえ叫ばれた。

「ボナパルトの奴、ついにやったか。議会の連中め、いい気味だ。国民は投票所に出頭するってえことは、このクー・デタに賛成か反対か、国民投票にかけるってことだろう、なら、いいじゃないか。様子を見て、ダメなら反対に投票すればいいんだから」

おおかたの労働者がこう囁きあった。彼らは行動を起こす様子もなく、静かに仕事場へと急いだ。街頭では、軍隊と憲兵隊が要所を固めて、厳重な警戒態勢を敷いていたが、特に混乱も起きず、一日は平穏に明けた。

　パリの壁には、これとは別に、ルイ＝ナポレオンと署名された「国民に訴える」と題する宣言文が張り出された。

「私に対して、これまで、じつにさまざまな挑発、誹謗、侮辱が行われ、私のことをなにもできない輩だと罵ってきた。だが、なにかといえば憲法を引き合いにだす人々によって憲法そのものがないがしろにされ、これまで二つの君主制を踏みにじってきた人々がいま共和国を転覆せんと私の手を縛ろうとしている。この期に及んで、私は断固としてたちあがり、彼らの不実な試みを粉砕し、共和国を守ろうと決意した。私がフランスの唯一の君主として認める人、すなわち人民の荘重な判定を仰ぐことによって国を救うことこそが私の義務であると考えたのである。したがって、私は国民全員に訴える。もし、諸君にまだ私に信を置く意

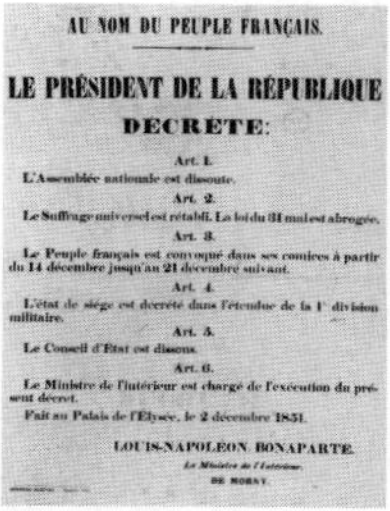
AU NOM DU PEUPLE FRANÇAIS.

LE PRÉSIDENT DE LA RÉPUBLIQUE

DÉCRÈTE:

Art. 1.

L'Assemblée nationale est dissoute.

Art. 2.

Le Suffrage universel est rétabli. La loi du 31 mai est abrogée.

Art. 3.

Le Peuple français est convoqué dans ses comices à partir du 14 décembre jusqu'au 21 décembre suivant.

Art. 4.

L'état de siége est décrété dans l'étendue de la 1re division militaire.

Art. 5.

Le Conseil d'État est dissous.

Art. 6.

Le Ministre de l'intérieur est chargé de l'exécution du présent décret.

Fait au Palais de l'Élysée, le 2 décembre 1851.

LOUIS-NAPOLÉON BONAPARTE.

Le Ministre de l'Intérieur,

DE MORNY.

布告ビラ
1851年12月2日早朝、パリの各所にルイ＝ナポレオンと内務大臣モルニーの連署による布告が一斉に張り出され、国民議会と国務院の解散を告げ、普通選挙の復活を告げた。[A]

志があるなら、諸君から託された偉大なる使命を遂行するための手段を私に与えたまえ。その使命とは、人民の正当なる欲求を満たし、それを破壊的な情熱から守ることによって、革命の時代に終止符を打つことだ。とりわけ、人々が死したのちも残るような制度をつくりだすことである。その制度とは、永続的なものを打ち立てるための基礎となるものにほかならない」（カストゥロ前掲書に引用）

ルイ＝ナポレオンは、民衆の奪われた権利、すなわち議会の秩序派によって縮小された選挙権を取り戻す護民官として、やむにやまれずクー・デタを起こしたと訴えようとしたのである。そして、この訴えはほぼ、完璧に民衆に受け入れられた。

民衆は、オルレアン派のティエール、王党派のベリエ、共和派のカヴェニャック将軍、それにシャンガルニエ将軍などが軒並み逮捕されたことを知ると、これでやっと六月事件の復讐ができたと、ルイ＝ナポレオンの「使命」を褒めたたえた。

逮捕を免れたヴィクトル・ユゴーなどの共和派の議員たちが、民衆街のフォーブール・サン＝タントワーヌなどにバリケードを築き、抗戦を呼びかけたが、民衆はこれにまったく反応を示さず、抵抗は出動した軍隊によってたちまちのうちに鎮圧されてしまった。ユゴーや新聞王ジラルダンは、ベルギーに亡命した。

クー・デタはあっけないほど簡単に成功したのである。

クー・デタ前夜の晩餐会

それでは、テレビのニュース解説風に、この歴史的な一日を順を追って振り返ってみよう（カストゥロ前掲書を参照した）。

前日の一八五一年一二月一日は月曜日だった。毎月曜日には、大統領官邸で晩餐会が開かれることになっていた。ルイ＝ナポレオンはいつものように部屋から部屋を回り、客人たちに如才なく言葉をかけていた。

夜の一〇時少し前、ルイ＝ナポレオンは、最近パリ国民衛兵隊長に昇任したばかりのヴィエイラ大佐の前を通りかかると、ふと足を止め、ちょっと話したいことがあると伝えた。二人は暖炉のところに行って、声をひそめて言葉をかわした。

「大佐、これから重大なことをお教えしますが、顔色を変えたりせずに、平静でいられますか？」

「それはご安心を」

「よろしい。今夜決行です。明日の朝、国民衛兵の集会など一切行われないようにすることができますか」

「はい、部下さえ回していただければ」

「ではサン＝タルノーのところに行きなさい。必要な人数を用意してくれるでしょう」

ヴィエイラは軽く会釈して出ていったが、その表情があまりに引きつっていたので、外務大臣のチュルゴー伯爵は思わず隣の人にこう語った。

「ヴィエイラはまるで国家機密を持って出ていったみたいですね」

チュルゴー伯は当然、なにも知らされていなかったのである。

これに先立つこと数時間、オペラ・コミック座では、『青髯の城』の初演が行われていた。三幕物のオペラ・コミックで、音楽はリモナデール、脚本はサン＝ジョルジュ。物語はインドのマドラスで展開する恋と政治のドラマだが、観客たちは、ただちにこれが最近の政治情勢を取り入れた風刺劇だと見抜いた。第一幕目で、「もはや、恥も外聞もかなぐり捨てて、やつらをここで全員逮捕しよう！」というセリフが叫ばれたとき、観客たちの視線はいっせいに舞台脇のボックス席にいるモルニー伯爵に向けられた。すると、モルニーは大き

オペラ・コミック座のモルニー

1851年12月2日早朝のクー・デタの前夜、モルニーは『青髯の城』が上演されているオペラ・コミック座に出向き、リアデール嬢のボックス席を訪ねた。話がクー・デタのことに及ぶと、モルニーは「掃き出される側じゃなくて、掃き出す側の方です」と答えた。[H]

く頷くそぶりを示したので、客席はどっと沸いて、拍手喝采した。

幕間に、モルニーは主役のリアデール嬢をたずねた。話題はおのずとクー・デタのことに及んだ。

「で、どちらの側に付きますの？　伯爵様は？」

「そりゃ、もちろん、掃き出される側じゃなくて、掃き出す側の方にですよ、マダム」

モルニーは最後の幕まで見ないで、途中で退出した。エリゼ宮に駆けつけたのである。

クー・デタへ

ヴィエイラが官邸を出ていき、一〇時の鐘が鳴ると、招待客は帰りじたくを始めた。ルイ＝ナポレオンは事務所で働いている秘書のモカールに笑いながら話しかけた。

「今日、みんなが何を話題にしていたかわかるかね？　議会が私に対してクー・デタを企てているという話さ」

最後の招待客が立ち去り、モルニー伯が到着すると、ルイ＝ナポレオンは手を取って二階の執務室に招きいれた。そこには、サン＝タルノー陸軍大臣、モーパ警視総監、ペルシニー、それにモカールが集まっていた。ルイ＝ナポレオンは鍵を取り出すと、事務机の引き出しをあけ、書類を取り出した。その上には、青いインクで文字が書かれていた。

ルイ＝ナポレオンは書類の中から、布告として張り出すべき文章を取り出した。これを国立印刷所で印刷させ、夜明け前に街頭に張り出さなければならない。

ルイ＝ナポレオンは別の引き出しから大きな袋を取り出した。四万フランが入っていた。

「これを出動した兵士の手当にするように」とルイ＝ナポレオンはサン＝タルノーに言った。

すべては前もって入念に打ち合わせが行われていたので、ルイ＝ナポレオンと五人の役者はもう話すことがなかった。モルニーが最後にいった。

「では、よろしいですな。各人、責任をもって自分の役割を果たすように」

一同は、これで解散した。真夜中の一二時だった。別れ際に、モルニーがルイ＝ナポレオンにいった。

「いずれにしろ、明日の朝には、ドアに歩哨が立つことでしょうな」

とはいえ、モルニーはおろか、クー・デタを謀議した六人の誰ひとりとして、クー・デタが失敗したときの備えをしていなかったのは奇妙である。金もパスポートも隠れ家もなに一つとして用意されていなかった。

一人、執務室に残ったルイ＝ナポレオンは、こんな戯《ざ》れ歌をノートに引き写したと、ヴィエル＝カステルがさも見てきたかのように伝えている。

彼が口を開くと
それは決まって帝国という言葉
彼がなにも言わないと

それは陰謀をこいている証拠
だから、話しても反逆者
黙っていても反逆者（カストゥロ前掲書に引用）

ノートを閉じると、ルイ＝ナポレオンはおもむろに立ち上がり、朝の五時に起こすよう秘書に命じて、寝室に入った。

行動開始――印刷所と警察

一番最初に行動を開始したのは、大統領付きの副官ビエヴィル大佐だった。大佐は人目を引かぬように辻馬車を雇い、国立印刷所に駆けつけた。印刷所の門前には、フルーリ少佐に率いられた機動憲兵隊が控えていた。辻馬車は中庭に入れられ、御者にはワインがふるまわれた。

印刷所の中では、サン＝ジョルジュがビエヴィル大佐の到着を待っていた。サン＝ジョルジュというのは、モルニーが観劇したオペラ・コミック『青髯の城』の作者で、このとき、国立印刷所の所長を務めていた。彼もクー・デタの陰謀に加わっていた一人である。サン＝ジョルジュは、この夜、緊急の印刷があるということで夜勤の印刷工を待機させていた。

ビエヴィル大佐がサン＝ジョルジュに布告を渡すと、文選工たちはさっそく、活字を拾いにかかったが、すぐに仕事を拒否した。文選工の多くは共和主義者だったので、クー・デタの文面を活字に組むことを潔しとしなかったのである。そこで、サン＝ジョルジュは階下から機動憲兵隊を呼んだ。文選工たちはあきらめて作業にかかった。もっとも、彼らとしても、布告がビエヴィル大佐によって、いくつかの部分にわけられていたため、全体を推し量ることは不可能だった。

布告が三時半に刷り上がると、ビエヴィルとサン＝ジョルジュはそれをさきほどの辻馬

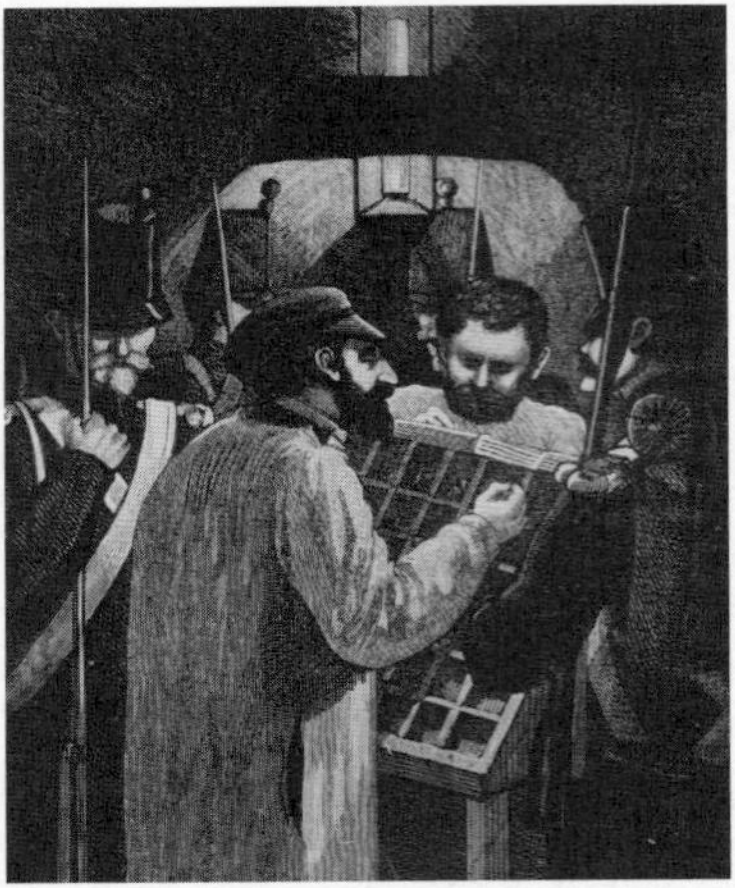

印刷所のようす

国立印刷所で布告の印刷が始まる。共和主義者の多い文選工たちは印刷を拒否したが、機動憲兵隊に囲まれたため、あきらめて作業を開始する。[H]

行動開始

国民議会のあるパレ・ブルボンの閉鎖に向かう第四二歩兵連隊の隊長エスピナス大佐。[H]

車でパリ警視庁まで運んでいって、モーパに手渡した。パリの全市域にわたって布告を張り出すためである。

また警視庁と各街区の警察署には、前夜から八〇〇人の警察官が集められていた。イギリスからの亡命者の検束を行うというのが口実だった。

モーパは各街区の四八人の警察署長を集め、彼らに向かって、今夜の捕り物は亡命者ではなく、共和国大統領に対する陰謀の摘発だと伝えた。といっても、それぞれの警察署長は逮捕すべき人名が何人か教えられただけで、全体の逮捕者数と規模については知らされなかった。

警察署長は憲兵隊に付きそわれて用意された馬車で各署に戻った。馬車には、万一のときに備えて一人ずつ錠前屋が付き従っていた。警察署長は、署に着くと、待機していた警察官に対して、布告を街頭に張り出すよう指示するとともに、リストにあげられた国民議会議員や会計官、それに主だった共和派の活動家たちの逮捕を命じた。

四時半、パリの舗石の上に鈍い馬車の音がいっせいに響いた。街はまだ寝静まっていたが、クー・デタのための布石はいたるところに打たれていた。七月革命と二月革命のさいに大きな役割を果たした国民衛兵の詰め所では非常呼集用の太鼓に穴があけられ、教会の鐘楼も兵隊たちによって占拠された。逃亡する者が立ち寄るはずの貸し馬車屋は厳重に見張られ、集会室のあるカフェには閉店を命じる布告が出されていた。

逮捕者リストのなかで、最も慎重にことを運ばなければならないのは、国民議会のあるパレ・ブルボンに住んでいる会計官だった。彼らを逮捕し、議会を封鎖するには憲兵隊だけでは足りず、陸軍の第四二歩兵連隊の力も借りなければならない。

四二連隊というのはルイ＝ナポレオンにとって、因縁の深い連隊だった。というのも、一八四〇年にブローニュで蜂起したとき、帰順を拒否して彼を逮捕したのが憲兵隊とこの連隊だったからである。

四二連隊の連隊長はエスピナス大佐だった。大佐は午前三時にペルシニーによってたたき起こされた。

「大佐、君は明日は旅団長だ。これから国民議会に行って扉を封鎖し、会計官たちの逮捕に協力したまえ」

エスピナスは跳び起きて身支度を済ませた。

五時半、エスピナス率いる四二連隊は国民議会のあるユニヴェルシテ街に到着した。エスピナスはパレ・ブルボンの警備隊長であるニオルと会計官のバース、それに会計官ル・フロ将軍を寝間着のまま逮捕し、マザス刑務所に送った。

大物の逮捕相次ぐ

同じ頃、それぞれの街区では、警察署長に率いられた警官隊が秩序派と共和派の有力議員の逮捕に向かっていた。

重大事が起こってもアパルトマンのケーキ屋が鍋を叩いて知らせてくれるから大丈夫と大

言壮語していたシャンガルニエ将軍は、寝込みを襲われた。ケーキ屋は鍋を叩く暇がなかったようだ。将軍はそれでも枕元のピストルを取って抵抗しようとしたが、警察署長に諭されてピストルを置いた。シャンガルニエは下男に手伝わせて服を着た。

大統領選挙のときのルイ＝ナポレオンの対抗馬だったカヴェニャック将軍もおとなしく逮捕された。

軍人の中で唯一抵抗したのは二月革命のさいに陸軍大臣をつとめたブドゥー将軍だった。ブドゥー将軍は警察署長のユボー警視が逮捕にあらわれると、こういった。「君は司法官だ。君の義務は法を尊重することであって、法を破ることではない。私を逮捕するのは法に対する攻撃だ」

ユボー警視はモーパのサインの入った逮捕状を示した。将軍はそれを見ると、着替えをするから警官を部屋の外に出すように命じた。ところが、着替えがすんでもその場を動こうとせず、こういった。

「私は憲法によって保護されていると君にいったはずだ。もし、私を逮捕したいのだったら、警官を入れて、しょっぴいてみせたまえ」

ユボー警視はその言葉に忠実に従った。警視が首根っこをつかんだのを合図に、警官隊が将軍に飛びかかり、建物の外に引きずりだした。将軍はなおも叫び続けた。

「裏切りだ、助けてくれ、同志諸君、私はブドゥー将軍だ」

秩序派の頭目の一人であるティエールは深い眠りの底にあるときにたたき起こされた。

「いったい、何の用だ？」

「あなたを逮捕しにきました」ユボー警視が答えた。

ティエールは、布帽子を被ったまま、見苦しいほどにあわてふためき、支離滅裂な言葉を口走ったが、結局、おとなしく連行された。マザス刑務所に運ばれる途中、ティエールはユボー警視に法律というものを知っているのかとたずねた。ユボー警視はこう答えた。

「私は、あなたが内務大臣のときに命令を実行したのと同じように、警視総監の命令を実行

シャンガルニエの逮捕
重大時には1階のケーキ屋が鍋を鳴らして知らせてくれると大言壮語していたシャンガルニエは寝込みを襲われて逮捕された。[C]

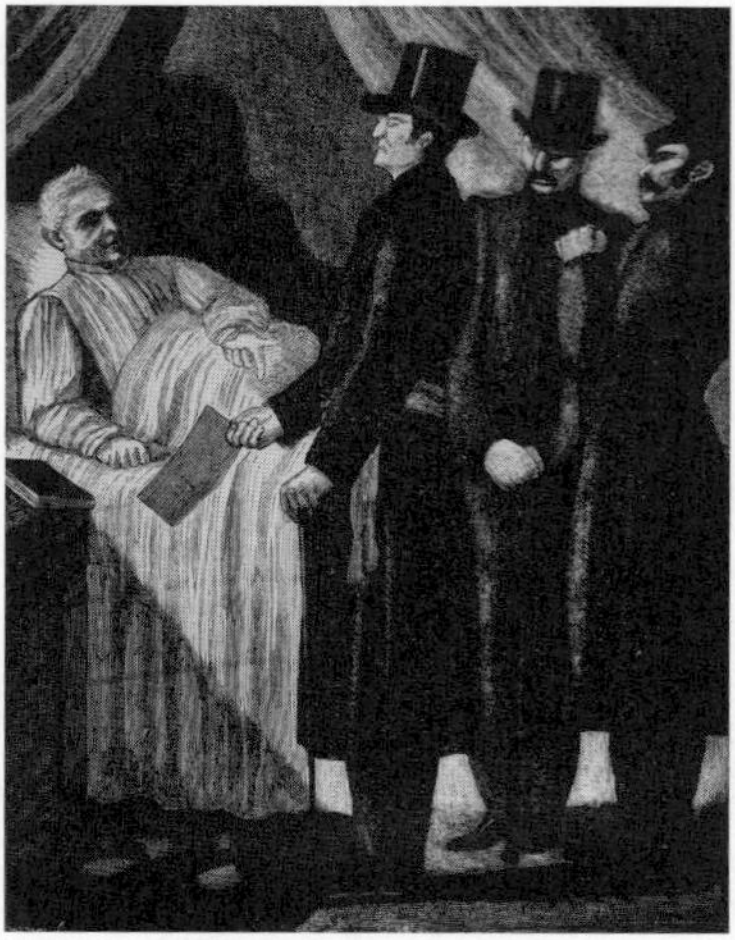

ティエールの逮捕
秩序派の頭目ティエールはユボー警視に寝間着姿のところを逮捕され、マザス刑務所に送られた。[H]

していたのです」

民衆たちは、秩序派や共和派の大物たちがあわれな姿で次々にマザス刑務所に連行されるのを見て、手をたたき合って大喜びした。

クー・デタは朝の六時には終了していたのである。

第三章　皇帝への道

1　モルニーの罠

反クー・デタ派議員二〇〇人、区役所に集合

ルイ＝ナポレオン・ボナパルトのクー・デタを一八五一年一二月二日に限るなら、それは歴史上、類を見ないほどの完璧なクー・デタだったといえる。主要目標だった議会の秩序派と共和派の議員たちを、ほとんど一滴の血も流すことなく逮捕・拘禁することができたからである。

寝込みを襲われて自宅で逮捕されたティエールやシャンガルニエらの大物議員や将軍については すでに述べた。それ以外の議員がどう振る舞ったかについて触れておこう。

午前九時。国民議会の置かれているパレ・ブルボンには、知らせを聞いた四〇人ほどの議員が封鎖をかいくぐって集まってきていた。憲兵隊の指揮官が議場から立ち去るように命じると、彼らは皆、口々に激しく抗議して「共和国万歳！　憲法万歳！」と叫んだが、国民議会議長のアンドレ・デュパンが抵抗する気力さえ見せず議場を明け渡すことに同意したの

で、他の議員たちもしかたなくそれにならった。

追い出された議員たちは、パレ・ブルボン近くの議会副議長ダリュの邸宅に再集合した。すでに一〇時になっていた。やがて、一〇区の区役所が国民衛兵によって守られているという知らせが入ったので、議員たちは区役所に移った。この知らせはたちまちのうちに広まり、一一時には、二〇〇人近い議員が区役所二階の大広間につめかけたが、議員たちはいつもの癖で侃々諤々の議論を始めたため、肝心の行動方針が決まらず、いたずらに時間は失われていった。

ちょうどそのころ、ルイ＝ナポレオンはパリの様子を見るために、騎馬小隊に護衛されながら、馬に跨ってエリゼ宮を出た。民衆の反応をなによりも気にする彼は、自分が張り出した布告と国民議会議員の逮捕の反響を知りたかったのである。

民衆は、思ったよりもはるかに冷静に彼を迎えた。ルイ＝ナポレオンの一行は、チュイルリ公園を横切って橋を渡り、オルセー河岸からパレ・ブルボンの前まで行ってエリゼ宮に引き返した。パレ・ブルボン前の河岸を通ったときにだけ、守備隊から「皇帝万歳！」の歓呼が聞こえたが、その前に集まった野次馬からは「共和国万歳！」の叫びが届いた。とはいえ、反発はごくわずかで、民衆たちは、クー・デタにさしたる反応を示さなかったといってよい。その証拠に、町はいつもと変わらぬ日常を始めていた。商店は鎧戸をあけ、乗合馬車は同じ路線を走り、裁判所は審議を開始していた。

ルイ＝ナポレオンの一行がエリゼ宮に戻ろうとしたとき、一〇区の区役所に二〇〇人の議員が集まっているという知らせを持った伝令が総司令部に到着した。

議員たちの一斉逮捕

クー・デタの総司令官を務めるモルニーは、知らせを受け取ると、ただちにパリ管区総司令官のマニャンに指令を与え、議員たちを全員逮捕、拘禁するよう命じた。

区役所で、議員たちがルイ＝ナポレオンの軍隊に対抗するために、ローリストン指揮の第一〇連隊を呼ぶことを決議しようとしていたとき、中庭に兵士たちの姿が現れた。廊下に

議場を去るデュパン
国民議会議長のアンドレ・デュパンは、憲兵隊に議場から立ち去るように命じられ、抵抗せずに議場を明け渡した。[H]

エリゼ宮を出るルイ＝ナポレオン
クー・デタの反響を知るため、ルイ＝ナポレオンは馬に跨ってエリゼ宮を出た。「一二月一〇日会」のボナパルティストから皇帝万歳の歓呼があがった。[H]

激しい足音が聞こえ、ヴァンセンヌ第六猟歩兵大隊の大佐が姿を見せた。

「命令を執行して、あなた方を逮捕します」

「憲法第六八条の規定により、議会は大統領の権利と機能を剝奪した。よって、軍隊、警察は議会の指揮下に置かれる。ただちに退出したまえ」臨時の議長に選ばれたブノワ・ダジーが言った。

「それはできません。命令を受けております」

「ウディノ将軍がパリの全軍の指揮を取ることになった。彼の指揮に従いたまえ」ブノワ・ダジーが命じた。（以上、カストゥロ前掲書に引用）

このとき、パリ警視庁の二人の警視が逮捕状を示し、軍隊は警察よりも厳しい命令を受けているから、素直に逮捕に応じたほうがいいと諭した。すると、タイミングよく、大隊の大佐が「一〇区の区役所を占領し、必要とあらば、抵抗する議員を逮捕してマザス監獄に送るべし」という陸軍大臣の命令書を読み上げた。

議員たちは、逮捕できるならしてみろと、虚勢を張り、殉教者を気取ってみせた。彼らの望みはただちにかなえられた。二〇〇人の議員たち全員が逮捕され、乗合馬車に乗せられたからである。もっとも、予定されたマザス監獄はすでに逮捕者で一杯だったので、議員たちはヴァンセンヌとモン・ヴァレリアンの兵営に送られた。

10区区役所に立てこもる議員たち
クー・デタの知らせを受けた国民議会の議員たちは10区区役所に立てこもり、「議会は大統領の権利と機能を剝奪した」と抵抗した。[H]

連行される議員たち
10区区役所に立てこもった議員たち200人は全員が逮捕され、ヴァンセンヌとモン・ヴァレリアンの兵営に送られた。[H]

ユゴー、一人で地団駄踏む

大通りを護送用の乗合馬車が大きな音を立てて走りさるのがいつもと異なるだけで、一二月二日は、さしたる騒動もなく暮れていった。曇天のせいか日は短く、三時になると、もうあたりは暗くなっていた。民衆たちはなにごともなかったように日常生活を続けていた。

夕暮れが近づくにつれ、劇場の支配人たちは、幕をあけるべきか否か思案した。フランス座では、俳優の多くは共和主義者だったので、「このような一大事が発生しているのに芝居をやっているわけにはいかない。休演にすべし」という声があがったが、支配人のアルセーヌ・ウーセーは決断した。「大統領と議会のどちらが正しいか、いずれ、歴史が判断を下すだろう。とりあえず、今日は芝居をやろう。これが俺たちの仕事だからな」

かくして、どの劇場でも幕が上がった。通りでは多少の騒動が起こっていたが、民衆たちは思っていたよりも冷静だった。政治をやるよりも楽しむほうが先。皆、そう判断したのである。

しかし、民衆ではない人たちの中には、別の考えをしている人間もあった。ヴィクトル・ユゴーやウージェーヌ・シュー、アラゴら共和派左派の議員たちである。彼らは、区役所での逮捕を免れ、夕方になってから、ブランシュ街やショセ・ダンタン街の知人宅に集まって、クー・デタにどう対処すべきかを協議していた。

なかでも、もっとも激烈な意見を吐いていたのがユゴーである。ユゴーはただちに街頭戦に打って出てバリケードを構築すべしと主張した。これに対して、プルードンは激高するユゴーをわざわざバスチーユ広場まで連れていき、そこで要所を固めている軍隊を示しながら言った。

「友人として忠告しますが、あなたは幻想を抱いている。民衆たちは家にこもったまま動こうとはしない。ボナパルトは勝ったんです。普通選挙の復活というあの愚劣な策が馬鹿者どもの心を捕らえたようです。いまや、ボナパルトは社会主義者として通っています。ボナパルトは成功し、あなたは失敗するでしょう。ボナパルトには軍隊と大砲があり、民衆の誤りと議会の愚劣さという味方がついている。もう反抗するのはおやめなさい。この期に及ん

で、戦うのは狂気の沙汰です」(カストゥロ前掲書に引用)
だが、ユゴーは説得されはしなかった。彼は、その夜徹夜で、宣言文を書き上げ、それをプラカードに書きなぐった。「ルイ＝ナポレオンは裏切り者だ！ 奴は憲法を凌辱した！ 奴は自らを法の外に置いた！」

モルニーの深慮遠謀

夜の闇が完全に降りた。エリゼ宮では、ルイ＝ナポレオンが不安にかられていた。実際には、民衆はほとんど騒がず、扇動にまったく耳を貸さなかったが、夜になって、共和派の

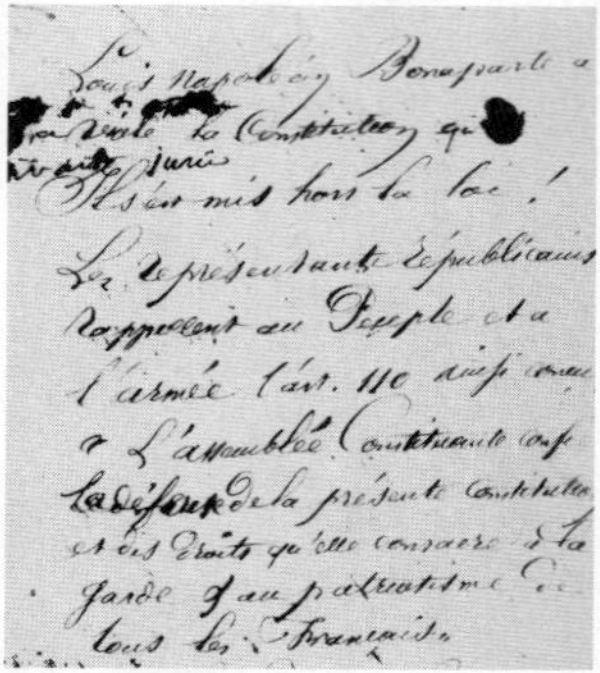
Louis Napoléon Bonaparte a
violé la Constitution qu'il
avait jurée
Il s'est mis hors la loi !
Les représentants républicains
rappellent au Peuple et à
l'armée l'art. 110 ainsi conçu
« L'assemblée Constituante confie
la défense de la présente Constitution
et des droits qu'elle consacre à la
garde et au patriotisme de
tous les Français »

ユゴーの宣言文
クー・デタの知らせに激怒したユゴーは街頭戦を主張したが、だれも従わないとみるや、徹夜で激越な反ナポレオンの宣言文を書き上げ、プラカードに書きなぐった。[A]

議員や活動家たちがところどころにバリケードを築き、ラ・マルセイエーズを歌いながら大通りを行進し、「共和国万歳！」の叫びをあげているという知らせが彼のもとに届いていたのである。

ルイ＝ナポレオンは内心、居ても立ってもいられないほど苛立っていたが、不安なそぶりはいっさい見せずに、執務室にこもって紙巻きタバコを吸い続けていた。

ルイ＝ナポレオン以上に神経質になっていたのは、警視総監のモーパである。モーパは警察官僚の常として、なにごとも事態を悲観視する癖がついていた。そこで総指揮官のモルニーに、サン＝マルソーやサン＝タントワーヌなどの民衆の拠点にはバリケードが構築されていると知らせ、次のような警告を発した。

「四四連隊が彼らを見張っていますが、連中は夜陰に乗じて、仲間を駆りあつめ、警視庁を襲うことを計画しているようです。大砲を、いつでも私が自由に使えるようにしておいていただけませんか？」

ところが、モルニーとマニャンは、こうしたモーパの警告にもかかわらず、既定方針どおり、軍隊を兵営に引き上げるように命じた。主要な衛兵所以外には、パリ市に軍隊の姿を見せてはならないというのである。

これには、モーパが強く反発した。パリの反徒のことなら、警視総監以上に詳しく知っている人間はいない。もし、軍隊が引いたら、何が起きるか、火を見るより明らかだというのである。

だが、それこそが、モルニーの狙いだったのである。モルニーは、腫瘍を切除するには、大きく腫れさせてから、これを一息でつぶさなければならないと考えていた。こちらには断固たる決意があり、逆らえば痛い目にあうということを知らせる必要がある。逆らわない人間を拘引すれば弾圧だが、逆らった人間を処罰するのは法にかなったことである。それに、反徒を前にして、極限まで緊張を高めている軍隊や警察をいつまでも民衆と対峙させておくと、なにかのきっかけで、惨劇が生まれるかもしれない。本当に「悪い」奴だけを捕まえるには、泳がしておいて一網打尽にするに限るのだ。

ボダン、バリケードに死す

クー・デタから一日がたち、一二月三日の夜が明けた。前日よりも気温は穏やかだったが、天はあいかわらず重い雲で覆われていた。

やがて朝霧が消えたが、モーパが恐れ、モルニーが期待していた事態は起こっていなかった。バリケードはまったく築かれていなかったのである。

八時半ころ、ヴィクトール・ボダンを先頭に一五人ほどの民衆派の議員が、腰に三色旗を巻きつけてフォーブール・サン＝タントワーヌに現れた。「武器を取れ！　共和国万歳！」と、彼らは叫びながら民衆に檄を飛ばしはじめた。

ところが民衆がいっこうに反応せず、冷ややかに見守っているだけなので、議員たちがたずねた。

「君たちは帝国の復活を望んでいるのか？　共和国を守りたくはないのか？」するると、民衆の一人が答えた。「なんで、おれたちが戦わなきゃならないんだ。議会の連中は六月におれたちを皆殺しにしたんだぞ。それに、ナポレオンはおれたちに選挙権を返してくれるっていってるぞ」

議員の一人のヴィクトル・シェルシェールはそのときの民衆の態度をこう証言している。「彼らはわたしたちに挨拶を送った。そして、共和国万歳と叫んだ。だがそれだけだった。はっきり白状しなければならないが、民衆は武器を取る気などなかったのである」（カストゥロ前掲書に引用）

ヴィクトル・ユゴーもまたこう言っている。「たとえ、ダントンのような雄弁家でさえ、革命的な熱気を生みだすことはできなかったろう。わたしたちは孤独だったのだ」

そこで、しかたなく、議員と左翼のジャーナリストたちが慣れない手つきでバリケードをつくりはじめた。民衆の中には見かねて、手伝う者も現れた。おかげで、どうやらバリケードらしきものができあがった。九時半だった。

そのとき、バスチーユ広場の守備についていた旅団の三中隊がフォーブール・サン＝タントワーヌ通りをゆっくりと溯ってくる姿が目に入った。

それを見た民衆が逃げ出そうとしたので、バリケードの上に上っていた議員のボダンが「おい、みんな、バリケードにのぼれ」と叫んだ。

すると、民衆の一人がこう答えた。「おれたちゃ、あんたたちに日給二五フランを保証してやるために殺されたくはないよ」。日給二五フランというのは、国民議会の議員に支払われる議員報酬だったのである。

これを聞いたボダンは大見得を切った。「よし、それなら、私たちが、日給二五フランのためにどうやって死ぬか見せてやろう」

たしかに、議員たちは勇敢だった。というのも、銃剣を構えて行進してくる兵士に向かって、七人の議員が横一列になって立ち向かったからである。シェルシェールが大声で呼びか

ヴィクトール・ボダン

クー・デタから一夜明けた12月3日の朝、民衆派の議員がフォーブール・サン＝タントワーヌにバリケードを築いたが、民衆が参加しないので、ボダンは一人でバリケードに上り、撃ち殺された。[A]

けた。「私たちは人民の代表者だ。憲法の名において、君たちが法を守ることを要求する」「黙れ、下がらないと撃つぞ」

議員たちは死を覚悟し「共和国万歳！」と叫んだが、兵士たちはそのまま前進を続け、七人はその場に押し倒された。兵士の一人が議員のブリュクネールを狙うそぶりを見せたが、弾は空に向けて発射された。

だが、ボダンとともにバリケードの上にいた反徒は、軍が発砲したと思い込み、反撃の銃弾を放った。これを合図に、兵士の一斉射撃の音が響いた。ボダンはバリケードの上にバッタリと倒れた。たしかに彼は、日給二五フランのために死ぬ勇姿を民衆に示したのである。

わずかに残っていた反徒たちはクモの子を散らすように逃げ出し、バリケードはあっと言う間に撤去された。

反乱、鎮圧される

ボダンが死んだというニュースは民衆たちのあいだにただちに広まったが、パリはまだ平静を保っていた。

しかし、午後になって、時間が進むにつれ、不穏な空気が漂いはじめた。ボダンの葬式を口実に、反徒たちが翌日、大規模なデモを用意しているという噂が流れたのである。しかし、この情報を問い合わせてきたモルニーに対し、モーパは、ボダンの埋葬はもうとっくに済んでいて、一〇〇人あまりの人間が葬式に参加しただけだと答えた。

モーパが心配していたのは、もっと別のことだった。民衆たちは動かなかったが、夕暮れとともに、過激な活動家たちが動きはじめ、オテル・ド・ヴィル（市庁舎）やブールヴァール（大通り）で労働者に向けた檄文を張り出し、バリケードをつくっているという知らせが届いたのである。たしかに、ブールヴァールには野次馬が集まりだして、警戒に当たっている槍騎兵に対して、「共和国万歳！」という叫びが浴びせられるようになっていた。

夕闇が降りると同時に、松明《たいまつ》をもったデモ隊がグラン・ブールヴァールに現れ、ショセ・ダンタンから二体の遺体を引きずりながら「復讐せよ、武器を取れ！」と大声で怒鳴って歩いた。これは、二月革命の発端になったキャプュシーヌ大通りでの銃撃とまったく同じ状況だった。

警視総監のモーパはいよいよ不安になってきた。ここで反徒たちの動きを封じなければ、反乱は大きく広がるかもしれない。一刻も早く、軍隊を増員し、警戒を厳重にすべきだ。だが、モルニー、マニャン、サン＝タルノーの三人は、既定方針どおり、軍隊を一斉に兵営に引き上げさせた。今度こそ、反徒たちに思う存分、バリケードをつくらせ、蜂起を準備させなくてはならない。そのためには、夜の闇という革命の最大の味方を反徒たちに与えるのだ。

だが、反徒たちは、だれ一人として、それが罠だとは気づかなかった。軍隊が兵営に引き上げるのを見た共和派の指導者たちは、にわかに活気づき、連絡を取り合って、バリケードの構築に取り掛かった。

一二月四日の朝を迎えた。空気は湿っていたが気温は緩んでいた。クー・デタ三日目にして、ようやく、モルニーたちが期待していたものが出現した。モンマルトル大通りからタンプル通りにかけて七七のバリケードが築かれていたのである。中には建物の二階の高さにまで達しているものもあった。

しかし、バリケードの内側で銃を握っている反徒の数は思ったよりもはるかに少なかった。多そうに見えても、そのほとんどは、バリケード戦をサーカスのつもりで見物しようと決め込んでいる野次馬で、反徒の実数は、せいぜいのところ一〇〇〇人ほどだった。

午後一時、モーパは不安の極に達した。もはや、これ以上、反乱の拡大を座視しているわけにはいかない。一刻も早く、攻撃命令をとモルニーにせっついたが、モルニーもマニャンも、総攻撃の開始と決めた二時まではまったく動こうとしなかった。

ついに二時になった。ボンヌ・ヌヴェル大通りに築かれた巨大なバリケードの前に敷かれた大砲の砲列が一斉に火を吹いた。バリケードは一瞬のうちに破壊され、反徒たちは、命からがら次の守備拠点へと逃げ延びるほかなかった。

数時間後、バリケードはすべて撤去され、銃を握っていたり、手に硝煙の跡のある反徒はその場で処刑された。

こうして、罠にはまった獣たちは、次々に血祭りにされたのである。なにもかも、モルニーの描いたシナリオどおりだった。議員たちを一網打尽にし、反徒たちを根絶やしにするという目的は、最小限のリスクで達成されたかに見えた。

だが、モルニーのシナリオどおりにことが運んだかと思われた瞬間、予想外のアクシデントが起こって、事態は思わぬ方向へと進んで行ったのである。

2 成功の失敗

一発の銃声と歩道の惨劇

一二月四日午後三時、パリ最大の盛り場であるグラン・ブールヴァールは群衆であふれかえっていた。

二時から開始された軍隊の総攻撃で、グラン・ブールヴァールの西のボンヌ・ヌヴェル大通りに築かれたバリケードの大半は破壊され、反徒たちは射殺されるか、逮捕されていたが、グラン・ブールヴァールの東のほうでは、あいかわらず車道に軍隊が密集隊形で待機して、警戒を続けていた。

もっとも、それを取り囲むようにして集まった野次馬のなかには労働者風の上っ張りは少なく、皆、フロックコートや短外套（パルト）を着ていた。軍隊がバリケードに大砲を撃ち込むのを見物にやってきたブルジョワやプチ・ブルが大半だったのである。物見遊山気分の家族連れもいた。子供の姿さえ見られた。通りに面した建物の窓には人が鈴なりになり、まるでパレードでも見物しているような雰囲気だった。

群衆はこれからもう一幕、派手な立ち回りがあるのではと期待していたが、その期待も空しく、騒動はこのまま終わりかと思われた。

だが、そのとき、一発の銃声が響いて、無血クー・デタだったはずの企てを血塗られた惨劇に変えてしまう。そして、群衆はよもや自分たちがその惨劇の主役を務めようとは思いもしなかったのである。

最初の銃弾がどこから発射されたものかは今となってはだれにもわからない。ボナパルティストたちは、それはサンティエ通りの窓から放たれて、ラッパ手が倒れたと主張し、共和派の歴史家は車道にいた軍隊が撃ったという。

いずれにしても、わかっているのは、極度の緊張を強いられていた軍隊の兵士たちがこの一発の銃声でパニックを起こし、指揮官の命令もないのに、群衆に向かって無茶苦茶に発砲したことである。将校たちが「撃つな、撃つな」と絶叫しても、激高した兵士たちの耳には届かなかった。パニックは部隊から部隊へと伝わった。群衆が算を乱して逃げ惑うと、兵士たちはそれを追うように銃撃をつづけた。

このときの様子はゾラの『パリの胃袋』に主人公のフロランの回想として次のように描かれている。

そのとき、兵士たちが間近から、一五分にわたって、歩道にいる群衆に銃撃を浴びせたのである。フロランは、群衆に押されて、ヴィヴィエンヌ街の角で転び、地面に倒れた。それからはもうなにがなんだかわからなくなった。飛び交う銃弾に脅えて正気を失った群衆が彼の体の上を通りすぎていった。やがて何も聞こえなくなった。フロランが起き上がろうとすると、体の上にピンクの帽子をかぶった一人の若い婦人が乗っていた。ショールが滑り、細かいプリーツのスタンドカラーのブラウスがあらわになった。ブラウスの乳房の上のあたりに銃弾が二発撃ち込まれていた。脚を外そうとして、フロランが婦人の体をゆっくりと押しのけたとき、そのブラウスの穴から二筋の血が流れだし、彼の手を汚した。

この描写にあるように、一五分後、モンマルトル大通り近くの歩道には、何十体という遺体が横たわっていた。ほとんどが逃げ遅れた一般市民だった。あちらに雨傘を抱えた老人の死体があるかと思えば、こちらには、子供の死体が転がっていた。シテ・ベルジェールという袋小路には三〇体以上の遺体が折り重なっていた。

クー・デタの演出者たちは、この惨劇で、その夜、パリに広範な蜂起が起きるのではないかと恐れた。事実、一八四八年の二月革命では、これよりもはるかに少ない死傷者が革命の導火線となったのである。だが、それは杞憂だった。テロルに脅えた群衆はもう一歩も家を出ようとしなかったからである。後に、政府の広報である『モニトゥール』紙は、死者は三八〇人、そのうちの多くが一般市民だったことを認めたが、それが果たして実数にどれだけ近いかだれにもわからなかった。

惨劇に対する反応

グラン・ブールヴァールの惨劇は、ヴィクトル・ユゴーのようなルイ＝ナポレオンの敵にとっては、当然、絶対に許すまじき「計画的犯罪」「大殺戮」であったが、ルイ＝ナポレオンの味方にとっても、それは胸のむかつくような暴挙と映った。ルイ＝ナポレオンの幼友達で、最もよき理解者の一人であったオルタンス・コルニュ夫人は、この惨劇を知ると、マチルド皇女にこう言ったという。

「彼（ルイ＝ナポレオン）は墓穴を掘ったんだわ。最後は暗殺されて、惨めな死に方をするにちがいないわ」

では、クー・デタの演出者たちはどう考えていたのだろうか？

グラン・ブールヴァールの惨劇

12月4日の朝、モルニーたちの挑発とは知らずに、反徒たちはグラン・ブールヴァールにバリケードを築いたが、これは簡単に撤去された。その後、集まった群衆の中から一発の銃声が響き、これをきっかけに、軍隊が発砲、400人近い一般市民が犠牲になった。[H]

った。

まず首謀者のモルニーだが、二日後の一二月六日、義母のフラオー夫人にこんな電報を打った。

「パリは完全に平静を保っています。暴動は鎮圧されました。まだ逃亡中の首領たちも逮捕されるでしょう。地方からのニュースも良いものばかりです。国債は今日、九六フランで昨日より四フラン値上がりしました」（以上、カストゥロ前掲書に引用）

モルニーにとって、市民に多数の死傷者が出ることくらいとっくに「織り込み済み」であり、国債がクー・デタをどう捉えるかのほうが気掛かりだったのである。

しからば、我らがルイ＝ナポレオンはどう考えていたのか？

じつは、最も肝心な、この点がどうもよくわからないのである。アンドレ・カストゥロ『ナポレオン三世』を参照しつつ見てみよう。同書で引用されているオーストリア大使ロドルフ・アポーニイの回想によると、アポーニイが四日の夜、クー・デタの成功を祝福しに面会を求めたとき、ルイ＝ナポレオンは、自分は断固として使命をやり遂げ、フランスのデマゴギーと戦うつもりだと、こう語ったという。

「もう、パリで市街戦が見られることはなくなるはずです。しかし、もう一度革命が起こるようなことがあったなら、私はまず、戦いの前に太鼓を打ち鳴らし、大砲の音を響かせて、市民に平静を呼びかけ、自宅にこもったままドアと窓を締め切るように警告するでしょう。そして、そのあとでも通りに残っている者がいたら、そのときには仕方ありません。彼らに思い知らせてやるだけです」

もし、アポーニイの証言どおりだったら、ルイ＝ナポレオンは思いのほか根性が据わっていたということになる。しかし、別の証言もある。たとえば、後に皇后となるウージェニーは、「皇帝にとって、一二月二日から四日に起こったことは、一生の間、脚に付けて歩まねばならない囚人の鉄の玉となった」と語っている。また、バラーユ将軍は「ルイ＝ナポレオンは自分の望んだことを何一つすることができず、してしまったことを望んだわけでもない」と述べている。

おそらく、ルイ＝ナポレオンの反応は後者だったにちがいない。事態は彼の予想をはるかに越えたところにまで行ってしまったのである。

地方の反乱

とりわけ、予想が狂ったのは地方が示した反応だった。大都市の労働者は蜂起しなかったが、共和派の農民が反乱を起こしたのである。南仏の多くの県で郡庁や県庁が襲われ、占拠された。

パリではクー・デタは議会に対して発動されたと民衆に「正しく」理解され、労働者たちは逮捕された議員に対しほとんど同情を示さなかった。二月革命のさいに労働者たちの権利を奪い、六月事件で大弾圧を加えた張本人が議会であると広く認識されていたからだ。労働者たちは、グラン・ブールヴァールの惨劇が起きるまで、クー・デタに拍手喝采を送っていたのである。

これに対して、地方では、そうした細かなニュアンスは伝わらず、クー・デタは単なる暴力的な反革命、左翼に対する右翼の反撃と映じてしまった。そのため、共和主義の旗を守れのスローガンのもとに、共和派の農民が蜂起したのである。

しかし、権力を握ったクー・デタ派にとっては、こうした地方の反乱は、たとえそこに誤解があったとしても、弾圧すべき反乱であることに変わりはなかった。フィリップ・セガンが『大ルイ＝ナポレオン』で指摘しているように「パリから地方に移るにつれ、クー・デタに対する反応は少なくとも部分的に性質を変えた。それは新たな白色テロルの様相を呈するようになったのである」。

二月革命に恐怖していた地方のブルジョワや貴族などの秩序派は、ここぞとばかりに共和派の弾圧に乗り出した。赤色テロルに対する白色テロルという単純な二分法の図式ができあがり、あとは、軍隊の出動を待つばかりになった。

その軍隊は、モルニーとサン＝タルノーによってすぐに差し向けられた。地方の反乱は強引にねじ伏せられ、数日で完全に鎮圧された。二万六〇〇〇人という大量の逮捕、「アカ狩り」がそれに続いた。半数は釈放されたが、残りの半数はアルジェリアやギアナに流刑となった。ヴィクトル・ユゴー、エドガール・ネー、ピエール・ルルー、エミール・ド・ジラルダンなどの知識人やジャーナリストたちはベルギーやイギリスに亡命した。

クー・デタ、国民投票で認められる

混乱が去り、生活が戻ってきた。人々は、「デマゴギーと悪漢と戦うために、しかたなく大統領は強権を発動し、戒厳令を敷いた」という政府の主張を認めた。一二月二〇日と二一日の二日間、布告で予告された国民投票が行われ、七四三万九二一六票の「ウイ」に対して、「ノン」はその一〇分の一以下の六四万六七三七票。投票をボイコットした有権者が一六〇万人近くあったが、それでも圧倒的多数の国民がルイ＝ナポレオンのクー・デタに賛成投票をしたのである。クー・デタがユゴーのいうように犯罪だったとするなら、フランスはその犠牲者ではなく、共犯者だったのである。

フランス国民が示した反応は、細かい差異を取り去れば、おおむね次のようなものだっ

地方の白色テロル

パリでは反動的な議会に対する民衆の権利の復活と理解されたクー・デタも、地方では暴力的な反革命と見なされ、共和派の農民の暴動を引き起こした。それに伴って、白色テロルが横行。挿絵はバール県のサレルヌで憲兵が囚人を虐殺した事件を伝えている。[H]

ノートル・ダム大聖堂のテ・デウム

国民投票により、圧倒的多数でクー・デタは正統と認められた。1852年元旦、ノートル・ダム大聖堂のテ・デウムに参列したルイ＝ナポレオンはシブール陛下から祝福を受けた。[A]

た。

ルイ＝ナポレオンがどういう人物かはわからない。また、クー・デタで成立した政権の実態もあきらかではない。だが、とにかく、これで混乱の時代は終わった。独裁でもなんでもいい。一刻も早く秩序ある生活を！

オーストリア大使アポーニイはこう書き留めている。「帝国はいずれ出来あがるだろう、もう出来あがりつつある、すでに出来あがった」（カストゥロ前掲書に引用）

一八五二年一月元旦、共和国大統領ルイ＝ナポレオン・ボナパルトはノートル・ダム大聖堂のテ・デウムに参列し、シブール陛下から祝福を受けた。

そして、この日から、ルイ＝ナポレオン・ボナパルトは、大統領府であるエリゼ宮を去って、伯父の大ナポレオンが居城としたチュイルリ宮に入ったのである。ルイ＝ナポレオンは庭園に面したアパルトマンを居室とした。そこはかつてルイ・フィリップが、もっと以前にはマリー・アントワネットが使った部屋だった。

アンドレ・カストゥロは、その『ナポレオン三世』の上巻の最後をこんなふうに締めくくっている。

思えば、アレネンベルクの居城とストラスブールの蜂起から、またブローニュ蜂起とアムの牢獄から、なんという長い道程だったことだろう。この年、運命論者の冒険家、悔い改めない陰謀家が終わり、ナポレオン三世が歴史の中に登場したのである。

左右の調停者として

ナポレオン三世への道を歩み出したルイ＝ナポレオンが最初にしたことは、左右に分裂した国民を再統合するための調停者として自己を規定することだった。地方の反乱によって象徴されるように、ルイ＝ナポレオンは、自分が左翼からは「血に飢えた専制君主」として怨嗟の的になり、また右翼からは白色テロルを行う錦の御旗になっていることに対して強い危惧を感じ取っていたのである。

そこで、彼はまず、パリと地方で捕らえられた反乱分子に対する処分を軽くするよう呼びかけ、それでも不十分と見てとると、情状酌量を検討するための委員会を設置し、三人の監視委員を任命した。フィリップ・セガンはこう書いている。

一八五二年三月から、三人の委員はそれぞれ仕事を開始したが、その熱の込め方は各人まちまちで、結果にも大きな差があった。エスピナス大佐が三〇〇人の容疑者の執行免除あるいは減刑を報告したのに対し、カンロベール将軍は七二七人だった。しかし、その数字はカンタン・ボシャール国務委員のそれに比べれば物の数ではなかった。カンタン・ボシャールは合計で三四四一人を執行免除ないしは減刑にしたのである。そして、カンタン・ボシャールだけがルイ＝ナポレオンからその寛大さを称賛する手紙を受け取った。「あなただけが私の考えを理解してくださいました」（『大ルイ＝ナポレオン』）

ルイ＝ナポレオンはそれだけでは飽き足らず、直接的に恩赦を施すことも多かった。その結果、一八五三年からは、流刑囚の数はどんどん減ってゆき、一八五九年の大赦でほとんどがフランスに帰国した。

その中で、ヴィクトル・ユゴーただ一人が恩赦を拒否し、ルイ＝ナポレオンをナポレオン三世とは認めず、「小ナポレオン」と呼び続け、亡命地のガーンジー島やジャージー島に踏みとどまった。第二帝政が成立したときに、ルイ＝ナポレオンは早くも最初の恩赦をこの詩人に与えたいと申し出たが、ユゴーは次のような有名な詩でこれに答えた（『懲罰詩集』。スラとは古代ローマの独裁者。ナポレオン三世のたとえ）。

千人しかいなくなったとしても、私はその一人だ。たとえ、
百人しか残らなくても、私はなおスラと戦うだろう
十人に減ったとしても、私はその十番目に踏みとどまる
そして最後に一人残ったとしたら、それが私だ

ユゴーの拒否は、本来なら自分が座ってしかるべき大ナポレオンの後継者の地位を鈍重な甥ごときに奪われ、自尊心を深く傷つけられたことに対する反動だった。ナポレオン三世が支配するフランスに帰るのではなく、ナポレオン三世がいなくなったフランスに帰国するのでなければ意味がなかった。「自由が戻ったら、そのとき私は戻るだろう」。その日はやがて

来ることになる。だが、それまで、ユゴーは一九年間の亡命生活を強いられることになるのである。

クー・デタのバランス・シート

ルイ＝ナポレオンが決断し、モルニーが実行したクー・デタは、それをマキャベリ的な観点から眺めれば、グラン・ブールヴァールの惨劇と地方での弾圧があったにもかかわらず、いや、そうした要素があったからこそ、ほぼ完全な成功を収めたといえる。というのも、モルニーが用いた、反徒を挑発し、暴力でもってねじ伏せるという方法が民衆のあいだに強い恐怖心を植えつけ、反抗を抑圧するという効果をもったからである。

その恐怖心は、後に、ナポレオン三世が宮廷を開き、社交生活をリードするようになっても失われることはなかった。人々は、この礼節をわきまえた善良そうな皇帝が、あのような血まみれのクー・デタを命じたとはにわかに信じることができなかったが、この仮面の下に、残忍な素顔があるのかと思うと、よけいに底知れぬ戦慄を感じたのである。

だが、こうした短期的な成功の原因が、長期的に見た場合の失敗の原因となった。第二帝政が、圧制的要素を払拭し、自由帝政に歩みを進めても、それが左翼からの同意をえることができず、最終的に、普仏戦争の敗北をきっかけとして脆くも崩壊したのは、人々の記憶にいつまでも残っていた恐怖の感情が災いしたのである。暴力によって成立した体制は、それがルイ＝ナポレオンの望んだこととは正反対のものであろうとも、暴力によって瓦解するほかなかったのである。

それだけではない。第二帝政崩壊後の評判の悪さも、クー・デタの、とりわけ一二月四日の惨劇と地方の大弾圧によるところが大きかった。

純粋に客観的に見た場合、ナポレオン三世は、体制の反対者を処刑したわけでもなく、弾圧は言論統制にとどまったのであるから、二〇世紀に登場するヒトラーやスターリンの「悪」とは比べることはできない。

また、第二帝政は、長らく続いたフランスの混乱と無秩序に終止符を打ち、国内的にも国外的にも経済的大発展をもたらし、第三共和制の繁栄を準備したのだから、もっと積極的な評価がなされてもよいはずであった。

にもかかわらず、長いあいだ、じつに長い期間にわたって、第二帝政は、歴史家にとっては、すべての面でマイナスの評価の対象にしかなりえなかった。第二帝政といえば、ナポレオンの甥というだけのたんなるバカが陰謀と暴力によって権力を奪取し、強権によって支配を続けた暗黒の時代とされていた。再評価が始まったのは、左翼の凋落が始まった一九八〇年代のことである。

こうした後代の評価の低さは、すべて、クー・デタの際の行き過ぎた暴力によるものである。この意味で、クー・デタの短期的成功と長期的な失敗は、いずれも、その演出家だったモルニーの責任に帰せられるのである。

3　なによりも秩序を

新憲法の発布

一八五二年一月一四日、フランス共和国の新憲法が発布された。起草者となったのは、モルニーの父親であるフラオー伯、ペルシニー、それにメナール、トロロン、ルエールの三人の法律家である。その骨子は、前年一二月の二〇日と二一日の国民投票で圧倒的多数で承認されているから、ルイ＝ナポレオンは、これで正式に一〇年の大統領任期を認められたことになる。憲法には再任を妨げる規定がどこにもない以上、ルイ＝ナポレオンがほぼ永久的に大統領職にとどまることが可能となった。

新憲法は、行政権力者がルイ＝ナポレオン大統領ただ一人である点を除けば、伯父のナポレオンが第一執政のときに制定した共和暦Ⅷ年の憲法を踏襲していた。その特徴は、大統領の行政権が極度に強化されていることにある。

大統領は一〇年に一度の国民投票によって選ばれ、内閣と大臣を指名する権利をもつが、内閣は、立法院に対しては責任を負わない。つまり、日本の明治憲法と同じく、議院内閣制ではないのである。

大統領は、また、大臣、軍人、知事をふくめてすべての公務員の任命権のほか、開戦、及び条約の締結権をもつ。

男子普通選挙によって小選挙区で二七五人の議員が選ばれる立法院は、内閣の提示した予算と、国務院が起草した法律の討議、採決権を有するが、大統領の行政権に掣肘《せいちゅう》をくわえる権利はいっさい奪われている。議会と大統領が対立したときには、大統領は議会を解散することができた。

四〇～五〇人からなる国務院の議員は大統領によって指名され、ブレーンの役割を果たした。国務院は法律、大統領令を起草する。

このほか、大統領が指名した終身議員（当初八〇人、ナポレオン一族が多い）からなる元老院があり、政府が提案し、立法院が可決した法律が憲法に合致しているかを審議する。もし、合致しない場合は無効を宣言することができる。

このように、大統領は、法律の起草と最終審議という立法権の両端を押さえているほか、なにものにも制約されない大統領令を発する権利があった。その権限は絶大で、共和制とは名ばかりで、事実上の大統領独裁、というよりも君主制に近かった。

オルレアン家財産の没収

新憲法発布後、独裁権力を握ったプランス＝プレジダンは、まず最初になにをやるのか？　国民投票に圧倒的多数で賛成した民衆はもちろん、ブルジョワや貴族といった秩序派までが期待と不安で見つめるなか、ルイ＝ナポレオンは、一八五二年一月二二日、突如、二つの大統領令を発した。

一つは、前国王のオルレアン家のプリンスたちがフランス国内で財産を所有することを禁ずる法令、第二はルイ・フィリップが国王就任以前に子供たちに与えた資産を国有化する法令。ようするに、オルレアン家の財産をすべて没収してしまおうというのである。

反対派は、やはり、そうだったのかと囁きあった。彼らは、ルイ＝ナポレオンは借金だらけで、そのために国家の金を盗むためにクー・デタを決行したのだと思っていたからである。しかし、だからといって、彼らには何の対抗手段もなかった。ただ手をこまねいているほかなかったのである。

いっぽう、民衆は、オルレアン家の財産などにほとんど関心を示さなかった。

最も激しい反発を見せたのは、意外や、クー・デタの演出者であった内務大臣のモルニーだった。

モルニーは二月革命以前から、筋金入りのオルレアン派で、それがためにルイ＝ナポレ

クー・デタ直後のルイ＝ナポレオン
クー・デタから第二帝政までの1年は「帝政的共和制」と呼ばれる。ルイ＝ナポレオンは念願の民衆福祉を実践に移すべく、オルレアン家の財産を没収した。モルニーらのオルレアン派はこれに反発して内閣を去る。［C］

オンが大統領に当選してもしばらくは接近をはからなかった。クー・デタ計画に加わったのも、ルイ＝ナポレオンの思想や信条に共鳴したからではなく、クー・デタで安定した政権を打ち立てて秩序を回復させ、それによって産業を盛んにしたいと考えたからにほかならない。

しかし、クー・デタがあまりに鮮やかに成功したこともあって、モルニーはルイ＝ナポレオンに対して、つい保護者然とした態度をとるようになった。これがルイ＝ナポレオンのカンに障ったのである。だれが本当の主人であるか思い知らせてやらなければならない。それに、もう一つ、グラン・ブールヴァールの惨劇と反徒に対する厳しい姿勢も、ナポレオンとモルニーの間に溝をうがつ原因となっていた。ルイ＝ナポレオンは、モルニーの挑発のせいで輝かしい新体制に血の染みがついたと感じていたのである。

ルイ＝ナポレオンがモルニーに事前に相談することなく、大統領令を発した裏には、こうした両者の確執が横たわっていたのである。

その結果、オルレアン家財産の没収はルイ＝ナポレオンの第二のクー・デタ、すなわち、ルイ＝ナポレオン一党内部のオルレアン派人脈に対するクー・デタとなった。人は、これを「鷲の最初の飛翔《ヴォル》」と呼んだ。鷲とはナポレオン家の象徴である。「ヴォル」という言葉には「飛翔」のほかに「盗み」という意味もある。

不意をつかれたかたちのモルニーは、抗議をあらわすために、ルエール、フールト、マーニュのオルレアン派の三閣僚と袖を連ねて辞表を提出した。ルイ＝ナポレオンは慰留せずに、辞表を受理した。モルニーの後釜には、第二帝政期を通じてモルニーの不倶戴天の敵となるペルシニーが座り、新たに入閣したモーパ、アバテュシ、カサビアンカなどとともにいささか強引な内政を展開してゆくことになる。

社会福祉政策と新聞規制

では、モルニーらとの対立を引き起こしたこのオルレアン家財産の没収は、いったい、どのような目的のもとに行われたのであろうか？　巷の噂のように、ルイ＝ナポレオンの借金の穴埋めのためだったのか？

もしそうだったら、ルイ＝ナポレオンの人となりはマルクスやユゴーの思い描くようなゴロツキの独裁者そのもので、いたって説明しやすいものになったはずだが、実際には、彼はそんな単純なイメージで処理できるような人物ではなかった。

ルイ＝ナポレオンが没収したオルレアン家の財産をもとに実行したこと、それは、なんと、彼のかねてからの念願だった社会福祉政策だったのである。

この実り豊かな没収財産は、相互扶助組合の設立、労働者住宅の建設、不動産信用銀行の設立、働けなくなった外勤司祭のための貯蓄金庫の設立、それにレジオン・ドヌール勲章のための基金の創設などに分配された。（ルイ・ジラール『ナポレオン三世』）

ここにあげられているように、フランスの社会福祉政策のほとんどは、ルイ＝ナポレオンが独裁者の地位につくことによって初めて実行に移されたものである。それまで、ブルジョワ秩序派はおろか共和派も社会問題よりも政治課題を優先していたので、社会福祉政策のほとんどは議会に提案されても廃案となっていた。怠け者を甘やかしてはいけないというのがその主張だったが、財源の少なさも多分に関係していた。オルレアン家財産の没収は、ルイ＝ナポレオンが社会福祉政策の財源を探したあげくに導き出した結論だったのである。

このあたりが、普通の独裁者とルイ＝ナポレオンを分かつところで、体のいいポピュリスト的公約をかかげながら国家財産を私物化するゴロツキというマルクスの描いたイメージでルイ＝ナポレオンを理解しようとすると、すぐに足をすくわれることになる。民衆の生活向上というのは、まぎれもなく、独裁者ルイ＝ナポレオンの悲願だったのである。

しかし、では、ルイ＝ナポレオンは完全無欠の民衆の護民官であったかというと、このイメージもまた現実によってすぐ裏切られることになる。新聞の報道を規制した一八五二年二月一七日の大統領令である。

報道の自由は一八四八年の二月革命によってほぼ完全に認められたが、その後、時代が反動へと向かううちに、七月王政下の新聞規制が復活し、保証金、一部ごとに押される郵税の消印、さらには軽罪裁判所による発行停止などが常態になっていた。

二月一七日の大統領令は、これらの規制と罰則を強化すると同時に、新聞の創刊ばかりか編集人の変更にも当局の許可を必要とするという条項が加えられていた。さらに、ペルシニーのアイディアで、不穏当な記事として警告を三回受けた新聞は二ヵ月の発行停止という規則も設けられた。事前検閲はなかったが、発行停止を恐れる経営者の要請で編集者や記者は自己検閲を強いられることになる。

ただ、こうした規則は政治や経済を扱う、いわゆる「大新聞」にのみ適用され、政治・経済を扱わない雑報や娯楽記事中心の「小新聞」はこれを免れたので、「小新聞」ばかりが雨後の筍《たけのこ》のように創刊されることとなる。第二帝政を代表する新聞『フィガロ』も最初は「小新聞」としてスタートしたものである。

しかしながら、こうした社会福祉政策と新聞規制がほぼ同時期に大統領令で布告されたと

新聞規制令
1852年2月17日、ルイ=ナポレオンは新聞を規制した大統領令を発布。印刷所には憲兵が常駐するようになる。[H]

いうことは、かならずしもルイ＝ナポレオンという人物の矛盾を意味しない。それは、むしろ、彼の依って立つ支持基盤がどこにあったかを明確に示している。すなわち、ルイ＝ナポレオンは、ジャーナリズムに立てこもる左右両派のインテリのような物言う大衆ではなく、表現手段を持たない下層民衆にむかって、その政治的メッセージを発していたのである。

だが、このように物言わぬ大衆のためにだけ政治を行おうとする姿勢は、そのときはたしかに多くの支持を集めたが、後に大きな禍根を残すことになる。第二帝政のあいだペンに厳しい掣肘を加えられたインテリたちは、帝政崩壊後、一様に第二帝政とルイ＝ナポレオンを悪し様にののしったからである。第二帝政が、その実態の割に長い間評判が悪かったのは、ルイ＝ナポレオンがジャーナリズムを嫌い、がんじがらめに縛っていたからにほかならない。

官許候補者による立法院選挙

第二帝政の評価を落としているもう一つの原因に、二月八日の大統領令によって布告された官許候補者リストというのがあった。二一歳以上の男子の普通選挙を謳いながら、被選挙人のほうに制限が加えられ、官許候補者には、知事を始めとする公的な立場からのありとあらゆる支援が与えられるのに対し、反対派の立候補者にはさまざまな妨害が加えられるというものである。また、選挙区の境界が恣意的に変更され、官許候補者に都合がいいように調整が行われたといわれる。マルクスなどの非難はこうした選挙誘導に対して向けられていた。

しかし、その実態を詳しく調べてみると、選挙は必ずしも、政府の意図したようには運んでいなかったことがわかる。

まず悪名高い官許候補者リストだが、これはルイ＝ナポレオンが始めたことではなく、七月王政下でも行われていた制度である。

問題は、政府によって選ばれた知事など地方の行政組織が一丸となって官許候補者の応援をしたのに、反対派の候補者には、名前や政見を知らせる手段が与えられていなかったことである。しかし、それでも、官許候補者が敗れることがあった。選挙が二回投票制だったせいである。つまり一回目の投票で過半数を制した候補者がいない場合は、上位二人で決選投票が行われるため、下位連合が可能になり、反対派が当選する道が開けたのである。あらゆる妨害にもかかわらず、一八五二年の第一回立法院選挙では、八名の反対派（正統王朝派と共和派）が当選したのはそのためである。

とりわけ、パリなどの都市部では、口コミが可能だったこともあり、反対派が当選しやすかった。パリで、共和派の大物カルノーとカヴェニャックが当選したのは口コミによる部分が大きい。

また、選挙区の境界変更で、当選するには平均三万五〇〇〇票という大量の得票が必要になったため、伝統的な地方の名望家が選出されにくくなり、新しい階層が進出するようになったのも予想外の出来事といえた。

しかし、政府、とりわけ内務省で選挙の指揮を執っていたペルシニーにとって最も頭が痛かったのは、官許候補者に適当な人材を得られないことだった。共和制に反対する保守政治家はいくらでもいたが、彼らの多くは七月王政下での名士で、むしろ、ルイ＝ナポレオンの政治理念には敵対的な連中が多かったからである。ひとことでいえば、この段階でも、語の正しい意味でのボナパルティスト党は形成されておらず、地方、とくに農村部では、ただの保守反動家が反共和派というだけで官許候補者に選ばれていたのである。

これは、クー・デタの成功にもかかわらず、ルイ＝ナポレオンの政治理念が国民にほとんど理解されていないことを意味した。国民の多くは、主義主張など斟酌することなく、ただ政権の安定を求めて官許候補者に投票したのである。

ルイ＝ナポレオンの理想とする代議士像

では、ルイ＝ナポレオンと新しい政府が望んだ理想的な官許候補者というのはいかなる人物像だったのだろうか？　おそらく、モルニーが辞任前に書いた通達にうかがわれる次のようなイメージである。

もし、ある人が、みずから働くことによって、つまり工業なり農業なりで財産を築いたとしたら、そして労働者たちの境遇を改善し、己の財産をまっとうに使ったとしたら、その人は、人が政治家と呼ぶにふさわしい人物となる。なぜなら、その人は法律を作り上げるのにも、実際的な才能を発揮するだろうし、政府がこれから手掛けようとしている平和と再建の仕事の手助けをすることができるからである。（ジラール同書に引用）

ひとことでいえば、新しく生まれつつある産業資本家、それも労働者の生活向上に意を配るニュータイプのテクノクラートということになる。

こうしたイメージの産業資本家はたしかに、第二帝政が安定するにつれて、次々に出現し、新しい社会層を形成することになるが、しかし、彼らのほとんどは、政府の意向とは裏腹に政治の道には入ろうとせず、より自由の許される経済の分野に進出することになる。これなど、ルイ＝ナポレオンと同じ方法で政権を奪取した韓国の朴政権下で起こった現象とよく似ている。いわゆる「開発独裁」の下では、どうしても政治よりも経済に人材が集まってしまうのである。

その結果、マルクスが山師《アヴァンチユリエ》と呼ぶような、利権狙いの政治屋が地方の権力者にたくみに取り入って官許候補者におさまり、議会に座席を占めるという事態も生まれた。ゾラの『ルーゴン家の運命』はこうした山師の社会的上昇を力強い筆致で描いた作品である。

だが、数字の上からいえば、マルクスが蛇蝎のように忌み嫌ったこの手のアヴァンチュリエはけっして多くはなく、実際に官許候補者として選ばれたのは、オルレアン家の統治に親近感をいだいている地方の保守政治家がほとんどだった。

ゆえに、官許候補者だけで占められているはずの立法院で、政府の提出した予算が思うように通らなかったり、法案が審議未了になってしまうということもしばしば起こったのである。ペルシニーなどはこうした事態に腹を据えかね、これでは再び議会主義の落とし穴に陥ってしまうと、制限選挙の復活を考えたほどである。

しかしながら、大筋においては、議会の示した抵抗は取るにたりないもので、『コンスティテュショネル』紙がいみじくも指摘したように、第二帝政下で官許候補者に投票することは、ルイ＝ナポレオンに対する国民投票と同じニュアンスをもっていた。

この意味で、一八五二年に行われた新憲法下の第一回立法院選挙はまさにルイ＝ナポレオンへの二度目の信任投票といえた。国民は、「もう革命による混乱はたくさんだ。なんでもいいから落ち着いて生活のできる秩序ある体制がほしい」という気持ちで官許候補者に投票し、ルイ＝ナポレオンに信任を与えたのである。

こうした絶対的な信任を背景にルイ＝ナポレオンは、三月二九日、元老院と立法院の開会式に臨んで、堂々と、こう宣言した。

「人民が私に委託した独裁は今日をもって終わることになります。事態はまもなく通常に戻ることになるでしょう」（カストゥロ前掲書に引用）

たしかに、ルイ＝ナポレオンのいうとおり、フランスは四年間に及ぶ混乱をすみやかに抜け出し、安定と繁栄の時代へと向かったのである。

4　ついにナポレオン三世となる

ストラスブール凱旋

一八五二年の七月一九日、「プランス＝プレジダン」ルイ＝ナポレオンは、鉄道の開通式に立ち会うために、ストラスブールに向かっていた。

ストラスブール！　思えば、この東北フランスの軍都こそ、ルイ＝ナポレオンがフランスの歴史に最初にその名前を刻んだ町であった。すなわち、一八三六年一〇月三〇日、ルイ＝ナポレオンは、突如、ストラスブールの砲兵連隊の同志と図ってクー・デタを起こしたが、ナポレオンの名前を聞いても、決起する将兵は一人も現れず、クー・デタはぶざまな失敗に終わったのである。

それから、ほぼ一六年の歳月が流れ、ルイ・フィリップの法廷では誇大妄想の狂人として片付けられたルイ＝ナポレオンが、いまや、プランス＝プレジダンとして、この因縁の町に凱旋してきたのである。

特別列車がホームに滑りこもうとする瞬間、ストラスブール大聖堂を始めとするすべての教会の鐘が鳴り響き、祝砲が発射された。列車が停車し、ルイ＝ナポレオンが姿を現すと、軍楽隊がいっせいにファンファーレを鳴らし、駅前に出迎えた群衆が口々に叫んだ。

「ナポレオン万歳！　皇帝万歳！」

実際、ストラスブールのどこに行っても、ルイ＝ナポレオンは、すでにフランス皇帝になったかのように、「皇帝万歳」の歓呼で迎えられたのである。

ペルシニーの陰謀

パレード用の馬車に腰掛けているルイ＝ナポレオンにとって、この歓呼はうれしくないはずはなかったが、その隣には、彼よりもさらに深い満足で歓呼の叫びを受けとめていた人物がいた。モルニーに代わって内務大臣に就任したペルシニーである。そう、かつてストラスブールとブローニュの蜂起でルイ＝ナポレオンとともに捕らえられたことのあるあの腹心中の腹心、ルイ＝ナポレオンをして、唯一の真のボナパルティスト、皇帝以上の皇帝主義者と言わしめたあのペルシニーである。

ペルシニーはルイ＝ナポレオンがクー・デタに成功し、国民投票でも圧倒的多数で賛成を得たとき、「殿」がすぐに帝政移管に着手するものと考えていた。ところが、ペルシニーの予想に反して、ルイ＝ナポレオンは、いっこうに皇帝となろうとしないどころか、一〇年任期の共和国大統領でよしとするようなニュアンスさえ漂わせている。それは、三月の立法院の開会式で「ともに共和国を守ろうではありませんか。共和国はだれにとっても脅威ではありません。それはすべての人に安心をあたえます」と述べ、「国民を分裂させることの最も少ない体制」とまで断言したことからもあきらかである。ひとことでいえば、「殿」は、いつまでたっても臆病さを克服することができないのである。

そこで、純正ボナパルティストであるペルシニーは考えた。ここは、無理やりにでも、「殿」をその「臆病さ」から引き出してやらねばならない。クー・デタ一周年の一二月二日までに、「フランス帝国再建」のお膳立てを揃えておくことが必要だ。

ペルシニーはまず、ストラスブールを帝国再建への第一歩として位置づけ、知事と市長に対し、ルイ＝ナポレオン熱烈歓迎の準備をしておくように命じたが、しかし、その彼でさえ、ストラスブール駅頭で民衆が自然発生的に発した「ナポレオン万歳！　皇帝万歳！」の圧倒的な歓呼は予想外のものであった。これほどまでに、民衆が帝国を欲しているとは！

かくなるうえは、このストラスブールの熱狂をフランス全土に拡大するほかない。

手始めとして、ペルシニーは、八月一五日にパリのノートル・ダム大聖堂で行われる「聖ナポレオン祭」をこれに当てることにした。

八月一五日というのは、カトリックの行事では、聖母マリア被昇天《アソンプシオン》といって、聖母マリアが天に召されたことを祝う祭日になっているが、じつは、この日はルイ＝ナポレオンの伯父である大ナポレオンの誕生日でもあった。ナポレオンは、皇帝になったとき、自分の名前と同名の守護聖人がカトリックの聖人名簿にないことを気にしていた（当時は洗礼名は教会の定める聖人リストから選ぶようになっていた）ので、無理やり、聖ナポレオンという聖人を作らせ、これを自分の誕生日である八月一五日の守護聖人として、一八〇五年から一八一四年まで、毎年、「聖ナポレオン祭」をこの日に行うようにしていたのである。

ペルシニーは、ルイ＝ナポレオンに勧めてこの「聖ナポレオン祭」を復活させることにした。ルイ＝ナポレオンは尊敬する伯父の誕生の祭典ということで、ノートル・ダム大聖堂で執り行われたこの「聖ナポレオン祭」に進んで出席した。こうした儀式を介して、ルイ＝ナポレオンとナポレオンの同一化は一歩一歩、着実に進行していったのである。

だが、ペルシニーがなによりも力をこめて準備したものは、九月から始まるフランス中部、南部の歴訪である。というのも、中部、南部にはいまだに反ナポレオン感情の激しい地域が残り、彼の「帝政化計画」にとって大きな障害となっていたからである。

ストラスブール凱旋からの帰還

1852年7月、鉄道開通式のために因縁の地ストラスブールに出向いたルイ＝ナポレオンは「皇帝万歳」の歓呼で迎えられる。ペルシニーが周到な準備をしていたおかげだった。以後、ペルシニーは熱心に帝政化計画を推し進めることになる。[C]

ルイ＝ナポレオンのマルセイユ巡行

ペルシニーはクー・デタのさいに反発の強かった中仏・南仏へルイ＝ナポレオンが巡行することで帝政へのコンセンサスを取り付けようとした。民衆はこのプロパガンダに「乗った」。[A]

ペルシニー、大統領と内閣の反対を押し切り、民衆プロパガンダを決意

ルイ＝ナポレオンが全国視察旅行に出掛ける直前の八月下旬、チュイルリ宮殿では閣議が開かれていた。この閣議の席上、ペルシニーは、ルイ＝ナポレオンを迎える地方の行政当局の「取るべき態度についての具体的指示」について語った。閣僚が具体的指示とはなんぞやと食い下がったので、ペルシニーはついに口を開いてこう言った。

「民衆に『皇帝万歳！』と叫ばせることです」

この言葉で閣議は蜂の巣をつついたような騒ぎとなった。ルイ＝ナポレオン自身も渋い顔をした。彼は、共和国憲法を否定するようなプロパガンダを政府自らが企てることを厳しく戒めていたのである。

そこで、ペルシニーは、いったんは引き下がるふりをして、もう一度、陰謀を練りなおすことにした。

ペルシニーがおのれの方針を放棄しようとはしなかったのは、ルイ＝ナポレオンが、この視察旅行は、一つの問いかけ、フランスの未来を民衆がどう望んでいるかの問いかけであるとしている点だった。「殿」が答えをお望みなら、私がそれを用意してやろうではないか。ペルシニーはこう考えたのである。

彼は、ルイ＝ナポレオンが巡行することになっている県の知事に至急電を打って出頭させ、こう言った。

「いいか、動員をかけた連中に小旗を持たせ、その表には『皇帝万歳！』、裏には『ナポレ

オン三世万歳！』と書かせろ。ローマ王がナポレオン二世ということなので、プリンスはナポレオン三世となる。そして、プリンスが前を通るときに、その旗の文面どおり『皇帝万歳』、『ナポレオン三世万歳』と叫ばせろ。ただし、この命令は極秘のうちに実行すること」（カストゥロ前掲書に引用）

知事たちはその日のうちに任地にトンボ返りし、ペルシニーの指示どおりに動いた。それでも、ルイ＝ナポレオンが巡行の最初の都市であるオルレアンに降り立ったときには、「皇帝万歳！　ナポレオン三世万歳！」の叫びはほとんど聞こえなかった。というのも、オルレアンのあるロワレ県の知事は反ペルシニー派だったので、ペルシニーは極秘命令を与えなかったからである。

ところが、ペルシニーの忠実な部下であるパストゥローがシェール県知事をつとめるブールジュでは、突如、例の旗をもった群衆が沿道に現れ、「皇帝万歳！　ナポレオン三世万歳！」の歓呼でルイ＝ナポレオンを歓迎した。軍隊の閲兵式でも、同じ歓呼が繰り返された。やがて、知事が組織した群衆以外のところからも歓呼の声があがるようになった。民衆はプロパガンダに「乗った」のである。

ルイ＝ナポレオンが南下するにつれ、群衆の熱狂はペルシニーの指示を超えたものになってきた。中部の工業都市サン・テティエンヌでは、石炭で作った凱旋門が築かれ、その頂上には「皇帝万歳！」とはっきりと記されていた。

最初のうち、ルイ＝ナポレオンは、ペルシニーの準備したこの「歓迎」にあからさまな嫌悪を示していたが、民衆の歓迎が自然発生的なものになるのを見て、徐々に考えを変えていった。そして、ボルドーに至ったとき、ついに彼もルビコンを越えたのである。

演説「帝国、それは平和だ」

ボルドーは、歴訪した南仏の都市の中でもひときわ反ナポレオン感情の強い町だった。ボルドー・ワインの輸出で、イギリスやロシアとの結びつきの強かったこの町は、大革命の勃発で輸出量が激減したところにもってきて、ナポレオンがイギリスに対抗するため一八〇六年大陸封鎖を敢行したので、壊滅的な打撃を受けた。このために、ナポレオン許すまじの空気が長い間、町を支配していたのである。

したがって、今回の中部・南部歴訪でも、ボルドーは最重要都市として意識されていた。ここを制すれば、「帝国」は一気に成る可能性があるのだ。

そのため、ペルシニーはジロンド県知事に入念な指示を与えていたが、そのペルシニーの指示を忠実に、いや忠実以上に実行したのが、後にセーヌ県知事となってパリ改造を断行することになるウージェーヌ・オスマンである。

オスマンは、ルイ＝ナポレオンを迎える歓迎会の会場として、反ナポレオン感情の権化であるボルドー商工会議所の宴会室を用意し、そこにプランス＝プレジダンを招いて、演説を請うた。これに答えて、ルイ＝ナポレオンは、初めてはっきりと「帝国」という言葉を口にし、こう断言した。

帝国、それは平和だ
ルイ＝ナポレオンはボルドー商工会議所の演説で「帝国、それは平和だ」と断言した。これは、帝政に向けてルイ＝ナポレオンが用意したプロパガンダの本質を要約していた。当時の楽譜の表紙。[A]

「警戒心のあまり、私に向かって、『帝国、それは戦争だ』という人がおります。しかし、私はむしろ、こういいたい。『帝国、それは平和だ』と。そう、帝国は平和を意味するのです。なぜなら、フランスがそれを望んでいるからです。フランスが満足するとき、世界は平穏でいることができます。遺産として受け継がれるのは栄光であり、戦争ではありません」（『ナポレオン三世著作集』に引用）

この「帝国、それは平和だ」という演説は、ボルドー商工会議所の面々を満足させただけではなかった。半世紀以上にわたる革命と戦争により失われた繁栄を取り戻そうと、再スタートの合図を待っていた全フランス国民に熱狂的に支持されたのである。

一〇月一六日、ルイ＝ナポレオンが中部・南部歴訪を終えて、パリに帰還したとき、パリ民衆もまた「皇帝万歳！　ナポレオン三世万歳！」の歓呼で彼を迎えた。すでに、このとき、ルイ＝ナポレオンは、事実上、ナポレオン三世となっていたのである。

帝国の再建とナポレオン三世の誕生

しかしながら、一〇月の末になってもまだ、ルイ＝ナポレオンは心を決めかねていた。後に、自由帝政の時期に首相となるエミール・オリヴィエは、ペルシニーが以前文部大臣をつとめたことのあるファルーに向かってこう語ったと伝えている（オリヴィエ『自由帝政』）。

「なにが帝国の誕生を遅らせているか、君にはわからないだろう。じつは、皇帝その人なんだよ。皇帝だけがネックなのだ。皇帝はまだ内気さの眩暈に捉えられているんだよ」

とはいえ、一一月に入ると、周囲の圧力により、ルイ＝ナポレオンもようやく帝政への移管に踏み切る決意を固め、一一月五日、元老院に対し、帝国再建に関する問題の検討を求めた。

二日後、元老院は、ルイ＝ナポレオン・ボナパルトとその子孫を皇帝とするフランス帝国を再建するか否かに関し、国民投票を実施する決議を採決にかけた。決議反対者はただ一人で、残りの全員が賛成、ここに国民投票の実施が決定された。

一票だけの反対票は、ルイ＝ナポレオンが幼いころに家庭教師を務めたヴィエヤールが投じたものである。ヴィエヤールは、その純粋共和主義の立場から、かつての教え子が皇帝となることに断固反対を表明したのである。

国民投票は、一一月二一日と二二日の両日にかけて実施され、九六パーセントという圧倒的多数で、フランス帝国再建を承認した。票数は、七八二万四〇〇〇票の賛成に対し、わずか二五万三〇〇〇票の反対のみ。

もっとも、全国で、二〇〇万人の有権者が棄権したので、帝政復活に賛成しない者が四人

パリ帰還

10月、中仏・南仏への巡行を終えてルイ＝ナポレオンがパリに帰還したとき、パリの民衆も「皇帝万歳」と叫んでいた。[A]

国民投票OUI！

1852年11月21日と22日の両日、フランス帝国再建を巡る国民投票が実施され、96パーセントという圧倒的多数で帝国再建が可決された。投票用紙にある鷲はナポレオン帝国の象徴。[A]

に一人はいた計算になる。

　しかし、それでもなお、フランス国民のほとんどが帝政の復活を承認したのは、動かしがたい事実であり、ルイ＝ナポレオンが国民を欺いて、無理やり皇帝になったという議論は有効性を持たない。ペルシニーのいうように、ルイ＝ナポレオンは国民の圧倒的な声に推されて、「いやいやながらも皇帝になった」のである。

　一二月一日の午後七時、元老院議員、国務院議員、それに立法院議員は、全員、儀礼服に身をつつみ、式典用の馬車に分乗して、ルイ＝ナポレオンのいるサン・クルーの宮殿に向かった。新しい皇帝の誕生を公式に祝福するためである。

　八時半、ルイ＝ナポレオンは、議員たちを宮殿の大広間に迎えた。元老院議長ビヨーが恭《うやうや》しく彼の前に進み出て、彼に「国民的意志の荘厳なる表明」である国民投票の結果報告書を差し出した。ルイ＝ナポレオンは、皇帝になるに当たって、血筋よりも、この「国民的意志の荘厳なる表明」をなによりも重視し、それによって皇帝に推されたという形を取ろうとしたのである。

　ビヨーが「閣下」と呼びかけ、演説の最後を「かつて、これ以上に正統的で国民的な額が皇帝の冠を戴いたことがありましょうか」と結んだのに対し、ルイ＝ナポレオンは即興でこう答えた。

「私の治世は一八一五年に始まるのではありません。いま、諸君が国民の意志を私に知らせにやってきてくれたこの瞬間に始まるのです」（『ナポレオン三世著作集』）

ナポレオン三世は、血筋と国民投票という二つを曖昧に結びつけたビヨーの演説を否定し、国民投票こそが皇帝即位に根拠を与えたのだということを示したかったのである。

事実、ナポレオン三世は、以後、サインするときは、かならず、「ナポレオン、神の恩寵と国民的意志による、フランス国民の皇帝」と書くようにした。

答辞に引き続き、ナポレオン三世は、例によってよく聞き取れないくぐもった声で、しずかに統治の方針を述べた。

いわく、私は寛容をもって臨むだろう。だれの意見にも広く耳を傾け、党派には与しな

サン・クルー宮殿の皇帝受諾

12月1日、ルイ=ナポレオンはサン・クルー宮殿の大広間で、元老院議長を出迎え、国民投票の結果を受け取った。こうして、ルイ=ナポレオンはナポレオン三世となったのである。ちなみに、ナポレオン二世とは書類の上で二代目皇帝となったローマ王。[H]

ナポレオン三世、パリに入る

アウステルリッツの戦勝記念日で、クー・デター周年である1852年12月2日、ナポレオン三世は凱旋門を通ってパリに入り、チュイルリ宮殿に落ち着いた。この日から、第二帝政が始まる。[A]

い。政治犯は解放される。フランスの過去に対して連帯責任を取り、その歴史の一ページとして否定はしないだろう。国全体を味方につけることこそが望みであり、その貧困を無くすことが自分の使命である云々。そして、ナポレオン三世は、最後をこう結んだ。「諸君、どうか私を助けていただきたい。度重なる革命によって何度も覆されたこのフランスの大地の上に安定した政府を樹立することに対して、ぜひとも、諸君のご助力をこうむりたい。政府の基礎となるものは、それは、宗教、所有権、正義、そして、苦しむ階級への愛である」（同書）

第二帝政開始

翌一二月二日の朝、パリ市庁舎で、セーヌ県知事ドランジュによりフランス帝国が正式に宣言された。ここに、一八四八年以来、四年半続いたフランス第二共和制は終わりを告げ、第二帝政が始まったのである。

この日はナポレオンのアウステルリッツの戦勝記念日であり、クー・デタ成功の一周年という縁起の良い日であった。

ナポレオン三世は、サン・クルーの宮殿を出て、パリ民衆の歓呼の声に迎えられて、凱旋門を通ってパリ市内に入り、シャンゼリゼを下ってから、カルーゼル広場で儀仗兵を閲兵したあと、チュイルリ宮殿に入った。

大宴会が準備された宮殿の大広間の両側に、各国大使や元帥、将軍、元老院議員などがいならぶ中、ナポレオン三世は、あらぬかなたに視線を送りながら、ゆっくりと進んでいった。

それは、長いあいだ抱き続けてきた「皇帝になる」という夢の実現を楽しむようでもあり、また、見果てぬ夢の中をさまよい続けているようでもあった。

いずれにしろ、この日から、ナポレオン三世による第二帝政という、まことに定義しがたい治世が始まるのである。

第四章　第二帝政——夢の時代

1　ナポレオン三世の結婚

緊急を要する皇妃選び

一〇年任期の共和国大統領から、世襲制のフランス帝国皇帝となったナポレオン三世にとって、なにはともあれ、早急に解決しなければならない問題があった。結婚である。一八五二年の一二月には、ナポレオン三世はすでに四四歳になっていたが、これは伯父のナポレオン一世が退位した歳に当たる。子作りに関しては、ナポレオン三世の能力はいたって活発だったが、皇妃が見つからず、世継ぎができないではおさまりがつかない。

そこで、彼自身も、またペルシニーなどの取り巻きも、即位後、ただちに皇妃選びに入った。取り巻き連中にとっての大きな恐怖は、クー・デタ資金の提供者である愛人のミス・ハワードが、皇妃になりたいと言い出すのではないかということだった。というのも、ミス・ハワードはブライトンの皮革職人の娘で、ロンドンで高級娼婦をしていたときに、ナポレオン三世と知り合ったという経歴の持ち主なのである。元高級娼婦が皇后になる！　これこそ

ナポレオン三世の肖像
イッポリット・フランドランによる、軍服姿のナポレオン三世の肖像。皇帝となった1852年に、すでに44歳で、結婚が緊急の課題だった。[M]

は、帝国の反対派にとって、最大の攻撃材料となるスキャンダルである。

だが、取り巻きの恐怖は杞憂だった。ナポレオン三世は、ひそかに皇后の座を狙っていたミス・ハワードを遠ざけ、副官のフルーリ大佐にヨーロッパの王侯や皇帝の一族で適齢期の娘がいないか調べるように命じたからである。

有力候補にあげられたのは、ナポレオン三世の伯母に当たるバーデン公妃ステファニーと前スウェーデン国王グスタフ・ヴァッサの間の娘カロリーヌ・ヴァッサ大公女、及び、イギリスのヴィクトリア女王の異母妹で、ベルギー国王レオポールの姪の子でもあるアデライード・ド・ホーヘンローヘ・ランゲンブルク公女の二人だったが、前者は、ナポレオン三世をよく知る伯母が反対し、後者は宗教の違いをたてに色よい返事を寄越さなかった。クー・デタで皇帝となった四四歳の男に娘を嫁がせようという王室はヨーロッパにはなかったのである。

かくなるうえは、フランス国内で皇妃を探すしかない、取り巻きはこう考えて、フランス人の大貴族の娘を当たり始めたが、突如、たいへんなダーク・ホースが浮上してくる。スペインはグラナダの名門貴族の娘で、テーバ伯爵令嬢、二六歳になるエウヘニエ・デ・モンティホー（フランス語読みなら、ウージェニー・ド・モンティジョ）嬢である。

エウヘニエ・デ・モンティホー嬢、ナポレオン三世を魅惑する

エウヘニエ・デ・モンティホーが、フランス軍に参加した父親の死後、派手で遊び好きの母親のマヌエラ・デ・モンティホーとともに、パリの社交界にその成熟した姿を再び現したのは前述のように一八四九年のことだった。

再びというのは、一八三四年から三九年にかけて、モンティホー夫人は二人の娘（長女のパッカと次女のエウヘニエ）を連れて、しばらくパリに滞在したことがあるからだ。モンティホー夫人は遺産相続のためにいったんスペインに戻り、長女をアルバ大公に嫁がせてから、この年、婚期の遅れた次女を玉の輿に乗せるべく、パリの社交界に戻ってきたのである。

二人は従妹のマチルド皇女の舞踏会に招かれ、そこで、まだルイ＝ナポレオンだったナ

モンティホー伯爵夫人と2人の娘

帝政時代フランス軍に与したモンティホー伯爵の未亡人は2人の娘を連れてたびたびパリを訪れた。次女のエウヘニエはマチルド皇女の舞踏会でまだルイ＝ナポレオンだったナポレオン三世と出会う。[C]

結婚当時のウージェニー皇妃

ナポレオン三世は、美しい肩の女性にめっぽう弱かったので、周囲の反対にもかかわらず、ついにモンティホー嬢との結婚を決意する。エウヘニエはウージェニー皇妃となる。[M]

ポレオン三世と出会う。札付きの女たらしだったナポレオン三世（以下、時間が遡った場合でも、便宜上こう呼ぶこととする）は、モンティホー嬢を一目見るなり、その魅力に強くひきつけられるものを感じた。

モンティホー嬢は、赤色がかったブロンドの髪、青灰色の瞳もさることながら、その肉付きのいい肩から胸にかけての色白の肌理《きめ》こまかい肌に特徴があった。彼女自身、その魅力をじゅうぶん心得ていたので、舞踏会に出るときには、背中が大きくえぐられ、乳首がかろうじて隠れるほど大胆なデコルテのドレスに身をくるんで、その透き通るように白い肌が男の目にとまるように気を配った。

ナポレオン三世は、このむきだしの背中と乳房にぞっこん参ってしまった。皇帝は、昔から、露出された肌理のこまかい肌にはめっぽう弱かったのだ。

ナポレオン三世は、すぐさまモンティホー嬢に言い寄り、なんとか愛人にしようと試みたが、モンティホー嬢は、見事な手練手管を発揮し、ナポレオン三世の求愛を断りつづけた。母親の教育のよろしきを得て、結婚以外の関係は絶対に認めようとしなかったのである。

一八五一年の春に保養地のスパからパリに舞い戻ってきた母娘は、ヴァンドーム広場のアパルトマンに落ち着き、ふたたび社交界に顔を見せるようになった。この頃から、ナポレオン三世のモンティホー嬢に対する熱愛はいやがうえにも燃えあがった。

だが、いくら言い寄っても、モンティホー嬢の守りは堅い。その結果、皇帝の情欲は、拒否されればされるほど昂進し、もはや一刻の猶予も許されぬまでになって、内々に結婚の約束を口にした。

そんな折、一八五三年一月一日にチュイルリ宮で開かれた夜会で、モンティホー嬢がさる大臣の夫人から「玉の輿狙いの女」という侮辱の言葉を浴びせられるという事件が生じた。モンティホー嬢は憤慨し、一二日に開かれた舞踏会に出た際、二度と同じような屈辱をこうむりたくないので、イタリアにむけて出発すると皇帝に告げた。このときの二人のやり取りを、アンドレ・カストゥロの『ナポレオン三世』を参考にして、小説風に再現してみよう。

「なぜ、出発するのです？」と皇帝は尋ねた。

「私は陛下の運命の妨げになりたくはございません。世間が私たちのことを噂しております。陛下に人がなにを申されようと、私は玉の輿狙いの女ではございませんし、庇護される女にもなりたくはございません。陛下はお約束をお守りになられませんでした。明日、出発いたします」とモンティホー嬢はきっぱりと言った。

「出発されてはこまります」ナポレオン三世はじっと彼女の目を見つめて言った。

「陛下、もう準備はできております」

「出発してはなりません。なぜなら、明日、結婚の了解を頂戴するために、お母様のところにうかがうつもりですから」

モンティホー嬢は、部屋が自分のまわりでぐるぐる回転するような感覚に襲われたが、それでもなんとか持ちこたえて、次のように答えた。彼女は、ナポレオン三世が優柔不断で、決断をいつ覆すかわからないのを知っていたのだ。

「それより、いま、母宛に手紙をお書きになってはいただけないでしょうか？　母は、この問題にとても神経をとがらしておりますから」

「おっしゃるとおりです。この場で手紙を書きましょう」そう言って、ナポレオンは書き物机で手紙をしたためた。

モンティホー嬢を送りながら、皇帝の玉座の前を通りかかったとき、ナポレオン三世はこう言った。

「もうじき玉座は二つになりますね。あなたの分を注文しておきましょう」

一月二二日、ナポレオン三世とモンティホー嬢との結婚が正式に発表された。人々は、これを「ナポレオン三世の第二のクー・デタ」と呼んだ。ナポレオン三世のコメントは、次のようなものだった。

「私は、結婚が利益と同時に犠牲を生むであろうような未知の女性よりも、自分が愛し、尊敬する女性を選んだのである」

一月二九日にチュイルリ宮殿で法的な結婚式が執り行われ、翌日、宗教上の結婚式が、ナポレオン一世とマリ・ルイーズの典礼にならって、ノートル・ダム大聖堂で挙げられた。規模は、花嫁の家柄の格式に応じたのか、それとも準備期間が短かったせいか、饗宴好きのナポレオン三世にしては、むしろ控え目といえるほどのものだった。

結婚と同時に恩赦が施行され、クー・デタの際に逮捕あるいは国外追放となった三〇〇〇人が赦免された。

ナポレオン三世の結婚
1853年1月30日、ノートル・ダム大聖堂で、ナポレオン三世とウージェニーの宗教上の結婚式が執り行われた。恩赦が施され、クー・デタの際に逮捕されたり国外追放となった3000人が赦免された。[A]

恋の手管の家庭教師

こうして、フランス帝国の皇妃選びは、ナポレオン三世の一方的な「恋」によって決まったが、彼をして「結婚」の二文字を手紙にしたためさせたものは、モンティホー嬢の肩の白さだけではなかった。モンティホー嬢には、二人の高名な家庭教師がいて、彼らから、フラートの技術、すなわち、誘惑と拒絶をないまぜて男に結婚の決断を迫る恋のテクニックを伝授してもらったのである。

一人目の家庭教師は、スペイン人でありながらナポレオン軍に参加して戦った父親モンティホー伯爵のフランス人の戦友、その名をアンリ・ベイルと言った。

アンリ・ベイルは、自分が参加したアウステルリッツの会戦を始めとして、数々のナポレオンの英雄的戦いを、戦友の二人の娘たちの前で叙事詩的に物語った。この巧みな語り手は、二人の姉妹の心を最初にときめかせた男となった。いささかロリコン趣味のあったこの元軍人・外交官アンリ・ベイルは、特に次女のエウヘニエを愛し、一八四二年に没するまで二〇〇通を超える手紙を書き送った。

アンリ・ベイルとは、いうまでもなく『赤と黒』『パルムの僧院』の作者で、名高い『恋愛論』を著したことで知られるスタンダールの本名である。エウヘニエは、スタンダールから、恋における「結晶作用」の理論、つまり、拒まれれば拒まれるだけ相手を美化してしまう男の心理を伝授されたにちがいない。

もう一人の家庭教師は、スタンダールの親友で、スペイン駐在の外交官だった作家のプロスペル・メリメ。メリメは、一八三〇年にスペインに旅したとき、エウヘニエの母親のマヌエラと知り合い、その愛人となった。愛情の火が消えても、友情はその後も続き、マヌエラがパリに来るたびに、メリメは母娘のアパルトマンを訪れ、いろいろと社交上のアドバイスを授けた。とりわけ、一八四九年に母娘がパリに滞在してからは、メリメは、エウヘニエがナポレオン三世に対して行う「フラート」の技術指導員となったばかりか、彼女の手紙の代筆までしてやった。ナポレオン三世は、エウヘニエの手紙のうまさに感心して、いっそう、恋心を募らせたのである。

この意味で、ナポレオン三世は、スペイン娘に負けると同時に、フランスの二人の作家にも負けたということができる。さすがは、文の国フランスである。

マチルド皇女、婚約にいきりたつ

皇帝とウージェニー（皇妃となった以上は、もうフランス人なのだから、以後、ウージェニーと呼ぶことにする）との結婚は、フランスのだれにとっても青天の霹靂であり、オーギュスタン・フィロンが述べたように「第一のクー・デタをほとんど忘れさせてしまう第二のクー・デタ」であった。

なかでも、皇族、つまり、ナポレオン一族にとっては、許しがたい暴挙と映った。彼らは、ナポレオン一世のときに、ジョゼフィーヌに対して取ったのと同じ態度で、この「皇帝にふさわしからぬ嫁」ウージェニーに臨むこととなる。

マチルド皇女

ナポレオン三世とウージェニーの結婚は、ナポレオン一族の反発を買った。中でも、仲介の労を取ったかたちの元婚約者マチルド皇女はいきり立ち、宮廷とは別の社交界をつくることになる。[A]

その反ウージェニー派の中心となったのは、モンティホー母娘をナポレオン三世に紹介したマチルド皇女だった。

マチルド皇女は、ナポレオンの末弟でウェストファリア王だったジェロームの娘で、すでに述べたように、一六歳のときに、後のナポレオン三世と婚約を交わした。ところが、ブローニュ一揆で、婚約が自然解消されたため、しかたなく、ロシアの大富豪アナトール・デミドフに嫁いだ。デミドフとの結婚は不幸な結果に終わったが、ロシア皇帝のはからいで巨額の慰謝料を得たことによって、彼女はパリで自由な生活を送ることができるようになり、愛人の彫刻家とともに気ままな暮らしを始めた。パリで開いたサロンには、多くの文人や画家がつめかけ、やがて、第二帝政期の文化の中心となる。

婚約は解消されたとはいえ、ナポレオン三世との関係はおおむね良好で、マチルドは、社交界では、皇妃代理の役を務めていた。モンティホー親子を彼に紹介したのもマチルドだった。

マチルドはすぐにナポレオン三世がモンティホー嬢に熱をあげはじめたことに気づいたが、モンティホー嬢がナポレオン三世の愛妾になることはあり得ても、まさか皇妃になるとは思っていなかったので、とくに妨害もせずに放っておいた。マチルドは、モンティホー嬢のことをそれほどの美人だとも、気品があるとも感じず、ナポレオン三世の多くの愛人の一人としてしか遇していなかったのである。

だから、婚約の噂が広まったときには、「あんな女、あのとき、従兄に紹介などしなければよかった」と大声をあげ、ナポレオン三世に向かって、「陛下は運命に挑戦なさいますの？　ヨーロッパは怒っています。フランスも、陛下がフランス人の皇妃を選ばなかったことに不快を覚えております。親族も、元老院も、国民議会も、みな、結婚には反対です。再考することはできませんの？」とはっきりと告げた。

こうした確執があったため、マチルドはウージェニー皇妃と対抗して、別の社交界をかたち作り、第二帝政に反感を持つ文人や芸術家たちに反権力の砦を提供することとなる。ウージェニー皇妃に対する陰口や悪口は、たいていはこのマチルド皇女のサロンから生まれ出たものである。

ウージェニー皇妃の天敵たち

マチルド以上にこの結婚に不快感をあらわにしたのは、マチルドの弟で、ジェローム王の長男、ナポレオン・ジェロームである。

というのも、このプリンス・ナポレオン、通称プロン＝プロンは、皇室典範により、ナポレオン三世に世継ぎが生まれない場合は、第一位の皇位継承権を与えられることになっていたからである。結婚後もしばらくはウージェニーに子供が生まれなかったので、ナポレオン・ジェロームは、ナポレオン三世は荒淫がたたって世継ぎを作れないのではと、ひそかに皇位継承を期待していたが、一八五六年にウージェーヌ皇太子が誕生したことで、希望は完全に打ち砕かれた。ここから、ウージェニーに対する深い恨みが芽生えることとなる。

こうした経緯のほかにも、ナポレオン三世とプリンス・ナポレオンは、性格的にも水と油だったため、さまざまな面でことごとく対立した。クー・デタの際も、プリンス・ナポレオンは共和派の立場に立って、クー・デタ反対を叫んだのである。父親の居城であるパレ・ロワイヤルを根城に、反ナポレオン三世、反ウージェニーの勢力を結集したという意味で、彼の存在は、ルイ十六世に対するオルレアン家のフィリップ平等公に似ている。

このほか、ナポレオン三世の政権を支える大臣たちも、この結婚に不満を漏らした。なかでも、側近中の側近である内務大臣のペルシニーは、婚約の噂が流れたとき、思わず、ナポレオン三世のボタンをつかんで、こう叫んだと伝えられる。

「わたしたちがクー・デタという危険まで冒したのは、あなたを尻軽女と結婚させるためではありません！」

この一言は、のちにウージェニーの知るところとなった。ペルシニーが、第二帝政の初期を除くと、権力の中枢に座ることがなかったのは、皇妃から激しく疎まれたためである。反教会主義のペルシニーに対して、ウージェニーが敬虔なカトリックであることも、両者が反目する原因となった。

クー・デタの総指揮者だったモルニーも、皇妃にはフランスの大貴族の娘を選ぶべきだと主張し、ナポレオン三世に翻意を促そうとした一人だったが、モルニーは、皇帝の決意が固いと知ると、考えを改めた。民衆の動きを見るのに敏なモルニーは、民衆たちが、この皇帝

ナポレオン・ジェローム

マチルド皇女の弟で皇位継承順位第二位のナポレオン・ジェロームはこの結婚に反感を持ち、共和主義的ボナパルティストとして、反ナポレオン三世、反ウージェニーの党派を形成した。[A]

ウージェニー皇妃とその取り巻き

恋愛結婚で皇妃の座を射止めたウージェニーは「お姫さま好き」の民衆の歓迎を受けた。やがて、ウージェニーの肩の美しさを強調するファッションが生まれると、その取り巻きの美女たちがこれに追随し、第二帝政特有のモードが誕生する。[A]

の恋愛結婚を歓迎し、ウージェニーには大衆的な人気が出るだろうと踏んだのである。事実、そのとおりになった。

アレクサンドル・デュマはこの結婚をこう称賛した。

「これは偏見に対する愛の勝利であり、伝統に対する美の勝利であり、政治に対する感情の勝利である」

やがて、デュマの予言どおり、ウージェニーは第二帝政の社交界の中心となり、ファッションを始めとする流行はすべて、彼女から生まれてくることになる。(カストゥロ前掲書に引用)

2　武装せざる予言者

特異な独裁体制

第二帝政は、第一帝政と同じく、その君主の人となりと思想を強く反映している体制である。

復古王政のルイ十八世とシャルル十世、それに七月王政のルイ・フィリップは「統治」はしても「政治」はしなかったが、ナポレオン一世もナポレオン三世も、「統治」すると同時に、自ら「政治」を行った。

しかし、同じナポレオンでも、一世と三世では、その「政治」はまったく異なる形態を取った。というのも、ナポレオン一世が、すべてを、はっきりとした明確な言葉によって命令し、細かな指示を与えたのに対し、ナポレオン三世は、命令したり、指示を与えるようなことはほとんどせず、ただ大臣やコンセイユ・デタ（国務院）の評定官たちにさんざん語らせ、議論させておいてから、最後に一人で「決定」を下したのである。この意味で、ナポレオン三世の第二帝政は、ナポレオン一世の第一帝政のような分かりやすい独裁体制ではなかったが、それでも、国家的な意志が、一人の君主の頭脳の中から生まれて来た体制であるということに変わりはない。

したがって、第二帝政という体制を知るには、なによりもまず、ナポレオン三世その人について知らなければならない。とりあえず、容姿から見てみよう。

侍医だったバルテス博士によると、ナポレオン三世は、背が低く、短足で、肩幅が広かったというから、けっして見栄えのいいスタイルではない。顔はといえば、面長の骨ばった顔で、鼻だけが大きく、瞼は垂れ下がって、いつもまどろんでいるように見えるが、その小さな瞳は意外に青く明るく澄んでいた。アムの牢獄でリューマチをわずらったせいか、X脚気味の脚を引きずるようにゆっくりと歩き、体をいつも左に傾けていた。はっきりいって、通常の基準からいえば醜男であったが、不思議に、人に不快感を与えることはなく、ときに莞爾として笑うと、無感動に見えるその表情が明るく輝いた。

ナポレオン三世は、雄弁な伯父とは異なって、言葉数は極端に少なく、人の言葉に耳を傾けているときでも、なにか一人で考えごとをしたり、夢想しているように見えた。伯父のよ

旅団長の軍服を着た
ナポレオン三世

ナポレオン三世は極端に言葉が少なく、眠そうな目でいつも夢想しているように見えた。そのため、一見すると馬鹿のように見えたが、その実、心に秘めた理想の実現に執念を燃やしつづけたイデオロギー的君主であった。[Y]

うに頭の中にあることがすぐ顔に出るということは決してなく、いつもスフィンクスのように無表情だったが、苛立っているときには、やたらにそのヤギひげをしごく仕草をするのでそれと知れた。長い沈黙のあとに口を開くが、その言葉は、意味が取りにくく、慣れていないと、意図するところを解し兼ねた。

こうした特徴を、ティエールのように、たんなる頭の悪さのせいにする者もいた。メリメなどは、ナポレオン三世は、気の利いたことを何ひとつ言うことができなかったと言い切っている。ゾラは、ナポレオン三世は「知性は、その時代の平均的な人間のそれで、そのことがかえって、成功の原因となった」とさえ述べている。

たしかに、ナポレオン三世は、既成のエリート政治家のように、エスプリあふれる警句をちりばめた演説をぶつタイプではなかったし、また、彼が、この時代の政治家に必要とされた古典的な教養を持ち合わせていないことも事実だった。亡命が長く、勉学のほとんどが独学だったので、その知識にいちじるしい片寄りがあったのである。たとえば、テクノロジーや社会思想に関しては、同時代の政治家のだれにも負けない知識を持っていたが、ラテン語はほとんど知らず、文学的素養もなかった。

　また、閣議などでほとんど発言せず、政治的決断を迫られても、なかなか決定を下さないことが周囲を戸惑わせた。ゾラは「優柔不断という点で一貫していた」と評している。そのため、皇帝は、昔の陰謀家のころの癖で、なにかを密かに計画しながら、それを隠しているのではないかと疑われた。だれにも相談せず、なにもかも一人で運ぼうとする態度が強く非難された。事実、ナポレオン三世は、自分の抱いている計画に、大臣や国務院の評定官が強く反対するだろうと予想すると、それを公表したりせず、また議論が起こっても、直接、反駁するようなことはほとんどしなかった。

　しかし、実際は、どんなに強固な反対に遭おうとも、決して諦めることがないのが彼の特徴だった。いったん計画を引っ込めたように見せながら、ひそかに態勢を立て直し、相手がもう忘れてしまっているころに一気に勝負に出た。文部大臣をつとめたファルーは「彼の場合、延期はけっして最終的な放棄を意味しない」と指摘している。ゾラのいうように、彼は、「目標の達成においては頑固」だったのである。

最初のイデオロギー的君主

では、いったい、ナポレオン三世は、なにを計画し、それを実行に移そうと狙っていたのだろうか？

「人民の正当なる欲求を満たすことによって、革命の時代を閉じること」（一八五一年一二月二日のクー・デタの宣言）である。

これまで、ユゴーやマルクスを始めとする左翼は、ナポレオン三世の「革命の時代を閉じる」部分を強調するだけで、「民衆の正当なる欲求を満たす」部分にはわざと目を向けないようにしてきたが、これは明らかに不公平な態度である。というのも、ナポレオン三世が、大臣やコンセイユ・デタの強い反対を押し切って、強引に実行しようとした計画のほとんどは、二〇世紀の後半になってようやく実現することになる社会保障や民衆保護政策だったからである。

ゴーリズム（ド・ゴール主義）の立場からではなく、公正な歴史家の立場から、ナポレオン三世の打ち出した政策をいちいち検討して、再評価の光を当てたアラン・プレシスは、ナポレオン三世のこうした「民衆の正当なる欲求を満たすことによって、革命の時代を閉じる」政治を次のように表現している。

それは、反革命的であると同時に野心的であり、温情主義的な態度である。なぜなら、結局のところ、この時代にあって、民衆の（それもたんにフランス民衆だけではなく、広い意味での民衆の）欲求の正当性を唯一判断出来たのは、ナポレオン三世という、この神から運命を与えられたと信じる男だけだったからである。また、彼は、彼なりの改良主義的な考えの持ち主であった（語にあまり厳密な定義を与えないとすれば、左翼的といってもよい）。

なぜなら、彼は第一に「大衆」に興味を持ったからである。（中略）ティエールの義母であるドーヌ夫人は、ナポレオン三世がまだ大統領であった時代から、「彼の固定観念は民衆である」と指摘している。そして、このことがまさに、ティエールの友人たちとナポレオン三世を対立させた観念なのだ。したがって、ナポレオン三世の政策を、革命の危機を回避するためだけの術策と見なすべきではない。皇帝は、彼の支持基盤が民衆にあるという固い信念を持っていた。そして、彼の寛大さは、大衆の境遇に気を配り、彼らに幸福を保証しようと努力するところまで行ったのである。（『新現代フランス史――帝国の祭典から連盟兵の処刑の壁まで』）

この意味で、ナポレオン三世は、それまでのどの君主とも異なる、世界で最初のイデオロギー的な君主であった。すなわち、彼は、民衆生活を向上させるために社会全体の変革を目指すという一種の世界観、すなわちイデオロギーを持つ君主であり、かつ、そのために自ら率先して政治を行う政治家だったのである。

したがって、ナポレオン三世が採用した統治方法や政治的な方策を、もう一度、彼のイデオロギーに照らして検討してみる必要がある。なぜなら、これまでの左翼史観からすると「たんなる馬鹿がクー・デタで皇帝になって、自分の欲望のために、行き当たりばったりの政治を好き勝手におこなった」と見えるものが、じつは、ナポレオン三世の一貫したイデオロギーから演繹される政治だった可能性が十分にあるからだ。

ナポレオン三世の閣議

ナポレオン三世再評価に先鞭をつけたウィリアム・H・C・スミスの『ナポレオン三世』によれば、ナポレオン三世の政治は、一見そうは見えないにもかかわらず、君主みずからが先頭に立って、民衆を引っ張っていくタイプの直接的政治であったという。スミスは、ナポレオン三世の著作である『ナポレオン的観念』の次のような一部を引用している。

どのような政府であれ、政府の義務は、大胆に民衆の先頭に立つことで、誤った思想を粉砕し、真実の思想を導くことである。なぜなら、政府が指導するかわりに、なすがままになっていたら、政府は破産し、社会を保護するはずが社会を危険にさらすからである。

ようするに、ナポレオン三世は、君主たるもの、たんに統治するだけではなく、自ら船長となって、国家経営をおこなうべきだと主張しているのである。そして、第二帝政が実現すると、この政治的マニフェストの書にあるとおり、ナポレオン三世は、伯父に勝るとも劣らない「親政」を行ったのである。

ただ、問題は、ナポレオン三世が、そのイデオロギー実現のための手足として使おうとした政府高官の中に、彼のイデオロギーを理解しているものがほとんどいないことだった。バロッシュ、ルエール、マーニュ、フォルトゥールなどの大臣は、たしかに、ナポレオン三世に忠実に仕えはしたが、基本的には、オルレアン派の政治思想の持ち主で、戸惑いながら、皇帝の指示を実行していったにすぎない。

大臣たちの残した証言を総合すると、大臣たちは、ナポレオン三世のいる宮殿（チュイルリのこともあればサン・クルーのこともある）に伺候し、担当別に、順番に、報告と説明を行ったあと、閣議に出席し、議論を交わすようになっていた。憲法上の規定では、閣議というものは存在しないことになっていたが、実際上は、毎週、二度、閣議が開かれていたのである。第二帝政の最後の内閣を組織したエミール・オリヴィエは、この閣議について、こんな証言を残している。

大臣たちは、週に二度、朝の九時から集まった。大臣たちが議論を交わすのは、皇帝が詳しく知りたいと思う事柄だけである。すなわち、行政と財政と立法の担当者の間で意見が矛盾しているときに、皇帝はそれぞれの立場から意見を述べさせるのである。閣議決定は皇帝みずからが行い、大臣がそれから逸脱することを好まなかった。ただ、議論に当たっては、全員が自由に発言をする権利が与えられていた。（中略）皇帝は発言するよりも、大臣たちの議論に耳を傾けることのほうが多かった。閣議が終わると、皇帝は一人ですべてを決裁した。（『自由帝政』）

このように、ナポレオン三世は、閣議のさいにほとんど発言せず、ただ黙って聞いているばかりなので、対立する陣営から「偉大なる無能」という烙印を押されたりしたが、ウィリアム・H・C・スミスが大臣から皇帝に手渡された報告書を検討したところによると、ナポ

サン・クルー宮殿における閣議
サン・クルーかチュイルリで毎週２度ほど閣議が開かれた。ナポレオン三世は大臣たちの発言を黙って聞いているだけだったが、最終的な決定はすべて自分が下した。帝政後期にはウージェニー皇妃も閣議に参加するようになる。[A]

レオン三世は、その報告書を熟読したばかりか、疑問のある部分には質問を発し、情報に不満を感じる部分に対してはより詳しい説明を要求していた。そのことは、彼が報告書に書き加えた筆跡から判断できるという。

皇帝の手になる的確な指摘の量には驚かざるをえない。さらに驚嘆すべきは、彼が細部に至るまで深い理解を示していた事実が手に取るようにわかることであり、その活動領域が政府のさまざまな分野に及んでいたことである。（スミス『ナポレオン三世』）

ナポレオン三世はたんにイデオロギーの人であるばかりか、同時代のだれよりも行政の細部に通暁し、全体的な政治を行う能力を持った人物だったのである。

拡大閣議としてのコンセイユ・デタの機能

しかしながら、ナポレオン三世が閣議を経て決定したことが、そのまま政策として実行に移されたかといえば、そうとは限らなかったところに、第二帝政の政治の特徴がある。つまり、第二帝政というのは、われわれが考えているほどには独裁的な体制ではなく、皇帝の政策に掣肘を加える装置がいくつか存在していたのである。

その代表が、国務院と訳されるコンセイユ・デタである。議会の権限が制約された第二帝政においては、コンセイユ・デタが事実上の議会のような役割を果たし、ナポレオン三世の打ち出す政策にノンを唱えるケースが多かった。

もっとも、憲法上の規定では、コンセイユ・デタは、政府の計画に異議を唱える機関ではなく、法律を起草したり、意見を具申する権限しか持ち合わせていないはずだった。ところが、現実には、コンセイユ・デタは、ナポレオン三世の政策に反対する官僚たちの牙城となり、しばしば、ノンを突き付けた。ナポレオン三世は、このコンセイユ・デタについて次のような不満を漏らしていた。

私の大臣たちによって代表される私の政府は、コンセイユ・デタの前に敗北を喫することがある。げんに、私が議長をつとめるコンセイユ・デタの会議で、一度、こうした事態を目にしている。政府の出した計画がコンセイユ・デタによって攻撃され、覆されたのだ。本来なら、こういうことがあってはならないのである。政府も私も、コンセイユ・デタの前に敗北するなどということがあるはずはないのだ。なぜなら、コンセイユ・デタという機関を設けたのは、大臣あるいは私が決定したことをコンセイユ・デタに可決してもらうためではなく、偏見のない意見を聞くためだったからである。(同書に引用)

この一例からもわかるように、ナポレオン三世は、左翼史観がそう信じ込ませようとしたのとは反対に、ヒトラーやムッソリーニのような無制限の権力を有する独裁者では決してなく、むしろ、民衆福祉というイデオロギーの現実化に努力しながら、その独裁権力の欠如ゆえに、苦心惨憺した理想主義者だったといっても言い過ぎではない。げんに、ナポレオン三世は、こんな述懐を残しているほどである。

「もし、コンセイユ・デタが強力な補佐機関であったなら、労働者階級のために、私は実際にしたよりもはるかに多くのことを成し遂げただろうに」（同書に引用）

ナポレオン三世の欠点は、マキャベリのいう「武装せる予言者」ではなく「武装せざる予言者」にすぎなかったことなのである。

3　権威帝政のパラドックス

権威帝政とは何か？

第二帝政は通例、一八六〇年を境にして、前半（一八五二～一八六〇）の「権威帝政《アンピール・オトリテール》」と後半（一八六〇～一八七〇）の「自由帝政《アンピール・リベラル》」に分けられる。

前半が「権威帝政」と呼ばれたのは、すでに指摘したように、立法権に対する行政権の圧倒的優勢、および、新聞・雑誌などの「表現の自由」に対する厳しい締め付けによるもので、従来、この期間は、すべての自由が抑圧された強権政治の「冬の時代」とされていた。

これに対し、一八六〇年に突如、ナポレオン三世が勅令を発し、立法権を拡大すると同時に表現の自由も一部容認したことから始まる「自由帝政」は、民衆の抑圧しがたい自由への欲求にナポレオン三世が譲歩したと見なされ、「権威帝政」よりもはるかにプラスの価値を与えられてきた。

ところが、最近の歴史家たちの研究によると、ことは、左翼共和主義的なこうした単純な裁断ではとうてい片付けられない複雑な問題を含んでいることがあきらかになりつつある。というのも、ナポレオン三世が健康にも恵まれ、意欲満々で独裁的な行政権を行使していた「権威帝政」の時代のほうが、フランスの社会構造という観点から見ると、はるかにドラスティックな変化に富み、フランス近代社会の基礎がこの時期に築かれたという事実は否定し難いからである。

げんに、日本のフランス近代史学のいわば公式な教科書ともいえる服部春彦・谷川稔編著『フランス近代史――ブルボン王朝から第五共和政へ』でさえ、次のように指摘している。

政治的反対派への抑圧、言論・出版・集会・結社の厳しい統制など政治的自由という点でこの権威帝政は明らかに専制体制である。しかし経済、社会の面でなしとげられた成果は、きわめて大きい。この時期はフランスの産業革命の完成期である。四〇年代に着手された鉄道建設は五〇年代飛躍的に進み、帝政末期にはほぼ今日の鉄道網ができ上がる。鉄道建設やそれに関連した公共事業や産業の需要に応える金融制度の近代化、製鉄や機械、土木・建築などの産業の発展も大きいが、人間と物資さらに情報が全国的に結びつけられたことの社会的な影響もそれに劣らず重要である。

ならば、われわれとしては、「権威帝政」の抑圧的な部分もさることながら、その抑圧によって可能となった「変化」の部分に注目して、ナポレオン三世の親政時代の特徴を検討してみなくてはならない。

権威帝政の大臣たち

ナポレオン三世は、前節ですでに述べたように、大臣たちに閣議で討議させ、意見を具申させはするが、最終的決定はすべて自分一人で行った。大臣たちは、たいていの場合、その決定を官報の『モニトゥール』で初めて知るほかなかった。アラン・プレシスの言うように、「大臣たちの役割は、情報ないしは資料の収集者であると同時に決定された政策の実行者という技術的な側面に限定されて」おり、「内閣は官房の仕事しかしていなかった」（『新現代フランス史──帝国の祭典から連盟兵の処刑の壁まで』）。

しかし、大臣たちがいかに限定的な役割しか果たさなかったとはいえ、彼らが、とりわけ、権威帝政の時代に、ナポレオン三世の能吏として果たした機能は、けっしてこれを軽視すべきではない。なぜなら、彼らは、だれとでも置き換え可能なロボットではけっしてなく、むしろ、彼らにしかできないような特徴的な行政を行った面もあるからである。

以下、とりあえず、権威帝政の初期を支えた何人かの大臣たちのプロフィールを、長編小説の登場人物紹介の要領で、簡単に素描してみよう。

内務大臣◆ペルシニー
（一八〇八～一八七二　本名ジャン＝ジルベール＝ヴィクトール・フィアラン）
ナポレオン三世がまだ陰謀家にすぎなかった時代からの腹心で、クー・デタの実行者の一人。語の正確な意味での唯一のボナパルティスト。一八五二年一月のオルレアン家財産の没収でモルニー公が内務大臣を辞任すると、この職に就き、帝政への準備を一人でこなした。権威帝政の初期に内務大臣として彼が果たした役割は重要で、ナポレオン三世が構想した鉄道敷設、道路・港湾改良、パリ改造などの社会インフラの整備は、ペルシニーの強引ともいえる手腕なしには不可能だった。パリ改造のためにウージェーヌ・オスマンをセーヌ県知事に抜擢したのも彼だった。一八五四年に、劇場の管轄争いで、国務大臣のフールトと対立し、内務大臣を更迭され、スイス大使に左遷されるが、翌年には英国大使として返り咲き、英仏関係の強化に尽力。一八六〇年の自由帝政移行に当たって、内務大臣に復帰するが、一八六三年の選挙の責任を取って辞職。帝政後期には、公爵位を授けられるも、ウージェニー皇妃の後ろ盾を得た「副皇帝」ルエールによって権力から遠ざけられて、領地のシャマランドに逼塞する。元老院議員。

国務大臣（兼帝室大臣）◆アシル・フールト
（一八〇〇～一八六七）
ユダヤ系の有力な銀行家の家に生まれるが、プロテスタントに改宗。七月王政下で代議士となり、金融と財政のスペシャリストとして頭角をあらわす。一八四八年の二月革命とそれに続く混乱では、ティエールと行動を共にし、オルレアン派に属したが、ルイ＝ナポレオンが大統領に当選すると、これに接近、一八四九年の内閣改造で大蔵大臣として入閣する。クー・デタに際しては、財政面ではこれを支えたが、直接の加担はしなかった。一八五一年一二月以後も引き続き、大蔵大臣をつとめる。第二帝政開始にあたっては国務大臣兼帝室大臣として、ナポレオン三世に次ぐ「帝政のナンバー2」の座につき、権威帝政期の経済発展におおいに貢献する。一八六〇年のいわゆる関税クー・デタ以後は、その穏健な経済思想から膨張経済に反対したため、ナポレオン三世から疎まれ、タルブに隠退するが、一八六二年にはインフレ退治役として大蔵大臣に復帰、一八六七年にナポレオン三世と軍事費問題で対立するまで、この地位を占めた。元老院議員。

ペルシニー

権威帝政の初期にペルシニーは内務大臣として、ベンチャー・キャピタルの開設、鉄道敷設、パリ改造などの重要な分野で、ナポレオン三世の意を汲んで精力的に仕事をこなした。[E]

アシル・フールト

権威帝政の実力者。金融と財政の専門家として大蔵大臣を務め、「帝政のナンバー2」の座を確保した。[E]

大蔵大臣◆ジャン＝マルシアル・ビノー

（一八〇五～一八五五）

エコール・ポリテクニック（理工科学校）の卒業生で、一八四一年にメーヌ・エ・ロワール県から代議士に当選。二月革命の後の議会では秩序派に属したが、一八四九年にはルイ＝ナポレオンによって公共事業大臣（建設大臣）に抜擢され、一八五一年一月までこの職にとどまる。クー・デタの後は、大蔵大臣をつとめ、一八五五年の死まで在職。一八五二年三月に金利を五パーセントから四・五パーセントに引き下げて景気を刺激したのを皮切りに、ペレール兄弟のクレディ・モビリエ（動産銀行）にゴー・サインを出し、一八五四年には、ナポレオン三世の提言に基づき、国債発行の一般公募を初実施、空前の投資ブームを演出する。権威帝政下で、高度成長政策を次々に実施した責任者。元老院議員。

外務大臣◆エドゥアール・ドゥルアン・ド・リュイス

（一八〇五～一八八一）

キャリア外交官として各国をまわった後、一八四二年にセーヌ・エ・マルヌ県から代議士に当選。二月革命の憲法制定議会では穏健右派として議席を占めるが、大統領ルイ＝ナポレオンが指名したオディロン・バロー内閣で外務大臣となり、イギリス大使に転出のあと、一八五一年一月にふたたび外務大臣に返り咲く。クー・デタ後には、一八五二年の七月から一八五五年まで外務大臣の職をつとめ、クリミア戦争期の外交を一人で受け持ったが、ロシアとの融和を図ったとしてナポレオン三世に忌避されて辞任。一八六二年からは、イタリア問題の処理で外務大臣として復帰、六六年には対プロシャ強硬派となるが、ナポレオン三世と対立して辞任した。元老院議員。

公共事業（建設）大臣◆ピエール・マーニュ（一八〇六〜一八七九）

ペリグーの染め物業者の息子として生まれ、弁護士をへて、一八四三年に代議士に選出。ギゾーにその才を見いだされ、陸軍省の副官房長官になるも、二月革命で辞職。一八四九年、フールトに呼び戻されて、今度は大蔵省の副官房長官となり、一八五一年一月に公共事業大臣に就任。クー・デタには直接関与せず、また、一八五二年の一月には、オルレアン家の財産没収事件で、モルニーと袖を連ねて辞任する。七月には同じポストに復帰、五

エドゥアール・ドゥルアン・ド・リュイス

権威帝政期と自由帝政期の2度にわたって外務大臣を務め、ナポレオン三世の外交に寄与する。日本開国時の外務大臣として重要。［E］

ピエール・マーニュ

権威帝政期の大物政治家の一人。公共事業相として第二帝政の社会改造に貢献。［E］

三年からは農商大臣も兼務して、農業・商業・公共事業大臣となる。五五年から六〇年までは大蔵大臣もつとめる。元老院議員。

司法大臣◆ジャック＝ピエール＝シャルル・アバテュシ

（一七九一～一八五七）

ボナパルト家に味方してパオリと戦ったコルシカのアバテュシ将軍の孫。一八三〇年にコルシカ選出の代議士となり、二月革命では改革宴会で活躍。大統領選挙のときからルイ＝ナポレオンに肩入れした古参のボナパルティストの一人で、一八五二年の一月からその死まで司法大臣兼国璽尚書。ナポレオン三世の最も信頼厚い側近の一人。

文部・宗教大臣◆イッポリット・フォルトゥール

（一八一一～一八五六）

若き日にサン＝シモン主義の運動に加わったあと、トゥルーズ大学とエクス大学で文学教授の職に就く。一八四九年に代議士に当選し、ルイ＝ナポレオンに接近、クー・デタには関知しなかったが、翌日の組閣で、文部・宗教大臣となり、死までその座にとどまった。

以上が、権威帝政の初期にナポレオン三世を支えた大臣の大物で、このほか、権威帝政の後期から自由帝政にかけて活躍したビヨー、バロッシュ、ルエールの大物トリオがいるが、彼らは自由帝政のところで扱うことにして、ここではむしろ、ナポレオン三世と血縁のある二人の大物政治家について触れておこう。

シャルル＝オーギュスト・ド・モルニー

（一八一一～一八六五）

出生証書では、サント・ドミンゴの植民者オーギュスト・ド・モルニーの息子となっているが、ナポレオン三世の母親であるオルタンスとナポレオン一世の副官だったフラオー伯爵のあいだに生まれた子供で、ナポレオン三世の種違いの弟。フラオー伯爵自身はタレーランの庶子なので、モルニーはタレーランの孫でもある。出生の秘密については、一八三七年オルタンスの葬儀のさいに教えられたが、その義兄とはクー・デタの直前まで交渉が

シャルル＝オーギュスト・ド・モルニー
1854年から立法院議長として、左右勢力の緩衝材の役割を果たす。思想はリベラルで、自由帝政へと道を開いた。[E]

アレクサンドル・ヴァレフスキ
ナポレオンがワルシャワに遠征したときポーランド貴族の夫人マリア・ヴァレフスカとの間につくった庶子。第二帝政ではその語学力を生かして外務大臣をつとめる。ナポレオンに生き写しだったため、ナポレオン三世を知らない外国人は彼を皇帝と勘違いした。[E]

なかった。フラオー伯の庇護を受け、軍隊で出世、同時に社交界の寵児となり、裕福な銀行家の娘であるファニー・ル・オンの愛人となる。この頃、たんなるド・モルニーから、ド・モルニー伯爵へと名前を変える。一八四二年にピュイ・ド・ドーム県選出の代議士となり、ギゾー派に属する。二月革命後もオルレアン派にとどまったが、事業の失敗で負債を抱えたことから、義兄に接近、内務大臣としてクー・デタを演出する。オルレアン家財産の没収で内務大臣を辞任、その後も隠然たる影響力を発揮し、一八五四年に立法院の議長となり、死までこの座にとどまるが、その活動は政治よりも、もっぱら経済に向けられた。クー・デタの指導者であったが、その政治思想はリベラルで、左翼との緩衝材の役割を果たしたが、一方で、祖父のタレーランの血を引いたのか、女性と金のスキャンダルにはことかかなかった。第二帝政の高度成長路線のプランナーの一人で、サン＝シモン主義的な観点から、鉄道・銀行を始めとするあらゆる開発事業にかかわった。

アレクサンドル・ヴァレフスキ
（一八一〇〜一八六八）

ナポレオンが一八〇七年にワルシャワに遠征したときに知り合ったポーランド貴族の夫人マリア・ヴァレフスカとの子供。ナポレオン没落後、ポーランドで幼年時代を過ごし、一七歳でパリに亡命。一八三〇年の七月革命の余波でポーランドで革命が起きると、革命軍に加わるが、革命の挫折後はパリに戻り、外交官となる。一八四八年にルイ＝ナポレオンが大統領に選ばれると、これに接近、クー・デタの後、マドリードとロンドンの大使を歴任し、一八五五年に、ドゥルアン・ド・リュイスの後を襲って外務大臣に就任。その後、国務大臣、立法院議長などの要職を歴任した。容貌、声ともナポレオンに生き写しで、伯父とはまったく似ていないナポレオン三世と対照的だった。元老院議員。

大臣たちの特徴

さて、こうした権威帝政の初期に活躍した閣僚たちのプロフィールを一覧したとき、意外な気がするのは、思いのほか、前体制のときからのエリートが多いということである。ゾラが『ウージェーヌ・ルーゴン閣下』で描いたような、クー・デタの混乱をたくみに利用して成り上がったアヴァンチュリエ（山師）はほとんどいない。七月王政下で、あるいは少なくとも第二共和制時代に代議士となっているものが大半で、下層中産階級出身のマーニュのような閣僚でも、七月王政の時代に代議士に選出されている。

マルクスやユゴーあるいはゾラは、ナポレオン三世の取り巻きを、ルンペン・プロレタリアートあがりのゴロツキ政治家の集団として描いたが、これは、彼らの頭の中に宿っただけの、実体をもたない虚像である。権威帝政期の大臣たちの多くは、七月王政下で、ギゾーないしはティエールと関係をもっていたオルレアン派の若手、しかも、氏も育ちもエリートの高級ブルジョワジーだったのだ。

では、なぜ、後代のわれわれが、長い間、マルクスやユゴーなどの言葉を鵜呑みにしたかといえば、それは、権威帝政期の大臣たちが、憲法の規定により、議会への出席を免除されたばかりか、ジャーナリズムの報道を受けることもなく、一般には、ほとんどその実像が知られることがなかったからである。

この点が、議会での雄弁を要求されると同時に各党派の機関紙で健筆を揮わなければならなかった七月王政期の大物大臣との大きな違いである。ユゴーの戯曲に引っかけて城主《ビュルグラーヴ》と呼ばれた七月王政の大臣たちは、ギゾーにしろティエールにしろ、モンタランベールにしろ、アカデミー・フランセーズの会員となれるほどの名文家であり、それなりに全員「有名人」であった。

対するに、第二帝政初期の大臣たちは、パフォーマンスで大衆的な人気を集める必要がなく、皇帝に任された任務を実行してさえいればよかった。権威帝政の大臣たちは、政治家というよりも、「役人の長」としての機能を果たしていたことになる。

アラン・プレシスは、彼らについて、次のように規定している。

彼らは大政治家ではなかったが（第一、ナポレオン三世は彼らがそうなることを望んでいなかった）、「良き」大臣となるためのすべての資質をかねそなえていた。職務の中に確固たる知識をもちこんでいた。ときにそれが類い稀なる有能さであることもあったし、たいていは優れた実務能力であった。これらの勤勉家たちは疲れを知らぬ情熱の持ち主だったのである。（プレシス前掲書）

権威帝政の本質

しかし、いかに有能であり、勤勉に職務を遂行したとしても、いや、そうであるがゆえにいっそう、彼らはなにひとつナポレオン三世のイデオロギーを理解しなかったに相違ない。大臣たちは、まるで忠実な犬が主人の欲するところを推し測り、そのとおりにしようと振る舞いながら、結局のところ主人の考えていることなどわからないのと同じように、「苦しむ階級への愛」というナポレオン三世の思想をまったく理解することができなかった。それゆえ、皇帝のイデオロギーには染まることなく、常に、一貫して保守的であり、権威主義的でありつづけた。なぜなら、彼らは、「役人の長」であるというその性質からして、いかなる変化も望まず、自分たちの命令が迅速に伝わることのみを願ったからである。こう考えると、権威帝政というもののパラドックスがここに大きく浮き上がってくる。

「民衆の正当なる欲求を満たすことによって、革命の時代を閉じること」を目的として、ナポレオン三世は、すべての権力が自分に集まるように行政権独裁の憲法をつくりあげ、権威主義的な体制を強いた。ナポレオン三世が懐く民衆生活の向上というイデオロギーをより効率的に実践に移すためには、部下は盲目的に上官に従う上意下達の「権威主義的」システム、日本共産党的にいえば「民主集中制」が必要だったのである。

ところが、こうした、ものを考えることのない効率的な実践マシーンという実務官僚システムが、その無思想性ゆえに、ナポレオン三世のイデオロギーの実現を阻むことになる。というのも、目的達成のための便法として与えられた「権威主義的」という体質が、官僚システムの閉鎖性と結びついて、おのれ自身を「権威」と見なす傾向を生んだからである。アラン・プレシスは、こうした実務官僚的な大臣たちの政府が、忠実な能吏の集団であるがゆえに、皇帝イデオロギーの最大の障害となった事実を次のように指摘している。

したがって、政府のレベルにおいてさえ、皇帝の意志を阻害し、撓める要因が存在することとなる（「道具」というのはブレーキともなり得るのだ）。ここにおいて、絶対的な個人的権力の行使は、最初の障害に出会うのである。（同書）

「権威帝政」、それは、ナポレオン三世が権威主義的であったというよりも、目的実現のために官僚システムを権威主義的にしてしまったために、そうならざるをえなかった体制にほかならない。

4　「貧困の根絶」の実現へ

ナポレオン共同住宅

ナポレオン三世が権威帝政という抑圧的な体制を取ったのは、労働者の生活条件を改善し、革命の爆発を防止するためだったと何度も述べたが、具体的にはそれがいかなるかたちをとって現れたのかについては、これまで意外なほど研究がなされていなかった。たとえば、一八五一年一二月二日のクー・デタの直後、ナポレオン三世はオルレアン家の財産を没収して、それを労働者共同住宅の建設に当てたといわれるが、その労働者共同住宅とはいかなるものだったのかについて、歴史家はこの分野の研究をなおざりにしてきた。

ところが、近年、社会史のサイドから生活習慣の歴史の見直しが始まり、思い掛けぬ資料に光が当たったことから、はからずも、ナポレオン三世の功績、というかナポレオン三世の思想の一端が明らかになってきた。

ジュリア・クセルゴン『自由・平等・清潔――入浴の社会史』（鹿島茂訳）の第二部「公共施設の衛生、あるいはユートピアの幻滅」には、ナポレオン三世が実際にパリにつくりあげた「ナポレオン共同住宅」の詳細が語られている。

つねづねイギリスを範と仰いでいたナポレオン三世は、一八四八年の二月革命によって開始された社会事業をさらに推し進めることを決意したが、なかでも彼の大きな関心事となっていたのは労働者住宅の改良と清潔化である。彼はまず一八五〇年にこのイギリスの建築家「ヘンリー・ロバーツ」の著作すなわち『労働者階級のための住宅』をフランス語に翻訳するように命じ、ついでこれを図書館や高等師範学校等の公共機関に配布するように指示した。それはこうした方向性を明確に示し、イギリスと同様な施設の建設を、とりわけパリで実現しようとするものであった。

このために法令が改正され、一八五一年一二月一五日、パリ委員会はセーヌ県公衆衛生保健委員会へと改組された。パリの各区にも衛生委員会が設けられたが、その役割は非衛生な住居に対して一八五〇年四月一三日の法律を適用し、新旧の別を問わず建物内で衛生基準が守られていない場合は、この建物を強制収用することにあった。

だが、ナポレオン三世はヘンリー・ロバーツの著作を普及させたり、立法の方向づけを行ったりするだけでは満足しなかった。すなわち、彼は一八五二年一月二二日の大統領令によって大都市の労働者住宅の改善のために、オルレアン家の財産の没収によって国庫に組み入れられた一〇〇〇万フランの予算をつぎこむことにしたのである。それと同時に、自らの私的基金により、建築コンクールを主催し、もっとも優れた労働者用低家賃住宅の設計図を提出した建築家に五〇〇〇フランの賞金を授与することにした。

この引用の中で、とりわけ、注目に値するのは日付である。すなわち、ナポレオン三世はまだ立場の安定しない共和国大統領ルイ＝ナポレオンにすぎなかった一八五〇年から、建築家ヘンリー・ロバーツの著書『労働者階級のための住宅』の翻訳を命じ、同書を図書館等に配布するように指示したとあるが、もちろん、これは、ナポレオン三世が、もし強力な執行権力と予算さえ手にいれれば、労働者階級のための住宅を建設したいと熱望していたことを意味している。

その情熱はよほど強いものだったにちがいない。クー・デタから二週間もたっていない一八五一年一二月一五日に、ナポレオン三世は、早くもパリの非衛生な住宅を強制撤去するための法的措置を講じているからである。ナポレオン三世の政治の第一目標が奈辺にあったかを示す好例といえよう。

しかし、法律は整っても、労働者住宅建設に必要な予算がない。予算に関しては、新しい憲法でも議会に審議の権利を認めているから、そうは簡単に資金を捻出することはできない。そこでナポレオン三世が思いついたのが、オルレアン家の財産の没収という方法である。一八五二年一月二二日の大統領令は、オルレアン家の財産没収が労働者住宅建設のためであることを明記している。

だが、この措置は当然、内務大臣のモルニー等のオルレアン派の閣僚の反発や世論の非難を呼ぶことが予想された。だが、ナポレオン三世の情熱は、そうした非難や反発をものともしないほど大きなものだった。というよりも、彼がクー・デタまで起こして強権をにぎったのは、長年、心に抱いていた労働者のための社会政策を実現するためだったといってもけっして過言ではないのである。

『貧困の根絶』に描かれた方法論

一八四四年に出版された『貧困の根絶』の中で、未来のナポレオン三世は、現在の政府予算は、不要なポストを増やすとか、無意味なモニュメントを建てるとか、アウステルリッツの戦いのときと同じ規模の軍隊を維持するとかの非生産的なことに使われていると指摘し、次のように述べている。

もし、反対に、これらの予算が、新しい生産様式の創出や、また富の均衡の確立に用いられたとしたら、また労働を活発化し組織化することで貧困を絶滅し、我らの文明が引き起こした弊害をなくすことに使われたとしたなら、そのとき、税金は、かつてある大臣が議会で演説したように、もっとも「適切なる資金運用」となるにちがいない。

したがって、労働者階級の救済を目的とするあらゆるシステムを支えるべき最初の支点は、予算配分の中に見いださなければならない。（『ナポレオン三世著作集』）

若き日のナポレオン三世は、この時点で、予算が新たな生産様式の創出と労働の組織化のために用いられたなら、それは「適切なる資金運用」となって新たな富を生み出し、好循環を導くと主張している。つまり、予算の使い方によって、労働者の貧困を根絶することは可能だと述べているのだ。

ただ、『貧困の根絶』においては、フーリエのいう農業協同体の影響が強く、労働の創出は、未耕作地の開墾による農地の拡大によるものとされているが、しかし、その中でも、繰り返し、ナポレオン三世が主張しているのは、富を生み出す労働には、組織化と規律が必要だということである。「組織化のおこなわれていない大衆は無である。反対に、規律が与えられれば、それはすべてとなる」（同書に引用）。

では具体的に大衆に規律を与えるにはどうすればいいのか？　教育と生活習慣の改善である。とくに、清潔さと規則正しい生活を身につけさせるほかない。ナポレオン三世が権力掌握後ただちに着手した労働者共同住宅の目的は、たんに、労働者に快適な住居を提供するだけではなく、清潔さと規律正しい生活の「教育」の現場でもあったのだ。

ちなみに、ナポレオン三世が一八五二年一月に決定した建築コンクールの要旨は次のようなものである。

妻帯ないしは独身の労働者が居住するための住宅として要求される条件は、まず清潔で換気が行き届き、適度に暖房が施され、採光がよく、上水道が完備していることである。こうした建物では各世帯が完全に分離して生活できることが必要で、唯一の共同部分は洗濯場にかぎられている。（「建築・土木雑誌」、クセルゴン『自由・平等・清潔』）

ナポレオン共同住宅の実際

ナポレオン三世が実現を急いだ労働者共同住宅はナポレオン共同住宅（シテ・ナポレオン）としてロッシュシュアール通り五八番地に一八五二年に建設された。

ナポレオン共同住宅は、清潔で換気の行き届いた二〇〇世帯用の低家賃住宅からなる巨大な団地で、共同使用の設備も数多く備わっていた。たとえば、母親が働いているあいだ子供たちを預かる託児室、洗濯場と浴場が一つに合わさった衛生設備関係の大部屋。ここは三〇サンチームという低料金で共同住宅の住民のみならず外部の人間も風呂を利用することができた。(同書)

そのほか、各階には便所が完備していたばかりか、台所の下水が流れる排水設備も完備していた。ただ、建物の上の階に水をあげるシステムがなく、上水道は給水栓が中庭に一つあるだけで、各戸が個別に使えるような設備がないという欠点はあった。

それでも、当時の民衆が住む建物の劣悪な衛生設備に比べれば、ナポレオン共同住宅は天国のような趣さえあった。そのため、一部の嫉妬深いメディアからは、「場違いな贅沢さに満ちている」と非難されたりした。これに対し、工事責任者のシャベールは、ナポレオン三世の意をくんで、これを「社会主義に対する聖戦の一要素」として位置づけ、住民の道徳心の向上との関係を盛んに強調した。

とはいえ、これだけの設備を整えてやっても、不潔になれっこになったパリの民衆に衛生観念と清潔の習慣を身につけさせるのは容易なことではなかった。ナポレオン共同住宅に労働者が入居したあと、一八五三年の『慈善年報』にP・A・デュフォーは次のように書いている。

パリの民衆に清潔の習慣を身につけさせることがどれほど難しいかはよく知られている。

彼らは掃除や洗濯の手段が、いわばすぐに手の届くところにあったとしても、なかなか掃除や洗濯をしようとはしない。いわんや、その道具をとりにいくのに手間がかかるとき、その結果は改めて述べるまでもない。（同書に引用）

このように、ナポレオン三世は、強力な執行権力を握るやいなや、これさえ解決がつけば革命は防げるとばかりに労働者共同住宅の建設に着手したが、やがて、労働者共同住宅にも限界があることがわかってくる。というのも、建設費がかさむわりに労働者からは人気がないからだ。いくら清潔で換気のいい低家賃住宅を提供しても、労働者はそれに殺到するどころか、あいかわらず、住み慣れた貧民街の不潔なあばら家を好むのである。

ナポレオン浴場・洗濯場

それならば、と、ナポレオン三世は考えたにちがいない。貧民街の真ん中に、民衆が自由に利用できるようなモデル浴場・洗濯場をつくってやったらどうか。かくして、名実ともに皇帝となったナポレオン三世は、一八五三年の暮れ、みずからの内帑金《ないどきん》四〇万フラン（約四億円）を提供して、パリの最貧地区に三つのモデル浴場・洗濯場を建設するよう命じる。

「利用者がわざわざ遠くから足を運ぶ必要のないように、こちらから迎えにいってやらなければならない」とナポレオン三世はいう。（中略）こうした開明的な博愛政策は、大臣書簡や通達によって、浸透が図られた。皇室大臣を兼務していた総理大臣はこう説明している。「皇帝は貧困階級に同情を示され、最貧地区の困窮家庭に対し、(中略) 極度に安い料金で入浴と洗濯ができるという恩恵を施された」。新聞もナポレオン三世に対し、好意的な記事を載せた。「皇帝が民衆の入浴と洗濯の問題に特別の関心を示され、こうした有益な施設の恩恵を労働者階級にまで広げようと腐心しておられることは、だれもがよく知っている」(同書に引用)

予定したモデル浴場のうち、完成したのはタンプル地区のキャファレリ街の浴場・洗濯場だけだった。通例、ナポレオン浴場・洗濯場と呼ばれるこの施設は、イギリスの技師と建築家に依頼したもので、浴場と洗濯場からなっていた。

まず浴場だが、これは共同浴場といっても日本式に一つの湯船に多くの人がつかるのでないことはいうまでもない。あくまで、民衆が共同で使用できるという意味である。浴場は入ると右手に男用と女用の待合室があり、それぞれ三〇室の個室が設けられていた。各待合室には便所が付属している。新設された中央市場のように建物の屋根は鉄骨とガラスでできていて、採光も換気も申し分ない。蒸気とお湯は三台のボイラーで供給されていたが、このボイラーを含めてほとんどの設備がイギリスから直輸入されたものだった。洗濯場には洗剤置き場、乾燥機、アイロン室、託児所が備え付けてあった。

このように、きわめて理想的なかたちで建設されたナポレオン浴場だが、一八五五年の五月に開場した後は、思いがけない困難に見まわれることになる。いわゆる第三セクター方式で運営され、経営は民間人に任されたのだが、経営者が管理と補修をおろそかにしたことと、利用者がいたってだらしなかったことが重なって、劣化が急激に進み、各種の設備ばかりか建物までが傷みはじめたのである。経営者が改修費の負担を拒否したため、破産が宣告され、現状の確認が行われたが、その悲惨な状況は目にあまるものがあった。

蛇口からは水が漏れ、屋根は雨漏りがして、地下室は水浸し、陶製の浴槽にはひびが入り、床のタイルは壊れ、呼び鈴の紐はちぎれ、放置された下着類はぼろと化し、建物全体に悪臭が漂い、不潔さが支配していた。（同書に引用）

どうやら、経営者は、蒸気と水を大量に使う施設の維持管理に疎く、水というものがどのような浸食力をもつかを知らなかったようである。代替わりした経営者はもっとひどく、利用者から多くの苦情が寄せられたため、ついに街区の警察署は営業停止を命じ、ナポレオン浴場・洗濯場は一八六四年には取り壊されてしまう。

しかし、こうした失敗にもかかわらず、ナポレオン三世の民衆福祉政策は、いささかも揺らぐことはなく、次から次へと、労働者階級の利用できる施設を増やしてゆくのである。

労働者用リハビリ施設

ナポレオン共同住宅とナポレオン浴場・洗濯場の失敗に教訓を得たのか、ナポレオン三世は、万博が開催された一八六七年に、みずから設計図を引き、内帑金を提供して理想的な労働者共同住宅をパリ一二区のドーメニルに建設する。これはアパルトマン各戸の内部に上下水道を引き込んだ最初の団地として知られる。シテ・ドーメニルと呼ばれるこの労働者団地は、今日のタウン・ハウスの様式で建設され、三区画に区切られた三階建ての建物に三所帯が住むようになっていた。労働者たちは、希望すれば、ローンを組んでアパルトマンを買い取ることもできた。当時は、こうしたかたちで公的機関が労働者に自己所有の家を供給するという発想はまったくなかったので、この方式はきわめて画期的なアイディアといえた。

とはいえ、こうした労働者共同住宅に住めるのは、ローンを払ったり、家賃を負担できる働き盛りの高収入労働者に限られていた。しかし、危険の多い工場や建設現場で働く以上、どんな労働者も不慮の事故に巻き込まれたり、過労で病気になって病院に入院する可能性がある。とりわけ、労働者が不安に思うのは、病院から退院したあと、体力を回復して仕事に復帰できるまでのリハビリ期間に対する保障がどこにもないことだった。万一、予後が思わしくないと、たんに働き口を失うばかりか、本人も家族も即座に路頭に迷うことになる。

ナポレオン三世は、労働者にとって、工場や建設現場は、兵士にとっての戦場に等しいのだから、国家は、こうした産業の戦士たちが負傷したり病気になったときには、傷痍軍人と同じく、その労働者と家族の生活を保障する施設を建設すべきと考えたのである。ヴェジネとヴァンセンヌに労働者のためのリハビリ施設の建設を命じた一八五五年三月八日の法律は、労災を先取りしたナポレオン三世の思想を現実化したものにほかならない。

一八五八年から一八六四年の六年間に、約三万七〇〇〇人の病気になったり負傷した労働者たちは、セーヌ県の病院を退院すると、ヴァンセンヌの市立病院で引き続き手当を受けることができた。また、一八六〇年に開院したヴェジネの施療院では、毎年五〇〇〇人の労働者が静かに予後をすごすことができた。（デュクルドレー『現代史』）

ただし、このうちヴェジネの施療院のほうは、一応、次のような入院資格が必要だった。すなわち、①セーヌ県が行う公共事業に従事した労働者、②施療院に保険料の払い込みをしている相互扶助組織に加入している労働者、③施療院に保険料を払い込んでいる工場やアトリエで働く労働者、④福祉事務所によって病院に送られた労働者などである。

この規定は、一八五五年三月八日の法律が、ただ、闇雲に労働者保護を謳うのではなく、雇用者や相互扶助組織に対し、施療院と保険契約を結び、労災に備えるよう奨励していることがわかる。いっぽう、ヴァンセンヌの市立病院のほうはというと、こちらは原則的にセーヌ県で働く労働者をすべて収容することになっていた。ここでは、アフターケアの内容は劣るものの、保険契約がない労働者も、安心してリハビリに専念できたのである。

このほか、大統領だった時代からナポレオン三世が矢継ぎ早に議会に可決させた民衆福祉の法律はたいへんな数にのぼっている。目ぼしいところをあげただけでも、困窮者に対する裁判費用の免除や官選弁護人などを定めた一八五一年一月二二日の法律。保護者が授業料を払えない子供たちに無償教育を保障した一八五〇年三月一五日の法律。老齢で働けなくなった労働者のための老齢年金を定めた法律（一八五〇年六月一三日、一八五一年五月三日、一八五三年八月一八日、および一八五六年七月七日）。職人の見習い期間に関する契約を定めた法律（一八五一年二月二二日）。棄児や孤児を保護する施設の建設を命じる法律（一八六二年五月五日）、働く母親のための衛生的な託児所を設ける法律（一八六二年六月三〇日）など、枚挙にいとまがない。

いずれも、ナポレオン三世の強いイニシャティヴによって施行された法律ばかりであり、彼が権力を掌握することでなにを実現しようと考えていたかを窺わせるに十分な内容である。ナポレオン三世が掲げた「貧困の根絶」は、たんなる人気取りのスローガンでは決してなかったのである。

5　クレディ・モビリエの始動

酵母菌としての金銭

二〇〇二年は、文豪エミール・ゾラの死後一〇〇年ということで、藤原書店からゾラの選集が刊行されたが、そのラインナップに『金銭』という小説があるのが注目される。というのも、この小説は、第二帝政期に、サン＝シモン主義者の銀行家ペレール兄弟と大銀行家ロスチャイルドとの間で行われた激烈な金融戦争をモデルの一つとして描いている点で、第二帝政を理解する格好の資料となっているからである。たとえば、裕福な慈善家のカロリーヌ夫人が、中東から送られた弟の手紙を読んでいるうちに、主人公サッカール（ペレール兄弟を参考にして創られた人物）の言葉を思い出し、突然、金銭というものの本質を理解する次のようなくだりがある。

そのとき、カロリーヌ夫人は、突然、確信を得た。金銭というのは明日の人類が生えてくる堆肥のようなものなのだ。サッカールの言葉が、投機に関する彼の理論の断片が蘇ってきた。もし投機がなければ、セックスなしでは子供が生まれないように、力強く豊饒な大事業も起こらない。生命というものが継続してゆくには、そうした情念の過剰、卑しく浪費され失われる生命というものが欠かせないのである。（中略）金銭というのは、毒殺魔で破壊者であるが、同時に、あらゆる社会的生命体を生み出す酵母菌であり、大規模な事業に必要な腐植土ともなるのだ。

これはある意味で、第二帝政期に指導的な金融理念となったサン＝シモン主義をわかりやすく絵解きしたものということができる。

大革命以後、たえず、社会的混乱に見舞われていたフランス社会では、金銭や投機の「毒殺魔で破壊者」としての側面が強調されすぎたため、人々はあえて、その「酵母菌」「腐植土」としての側面には目を向けないようにしていた。

なかでも、大革命のときに大量発行されたアッシニャ（国有地を担保にした国債だが、後に不換紙幣となる）の暴落により財産を失ったブルジョワたちは、そのときの悪夢のような記憶を拭い去ることができず、公債にしろ銀行券にしろ株券にしろ、ペイパー・マネーというものをまったく信用しなくなっていた。その結果、一般ブルジョワや農民のタンスにしまいこまれていた金貨・銀貨がペイパー・マネーの交換市場である証券取引所に「投機」の金として流れこむことはなく、商業や産業は大きく発展する資本を得ることができぬまま、いたずらに時間を失っていった。いいかえれば、金銭は、物々交換の代替品という原始的な使用法を出ることはなく、大規模な事業を生み出す「酵母菌」「腐植土」となるきっかけを見いだせないでいたのである。

ところが、ルイ＝ナポレオンがクー・デタを起こし、第二帝政への移行が日程にのぼりだす一八五二年頃から、フランスの証券市場はにわかに活況を呈し、一般市民たちのタンス貯金が続々と金融市場に流れ込みはじめる。そして、あれよあれよという間に、巨大なバブルが発生し、わずか数年のうちに、パリはロンドンを凌ぐほどの国際信用取引都市となるのである。

この変化は、いったい、なにをきっかけにして起こったのだろうか？

ナポレオン三世という「信用《クレジット》」

一つは、なんといっても、ナポレオン三世と第二帝政という金ぴかブランドに対する信用である。議会という抵抗勢力を抑えた強力な執行権力の存在が、体制は当分の間転覆されないという安心感を生んだことが大きい。独裁権力のもとでは、社会と経済は安定するのである。しかし、もし、その執行権力の頂点にあるのがナポレオン三世でなかったら、国家そのものに対する民衆の絶大なる信頼は生まれなかったにちがいない。つまり、たんに独裁権力というだけでなく、それにナポレオンと帝政という名称が冠されていたことに意味があるのだ。信用《クレジット》というものは、あくまで、人に安心感を与える「名前」に対して発せられるということを忘れてはならない。

第二の要因は、ナポレオン三世の経済思想である。ナポレオン三世は、まだ、ただのルイ＝ナポレオン・ボナパルトだった一八四八年の一二月に、大統領選挙に臨むマニフェストの中でこんなことを公約している。

正当にして強固な政府は、精神の中にも、また事物の中にも、秩序を確立すべきである。（中略）では、秩序を確立するとはなにか？　それは、信用というものを再びもたらすことだ。持てる手段の一時的な不足を信用貸しによって補うことだ。つまり、金融を再建することなのである。（『ナポレオン三世著作集』）

もちろん、ナポレオン三世となる前のルイ＝ナポレオンは、その秩序を確立するのは、ナポレオンという名前と結びついた自分以外にはいないと暗に主張しているのだから、結局のところ、ナポレオン三世の経済思想という第二の要因は、第一の要因と同じことを意味するのだが、しかし、それでも、ナポレオン三世自身が早い段階から、こうした信用経済の確立を主張していたことは注目に値する。

第三の要因は、この当時、カリフォルニアとオーストラリアのゴールドラッシュが始まり、金《きん》の流通量が飛躍的に増加し、金価格が下落したことがあげられる。すなわち、ペイパー・マネーの流通を保証するだけの金が国庫に蓄積され、その分、兌換《だかん》紙幣が大量に出回るようになって、マネー・サプライが拡大したのである。ルイ・ジラールは『ナポレオン三世』の中でこう指摘している。

一八五〇年以来、カリフォルニアとオーストラリアの金がヨーロッパに流れこみ、フランスの国際収支はプラスに転じていた。この金の大部分がフランスに入ってきた。大企業はこの金を社債や株券で吸い上げて使うことができた。信用貸しを呼びかけることがあらゆる事業の基礎となり、庶民の貯蓄がこれに応えた。

しかし、信用経済のための基礎的要因がそろっていたとしても、それは、たんに、ピストルに弾がこめられている状態に過ぎない。信用経済という強力な弾丸が発射されるためには、引き金となる第四のファクターが必要だった。その引き金となったのが、一八五二年の夏に突如アイディアが浮上し、一一月一五日に正式な認可が降りたクレディ・モビリエ（動産銀行）である。

第二帝政開始直前の金融状況

当然のことながら、第二帝政以前にも、強力な銀行はフランスにいくつか存在していた。オート・バンク（Haute Banque）と呼ばれる伝統的な銀行がそれで、その多くはユダヤ資本によって運営されていた。なかでも有名なのは、ロスチャイルド一族のジャム・ド・ロートシルト（ジェイムズ・ロスチャイルド）が経営するロスチャイルド銀行である。

このロスチャイルド銀行を始めとするオート・バンクは、地方の名望家から金を預かり、それでフランス国債や外国債を買ったり、手形を割り引いて利益を出していた。もちろん、企業家や金融業者に対する信用貸しも行ってはいたが、その際にはしっかりと土地・建物を担保に取ったので、鉄道事業などを目指すベンチャー企業家が融資を願い出ても、担保がなければまったく相手にされなかった。

この伝統的・保守的な傾向は、ルイ＝ナポレオンがクー・デタを起こし、政治経済の全権を握ったあとも少しも変化しなかった。それどころか、オルレアン家とのつながりが強いロスチャイルド銀行は、ルイ＝ナポレオンがクー・デタ直後に行ったオルレアン家財産の没収で、完全に反ナポレオン派となり、いくらベンチャー金融を呼びかけてもまったく聞く

ジャム・ド・ロートシルト
フランス・ロスチャイルド家の総帥。伝統的・保守的なオート・バンクの象徴的存在。オルレアン家に忠実だったため、帝政初期には、ナポレオン三世の主張するベンチャー・キャピタルの創設には冷淡だった。[A]

エミール・ペレール
サン＝シモン主義を奉じる銀行家として、弟のイサークとともに、社会改造の武器として「クレディ・モビリエ」を創設。フランス経済を一気に高度資本主義の段階に乗せる。[A]

耳を持たなかったのである。そのせいか、株式・債券市場には、クー・デタ後もあまり金は流れこまず、株価は低迷を続けていた。

そこで、ペルシニーなどの側近の間からは、ルイ＝ナポレオンの主張する新しい形態の信用貸しを行う銀行、すなわちベンチャー・キャピタルの創設がぜひとも必要であるという声があがったが、ロスチャイルドを敵に回してもベンチャー・キャピタルを起こそうという銀行家はなかなか現れなかった。

そんなとき、一八五二年の九月九日、突然、「公共事業銀行《バンク・デ・トラヴォ・ピュブリック》」という名称のベンチャー金融が設立され、趣意書が発表された。後のクレディ・モビリエである。設立者はサン＝シモン主義者のペレール兄弟だった。

「公共事業銀行」という名のこの新しい銀行は、資本金六〇〇〇万フランで、その資本金は額面五〇〇フランの株式一二万株によって調達する予定になっていた。そのうち、最初の四万株、すなわち資本金二〇〇〇万のみが最初に発行されるが、それはすべて創立者が購入し、残りは随時、必要があれば、事業の発展に応じて一般から公募される。この銀行の目的は、手形割引のほか、産業的・商業的事業、および公共事業の創設と発展を容易にすることにあったが、それは当該企業の株式の購入、当座預金口座の開設、あるいは貸し付けなどによって行われるものとされた。この目的に必要な資金を確保するため、銀行は社債を発行することになっていた。（ベルナール・ジル『十九世紀フランスの銀行』）

ベルナール・ジルによれば、この「公共事業銀行」の設立に当たっては、ユダヤ人銀行家ミレスのアイディアが入っており、同じくユダヤ系銀行出身の国務大臣フールトの同意もあったというが、その内容からすれば、ペレール兄弟などのサン＝シモン主義者がかねてから主張していたベンチャー・キャピタルの理想を体現したものであり、むしろ、ペレール兄弟主導で設立されたものと見てよい。内務大臣のペルシニーが、設立のお膳立てを整え、大蔵省と公共事業省（建設省）に対する根回しを行ったというから、積極財政論者のペルシニーの意向も強く反映されていたものと見られる。

ところが、この「公共事業銀行」は、認可を願い出た大蔵省の指導により「バンク」という名称を外され、「クレディ・モビリエ」となる（正式にはソシエテ・ジェネラル・ド・クレディ・モビリエ）。日本語では、バンクもクレディも同じ銀行と訳されるが、前者には銀行券の発行という業務があるので、大蔵省は混同を避けるため、クレディという名称に変更させたのだろう。そこに、発券銀行たるフランス銀行を牛耳るロスチャイルド家の意向が働いていたとみることも可能である。事実、ジャム・ド・ロートシルトはナポレオン三世に対して、クレディ・モビリエの設立に断固反対する手紙を送っている。

同じような注意が、クレディ・モビリエの約款にあった社債の発行という項目にも向けられていた。というのも、この社債が短・長期で大量発行されると、それは銀行券と同じ価値を持つようになり、中央銀行がフランス銀行のほかにもう一つ誕生することになるからである。かくして、社債の発行に当たっては、大蔵省の認可を受けるという一条が入り、社債は資本金五〇〇〇万フランに対して二五〇〇〇万フランを限度とすることにされた。

これが後々、クレディ・モビリエの躓石となり、ロスチャイルドとの金融戦争に敗北する原因ともなるのだが、しかし、それはまだ先のこと。この時点では、産業・商業融資に不動産の担保を取らない銀行が誕生した意義がなによりも大きい。

社会改造の武器としてのクレディ・モビリエ

クレディ・モビリエの設立、それは、ナポレオン三世が夢見る社会の大手術に金銭という血液を無限に供給する強力な人工心臓ができあがったことを意味していた。イサーク・ペレールは、一八五四年の第一回株主総会のさいに、クレディ・モビリエの理念を次のように定義している。

クレディ・モビリエの理念は、フランスで大規模事業を組織化しようと思っても資金を集める方法がなく、また金融を牛耳る勢力が自分たちだけで固まっているという状況があり、金融界を再編成しようにもそれを推し進めるだけの力のある中心が存在しないという事態から生まれたものです。(同書に引用)

つまり、鉄道敷設や運河の開削、都市改造といった巨額の資金を必要とする大規模事業に、無担保で長・短期の信用貸しを行うベンチャー・キャピタルの存在が緊急に必要な状況であったにもかかわらず、ロスチャイルド銀行をはじめとする既存の大銀行が旧態依然の経営を続けているので、止むに止まれず、クレディ・モビリエを設立したというわけである。

こうしたペレール兄弟の意図は、ナポレオン三世の政策の実行責任者であった内務大臣ペルシニーの思惑ともぴたり重なっていた。ペルシニーは後に銀行家のミレスにこう告白している。

私は、誕生したばかりの新しい権力から、後見人を取り除くことのできるような道具が欲しいと思っていた。後見人というのは、既存の金融資本家たちのことで彼らがなにかというと政府に掣肘を加えていたのである。この大資本家たちは新しい権力に対して敵意を抱き、影響を及ぼそうとしていた。私はそれを感じ、これはますます危険になると思っていたのである。したがって、もしクレディ・モビリエが誕生し、既存の金融資本家たちを引っ張って無理やり前に進ませるということがなかったなら、皇帝の政策は、オート・バンクの意向と妥協せざるを得ず、あれほどに大胆で、あれほどに自由な発展を見ることはなかっただろう。(同書に引用)

このペルシニーの言葉から察するに、クレディ・モビリエの誕生はたんに、鉄道や運河、都市計画などの大規模事業に資金を提供するベンチャー・キャピタルの役割を果たしただけではない。この方面への資金供給に腰が引けていたオート・バンクもそれに一枚加わらざるを得ない状況が生み出された点にも大きな意義があるのだ。一言でいえば、クレディ・モビリエの設立によって、それまでうまく機能していなかったフランスの信用経済が、一気に軌道に乗ったのである。

ペレール兄弟の出自とサン＝シモン主義の潮流

では、クレディ・モビリエを成功させたペレール兄弟とは、いったい、どのような出自の銀行家だったのだろうか？　以下、この点に軽く触れながら、サン＝シモン主義の運動について少し解説を加えておこう。

一八三〇年代の初頭、金融と産業を無制限に発達させることにより、社会から貧困者を取り除いて社会革命を成し遂げることができるとするサン＝シモン主義の運動は、理工系のエリートを養成するエコール・ポリテクニックを中心にして、若者たちの間に広く浸透し、多くの前途有為の青年がこれに加わっていた。

サン＝シモン主義者たちは次々に新聞やパンフレットを発行し、その思想の普及につとめたが、このプロパガンダによって社会改良に目覚めた青年はヴィクトル・ユゴー、エミール・ド・ジラルダン、バルザック、それにルイ＝ナポレオンと枚挙にいとまがない。一八三〇年代のロマン派世代はなんらかのかたちでこのサン＝シモン主義の洗礼を受けている。

サン＝シモン主義の運動は、やがて、サン＝シモンの宗教的部分を受け継いだ主流派のアンファンタン派と、社会改革重視のバザール派に分裂したが、一八三二年にアンファンタン派が権力の弾圧を受け、大量の逮捕者を出したことにより、離党するものが続出し、運動体としての生命を終えた。しかし、この運動に加わった若者たちはほとんどが社会のエリートだったので、社会に復帰してからも多くの分野でその影響力を発揮することになる。

その典型がエミールとイサークのペレール兄弟である。兄弟はボルドーのポルトガル系ユダヤ人の家庭に生まれ（兄のエミールは一八〇〇年、弟のイサークは一八〇六年）、パリに出て伯父の株式仲買人イサーク・ロドリーグの店で働いていた。そのイサーク・ロドリーグの息子がサン＝シモンの高弟オリヴィド・ロドリーグで、兄弟はこの従兄の導きによってサン＝シモン主義の運動に加わったのである。

しかし、兄弟は、サン＝シモン主義の経済的・産業的な思想に強く引かれてはいたものの、新たに教祖《ペール》となった神憑りのアンファンタンにはついていけず、いわばシンパ的な存在として主流派とは距離をおいていた。そのため、運動の解体後には、すぐに社会に適応し、サン＝シモンの思想をみずから発展させるかたちで、鉄道の普及とベンチャー・キャピタルの設立を目指して金融の世界に足を踏み入れていたのである。

一八三七年のパリ〜サン・ジェルマン間の鉄道の敷設では、ロスチャイルドやエシュタルなどのオート・バンクから資金を引き出すのに成功し、続いて北部鉄道とパリ〜リヨン鉄道の計画に取り掛かっていた。

パリ〜サン・ジェルマン鉄道
ペレール兄弟は1837年、ロスチャイルド銀行から資金を引き出して、フランス初の旅客鉄道であるパリ〜サン・ジェルマン鉄道を開通させたが、社会の認識は物見遊山のためのオモチャの域を出なかった。[B]

ところが、一八四八年の二月革命が起きて深刻な不況が訪れると、破産を恐れたオート・バンクは一転して鉄道投資から手を引いたため、ペレール兄弟はいわば二階に上ってハシゴをはずされた形となり、オート・バンクとの間には深い溝ができた。

そのとき、空から舞い降りたように出現したのが、兄弟とそっくりのサン＝シモン主義的思想を持つルイ＝ナポレオンである。兄弟はルイ＝ナポレオンがクー・デタに成功して権力を握ると、サン＝シモン主義運動時代の同僚のミシェル・シュヴァリエとともにこれに接近し、一八五二年、ルイ＝ナポレオンによって、パリ環状鉄道が計画されると、その支配人に収まり、他のサン＝シモン主義者と一緒に彼のブレーンとなっていった。

したがって、一八五二年秋のクレディ・モビリエの設立は、たしかに、内務大臣ペルシニーや銀行家のミレスの協力があったとしても、ともにサン＝シモン主義の信奉者であるルイ＝ナポレオンとペレール兄弟との共同謀議によるものと見なしたほうが正解なのである。事実、ナポレオン三世とペレール兄弟のクレディ・モビリエが一心同体の存在として結び付いたときから、第二帝政の社会革命は始動するのである。

第五章　社会改革

1　鉄道戦争

クレディ・モビリエの関連領域

一八五二年一一月一八日勅令により設立許可が下りると、ペレール兄弟のクレディ・モビリエは、フランス産業の改造にむけて、猛烈な勢いで疾走しはじめた。

クレディ・モビリエが第二帝政期に直接・間接にかかわった領域はフランスの全産業を覆っている。いささかの誇張もなく、クレディ・モビリエは、フランスの産業と経済に金銭という血液を送り込む心臓の役割を果たしていたのである。

アラン・プレシスは『新現代フランス史――帝国の祭典から連盟兵の処刑の壁まで』の中で、手際よくクレディ・モビリエの活動を分類・整理している。

フランスにおいて、クレディ・モビリエはまずいくつかの鉄道会社（ミディ鉄道・東部鉄道）および、鉄道に密接なかかわりのある産業（ロワール炭田）に資金を提供した。ついで、大西洋横断汽船会社《コンパニ・ジェネラル・トランザトランティック》を設立し、パリの六つのガス会社の合併を指導し、パリ乗合馬車会社《コンパニ・デ・ゾムニビュス・ド・パリ》を創設した。また首都の改造と美化を引き受けた会社の中で最も重要な役割を演じた不動産会社《コンパニ・イモビリエール》もまたクレディ・モビリエの創設にかかわるものである。このほか、二つの重要な保険会社の設立と、製塩業の再組織化もこれに加えることができる。この外国においては、第一級の重要さを持つ無数の企業にその影響を見ることができる。オーストリア、ロシア、スイス、それにスペインの鉄道。各国の銀行の設立（ダームシュタット銀行、スペイン・クレディ・モビリエ銀行）、スペインのエブロ川の運河開削、その他、鉱山、公共事業などなど。

ようするに、第二帝政期に飛躍的に発展した産業でペレール兄弟とクレディ・モビリエがかかわっていない分野は一つとしてないと言っても言いすぎではない。それどころか、クレディ・モビリエは、フランスの繁栄の最も強力な輸出者であり、全ヨーロッパ、さらにはロシアや中近東にまでその影響は及んでいたのだ。

したがって、限られた枚数でクレディ・モビリエのすべての活動を描くことは不可能なので、ここでは、主として、ペレール兄弟の鉄道事業、およびパリ大改造にかかわる事業を見ていくことにしよう。

大西洋横断汽船会社
ペレール兄弟のクレディ・モビリエの関連会社の一つ大西洋横断汽船会社は、フランスと南北アメリカを結ぶ定期航路を開拓。大陸間貿易を軌道に乗せた。この会社はペレール兄弟失墜後も残った。1889年万博時のポスター。[F]

ディリジャンス
鉄道普及以前、フランスの各都市はディリジャンスと呼ばれる大型乗合馬車で結ばれていたが、そのために鉄道の普及が遅れた。鉄道の初期には、ディリジャンスを台座から外し、鉄道の貨車に乗せて走らせた。[F]

鉄道前史

内陸国のフランスにとって、だれが考えても鉄道が最適の交通手段のように思われるが、意外なことに、鉄道の重要性が広く認識されたのはきわめて遅く、一八四〇年代に入ってからのことである。イギリスやベルギーが一八三〇年代には早くも鉄道網の建設に着手していたのに比べると、フランスは大幅な遅れを取っていたことになるが、それでもまだ鉄道に対する関心は希薄で、有効性を疑問視する声も強かった。

理由の一つは、ディリジャンスと呼ばれる大型乗合馬車とポストと呼ばれる郵便馬車がくまなくフランス全土をカバーし、少なくとも人間の移動に関しては、かなりの用が足りていたということがある。つまり、人間用の交通手段としては、ニッチが塞がっていて、鉄道の必要性が感じられなかったのである。馬車交通網が整備されていたことが逆に鉄道の出現を遅らせたということができる。

理由の第二は、今日となっては信じられないことだが、科学者たちが盛んに鉄道の危険性を言い立てていたことだ。トンネルに入ったら蒸気機関車の吐き出す煤煙によって乗客は窒息するだろうとか、汽車のスピードが人体に好ましからざる影響を与えるとか、あるいは騒音と振動の影響で鉄道の周辺の地価が暴落するだろうとか、さまざまな鉄道反対の疑似科学的言説が考え出された。ヨーロッパの都市では、今日もなお鉄道駅は市域の外れの寂しい場所にあるが、それはこうした言説の影響が尾を引いているからである。

しかも、鉄道反対の言説は議会の政争に利用され、一八三八年には、モレ内閣が議会に提出した鉄道網建設計画は、中道左派のティエールから共和派のアラゴまでの野党共闘によって廃案に追い込まれるという事態さえ起こった。野党の議員たちは、鉄道など空想家のたわごと、子供の玩具として、その無用性を盛んに言い立てた。

その結果、鉄道は、民衆が日曜に郊外に物見遊山に行くための行楽手段としてしか認識されず、敷設された鉄道も、一八三七年のパリ〜サン・ジェルマン、一八三九年のパリ〜ヴェルサイユ右岸線など、郊外散策用のものに止まった。

こうした鉄道に対する認識不足は、資金計画にもろに影響を与えた。すなわちロスチャイルドを始めとするオート・バンクは鉄道会社の設立にはいたって冷淡で、ベンチャー金融はいっこうに稼働しなかった。

そうした中で、唯一、鉄道の革命的な性格を認識し、これを社会改造の道具にしようとプロパガンダを展開していたのが、サン＝シモン主義者のグループである。サン＝シモン主義者は、一八三二年に組織が崩壊した後も、各人が各方面から鉄道の必要性を訴え続けた。たとえば、第二帝政においてナポレオン三世のブレーンとなった経済学者のミシェル・シュヴァリエは、アメリカの視察報告である『北アメリカ書簡』で鉄道を次のように礼讃している。

それ自身では弱く貧弱な存在にすぎない人類は、機械の助けを借りて、この無限の地球の上に手を広げ、大河の奔流を、荒れ狂う嵐を、海の満ち引きを我がものとする。（中略）人間のこのうえない力を思い知らせてくれるもの、それは鉄道の上で荷物を運ぶために考え出されたあの独特の形の蒸気機関車にほかならない。それはむしろ機械以上のものだ。それはほとんど生き物に近い。まるで腹這いで大地を行く馬のように、走り、駆けぬけていく。（ジャン・ヴァルシュ『ミシェル・シュヴァリエ、サン＝シモン主義経済学者』）

しかしながら、産業分野の各方面に散らばったサン＝シモン主義者たちの懸命の努力にもかかわらず、鉄道に対する認識はなかなか改まらなかった。

認識が変化するのは、一八四〇年に議会で鉄道憲章が制定されてからのことである。この憲章により、幹線鉄道のためのインフラ（敷地の整備、切り通しなどの建設工事）は国家が、レール、駅、機関車、車両などの上物は企業がそれぞれ費用を負担する一種の第三セクター方式が決まり、開発利権の年数が平均四六年と定められた。その結果、パリ～ルーアン鉄道、パリ～オルレアン鉄道がこの年に開通し、鉄道のスピードと巨大な輸送力がだれの目にもあきらかになった。

これによって社会の風潮は一転して鉄道賛美に変わった。株式市場では、鉄道会社の株が空前のブームを巻き起こす。この時代を舞台にした小説には、フローベールの『感情教育』にしろ、バルザックの『娼婦の栄光と悲惨』にしろ、鉄道投機に成功した成金の話が必ず出てくる。

しかしながら、前述のように七月王政下においては、鉄道に対するオート・バンクの対応がいまひとつ腰が引けていたため、循環的な不景気が到来すると、鉄道株は軒並み暴落の危機にさらされた。なかでも一八四七年の株式大暴落と翌年の二月革命は鉄道建設に致命的な打撃を与え、鉄道会社の多くが線路建設の中断に追い込まれた。この状態はルイ＝ナポレオンが登場したあとも続き、第二共和制下では鉄道の建設距離はほとんど伸びてはいなかった。ルイ＝ナポレオンはサン＝シモン主義の影響で強固な鉄道擁護者となっていたが、議会が鉄道建設のための予算措置も立法措置も認めようとはしなかったのである。

鉄道建設ブーム
1852年、産業皇帝ナポレオン三世が鉄道開発利権を99年まで延長すると布告するや、すさまじいまでの鉄道建設ブームが起こった。クレディ・モビリエはこれらの鉄道開発に資金を次々に投入した。[F]

鉄道大投機時代の到来

こうした状況が一変したのは一八五一年一二月二日のクー・デタが起こってからである。とりわけ、ルイ＝ナポレオンが一八五二年の初めに、既設の鉄道会社に対して、開発利権の期間の延長を最高九九年まで認める大統領令を布告したことは、鉄道建設ブームを一気に頂点にまで持っていく結果となった。開発利権の期間が伸びれば、初期投資の償還が容易になるばかりか、社債等の借入金も長期返済が可能になり、資金的余裕が大幅に拡大したからである。

この立法措置によって、フランスは空前絶後とも呼んでいい鉄道投機時代に突入した。既存の鉄道会社が延長工事を企画する一方、地方でも無数の鉄道敷設計画が生まれ、それまで行き場のなかった資金が鉄道投機に殺到した。鉄道株は一八五二年の半ばからは右肩あがりに上昇を続け、製鉄、土木、機械などの鉄道関連株も軒並み上昇した。株式市場の活発化は一八五〇年代を通して続き、おかげで、鉄道会社は潤沢な資金を背景に、その路線をすばらしい勢いで拡大していくことができたのである。

この一八五〇年代の鉄道拡大がどれくらいすさまじいものであったか、それは数字が雄弁に示している。大統領令が発せられた一八五二年、国家が鉄道会社に払い下げた鉄道線路用地の距離数は七四〇〇キロで、実際に鉄道が敷設されたのは三八七〇キロにすぎなかった。ところが、八年後の一八六〇年には、払い下げ距離は一万七〇〇〇キロ、敷設距離は九五〇〇キロに及んでいる。同じく官民の鉄道敷設支出は一八五二年には一四億五〇〇〇万フランを越えなかったものが一八六〇年には四七億二五〇〇万フランに達した。鉄道会社の経常利益は一八五二年に一億二八〇〇万フランだったものが一八六〇年には四億四〇〇〇万フランへと伸びた（数字はジャン・テュラール編『第二帝政事典』による）。

いずれも、三倍増に近い伸びである。一八五〇年代が鉄道の黄金時代と言われる所以である。

一八五二年のクレディ・モビリエ設立は、空前の鉄道投機ブームが到来したにもかかわらず、オート・バンクの腰が相変わらず重く、急速に拡大する資金需要をまかなうベンチャー・キャピタルが不在である状況に応えたものである。ペレール兄弟みずからもミディ鉄道と東部鉄道を経営していたので、ベンチャー・キャピタルの設立は火急を要する問題だった。

クレディ・モビリエが設立されると、果たせるかな、フランス全土の鉄道会社が資金を求めてクレディ・モビリエに殺到した。ペレール兄弟は豊富な資金力にものをいわせて中小の鉄道会社の株券や社債を次々に買い取り、またたくまに、それらを資本系列に組み入れた。その結果、中小の鉄道会社がペレール資本で統合され、西部でも南部でも東部でも、クレディ・モビリエ系列の巨大な独占企業が誕生したのである。

この成功を見て、黙っていられなくなったのがロスチャイルドを始めとするオート・バンクである。

オート・バンクは、当初、鉄道に対するベンチャー・キャピタルに消極的だったにもかかわらず、クレディ・モビリエがすさまじい勢いで全国の鉄道会社を傘下に収めるのを見て、強い危機感を感じ、一八五六年から大規模な巻き返しに転じた。なかでもロスチャイルド銀行は、クレディ・モビリエと真っ向から対決する姿勢を示し、クレディ・モビリエと同じように中小の鉄道会社の買収工作を開始したため、フランスの至るところで、この資本の二大巨人が正面衝突する「鉄道戦争」が始まったのである。

鉄道戦争激化

こうしたロスチャイルドの巻き返しは、政府がこの頃から全国の鉄道会社を六つの系列に合併・統合するという方針を打ち出したことと関係している。すなわち、公共事業大臣となったルエールと建設大臣のフランクヴィルが、不況の到来による中小会社の倒産を恐れ、強力な資本のもとに鉄道を合併・統合するよう行政指導したのである。その結果、一八五二年以後に生まれた鉄道の多くは、北部鉄道（ロスチャイルド系）、東部鉄道（ペレール系）、西部鉄道（一部ペレール系）、PLM［パリ・リヨン・メディテラネ］鉄道（タラボ系）、パリ〜オルレアン鉄道（バルトロニー系）、それにミディ［南仏］鉄道（ペレール系）の六系列に集約整理された。

しかし、そうした整理・統合は、けっしてすんなりと運んだわけではない。とりわけ、ペレール資本とロスチャイルド資本の利害が衝突するところでは、火花を散らすような鍔ぜり合いが演じられた。

資本の二大巨人が初めて正面からぶつかったのは、モルニー公が設立したグラン・サントラル鉄道の買収を巡る一件である。

一八五二年、野に下っていたモルニー公はフランス中央部に広大な鉄道処女地があることに目をつけ、グラン・サントラル鉄道を設立した。この鉄道は、同じ年にペレール兄弟のクレディ・モビリエによって設立されたローヌ・ロワール鉄道と一八五三年に合併し、路線を拡大したが、山がちな土地に鉄道を敷設するための費用がかさみ、利益を出すには至らず、一八五七年にはついに破綻に追い込まれた。

このグラン・サントラル鉄道を合併せんとかねてより狙いをつけていたのがペレール兄弟

率いるミディ鉄道である。というのも、ペレール兄弟は南仏のセートからボルドーへと走っているミディ鉄道をパリへ走る路線と接続させるという野心を抱き、ボルドーまで伸びたパリ〜オルレアン鉄道とリヨン〜メディテラネ鉄道（後のPLM）の路線の中間地帯に割り込むことを考えていたからである。グラン・サントラル鉄道とローヌ・ロワール鉄道との合併を承知したのもそのためだった。

したがって、一八五七年にグラン・サントラル鉄道が破綻したとき、ミディ鉄道との合併が最も順当な選択に思われた。

ところが、そこに、パリ〜オルレアン鉄道とリヨン〜メディテラネ鉄道が割って入り、グ

東部鉄道の沿線アルバム
ペレール兄弟のクレディ・モビリエ・グループとロスチャイルド系グループの間で壮絶な鉄道戦争が勃発。鉄道各社は、自社株販売のために、沿線の見所を描いた絵入りのアルバムを発行した。[F]

ラン・サントラル鉄道の路線を、それぞれ分割して継承するという意向を示したのである。ミディ鉄道がグラン・サントラル鉄道と接続したら、フランス南部を縦断する第三の幹線の誕生ということになる。これを恐れたフランソワ・バルトロニー（パリ～オルレアン鉄道）とポーラン・タラボ（リヨン～メディテラネ鉄道）が、ロスチャイルドの資本のもとに連合を組み、打って一丸となってペレール兄弟と対抗するという手段に出たのである。

タラボとバルトロニーは、ロスチャイルドを介して、公共事業大臣のルエールに食い込み、ついに、ペレール兄弟を押しのけて、グラン・サントラル鉄道の利権を継承することに成功した。

こうして、ペレール兄弟とロスチャイルド・タラボ・バルトロニー連合軍の対決は、ひとまずロスチャイルド連合軍に軍配が上がったが、因縁の対決は、政・官・財を巻き込むかたちで一八六〇年に再燃した。

きっかけは、ペレール兄弟のミディ鉄道が路線をセートから海岸沿いにマルセイユまで延長することを目論んで、一八六〇年に路線利権の払い下げを国に要請したことに始まる。

ペレール兄弟はカマルグ湿原の開発を狙うグループ、ロワール炭田の企業、それにローヌ川の河川企業などの後押しを受け、ナポレオン三世ブレーンのミシェル・シュヴァリエや皇帝周辺に払い下げを陳情した。これに対して、マルセイユを牙城とするＰＬＭ鉄道のタラボ一族は、グラン・コンブ炭鉱、バルトロニー（パリ～オルレアン鉄道）、それにロスチャイルドの支援を得て、セート～マルセイユ線利権の払い下げ阻止に立ち上がった。タラボ一族は、建設大臣のフランクヴィルと公共事業大臣のルエールに働きかけた。

戦いはどちらも、一歩も引かずに決着がつかなかったため、一八六三年、ナポレオン三世みずからが裁定に乗り出し、払い下げを却下した。ペレール兄弟は再びロスチャイルドの軍門に下ったのである。

このように、一八五〇年代の後半から一八六七年まで、フランス全土、いやヨーロッパ全域にわたって、ペレール兄弟とロスチャイルドの鉄道戦争は政・官・財を巻き込んで何度も繰り返され、そのたびに工作資金が乱れ飛び、かつてないような金まみれの時代が出現したのである。

両者は最後まで互角の戦いを続けたが、強いて言うならば、一八五〇年代はペレール兄弟優勢、一八六〇年代はロスチャイルド優勢と見ることができる。これは、ゼロからスタートしたクレディ・モビリエが事業のたびに資金をかき集めなければならなかったのに対し、老舗のロスチャイルドは常に資金的に余裕があったことに起因している。この差は、一八六七年に展開した両者の金融ハルマゲドンにおいても現れ、結局、ペレール兄弟の命取りとなるのである。

ただ、こうした鉄道戦争は汚職や買収などの悪い面ももたらしはしたが、反面、競争による切磋琢磨がフランス社会に活気を与え、国土の隅々にまで鉄道を行き渡らせるというプラスの効果も生み出した。

ロスチャイルドや他のオート・バンクもペレール兄弟に売られた喧嘩を買っているうち

に、いつしかペレール兄弟の手法を取り入れ、ベンチャー・キャピタル、ベンチャー・ビジネスに乗り出すことを余儀なくされた。

この意味で、ペレール兄弟とクレディ・モビリエがフランス社会に与えた影響は思ったよりもはるかに大きかったと結論せざるをえないのである。

2　金融戦争勃発

全面戦争へ

ペレール兄弟が仕掛けた喧嘩をロスチャイルドが買って出るというかたちで始まったギガントマシー（巨人同士の戦い）は、鉄道ばかりか、フランス経済のあらゆる分野に広まったが、やがて、それは、マネー流通の下流ではなく上流、すなわち金融システムそのものを巡る戦いにまで発展した。ひとことでいえば、初め、鉄道戦争という局地戦だったものが、最後には金融戦争という全面戦争にまで行き着いたのである。

両者が、金融システムの面で最初に戦火を交えたのは一八五三年のことである。といっても、このときには、ロスチャイルドが直接乗り出してきたわけではない。間接的に政府筋を動かすという方法で影響力を行使したのである。

一八五三年の三月から六月にかけて、クレディ・モビリエは、その約款にもあったとおり、資金調達の方法として、短期（四五日と九〇日）の社債発行（年利三パーセント）を試みた。ところが、大蔵省はこれに拒否権を発動し、社債の発行を取りやめさせたのである。

この拒否権の発動は、一八五二年のクレディ・モビリエの発足のさい、ジャム・ド・ロートシルト（ジェイムズ・ロスチャイルド）が、社債の無限発行権をクレディ・モビリエに与えることは発券銀行をフランス銀行のほかにもう一つ創るようなものだと、オート・バンクを代表して強硬に反対したことと関係している。ナポレオン三世と内務大臣のペルシニーは、一刻も早くベンチャー・キャピタルをつくりたかったので、ロスチャイルドを筆頭とするオート・バンクの要求に多少の譲歩をするかたちで、クレディ・モビリエが社債を発行するに当たっては大蔵省の認可を必要とするという一条を約款に入れさせたのだが、これが後

証券取引所

ペレール系とロスチャイルド系のギガントマシー（巨人同士の戦い）は鉄道から金融へと飛び火。金融システムの覇権を巡って激しい戦いが繰り広げられた。その主戦場となったパリ証券取引所。[V]

に、大きな問題を引き起こすとは予想だにしなかったのである。

その点では、ペレール兄弟も同じで、いかにも読みが甘かった。彼らは、その時点の政治情勢だけが頭にあったので、権力は自分に永遠に味方してくれるものと信じ、この条件をクリアーすることは容易であると踏んだのである。

いっぽう、ロスチャイルドは、たった一本のこの楔の効果をかなり確信していたのではないだろうか？　なぜなら、長年、フランスの財政を裏から牛耳ってきたロスチャイルドは、政府の許認可など、自分の意志しだいでどうにでもなることを知っていたからである。事実、一八五三年にクレディ・モビリエが社債の発行を願い出たとき、ロスチャイルドは大蔵省に強力な働きかけを行って、許可を下させないようにした。

そこで、ペレール兄弟はしかたなく、この年の暮れに第二期の株主募集に踏み切り、必要な資金を調達したが、一八五四年には、預金残高のほうが一億三〇〇〇万フランにまで達していたので、資金的余裕は十分にあり、ベンチャー金融のための投資に足かせをはめられるようなことはなかった。クレディ・モビリエは前節に列挙したような全産業分野のベンチャー企業に資金を投資することができたばかりか、その投資効果も抜群で、巨額の配当や利息を手にいれることができた。その結果、発足から数年は高配当が続き、一八五六年には、額面五〇〇フランの株券に対して、配当金額はなんと二〇〇フランに達した。じつに四〇パーセントの配当率である。

それゆえ、もしペレール兄弟が「普通の銀行家」だったら、当分はこれだけの投資活動で十分満足していただろう。だが、サン＝シモン主義者という出自をもつ彼らは、資本主義社会に対する一つのビジョンをもっていたので、どれほどの利益があがろうとも、決して自足ということを知らなかった。そして、そのことが、オート・バンクとの全面戦争を引き起こすことになるのである。

クレディ・モビリエの社債の革命性

ロスチャイルドを始めとするオート・バンクの神経をとがらせたのは、クレディ・モビリエが自分たちの領分を侵食するという点ばかりではなかった。じつは、クレディ・モビリエの発行する社債というものが、従来の社債とはまったく性質を異にする、ある種の革命的な様相を帯びていたことが、彼らの神経を逆なでしたのである。

では、クレディ・モビリエの社債のどこが革命的だったのだろうか？

それは、クレディ・モビリエの社債が、不安定な信用を安定した信用へと変える濾過器の役割を果たすオムニウム（あらゆる経済活動を行う企業を持ち株によって間接的に総合支配する総合特殊会社）、いま風な言葉ならコングロマリット（複合企業）とファンド・トラスト（投資信託）を合わせたような組織を生み出す可能性を秘めていたからである。ロベール・ビゴは『十九世紀におけるフランスの銀行』の中でこう指摘している。

ペレール兄弟が実現しようとしたのは、預金者や投資家からかき集めた資金を、ペレール兄弟が支援の価値ありと判断した企業に向かわせる巨大なオムニウムであった。ペレール兄弟はいう。大規模な企業の設立が企てられても、小金をためている人たちは情報がないので、信用を与えることができない。しかるに、クレディ・モビリエは、企業の信用に対する調査と判断のための強力な機関をもっているので、企業の発行する株式の代わりに、自らが責任を持って元利を保証する社債を顧客に与えることができる。そして、ひとたび当該企業がしっかりと確立されたなら、格付けされて配当もついたその株式は、顧客にプレミア付きで譲渡されうるのである。

つまり、ここでいっているのは、ファンド・トラストの基本的な原理である。すなわち、小金をためた投資家たちは、それぞれ信用状態の確かでない企業の株式を顧客が直接購入する代わりに、クレディ・モビリエの発行する元利保証の社債を購入するというかたちで投資を行う。この投資にリスクが少ないのは、クレディ・モビリエはその信用調査力をフルに生かしてその企業の状態をチェックすることができるので、これはと見込んだ企業の株式を選択して購入する能力があるからだ。もちろん、その資金としては社債という形式で集めた資金を使うが、クレディ・モビリエは他にも資金は豊富にもっているから、たとえ、部分的に投資に失敗しても、その穴は埋めることができ、社債を償還できないということはない。いいかえれば、クレディ・モビリエの信用調査力と将来性への判断力、それに基礎的な資本力によって、顧客が個々に投資を行うリスクに対して、ヘッジ（保証の生け垣）を建てることができるというわけだ。

これは、いわば通常銀行が社債の発行という形式で投資信託銀行を兼ねるようなもので、今日では、それほどに革命的なものとも突飛なものともいえないかもしれない。しかし、銀行が信用の確かでない企業の株式や社債を購入するというベンチャー金融が未発達だった当時においては、きわめて大きな革命性をもっていた。そして、このアイディアこそが、ペレール兄弟の出自であるサン＝シモン主義のものだったのである。

ペレール兄弟の事業はすみずみにまでサン＝シモン主義が浸透していた。まず、非生産的な資本を中央の組織に一元化する。次に、特別の審査機構によってそれぞれの企業家に与えられた評価にしたがってその企業に信用（貸金）が付与される。これは、個々別々でそれぞれ孤立しているがゆえに不安定な無数の企業家の信用を、社会的に名の通った銀行の信用へと置き換えてしまうことを意味する。そしてそのすべてがアンファンタンとその弟子が繰り返し語っていた理論に基づいているのだ。（ビゴ同書）

オート・バンクの危機感

では、このサン＝シモン主義的なペレールのアイディアのどこが、オート・バンクには危険と映ったかといえば、それは大きく二点に要約される。

一つは、前節でも触れたように、ペレール兄弟が社債を利子付きの紙幣のようなものと理解していたため、発券銀行であるフランス銀行を支えるオート・バンクが不安に駆られたことにある。ペレール兄弟は一八五三年の財務報告書で次のように書いている。

クレディ・モビリエの最も重要な機能の一つは、時機が熟すれば、日歩利子付きの社債を発行することにある。この社債は、銀行券の性格と定額利子付き有価証券の性格を合わせ持っている。つまり短期で償還可能である一方、国債と株券や社債のように長期で償却することも可能である。それは、人が額面記載の金額の手形として流通させることもできるし、また、人がそれに付けられた利子（すなわち信用の最も見事な具体例）を現金化することもできる。なにしろ、それは毎日、いつでも決済できるという形式と利便性をもっているからである。（中略）ようするに、銀行券のかたわらには、われわれの社債が満たすべき空席が残されているのである。（ベルナール・ジル『十九世紀フランスの銀行』に引用）

このペレール兄弟の社債理解には、ポーズが『金銭とその制度』で指摘したところでは、明らかな誤解がある。社債はたとえ日払いの利子がついていても、硬貨や紙幣には転換されることはあり得ないし、そのようには流通もしないのである。

もっとも、結局のところ、ついにクレディ・モビリエは社債を発行することができなかったから、それがどのような混乱を与えたかは計測不可能だが、それでも、この利付き社債のアイディアは発券銀行を怯えさせるに十分なものがあった。

とはいえ、オート・バンクが本当に脅威に感じたのは、もし、この社債が発行可能になったら、その資金力にものいわせて、クレディ・モビリエが必然的にオムニウムに変身するのではないかということである。そして、オムニウムとなったら、フランスの全領域の産業がクレディ・モビリエの傘下に組み入れられ、巨大な独占資本が誕生することになる。

その経路は次のようなものだ。

オムニウムとなるには、なによりもまずファンドの量的拡大を必要とする。それは、ファンドを安定させるには、投資先のリスクが分散されていなければならないからである。少ない資金で投資すれば、リスクのヘッジを建てることはむずかしいが、さまざまな分野の企業を含めたポート・フォリオをつくっておけば、その分、ヘッジは建てやすくなる。そして、リスクは、投資先の数が多ければ多いだけ少なくなる。

だが、その場合、同じ産業分野で複数の企業に投資することは非能率的であり、できるなら同種企業は合併・統合されることが望ましい。とりわけ、設備投資に巨額の資金を要する重厚長大型の産業についてはこれがいえる。

クレディ・モビリエは、この原理を応用して、ありとあらゆる産業分野に投資を行ったが、その結果、資本の系列化、統合が進み、巨大なオムニウムが誕生することになる。これは、オート・バンクにとって、大きな脅威と映った。

ジャム・ド・ロートシルトが、クレディ・モビリエを認可すれば、フランス経済の大部分が片端から次々にクレディ・モビリエの影響下に入っていくだろうと予言したことはおそらく間違っていなかった。実際に合併・統合が実現したことは、クレディ・モビリエがこの作戦を断固たる決意を持って実行したこと、そして、いざとなれば、どの企業も、多少の抵抗はあるにしても、みなクレディ・モビリエの軌道の中に、唯々諾々と組み入れられていくことを示していた。(ジル同書)

だが、それでも、こうしたクレディ・モビリエのオムニウム化が国内にとどまっているうちは、まだオート・バンクとしてもそれほど焦らずにいることができた。オート・バンクによる企業の系列化もある程度は進んでいたからである。

しかし、クレディ・モビリエが、オムニウムというその本質からして必然的により大きなスケール・メリットを求めて外国にその活動を展開し、外国に支店を出したり、その国の銀行を系列においたりするようになると、オート・バンクも、大きな危機感を抱かざるをえなかった。なぜなら、そうなってしまったら、たんに資本の独占が起きるだけではなく、経済のシステムそのものが根源的に変わってしまうからである。

もし、ペレール兄弟の処方した経済政策を徹底的に遂行するならば、遅かれ早かれ、フランスのみならず、ヨーロッパ全体の規模で、経済と産業のあらゆる分野における事実上の独占が起こる。おそらく、ペレール兄弟の心の中では、一つの経済グループないしは一つの国家による支配が問題なのではなく、論理的な組織化こそが問題だったのだろう。すなわち、資本主義的構造の進化という究極の結末である。(同書)

ロスチャイルドなどのオート・バンクが本能的に恐怖したのはこの点だろう。すなわち、クレディ・モビリエによって、サン＝シモンが夢見た金融・産業ユートピアが実現し、資本主義的構造が進化したら、保守的な富裕層に基礎を置く自分たちの銀行の出番は完全になくなってしまうからである。

ここにおいて、オート・バンクは全面的な反攻に打ってでることを決意する。

クレディ・モビリエ追い落とし作戦

一八五五年、パリで初めて万国博覧会が開かれ、民衆たちがその熱狂に取り付かれようとしているとき、金融界では、オート・バンクの首脳らが鳩首協議してクレディ・モビリエ追い落とし作戦を練っていた。それというのも、この前年、内務大臣としてクレディ・モビリエをバックアップしていたペルシニーが、劇場の管轄争いでライバルの国務大臣アシル・フールトに敗れ、スイス大使に左遷されるという事件が起き、政府内部にクレディ・モビリエの強力な支持者がいなくなっていたからである。ペルシニーはこの年、英国大使となって、いちおう政界に返り咲いたかたちとなっていたが、経済の面で彼の影響力が払拭されたことに変わりなかった。

皇帝の信用を勝ち得ている政府の人間たち全員が、ペルシニーのようにペレール兄弟に対して共感を抱いていたわけではない。それに、ロスチャイルド家は体制が安定して以来、政府と和解し、有力者たちと和平を結び始めていた。おまけに、ペルシニーは英国大使として赴任しパリを不在にしている。ペレール兄弟の成功を、その源までさかのぼって切り崩す道は残されているのだ。つまり、彼らが政府から得ているものを攻撃できる可能性が出てきたわけだ。(ロンド・カムロン『フランスとヨーロッパの経済発展――一八〇〇〜一九一四』)

ロスチャイルド一党が狙いを定めたのは、ペレール兄弟の泣き所、すなわちクレディ・モビリエの資金調達の道を封じることである。そのためには、クレディ・モビリエが申請した社債発行の認可を絶対に阻止しなければならない。この決定は、政府筋、とりわけ、大蔵省に必要な働きかけを行うことによって実行に移され、一八五五年の暮れ、クレディ・モビリエの社債発行は一八五三年に続いて却下された。

オート・バンクの反撃はそれだけにとどまらなかった。オーストリアでクレディ・モビリエの支店開設を阻止すると、スペイン、ポルトガル、イタリア(ピエモンテ)でも、クレディ・モビリエが独占していた金融市場に割り込むことに成功する。

PLM鉄道のポスター
サン=シモン主義者の本流に属するポーラン・タラボは離教派のペレール兄弟に敵愾心を燃やし、サン=シモン主義教会の父アンファンタンを最高顧問に迎えてPLM鉄道を創設。ロスチャイルド系と組んで反ペレール系の金融連合を結成した。[F]

さらに、オート・バンクは敵陣に乗り込むための秘密兵器を作り始める。一八五六年早々に、ロスチャイルドを頭とするオート・バンク数行が、クレディ・モビリエとそっくりのベンチャー・キャピタルを設立するために、レユニオン・フィナンシエール（金融連合）という銀行シンジケートを結成したのである。

そのメンバーの中には、当然ながらロスチャイルド家とロスチャイルド銀行の二人の頭取。それに、イギリス系とスイス系の二つのプロテスタント系銀行。七月王政の時代にはロスチャイルドのライバルで、いまはオルレアン鉄道やPLM鉄道にかかわっている銀行家のバルトロニーなどの名前が見える。

しかし、一番の注目株は、PLM鉄道総裁のポーラン・タラボである。なぜなら、ポーラン・タラボもまたれっきとしたサン＝シモン主義者であり、サン＝シモン主義教会の父《ペール》であったプロスペル・アンファンタンの忠実な信徒であったからだ。タラボは、PLMを設立するとき、アンファンタンを最高顧問として迎え、鉄道こそが社会革命の根幹であるという師の主張を実践に移していた。

そのタラボが反クレディ・モビリエ陣営が大同団結したレユニオン・フィナンシエールに参加したということは、彼がアンファンタン派の正統派サン＝シモン主義者として、離教派のサン＝シモン主義者のペレール兄弟とはっきりと対決姿勢を示したということを意味していた。つまり、このレユニオン・フィナンシエールの結成は、たんにロスチャイルドvs.ペレール兄弟という対戦だけではなく、その裏には、サン＝シモン主義者同士の因縁の対決という側面も含んでいたのである。

では、レユニオン・フィナンシエールの結成という反攻の狼煙を目にして、ペレール兄弟はただ指をくわえてこれを見つめていただけなのだろうか？

そんなはずはない。ペレール兄弟もまた、ただちに反撃を開始したのである。

かくして、金融戦争は一八五六年から第二の局面を迎えることとなる。

3　拡大する金融戦争

ヨーロッパ全域へ

ペレール兄弟率いるクレディ・モビリエとロスチャイルドを中心とするオート・バンク連合の角逐が全面的な金融戦争に発展したのは一八五六年のことである。

前年の暮れに社債の発行を阻止されたペレール兄弟は、この年の初めに対抗ベンチャー・キャピタルを目指すレユニオン・フィナンシエールがロスチャイルド主導で結成されるのを見ると、猛烈な敵愾心を燃やし、反攻に打って出ることを決意する。

ペレール兄弟は考えた。戦域をフランスに限定している限り、ロスチャイルドの打ち込んだ政府の認可というクサビによって、資金調達という弱点は解消しない。すなわち、社債の発行も増資も不可能である。だが、そのことは、政府の認可のいらない地域、すなわち、フランス以外の国、たとえばスペインやオランダ、ドイツの諸連邦などの国ならば、資金調達はいくらでも可能であることを意味する。それどころか、こうした国々にクレディ・モビリエ型の銀行を次々に設立していけば、それだけで資金調達力は飛躍的に拡大する。

より広い範囲での一元化というアイディアが自然にペレール兄弟の頭にひらめいた。彼らは、そればかりか、そのアイディアの中に、国家間の財政的関係を支配しているオート・

バンクの伝統的な構造を突き崩す方法を見いだしたのである。（ベルナール・ジル『十九世紀フランスの銀行』）

このヨーロッパ全域にクレディ・モビリエを創設するというアイディアは、またペレール兄弟が抱くサン＝シモン主義的な金融ユートピアの理想にもかなったものだった。ベルナール・ジルは、ペレール兄弟が、こうしたヨーロッパ規模の金融機関を創設することでどのような結果を目論んでいたのかを次のように要約している。

――ヨーロッパのさまざまな国に散らばり、おそらくは無駄に埋もれている利用可能資金を大きな中心的金融機関に集める。

――そうして集めた資金が最も有効であるがゆえに最も実りある用途に直接的に振り向けられる。

――すべての金融市場で利率が低下し、調整される。

――クレジット・ペイパーが生まれ、それがヨーロッパ中に循環する。

――現在、ヨーロッパ内部で信用関係を、築きがたく、緩慢に、そして高くつくものにしている障壁の大部分を段階的に消滅させる。

――将来的に、クレジットとマネーが一つのものとなり、今日、どの国でも産業人と経済人が抱えている最も困難な問題が解決されるだろう。

ようするに、ペレール兄弟は、今日、ヨーロッパがユーロ統合によって実現しようとしていることを一五〇年前に予感し、それをクレディ・モビリエの拡大によって現実化しようとしたわけである。

ペレール兄弟のこの試みは、スペインでは大成功を収めた。スペイン政府が積極的に後押しして、クレディ・モビリエ型のベンチャー・キャピタルの設立を奨励したおかげで、一八五六年に一挙に四つの組織が誕生したからである。ルクセンブルクでもドイツのダルムシュタットでもペレール兄弟の肝入りで国際ベンチャー・キャピタルが生まれた。

角逐の激化

しかし、こうしたヨーロッパ全域への拡大政策は、ロスチャイルドとレユニオン・フィナンシエールの強い反発を招かざるをえなかった。彼らは、オーストリアで、ペレール兄弟の機先を制してクレディ・モビリエ型のクレディ・アンシュタットを設立したのを皮切りに、ベルギーでもイタリアでも、ロシアでもペレール兄弟の進出をくいとめるのに成功した。おりから、グラン・サントラル鉄道買収問題でも角逐が激しくなっていたこともあり、彼らがマスコミと政府関係者を総動員して行った反ペレール、反クレディ・モビリエのキャンペーンは激烈をきわめた。

これには、さすがのペレール兄弟もたまりかねて、ナポレオン三世に直訴状を送って、次のように窮状を訴えた。

今日、私たち及びクレディ・モビリエに対して、まるで競い合うようにして向けられている嫉妬はすべてを麻痺状態にしてしまっています。（中略）パリの大部分の新聞、それに外国の新聞の特派員は明らかに、一つの命令にしたがっています。それは、クレディ・モビリエばかりでなく、クレディ・モビリエが創設以来保護して来たすべての事業に対する一斉攻撃であり、ウソと誹謗の大合唱です。（中略）陛下に申し上げます、陛下の帝国において、非難と誹謗が頭をあげて歩くことができるようにしてはなりません。いま、陛下にお聞かせいたしましたのは、堪えに堪えたすえに発せられた憤りの叫びなのです。（ジル同書に引用）

文面からだけでも、いかにペレール兄弟の戦線拡大に対するロスチャイルド連合の巻き返しが激しかったかを知ることができる。ロスチャイルド連合の反撃は、マスコミを使っての反ペレール・キャンペーンだけで終わらなかった。ジャム・ド・ロートシルトは一八五六年三月八日にレユニオン・フィナンシエールのメンバーを集めると、鉄道資金融資を主たる目的とするクレディ・モビリエ型のベンチャー・キャピタルの創設計画を打ち明けた。当局も好意的で、計画はすぐにでも実現するかに見えた。

だが、クレディ・モビリエも負けてはいなかった。マスコミを使ってこの第二クレディ・モビリエに対する反論を煽り、同時に当局者にも働きかけを行った。

アラン・プレシスはこうした両者の壮絶な戦いを『新現代フランス史——帝国の祭典から連盟兵の処刑の壁まで』の中でこう描いている。

クレディ・モビリエは反撃を開始し、全ヨーロッパにおいて、そのライバルたち、とりわけロスチャイルドとの叙事詩的ともいえる戦いを続けた。それは巨人同士の決闘だった。一方の巨人は「ロスチャイルドという、堅固な金融思想の持主である着実で手堅い銀行家、すなわち鉄道などというものは有利な投資を行って利鞘を稼ぐ手段としてしか見ていない銀行家」、もう一方の巨人は「レールの果てにより良き社会を夢見るロマンチックな企業家」だった。

両者がガップリ四つに組んで動かないのを見たレユニオン・フィナンシエールの一部には、このギガントマシーが経済全体に悪い結果をもたらすのではないかと心配するむきも現れ、両者の融和を図るためにも、第二クレディ・モビリエは両者の共同出資にすべきだという意見が主張されはじめた。ＰＬＭのバルトロニーやタラボらも、事態の収拾をはかろうと、銀行の性質を商業手形割引銀行に変更するという条件で大蔵大臣の出馬を要請したが、大蔵大臣と面会したジャム・ド・ロートシルトは、レユニオン・フィナンシエールがクレデイ・モビリエと利害を分け合うことは絶対にありえないと融和のアイディアをはねつけた。その結果、新しい商工業銀行設立の件は、結局、国務院の裁定に委ねられることとなる。

一八五六年一二月、国務院は、商業手形の割引業務なら既存のコントワール・デスコントの増資で事足りるとして、不認可の裁定を下した。クレディ・モビリエの反撃が功を奏したかたちになったのである。

第三勢力の登場と「ソシエテ・ジェネラル」の誕生

自陣営の足並みの乱れに嫌気がさしたのか、ジャム・ド・ロートシルトは裁定が出た後、レユニオン・フィナンシエールのグループから離れ、いったん第二クレディ・モビリエ設立計画からは手を引く。

しかし、不景気による鉄道資金の逼迫を日々感じていたPLMのバルトロニーやタラボらは、なおも新しい商工業銀行の設立を諦めず、グラッドストーンやドノンなどのイギリスの銀行家と交渉を重ね、さらにモルニー公、及びアンファンタンを信奉するリヨンの銀行家アルレス＝デュフールを仲間に引き込んで、一八五七年に国際商工業銀行《クレディ・アンデュストリエル・エ・コメルシアン》（CIC）の設立を願い出て、二年後の一八五九年一月についに認可を得る。

とはいえ、国際金融家の連合体として設立されたCICは、手形割引を業務とするイギリス型の国際商業銀行という性質を前面に押し出していたので、ベンチャー・キャピタル機能は少なく、クレディ・モビリエを脅かすには至らなかった。それに、ロスチャイルドが途中でレユニオン・フィナンシエールから抜けたこともあって、ＣＩＣは、ペレール兄弟とロスチャイルドの二大勢力の中間を行く第三勢力的な様相を強めた。

また、一八六〇年を挟んだ数年は、循環的な景気後退に見舞われてフランス国内の金融活動が不活発になったため、ペレール兄弟とロスチャイルド連合軍の金融戦争も、主に外国を戦場として一進一退の局地戦が繰り返された。

ところが、一八六二年に起こったサヴォワ銀行の処理を巡って、両者は再び、フランス国内で正面激突することになるのである。

一八六〇年、フランスとスイス国境にあったサヴォワ公国はフランスに合併されることとなったが、そのサヴォワ公国の発券銀行であったサヴォワ銀行の処理を大蔵大臣のルエールから一任されたペレール兄弟は、またとないグッド・アイディアを思いつく。すなわち、サヴォワ銀行をまるごと買収すれば発券機能も一緒についてくることを知った彼らは、銀行の資本を一〇倍に増資することで、クレディ・モビリエの社債に託した夢、つまり、フランス銀行と対立する第二発券銀行設立の夢を実現しようとしたのである。

これに対し、発券機能を持つ銀行がペレール兄弟の手に落ちるという事態の重大さにようやく気づいたロスチャイルド陣営はマスコミを動員して一気に巻き返しに出た。

両者の論争はすぐに原理的な様相を帯び始め、サヴォワ銀行の問題はたんなる口実と化した。論戦は続き、陰謀が数を増して皇帝の周辺にまで及んだ。一八六四年の五月、ルエールは裁定を下し、サヴォワ銀行とペレール兄弟との間に結ばれた契約は永遠に実行されないものとした。(ベルナール・ジル『十九世紀フランスの銀行』)

今度は、ペレール兄弟がロスチャイルド陣営の前で一敗地にまみれたのである。

このサヴォワ銀行事件と並行するかたちで、一八六三年から翌年にかけて、フランスの金融界を喧々囂々の騒ぎに巻き込んでいたのが、ソシエテ・ジェネラルの設立計画である。これは明らかに、一八五六年にいったんは挫折した対抗ベンチャー・キャピタルの構想をロスチャイルドが蒸し返したもので、その背景には、ペレール兄弟追い落としの機会が到来するのをじっと待っていたロスチャイルドの深慮遠謀がうかがえる。

ロスチャイルドが勝負に出た背景として、まず当時の経済状況の変化をあげることができる。

ナポレオン三世の第二のクー・デタと言われた一八六〇年の英仏通商条約の成立により、一時的な不況に陥ったフランスの産業界は、イギリスから安価な原材料が流れ込んだこともあって競争力を取り戻し、一八六二年からは輸出型にシフトした。ところが、そんな折も折、アメリカの南北戦争が勃発し、綿花の輸入が途絶えて、綿花価格は三倍に高騰した。そればかりか、アメリカという輸出先を失ったため、フランスの貿易収支のバランスは大きく崩れ、輸出依存型に変化していたフランスの産業界は大きな痛手を被ったのである。

国内の不況を乗り切るには輸出をさらに拡大するほかないが、外貨の減少でマネー・サプライが低下しているので、輸出品を生産するための資金が枯渇しているのである。ひとことでいえば、輸出依存型に変化した産業界を支えるために、クレディ・モビリエ型の新しいベンチャー・キャピタルがいまこそ必要になったのだ。

ソシエテ・ジェネラルはこのような背景から誕生したものと思われる。ただ、それにしては不可解なのは、レユニオン・フィナンシエールの構成メンバーの多く、とりわけバルトローニーやタラボといったPLM系銀行家がソシエテ・ジェネラルの設立メンバーに顔をそろえているにもかかわらず、肝心のロスチャイルドの名前が見当たらないことである。おそらく、ロスチャイルドは一八五六年の対抗ベンチャー・キャピタルの失敗に懲りて、自分は前

ソシエテ・ジェネラル銀行

クレディ・モビリエに対抗するため、ロスチャイルドは、同型のベンチャー金融の設立を画策。反ペレール派のサン=シモン主義者たちを糾合し、自らは黒子に徹してソシエテ・ジェネラル銀行を設立した。オスマン大通りにいまもあるソシエテ・ジェネラル本店。[O]

クレディ・リヨネ銀行

1863年の銀行法の改正で、クレディ・モビリエ型の銀行が続々と誕生した。クレディ・リヨネ銀行もその一つ。クレディ・リヨネは預金集めに優れ、次第にクレディ・モビリエの領域を侵食していった。[O]

面に出ずに、背後からベンチャー・キャピタルを操作しようとしたにちがいない。

いずれにしても、一八六三年の銀行法の改正で、ソシエテ・ジェネラルを始めとしてクレディ・リヨネ、バンク・デ・ペイバ、バンク・ド・パリなどの新しいタイプの銀行が続々と誕生した結果を見れば、それがロスチャイルドの描いた戦略の一環であったことを知ることができる。すなわち、これらの新型銀行は、預金集めの分野でも、投資の分野でも、明らかにクレディ・モビリエの独占を破り、その市場を侵食し始めたのである。

これらの銀行の特色は定期預金や当座口座の開設、小切手帳の発行などの工夫によって顧客の信頼と預金を獲得し、またたくまに支店を全国に広げていったことにある。また、集めた預金の投資や貸し出しにおいても、その大胆さはクレディ・モビリエを凌ぐものがあった。

しかし、考えてみればこれは当然のことで、新型銀行の役員にアンファンタン直系のサン＝シモン主義者が名を連ねていた事実からも明らかなように、その理想とするところはクレディ・モビリエと同じサン＝シモン主義的金融ユートピアなのである。

ひとことで言えば、ロスチャイルドは毒をもって毒を制するの伝で、サン＝シモン主義者のクレディ・モビリエを打倒するためにもう片方のサン＝シモン主義者の力と方法を活用したのである。誤算は、一時的な便法であったはずのソシエテ・ジェネラルやクレディ・リヨネなど預金・信用銀行がその後も生き延びたことにある。さすがのロスチャイルドも、金融の将来が小口の預金者と小口のローンにあることは見抜けなかったようである。

クレディ・モビリエの崩壊

それはさておき、方法や理念を同じくするこうしたライバル金融の登場は、クレディ・モビリエにとって大きな脅威となった。というのも、クレディ・モビリエは、民間の休眠資金を吸い上げる競争において、さまざまに工夫を凝らす新型の銀行に遅れを取ったこともあって、徐々に資金が枯渇しはじめたからである。

しかし、だからといって、ベンチャー・キャピタルの看板を降ろすわけにはいかない。なかでも、ソシエテ・イモビリエール（クレディ・モビリエの子会社だったコンパニ・イモビリエール・ド・パリがソシエテ・デ・ポール・ド・マルセイユを合併して一八六三年に生まれた不動産会社）にはクレディ・モビリエの資本金をはるかに越える七五〇〇万フランという巨額の資金が投入されていた。スエズ運河の開通を見越したペレール兄弟がマルセイユはリヴァプールと並ぶ大きな港となると予想し、大規模再開発のためにマルセイユの土地を買いあさったためである。彼らはクレディ・モビリエの資金のほとんどをソシエテ・イモビリエールにつぎこんだ。

ところが、思惑は見事に外れた。一八六六年に襲った不動産不況で、再開発した土地は完全な塩漬けとなって残されたからである。ソシエテ・イモビリエールが倒れれば、クレディ・モビリエも倒産することは火を見るよりも明らかである。

考え得る手段は一つだけ。大幅な増資である。一八六六年ペレール兄弟は政府を説得して倍額増資の許可を取り付けると、株主には真相を明かさぬまま増資を強行し、得た資金をすべてソシエテ・イモビリエールにつぎ込んだ。だが、それでも不良債権は解消されず、やがて増資の真相が証券市場に漏れ、株価は最高値の一〇分の一に暴落した。

一八六七年四月、クレディ・モビリエとソシエテ・イモビリエールは破産の瀬戸際まで追い込まれた。背に腹は代えられなくなったペレール兄弟は、敵の軍門に下るのを承知で、大蔵大臣ルエールに泣きつき、フランス銀行から七五〇〇万フランを融資してくれるよう願い出た。ルエールは融資を拒否して倒産を放置すれば、金融パニックが起こるのは必至と見て、フランス銀行幹部の説得に動いたが、クレディ・モビリエに対する積年の恨みを晴らす絶好の機会と見たフランス銀行の幹部たちは、急激な処理の回避という点では同意したものの、融資金額は半分以下、それも、ペレール兄弟とクレディ・モビリエの経営陣の個人資産を担保に取るという厳しい条件をつきつけた。融資は最終的に二五〇〇万フランに止まった。

一八六七年九月、ペレール兄弟は二つの会社の代表取締役を辞任し、その地位をフランス銀行からの派遣役員に譲った。こうして、第二帝政を通じて続けられたペレール兄弟とロスチャイルドとのギガントマシーは、理想主義者ペレール兄弟の決定的敗北というかたちで終わりを告げたのである。

4　パリ大改造に着手

パリ大改造に対する執念

ここのところ、ペレール兄弟の業績にページを費やすことが多く、肝心のナポレオン三世への言及がおろそかになってしまった。ペレール兄弟に関しては、本節から数節にわたって取り上げていくパリ大改造の資金調達のところで触れることにして、記述の中心をふたたびナポレオン三世に戻そう。

一八五一年一二月二日にクー・デタが成功したとき、彼の胸には一つの期待が充満していたにちがいない。すなわち、「これでやっと、パリの大改造に着手できる」という思いである。パリ大改造に対するルイ＝ナポレオンの執念は、一八四八年の一二月に大統領に当選した時点から、すでに誰の目にも明らかになっていた。

この年の一二月二〇日、大統領への宣誓式がエリゼ宮で行われたが、そのとき、新たにセーヌ県知事に任命されたベルジェは、ルイ＝ナポレオンに執務室に呼ばれた。ベルジェが入っていくと、壁には一枚のパリ地図が張られ、建設すべき道路や公共施設が緊急度に応じて色分けされていた。ルイ＝ナポレオンは地図を指さしながら、こう言いはなった。

「この地図のとおりに、ただちに、パリの改造にとりかかっていただきたい」（メリュオー『パリ市庁舎の回想』に引用）

ベルジェは仰天した。というのも、これまでに発行された市債が償還されぬまま、巨額の借金を抱えているパリ市の予算では、そんな改造工事など不可能に決まっているからである。ベルジェは危機的な財政状態を説明すれば、大統領もすぐに引き下がるだろうと思ったが、案に相違して、ルイ＝ナポレオンは一歩も譲ろうとせず、ことあるごとに知事に実行を迫った。そこで、ベルジェは市議会と組んで、サボタージュ戦術に出て、改造をできる限り遅らせるようにつとめた。

こうしたベルジェの姿勢に強い不満を感じていたのだろう、ナポレオン三世となったルイ＝ナポレオンは、クー・デタから一年半後の一八五三年の六月、突如、ベルジェを解任し、ジロンド県知事だったオスマンをセーヌ県知事にすえた。

六月二九日、知事叙任式に出席したウージェーヌ・オスマンは、その夜、チュイルリ宮のナポレオン三世の執務室に呼ばれた。このときのことをオスマンは『回想録』にこう記している。

皇帝は、私に一枚の地図を示された。その上には、皇帝ご自身の手で、工事の緊急度に応じて、青、赤、黄、緑の四色に、開通すべき通りが塗り分けられていた。皇帝はただちに着工するよう私にご命令なさったのである。

オスマンが見せられたパリ地図というのは、おそらくベルジェが示されたものと同一のものだろうと思われる。なぜなら、ベルジェとオスマンの二代のセーヌ県知事に仕えた秘書官のメリュオーは次のように語っているからである。

［改造計画の］大筋の方向性と改造のシステムは皇帝の心の中で、大統領就任の時点ですでに決定されていたものである。それどころか、いくつかの本質的な部分に関しては、それよりもはるか以前から考えられていたにちがいない。（メリュオー前掲書）

では、ナポレオン三世は、いったいいつ頃から、パリ改造を自らに課せられた天命と考え

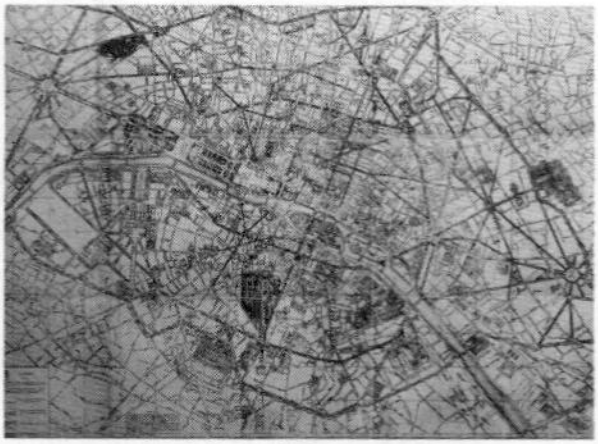

ナポレオン三世のパリの地図
ルイ＝ナポレオンは1848年12月、大統領に当選するとセーヌ県知事ベルジェを呼び、開通すべき道路を青・赤・黄・緑に色分けしたパリ地図を見せた。アム牢獄時代から温めてきたパリ改造プランである。ベルジェは予算不足を理由にサボタージュを図った。［P］

古いパリの非衛生な町並み
拡大を続けてきたパリは18世紀後半より人口急増で都市機能がマヒするに至った。とりわけ、建物の密集と上下水道の不備は湿気と悪臭という非衛生な状態をもたらした。1865年頃のコロンブ通り。［T］

るようになったのだろうか？

パリの印象

一八〇八年にパリに生まれたものの、一八一五年にフランスから追放されたルイ＝ナポレオンの記憶には、当然、故郷の町の印象は薄かったはずである。そんな彼が、パリと事実上の最初の出会いを経験したのは、一八三一年の四月の下旬、ローマでカルボナリの陰謀に加わった罪でオーストリア警察から追われ、母のオルタンス王妃と一緒にイタリアからフランスに入り、ロンドンに向かったときのことである。

このとき、ルイ＝ナポレオンは途中で兄を失い、自らも健康を害していたが、ルイ・フィリップによってボナパルト一族の追放命令が出されていたので、四月二三日から二週間あまりのパリ滞在を許された。とはいえ、ヴァンドーム広場のホテルに足止めされていたため、自由に出歩くことは許されなかった。また、ロンドンからの帰路にはパリに立ち寄ることが禁止され、迂回路を取らざるを得なかった。

これ以後、一八四八年に二月革命が勃発するまで、自由な身分でパリを訪れることはない。一八四〇年にブローニュ蜂起に失敗して法廷に立ったときには、囚人として、護送馬車の窓からパリの町並みを眺めていたにすぎない。したがって、パリに関するルイ＝ナポレオンの印象は、旅行者の印象、しかも、かなり特殊な旅行者のそれでしかなかったといえる。

では、この当時のパリに対して、旅行者は普通、どのような印象を抱いたかといえば、それは、決して好ましいものではなかった。というのも、パリは中世の町並みがそのまま残る前近代的な都市であったばかりか、そこに、収容限度をはるかに超えた民衆が住みつき、息苦しい、人口過剰の町となっていたからである。シテ島やオテル・ド・ヴィル地区といった民衆的な街区では、都市計画など皆無の状態で建てられた漆喰壁の建物が軒を接して並び、狭い道路には一年中日光など差し込まぬ有り様だった。生ゴミが馬車の車輪に踏み潰されてできた有機的なドロが舗石を覆っていた。一八世紀の後半には、人口過密はすでに限度に達していたため、ルイ＝セバスチャン・メルシエは『タブロー・ド・パリ』の中で、こう叫ぶことになる。

「通りはどこも狭く、袋小路になっていて、高すぎる建物は空気の流れをせき止めている。肉屋、魚屋、下水道、墓地などのおかげで、空気は腐敗しきっている」

肉屋や魚屋というのは、中央市場や各街区にあったそれのことだが、衛生概念というものがなかったので、廃棄されたくず肉や骨がそこらに放置され、悪臭をはなっていたのである。

また墓地も、同じようなもので、町のど真ん中にあったイノサン墓地のような共同墓地では、大きな穴が掘られた中にたくさんの死体が山積みとなり、日にさらされたまま腐敗するにまかされていた（ただし、これは一七八〇年に撤去）。

しかし、町の空気を最も汚染していたのは、下水道の不備である。トイレは何十所帯が住む建物の中庭に一ヵ所しかないのが普通だったから、人々は自室のオマルで用を足し、夜中に人気がないのを見はからって、窓から下に内容物を投げ捨てた。
その結果、街路はほとんど共同便所と化していたが、排水設備といえば、街路の真ん中にうがたれた細い溝だけだったので、いつまでも汚水がたまり、鼻も曲がるような悪臭と湿気が町全体に滞留していたのである。一八三八年になってもまだ、ロネー子爵（新聞王ジラルダンの妻のデルフィーヌの筆名）は『プレス』のコラム「パリ便り」でこう書き留めている。

パリに住んでいると、さながら地下都市にでもいるような気分になる。それほど空気は重く淀み、闇は深い。……にもかかわらず、この真っ暗闇のような液体の中に、無数の人々が、さながら沼の中の爬虫類のように蠢き、押し合いへし合いしている。

ルイ＝ナポレオンが一八三一年にパリを訪れたとき、町の様子はまさにこれと同じものだった。滞在していたホテルのあったラ・ペ通りの界隈は清潔な街区だったとしても、そこに行き着くまでの間、郵便馬車が南の市門から通ってきたサン・マルソー地区はパリで最も貧しい地区だから、ルイ＝ナポレオンは、驚きの眼でその非衛生ぶりを観察していたにちがいない。イタリアでかかったハシカのせいで、体力が衰えていたこともあるが、パリの湿気と悪臭はルイ＝ナポレオンに、わずかな滞在期間ながら、拭いされないような強い印象を残したのである。

ロンドンの印象

これに対して、パリのあとに立ち寄ったロンドンは彼にまったく異なった印象を与えた。ロンドンは一七世紀の大火をきっかけにして、都市計画が進み、アメニティが格段に向上していたからである。すなわち、狭かった道路は拡張され、放射状と碁盤目状を組み合わせた街路が造られた。また、上下水道の完備も進み、下水は、大便と小便を同時に流す完全下水放流方式が採用された。上水道もアパルトマンの各家庭に行き渡り、ガスも、照明と炊事両用に使われるようになっていた。ハイドパークやリージェントパークなどの緑の多い公園も造られ、都市民衆に憩いの場を提供していた。

若きルイ＝ナポレオンの目に、ロンドンの都市計画は、驚くべき奇跡に映った。空気が重く淀んで、ジメジメとして暗いパリに比べると、ロンドンはその気象にもかかわらず、清潔で気持ちのいい都市空間のように思えた。広々とした通りには豊かな緑が植えられ、イギリス式の自然公園もきれいな空気を供給していた。

ルイ＝ナポレオンは、ロンドンには、その翌年、一八三二年にも訪れている。一八三二年の七月にナポレオンの息子のローマ王が亡くなり、ボナパルト家の当主を決める親族会議がロンドンで開かれたからである。

このとき、ルイ＝ナポレオンは、ロンドンばかりでなく、イギリスの工業都市をいくつか訪れ、その産業的発展に目を見張った。マンチェスターについて、「とても美しい町です。この国の他の都市同様、美しい建物がたくさん並び、通りは広く、きれいに整っています」と父親に書き送っている。

ただ、ルイ＝ナポレオンにとって不満だったのは、イギリスの町並みは単調で美学が感じられないことである。リヴァプールについて書いている。その結果、どこも同じ外見で、建物も大部分が赤いレンガでつくられています」

こうした観察から、ルイ＝ナポレオンは、心の中に、理想的な都市計画を抱くようになる。すなわち、パリを大改造して、ロンドンのような合理的な都市計画に基づいた清潔で整った町を造り、同時にこれを、ローマのような美しい建物が立ち並ぶ都市にすることはできないかという夢想である。

この夢想は、スイスのアレネンベルクに戻って、ナルシス・ヴィエヤールを先生としてサン＝シモン主義の著作などに親しむようになると、より確かなかたちを帯びるようになる。こうして、スイスの湖のほとりに、一人のユートピア的な都市計画家が生まれたのである。

『ナポレオン的観念』再び

一八三六年のストラスブール蜂起失敗のあと、アメリカに渡って新世界を見たルイ＝ナポレオンは、ユートピア的な夢想を断念するどころか、ますます強固な社会改良家になってゆく。ロンドンで社交生活を送るかたわら、日々、数多くの著作を渉猟し、皇帝民主主義とでも呼べる独特の思想を抱くにいたる。

一八三九年に発表された『ナポレオン的観念』は、皇帝ナポレオンの業績を具体的な数字によって検討し、それを社会改良の基礎としようと主張する著作だが、そこには、すでに、後のパリ大改造計画への言及が現れてきている。

たとえば、「パリの土木工事」と題した章では、ナポレオンがパリで進めた土木工事がどれほど都市の健康を回復させるのに役立ったかを、水利、市場、倉庫、橋、河岸などの項目で検討し、都市計画家としてのナポレオンの優れた一面を紹介するとともに、ナポレオンのやり残した工事の大きさを示すことで、自分が皇帝となって完成させなければならない「義務」を暗に語っている。

しかし、『ナポレオン的観念』で最も注目すべきは、都市の改良工事のような公共事業は、たんに税金を使うだけではなく、雇用を増大させ、社会の繁栄をもたらすという、「積極的支出」の概念が現れていることだろう。

皇帝がかくも大きな規模で行わせた公共事業は、たんに国内の繁栄の主要な原因となったばかりか、大きな社会的進歩をもたらした。すなわち、こうした公共事業は、人と物とのコミュニケーションを促すという点で、三つの大きな利点を持つ。その第一は、職のない人々を雇い入れることにより、貧困階級の救いにつながる。第二は、新しい道路や運河を開通させて土地の価値を増し、あらゆる物品の流通を促すことで、農業や鉱工業や商業を振興させる。第三は、地方的な考え方を破壊し、地方相互あるいは国家相互を隔てている障壁を崩す。（中略）ナポレオンのシステムとは、国家の指導によって数多くの工事を行うようにすることである。そして、ひとたび工事が完成すれば、それを売却し、その売却利益によってさらなる工事に取り掛かることができるのである。

これを読むとわかるように、ルイ＝ナポレオンは、この時点においてすでに、公共事業や都市計画を、「流通の促進による物流の循環」「循環による社会的富の増大」というサン＝シモン主義的な観点から考えていたばかりか、国家的な「地上げ」による工事費用の捻出というアイディアまで得ていたのである。この二つの観点は、後にナポレオン三世となって、パリ改造を命じるとき、車輪の両輪として機能することとなる。

《アム牢獄》での勉強の成果

一八四〇年のブローニュ蜂起失敗で、ルイ＝ナポレオンはアムの牢獄に閉じ込められるが、この幽閉は、彼のようなユートピア的思想家にとって、思想を深化させるまたとない機会を提供することとなった。

一八四四年に上梓される『貧困の根絶』にとりかかるかたわら、ルイ＝ナポレオンは真剣にパリ改造を考え、居室に大きなパリ地図を張って、理想的な都市の建設を夢見るようになる。では、ルイ゠ナポレオンは、どのような理由からパリの大改造を思いついたのだろうか、この問題をもう一度検討してみよう。

一つは、生まれ育った環境からくる、パリの都市環境に対する激しい嫌悪である。ルイ゠ナポレオンは、アレネンベルクというスイスの湖畔の清潔な町で育ち、成人してからはロンドンにいることが多かったため、パリのようなラテン的混乱にはどうしてもなじめなかった。つまり、パリに生まれたとはいえなんの郷愁も持たないルイ゠ナポレオンは、アングロ・サクソン系の「外国人」がパリに対して抱く嫌悪感を完全に共有していたのである。

とりわけ、ルイ゠ナポレオンが許せないと感じたのは、パリの湿気と日光の欠如である。アムの牢獄に閉じ込められているうちに、ルイ゠ナポレオンは一八三一年に患ったリューマチを悪化させたが、このリューマチという宿痾が、彼をしてロネー子爵のいう「地下都市」のような湿気と暗黒を嫌悪させた。ルイ゠ナポレオンは、アムの牢獄でリューマチの痛みに呻吟しながら、同じように不健康な湿気と暗黒に苦しむパリを我が身のように考えて、その病からの解放を、改造計画に託していたにちがいない。

第二は、ロンドンを始めとするイギリスの諸都市に見たモダニズムに対する好みである。ルイ゠ナポレオンは、機関車や鉄道駅、工場などの機能的な建築にある種の「美」を発見したモダニストの最初の一人であった。ロンドンの放射状と碁盤目状の幾何学的な計画道路も強く彼を魅了した。ほとんどアングロ・サクソン人種であった彼は、フランス的なバロック趣味とは無縁な美学の持ち主だったと見てよい。

とはいえ、彼の頭の中に、理想都市として、ロンドンのほかにローマがあったことを忘れてはならない。というのも、彼にとって、最も光り輝く都はローマであり、そのローマを建設したアウグストゥスに自らをなぞらえる傾向があったからだ。一八四三年にアムの牢獄から、彼はこんな手紙を出している。

「私は第二のアウグストゥスになりたいと思っています。なぜなら、アウグストゥスはローマを大理石の都にしたからです」（カストゥロ『ナポレオン三世』に引用）

ルイ＝ナポレオンは、伯父のナポレオンをカエサルにたとえ、自分をその甥のアウグストゥスになぞらえていた。つまり、アウグストゥスがカエサルの遺志を受け継いでローマ帝国を完成したように、自分もナポレオンのやり残した仕事を成し遂げるつもりでいたからである。

第三は、「貧困の根絶」としてのパリ改造である。ルイ＝ナポレオンは、パリの民衆的街区の衛生上の悪さが病気と貧困、そして、そこから生まれる暴力と犯罪を、社会的混乱の最大の原因として捉えていたので、中心部の貧民街を一掃し、それを健康的な街に造り替えることは、社会政策の上からも絶対に必要だと見なしていた。一八五〇年に、まだ大統領だったルイ＝ナポレオンが市庁舎で行った演説は、この諸悪の根源の除去のためのパリ改造という思想をよく物語っている。

「パリはフランスの心臓であります。この偉大な都市を美化することにわれわれの全力を注ごうではありませんか。新しい通りを開き、空気と日光を欠いている人口密集地区を清潔な界隈に変え、健康な光がわれわれの建物の至るところに入り込むようにしようではありませんか」(『ナポレオン三世著作集』に引用)

このようにして、ルイ＝ナポレオンは、アムの牢獄で練り上げたパリ改造計画を実行に移すためにも、なんとしても皇帝になりたいと思った。ひとことで言えば、ルイ＝ナポレオンは、パリを改造するためにナポレオン三世となったといっても、けっして言いすぎではないのである。

5　オスマン登場

パリ大改造成功の要因とナポレオン三世以前のパリ改造

無人の地に一から都市を造る(京都、ブラジリア)のでもなく、大火や大地震による破壊を利用する(大火後のロンドン、シカゴ、関東大震災後の東京)のでもなく、かといって自然発生的な経済原理による(バブル後の東京)のでもなく、一人の為政者が、ただ自分の頭の中の考えから出発して、都市計画を完全にやりとげてしまった例として、ナポレオン三世のパリの大改造は、ほとんど空前絶後の例といっていい。つまり、パリ大改造は、たった一人の人間の意志から生まれたきわめて稀な産物なのである。

だが、パリ大改造がひとえにナポレオン三世の意志によるものだとしても、それだけでは、計画の完遂はおぼつかなかった。すなわち、この意志のほかにいくつかの要因が重なることによってのみ、パリ大改造は成功したのである。

要因その一は、いうまでもなくウージェーヌ・オスマンという類のない実行力を持つ能吏をセーヌ県知事に得たこと。

要因その二は、住民自身が大改造やむなしと思うほどに都市機能がマヒし、人口過密、交通渋滞、貧困、非衛生、病気、犯罪、暴動などの都市問題が山積みになっていたこと。

要因その三は、住民やジャーナリズムの反対を抑えつけるに十分な警察力と軍事力がナポレオン三世の側にあったこと。

要因その四は、ペレール兄弟などによるサン＝シモン主義的な開発思想《エクスプロワタシオン》によってマネーが循環し、公債の大量発行と土地の買収が容易になったこと。

要因その五は、改造されたパリを歓迎する新しいメンタリティーの中産階級が勃興したこと。

以下、こうした要因を複合的に検討しつつ、ナポレオン三世のパリ大改造の過程を追っていくことにしよう。

その前に、誤解している人が少なくないので、指摘しておきたいのだが、パリにある幅広い大通りのすべてがオスマンの改造によるものではない。

たとえば、パリ右岸のマドレーヌ寺院からバスチーユ広場まで、何度も名前を変えながら伸びているグラン・ブールヴァールは、ルイ十四世統治下に造られたものである。一六七〇年、ルイ十四世は、中世のシャルル五世の代からルイ十三世の時代にかけて造営されてきた城壁が荒廃し、塵芥の捨て場になっているのを見て心を痛め、これを取り壊して、幅三六メートルの遊歩道につくりかえようと決心した。それから、三五年の年月をかけ、グラン・ブールヴァールは王がまだ存命中だった一七〇五年についに完成を見た。グラン・ブールヴァールが右岸で半円形になっているのは、城壁の跡につくられたためで、いまでは大通りを意味するブールヴァールも元はといえば城壁という意味である。グラン・ブールヴァールにあるサン・ドニ門とサン・マルタン門もルイ十四世の時代につくられた市門である。

また、コンコルド広場からセーヌと平行に走るリヴォリ通りはナポレオン一世の命令で造営が開始された広壮な通りである。ただ、ナポレオンの失脚で、リヴォリ通りは、ルーヴル宮殿の手前で工事が中断していた。

このほか、七月王政期のセーヌ県知事ランビュトーはレ・アールへのアクセス問題を解決するため、セーヌに平行にランビュトー通りを開削した。

さらに、右岸のストラスブール、左岸のレ・ゼコール通りも、オスマンの前任者であるベルジェがナポレオン三世に抵抗しながらも途中までつくった幅の広い通りである。

しかし、以上のような通りを除くと、われわれが現在パリで目にする壮麗な大通りのほとんどは、オスマンが造り、また計画した通りといっても過言ではなく、オスマンという強力な執行者がいなかったら、果たして、今日のような「花の都」パリが存在していたかどうかは疑わしいところである。

オスマンの経歴

ジョルジュ＝ウージェーヌ・オスマンはナポレオン三世より遅れること一年、一八〇九年にパリで生まれた。生地は、今日、フォーブール・サン・トノレ通りとオスマン大通りが交差する交差点に当たる。

オスマン大通りは、オスマンの死後三六年たった一九二七年に工事が完成したとき、最もオスマンの業績にふさわしい長大な大通りということで、こう命名された。したがって、オスマンは、自分では知らぬままに、生地にその名を残すことになったわけである。

オスマンの父方の先祖は、その名前（Haussmann ドイツ語ならハウスマン）の示すとおり、ドイツ系で、オスマン自身がその『回想録』で述べていることを信じるなら、もとはケルン選帝侯につらなる家系である。アルザスのコルマールに移住していたが、ルター派のプロテスタントだったため、ルイ十四世のナントの勅令廃止でドイツに逃げ、その後、ふたたびフランスに戻って、ヴェルサイユに暮らしていた。フランス革命の際には、祖父が憲法制定議会と国民公会の議員に選ばれたこともあるという。

オスマンの父は軍人で、ナポレオン帝政期に陸軍省の主計官までつとめ、王政復古期には復職して陸軍経理部に勤務していた。母方の祖父は帝政期に、ナポレオンの義理の息子のイタリア副王ウージェーヌ（ジョゼフィーヌの連れ子のプリンス・ウージェーヌ・ド・ボーアルネ）の副官をつとめたダンゼル将軍である。こちらもプロテスタントで、オスマンの名付け親でもあった。

しばしば、オスマンが、ナポレオンという名に一も二もなく服従し、その命令を忠実に実行するメンタリティーを持っていたのは、こうした帝政期の軍人の家庭に育って軍人式の仕付けを受けたからともいわれるが、オスマン自身も『回想録』で、「私は生まれの面でも信念の面でも、帝政主義者である」と述べている。

王政復古期のパリでは名門のリセ、アンリ四世校に通った。同級に、オルレアン公ルイ・フィリップの長男シャルトル公がいたことが、後のオスマンに行政職の道を開くことになる。すなわち、一八三〇年の七月革命でルイ・フィリップが「フランス人の王」となると、オスマンは、世継ぎの地位に上ったシャルトル公のコネで内務省に入り、持ち前の押しの強さを発揮して、出世スゴロクを順調に昇っていったのである。

そのきっかけのひとつとなったのはアンリ四世の故郷ガスコーニュのネラックに郡長として赴任したときに、ボルドーの有力なワイン商の娘と結婚したことである。この結婚は、彼に巨額の持参金をもたらしたばかりか、ジロンド県の郡長を渡り歩いていた時期に、地域に強いコネを築くのに役立った。

しかし、トントン拍子に出世の階段を駆け上がり、ジロンド県のブレイの郡長の地位に達して、念願の県知事の職を目の前にしていた一八四八年の二月、思いもかけない事態が持ち上がる。二月革命で第二共和制が成立してしまったのである。心情的にはボナパルティストであり、建前的にはオルレアニストであるオスマンは、断固、共和国知事への任官を拒否し、ジロンド県で県議会議長に転じて、機会の到来を待つことにする。

機会はすぐに訪れた。一八四八年の大統領選挙にルイ＝ナポレオンが立候補するのを見たオスマンは、ボナパルティストの血が騒いだのか、ここぞとばかりにルイ＝ナポレオン支持に回り、ジロンド県内のコネをフルに活用してナポレオンの勝利に貢献する。

ジロンド県はもともと反ナポレオン感情の強い県だったので、このオスマンの活躍は、ルイ＝ナポレオンの目にとまらないはずはない。共和国大統領ルイ＝ナポレオンは、このボナパルティストの行政官に注目し、共和派の強い「赤い県」の最たるものであるヴァール県の知事に任命する。一八四九年一月のことである。

オスマンはヴァール県に赴任後、ただちに共和派の弾圧に着手し、この年の立法議会選挙では保守派議員三名を当選させることに成功する。

この成果を見たルイ＝ナポレオンは、オスマンを次の戦場であるイヨンヌ県に派遣することに決める。イヨンヌ県はボナパルティストの県ではあったのだが、社会主義者たちの「策動」で不穏な動きが生まれていたのである。ここでも、オスマンの手腕は遺憾なく発揮された。暴動は芽のうちに摘み取られ、不穏分子は一掃されたのである。

一八五〇年の夏、リヨンに赴く途中に、イヨンヌ県を鉄道で通ったルイ＝ナポレオンは、「赤い都市」であるはずのジョワニーで「皇帝万歳！」の歓呼の声で迎えられたことに驚き、知事の手腕に感心する。

帰途の歓迎はさらに大掛かりだった。ルイ＝ナポレオンが通る鉄道の沿線はどこも「皇

ウージェーヌ・オスマン

アルザス系の出自を持つオスマンは、ジロンド県知事時代に内務大臣ペルシニーに認められ、セーヌ県知事に抜擢され、ナポレオン三世からパリ改造の大役を任せられる。[V]

パリ改造に取り掛かるオスマン

ペルシニーは、ジロンド県知事オスマンの「乱暴なシニシズム」に感心して、パリ改造の荒療治を託する。オスマンは期待に応えて、強引に改造計画を実行して行く。パリに定規を当てるオスマンの風刺画。[V]

帝万歳！」の声で埋め尽くされたのである。

これが殊勲甲となり、オスマンは念願のジロンド県知事の職を手に入れる。クー・デタを目前に控えた一八五一年一一月のことである。

運命の一二月二日は、大統領の知事接見日だったので、オスマンは前日の午後にパリに着き、エリゼ宮で開かれている夜会に出席した。オスマンが感謝を述べると、ルイ＝ナポレオンは小声で、こうつぶやいた。

「なぜ、私があなたをジロンド県知事に任命したか、いまその理由を申し上げることはできません。それはとにかく、あなたにはすぐに任地に戻っていただきたい。明日の朝、できるだけ早い時間に内務大臣のところに行き、指示を仰いだらすぐに出発しなさい」

ルイ＝ナポレオンはそういうと、その場を立ち去ろうとしたが、すぐに引き返し、「いや、夜明け前に内務大臣のところに行きなさい」と声をひそめて言い直した。オスマンは、これはなにかとてつもなく重大なことが起こるにちがいないと思った。そこで、偶然、内務大臣のトリニーが通りかかったので、ルイ＝ナポレオンから言われたことを繰り返した。

ところがトリニーは怪訝《けげん》な顔をして、「指示ですって？　なんですか、それは？」と答えた。瞬間、オスマンは自分がとんでもないヘマをやらかしたと思い、あわてて話題を変えた。ルイ＝ナポレオンが「明日の朝、内務大臣のところに」とだけ言って、「トリニーのところに」とは言わなかったことに気づいたのである。

翌朝五時、内務省に向かおうとしてオスマンが宿を出ると、通りには軍隊があふれていた。内務大臣に面会を求めると、警備兵が彼に尋ねた。「面会は、トリニー氏にですか、それともモルニー伯爵にですか？」。クー・デタ決行の朝、内務大臣の座にはすでにモルニーがすわっていたのである。

オスマンが大臣室に入っていくと、モルニーは笑顔で彼を迎え、「オスマンさんは、われわれの仲間ですね」と尋ねた。

オスマンは答えた。「何が起こっているのかわかりませんが、私は常にルイ＝ナポレオン殿下に従います。遠慮なく私を使ってください」

その晩、オスマンは特命代理官の命令書を帯びて、汽車に飛び乗った。鉄道はまだポワチエまでしか延びていなかったので、ボルドーまでは郵便馬車を飛ばし、三日の夕刻に県庁に着いた。

オスマンはただちに部下に命じて、共和国大統領の人民への布告とともに、特命代理官の宣言を県内に張り出した。この宣言というのが、いかにも強引なオスマンらしくて、なかなかすごい。

私が政府から付与された権限は広大にして強力なものであり、静謐の保持を保障するばかりか、執行されるべき措置の真剣さを十分に証明するものである。反乱がどこから派生しようとも、私は全力をあげてこれを鎮圧し、秩序への回帰を果たすと予告する。無秩序を狙う人々は、寸毫も私からの猶予を期待できない。（オスマン『回想録』）

オスマンの恫喝はすばらしい効果を発揮した。ほとんど反乱らしい反乱も起きぬまま、ジロンド県は大統領への信任投票へと移行し、圧倒的多数でクー・デタを是認した。ルイ＝ナポレオンが翌年の遊説で、ことさらボルドーを選び、オスマンが準備万端整えた商工会議所において「帝国、それは平和だ」という有名な演説を行ったことは、すでに書いたとおりである。

帝政移管を問う国民投票でも、賛成一一万四七三五票に対し、反対はわずかに三二四二票。オスマンは、帝政が成立した翌月の一八五三年の一月、コアンドゥール勲章を授与された。

それから五ヵ月後、オスマンは内務官僚の最高の地位であるセーヌ県知事に上り詰めたのである。

オスマンという猛獣

オスマンは、その『回想録』の中で、自分をセーヌ県知事に取り立ててくれたのは内務大臣のペルシニーだとはっきりと言明し、こう語っている。

私の新しい上司である内務大臣のペルシニー氏は、私のことを個人的にはまったく知ってはいなかった。だが、私は、ボルドーから発した報告書簡の正確さ、緻密さ、そして自由闊達さによって、ペルシニー氏の信頼を勝ち得たのである。私がなしとげた業績に心打たれ、ペルシニー氏は私を高く評価したのである。

だが、このオスマンの証言に対し、歴史家のアンドレ・モリゼは『古いパリから近代的パリへ——オスマンとその前任者たち』で疑問を差し挟み、ペルシニーがオスマンを個人的に知らぬはずはないとして、その証拠として、『ペルシニー公の回想録』の中の「パリの改造」の一節をあげている。それによると、ペルシニーは、セーヌ県知事のベルジェの更迭を決意したとき、その後釜となるべき人物を選ぶため、第一級の（ということはナポレオン三世に忠実な）知事を何人かパリに呼びだし、夕食をともにすると称して、彼らの能力を探ったという。この面接試験に、オスマンは見事に合格したのである。

その合格の理由というのがまことにおもしろい。

「私の心を最も打ったのはオスマン氏であった。ただ、奇妙なことだが、私を魅了したのは、この注目すべき知性の持ち主の能力というよりも、彼の性格の欠点だった」

しからば、オスマンのどんな欠点がペルシニーを虜にしたのか？

私の前には、同時代の中で最も規格外れの人物の一人がいた。この大胆な男は、巨大で、筋骨たくましく、活気があってエネルギッシュであると同時に、利口で、抜け目なく、権謀術数に富んだ人物であった。自分が何者であるかを示すことをいささかもおそれてはいなかった。

（中略）話題が、彼好みのもの、つまり彼自身のことであれば、六時間でも休みなく話し続けたにちがいない。といっても、彼のこうした性格が気に食わなかったというのではない。その反対である。

（中略）彼がその性格を乱暴なシニシズムとともに私の前にさらけだしているあいだ、私はおおいなる満足を感じずにはいなかった。ある経済学を信奉する連中の思想（というよりも偏見）と戦うには、また、大部分は証券取引所と法廷の楽屋裏から出てくる懐疑的で狡猾な連中と争うには、執るべき手段について一瞬たりともためらうことのないこの男こそが最適だ、と私は一人ごちていた。

どれほど学識があり、どれほど巧妙で、どれほど実直な性格の気高い人物でも確実にしくじるだろうその場所で、この、頑丈な背骨を持った、猪首の、大胆さと巧妙さを合わせ持った、たくましい闘技者は、策謀だろうと策略だろうとなんでも自在に使いこなして、まちがいなく成功をおさめるにちがいない。私はこの大柄な猫科の猛獣を、帝国の豊饒な富を求めて群がるキツネやオオカミの群れのど真ん中に投げ込んでみたらどんなことになるだろうと、わくわくしてきていたのである。（ペルシニー『ペルシニー公の回想録』）

ペルシニーの期待どおり、やがて、オスマンという名の猫科の猛獣は、パリという有象無象の混沌の中に放たれ、大暴れを開始することになる。一八五三年六月二三日、オスマンの四四歳の男盛りのときのことである。

第六章　パリ大変貌

1　オスマン時代の始まり

セーヌ県委員会との戦い

一八五三年六月二三日、ジロンド県のバザス地区の巡回視察を終えてレストランで夕食を取っていたオスマンのもとに、内務大臣のペルシニーからシャップ式腕木信号による速達が届いた。セーヌ県知事に任命されたので、ただちにパリに着任せよという文面だった。オスマンはボルドーに戻り、三日間で残務整理を済ませると、二七日には汽車に飛び乗り、パリに着いた。

翌日は内務大臣ペルシニー、警視庁長官ピエトリ、セーヌ県委員会議長ドゥラングル、それに前任者のベルジェらに挨拶回りを行い、第二日目は他の知事らとともに、サン・クルー宮殿でナポレオン三世に謁見。昼食のあと、ナポレオン三世の執務室に招かれ、例の四色のパリ地図を見せられたというわけである。

ナポレオン三世はこのとき、パリ大改造の計画を打ち明けながら、もし障害になるなら、セーヌ県委員会を解散してもかまわないし、改造計画を担当する非公式な委員会を新たに発足させることもできると言明したが、オスマンは即座にこの提案を退け、県委員会などどこちらの意志一つでどうにでもなるから、新しい委員会など設置する必要はないと答えた。これに対し、ナポレオン三世は、「君の言うとおりだ」と、新知事の言い分に軍配を上げた。こうして、皇帝と知事は、暗黙のうちに、自分たちがパリという怪物と戦う同志であることを認めあい、共闘を誓ったのである。

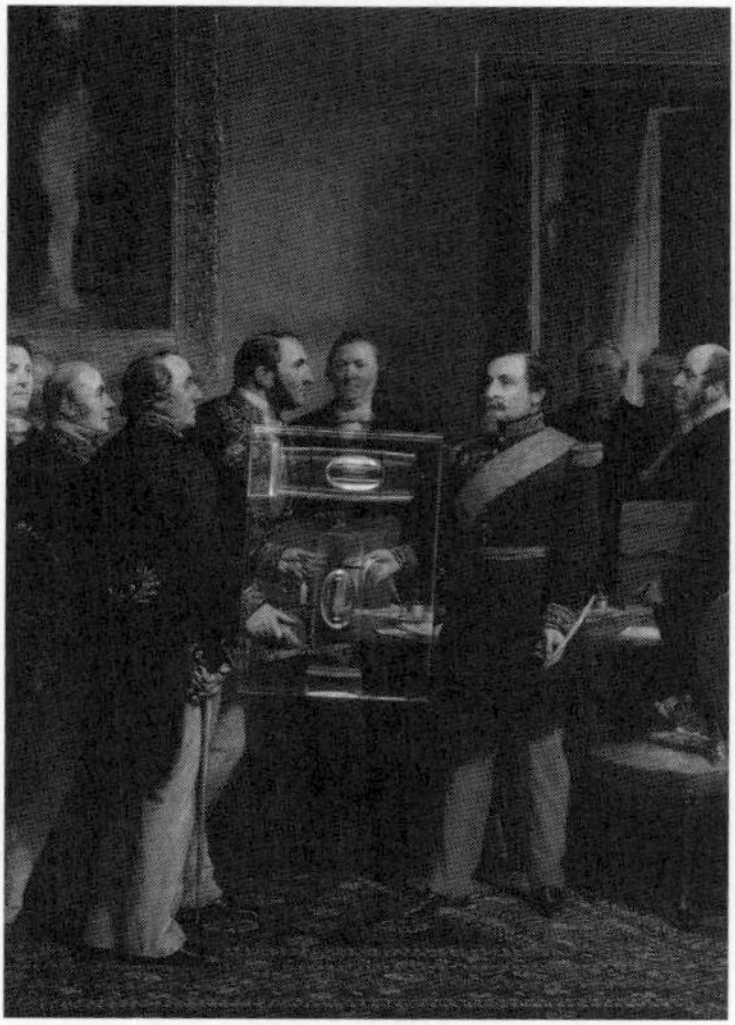

ナポレオン三世とオスマン

ナポレオン三世の全幅の信頼を得たオスマンは、不退転の決意でパリ改造に着手する。図版はパリ市拡張の勅令を受け取るオスマン。[V]

この時から、一八七〇年の辞任まで、一七年にも及ぶ「オスマン時代」が始まり、パリはその間に大変貌を遂げることになるのである。

オスマンは、パリ市庁舎《オテル・ド・ヴィル》の最も広壮な「王のサロン」を新たに知事執務室と決め、それに続く「王道一二宮のサロン」を待合室とした。以後、各部署への伝達に最も都合のいいこの知事執務室と待合室が、パリ大改造の総司令部として二四時間機能しつづけるのである。

知事の椅子に座ったオスマンがまず取り掛かったことは、セーヌ県の「政治」を実質的に牛耳っているセーヌ県委員会から権力を取り上げ、それを自分の支配下に置くことだった。

というのも、オスマンが各省や裁判所への儀礼訪問を終え、セーヌ県の県会に相当する県委員会《コミッション・ミュニシパル》のメンバーとの会見に臨むと、委員会を代表して、議長のドゥラングルは堂々とこう言い放ったからである。

「私を含めて、ここにおります全員が、前任者のベルジェ氏が退任されましたことをまことに遺憾に感じております。私たちはベルジェ氏の性格を尊敬し、人となりを愛しておりました。また氏の行政の手腕に全面的な信頼を寄せておりました」(オスマン『回想録』に引用)

これは、セーヌ県の「政治」を取り仕切っていた県委員会が、新知事へ投げつけた宣戦布告であった。オスマンは、その場ではきわめて冷静に答えたが、内心は怒りに燃えていた。

この厄介な連中とどう戦ったらいいか?

ナポレオン三世なら、こうしたときには、いったん引き下がると見せて、あとから執拗な巻き返しに出るのが常だが、オスマンはもっと直截的な人間だったので、取った手段も直截的だった。前途に障害物があるなら、それを除去してやるほかない！

オスマンにとって幸いだったのは、この委員会のメンバーが住民によって選ばれる委員ではなく、知事が任命する有識者の委員だったことである。委員会を解散せずとも、障害となる委員にはやめてもらえばそれでいいのだ。オルレアン派の銀行家や実業家が大改造の「抵抗勢力」となっていることを見抜いたオスマンは、さっそく、この「抵抗勢力」を一掃する腹を固める。

七月の定例会で、オスマンは、委員会が提出した歳入と歳出の両方に大きな誤りがあることを指摘し、修正を行った。歳入の部で入市関税の数字が意図的に低く抑えられているのに対し、歳出の部でパリ改造の見積りが実際よりも高くされているというのである。

この指摘に対して、オルレアン派の銀行家アンドレとデシュタル、それに代訴人のフルーリなど五人の委員が強く抗議して辞表を提出したが、他の委員は、オスマンの言い分の正しさを認め、委員会にとどまった。議長のドゥラングルもその一人だった。辞任した五人の委員に代わって、オスマンの義兄のアルトーやジャーナリストのヴェロン博士、それに著名な科学者のデュマなどが新たに委員に任命された。

こうして、オスマンは委員会との戦いで、一ラウンド、ノックアウト勝ちを収め、早くも「政治」の実権を知事の手に取り戻すことに成功したのである。

行政システムの改革と改造の原動力

オスマンが次に手掛けたのは、縦割りだったセーヌ県の古い行政システムを単純化し、よりダイレクトに自らの意志が行政末端に行き渡るようにすることである。

オスマンの組織改革を、一八五三年と一八七〇年の時点で比較検討した松井道昭氏は『フランス第二帝政下のパリ都市改造』の中で、それを次のように要約している。

まず第一に指摘すべきは、知事室と総務局の権限が強化され、ともに管掌範囲が拡大されたことである。これによって、知事の命令一下、物事が円滑に進むようになった。（中略）

第二に、県行政とパリ市行政の区分が行われ、実質的に後者に重点が置かれるようになった。

第三に、新規事業を扱う部局を一般事務行政から独立させることによって、この事業の円滑実行を期した。（中略）一八五三年当時の県庁組織は管理事務と新規事業事務の区分をしていないために、どうしても守旧的な立場にならざるをえない欠点を有していた。

第四は、都市計画を全体的見地から行うために、立案策定を別の専門部局に任せたことである。これは（中略）県知事に直接に責任を負う機関として、都市計画の各要素を将来的見通しをも勘案のうえ有機的に組み合わせるのに不可欠の制度的保証となったばかりか、計画を世論の批判の眼から遮るのに役立った。

総じていえば、一八五三年の県庁が事業別縦割組織として第一局から第四局まで同格の横並びになっていたのに対し、七〇年の県庁はプロジェクト重視の弾力的組織であるということができる。前者が消極的行政に適するのに対し、後者はきわめて積極的な行政に向いていた。

ようするに、ナポレオン三世が国のレベルでやったことを、オスマンはセーヌ県のレベルでやったわけである。官房機能の充実と拡大、それに知事の命令がすみやかに実行されるような機能重視型の統合的組織の編成である。

ところで、こうした独裁型の組織がうまく機能するには、ちょうどナポレオン三世の下にペルシニーやオスマンがいたように、オスマンの下にも、かれらに相当するような能吏がいなければならない。オスマンは、こうした人材を発掘することにかけては誰にも負けない才能を持っていた。つまり、オスマンは、自ら能吏であったばかりか、部下の能力を見抜く力にも優れていたのである。これが、パリ大改造を成功させた最大の原因とも言えるのである。

オスマンがセーヌ県庁の役人の中で、真っ先に注目し、大きな仕事を任せたのは、建築家で道路管理官であったフレデリック・デシャンである。

オスマンはパリ改造に取り掛かるには、パリの現状を正しく把握し、そこから問題点を割り出してこれに対処することが肝要と考えていたが、そのためには、なによりもまず厳密な測量に基づく地図が必要だった。というのも、それ以前の地図は、かなり不正確なものだったからである。

デシャンは、オスマンの命令を受けると、ただちにパリ市域全域の三点測量を行い、驚くほどのスピードと正確さで五〇〇〇分の一の地図を二一枚作成し、これをオスマンに届けた。このデシャンの地図は、以後、知事執務室の机に置かれ、すべての改造計画を策定するための基礎となる。

とはいえ、セーヌ県庁の役人がみなデシャンのように有能であったわけではない。自分が着手しようとしているのが前代未聞の大工事であると自覚していたオスマンは、画期的な思考法と実行力を兼ね備えた部下が不可欠と感じていたが、ざっと見渡したところ県庁には、新事業に適したそうした人材は見当たらないように思えた。

そんなとき、頭にひらめいた人物がいた。

一人は、オスマンがイヨンヌ県知事時代に使ったことのある土木技師マリ・フランソワ・ベルグラン、もう一人はジロンド県知事のときにボルドーの港湾整備に用いたアドルフ・アルファンである。

水道技師ベルグランと美しきパリの創造者アルファン

ベルグランはエコール・ポリテクニック（理工科学校）出身の俊英で、上下水道の専門家だった。オスマンは、ナポレオン三世に言われるまでもなく、上下水道をはじめとするインフラを整備しておかなければ百年の計を有する都市計画にはなりえないと感じていたので、一八五四年に本格的な工事に入る前にベルグランを呼び寄せ、とりあえず、パリ市に上水道を引くための水源調査を命じた。というのも、オスマンは、パリ市の人口増加を見越すと、セーヌ川やウルク運河からの導水ではとうてい足りず、どこか遠い水源から水を引いてくるほかないと考えていたからである。

ベルグランはオスマンの命令に対し、ブリリアントな回答を提出した。セーヌ川でもウルク運河でもない、ヴァンヌ川とデュイス川から水を取るプランを提案したのである。どちらも、パリからは一五〇キロ近く離れていて水道管の敷設には多額の費用を要するが、水質は良好で、パリとの高低差により送水が容易だからである。

ただ、これでも将来の水需要には十分ではないので、飲用に供されない水は従来のセーヌ川とウルク運河の水を使用することとする。つまり、新しい水源からの飲用水と、旧来の水源からの非飲用の二本立てで上水道を処理するというのがベルグランのアイディアだった。このアイディアは直ちにオスマンによって採用された。

それればかりではない。ベルグランは、パリの上下水道管理局の局長に任命されると、地下に巨大な導管を掘って、そこに下水溝を設置し、その中に上水道管も通すという計画を打ち出した。巨大な下水溝自体はベルグランの独創ではなく、前任者のデュピュイのアイディアを受け継いだものだが、ベルグランはこれをさらに発展させ、地下の下水溝を馬車を通せるほど巨大なものにすることで、清掃を容易にすると同時に、氾濫を防止し、おまけに上水道の敷設工事も簡略化するという画期的な解決策を見いだしたのである。

巨大下水溝の建設
オスマンの片腕となって働いた技師ベルグランは、上下水道の専門家として、百年の計に立った水源を確保し、同時に、巨大な下水溝を地下に建設した。[V]

パリは今日でも一五〇年前のオスマン時代の導管をそのまま使用しつづけている。これひとつをもってしても、ベルグランの先見性には感服せざるをえない。ベルグランはまさに、パリの「下部構造」をつくったのである。

ベルグランがパリの「下部構造」を整備したとすれば、パリの森、公園、遊歩道、並木道などの都市の「上部構造」を一手に手掛けて、パリを世界一の美都にしたのが、同じくエコール・ポリテクニック出身のアドルフ・アルファンである。

オスマンは、ナポレオン三世が地図で示した改造のうち、ブローニュの森の整備に関しては、セーヌ県庁にはこれをこなせるほど芸術性の豊かな土木技師がいないことに気づいて、悩んでいた。

というのも、ナポレオン三世は、ロンドンのハイドパークやリージェントパークを見て、パリにもこれらに負けないような美しい森林公園をつくりたいと願い、ブローニュの森の工事の成功にいわば皇帝としての威信をかけていたので、オスマンとしても、凡庸な技師に設計を任せるわけにはいかなかったのである。そのとき思い出したのが、ジロンド県知事時代に森の整備を託したことのあるアルファンである。あれほど自然を生かした造園技術をもった技師はめったにいない。アルファンはただちにパリに呼び寄せられ、一八五四年の暮れから仕事に取り掛かった。

アルファン
オスマンに抜擢された技師アルファンはパリの公園や森、遊歩道などの造園を一手に引き受け、パリを世界一の美都に改造することに成功する。[W]

最初、アルファンの友人たちは、土木建設省のエリートが、こんな造園工事を引き受けたと冷笑していたが、ブローニュの森が予想をはるかに上回る見事な出来栄えで完成したのを見ると、考えを改めた。アルファンは、公園の概念そのものを変えてしまったのである。オスマンはこの起用成功に気をよくして、シャンゼリゼの並木道、ヴァンセンヌの森、モンソー公園、ビュット・ショーモン公園、モンスリ公園など、今日でもパリジャンの憩いの場所になっている緑地帯の整備をアルファンに任せた。アルファンは、これらの公園や森や並木道をそれぞれコンセプトを変えて設計しながら、全体的に統一感のある外観にそろえた。世界一の美都パリは、まさにアルファンの頭から生まれたのである。アルファンはまた、一八六七年のパリ万博の自然庭園、一八七八年万博のトロカデロ庭園を手掛け、一八八九年には、ついに組織委員会総裁として世界最大といわれた万博を主催することになる。

この意味で、オスマンの慧眼は、アルファンを通じて、近代都市の模範の一つを提供したといっても決していいすぎではないのである。オスマンはアルファンについて、次のように述べて、その官吏として類い稀な資質を称賛している。

アルファン氏は、好むと好まざるとにかかわらず、上司としていったん受け入れた者に対しては、おのれの意見が上司のそれと一致しない場合、いかなる留保もなく、完璧なる忠誠心をもって、おのれの意見を放棄するという類い稀な美徳をもっていた。この美徳は、官吏においてはもちろんのこと、上役に従わなければならない組織の下役においても、じつに珍しいものなのである。アルファン氏は、上司の見解を受け入れなければならないと見るや、たとえ、それがどれほど自分の考えと隔たっていようと、それに自分を一体化し、以後は、そこから、自分の考えをくみ出した。（中略）

彼のような能力をもった官吏におけるこの偉大なる美徳は、彼が進取の気質にいささかも欠けてはいなかっただけに、いっそう称賛に値する。（オスマン『回想録』）

オスマンは、ナポレオン三世が自分をそう認めたように、アルファンの中に理想の部下を見いだしていたのである。

このほか、オスマンがその『回想録』の中でページを割いて称賛している能吏としては、中央市場を設計したバルタール、ルーヴル宮殿の完成者ヴィスコンティ、コンコルド広場の設計者イットルフなどがいる。いずれも、オスマンにその才能を見いだされた建築家である。

オスマンは、パリ改造のことを「建設」とか「改造」という言葉を用いず一貫して「美化《アンベリッスマン》」と呼んだが、アルファンやこれらの建築家によって実現されたものを見れば、オスマンのこの言葉はパリ改造の本質をついているといえるのである。

ナポレオン三世との関係

　このように、オスマンは、部下の才能を巧みに見いだし、適材適所で、パリの大改造を驚くほどの短期間で成し遂げたが、ここで忘れてはならないのは、どのような計画を進めるときでも、オスマンが常にナポレオン三世にまず伺いを立て、決して独断専行しなかったという点である。これは、赴任第一日目に、内務大臣のペルシニーと会見したときに与えられた忠告を忠実に守ったためである。ペルシニーはオスマンにこう言った。

「どんな小さなことでも、かならず、皇帝に相談してから事を進めるように」（同書に引用）

　ペルシニーは、外面は穏やかでも、内面に独裁者の頑固さを秘めたナポレオン三世の性格をよく知っていたので、強引なオスマンに一本クギを刺しておいたのだろう。

　オスマンはこの忠告を肝に銘じてよく守った。ときには、ブローニュの森の整備などで皇帝と意見が対立することがあったが、全体としてみれば、オスマンは「上司の見解を受け入れなければならないと見るや、たとえ、それがどれほど自分の考えと隔たっていようと、それに自分を一体化し、以後は、そこから、自分の考えをくみ出した」のである。かといって、オスマンは「進取の気質にいささかも欠けてはいなかった」ので、最後には、ナポレオン三世は、オスマンを深く信頼し、パリ改造のイニシャティヴを完全にオスマンの手にゆだねるに至る。

　こうして、オスマンの時代が花開き、パリは、ベンヤミンがいうように「一九世紀の首都」として、この世紀に君臨することになるのである。

2　壮大な都市計画

セーヌ県知事は木賃アパートの大家

国家や自治体などの「官」が行う都市計画といえども、個人が新しく家を建てるのと基本的に変わりはない。どこからか金を工面してきて土地を買い、そこに上物があればこれを撤去して整地し、その敷地の上に家を建てて自分が住んだり、人に貸したりするわけである。

この中で、とくに重要なのは資金である。個人の場合、自己資金か借入金になるが、「官」も同じで、自己資金（税金）によるか借入金（公債）によるしかない。また、個人が定額を貯金して自己資金を作るように、「官」も歳入の余剰金の繰り越しを何年分か貯めて資金をつくるのである。借入金（公債）には利子がつくのも同じである。

したがって、いかに「官」による都市計画だろうと、歳入の繰り越し金がプールされている上に、公債の引き受け手があって、償還を可能にする将来の歳入が見込めない限り、都市計画には踏み切れないことになる。

一八四八年の暮れにナポレオン三世からパリの大改造を命じられたときのセーヌ県知事のベルジェの立場は、たとえてみれば、長いあいだ木賃アパートに店子とともに住み、いつかはマンションに建て替えようと思いながら、果たせないでいる大家のそれのようなものだった。きれいで清潔なマンションに建て替えれば、新しい店子も入居し、家賃も高くとれるとわかってはいても、自己資金はないし、はたして毎月の家賃で借入金を返せるかもわからない。だから、当分は現状の家に住むしかないというわけである。

しかし、そこに一人のゼネコンの営業マンがやってきて、大家に名案を授ける。自己資金がないということですが、そんなことは障害になりません。我が社の関連の銀行から資金は融資しますから、アパートを取り壊して整地し、そこに大型のマンションを建ててしまいなさい。そして、そのマンションの何区画かを自己所有にした上で、残りの区画を売り出すのです。そうすれば、その売却益で銀行からの借入金は返済できる上、あなたはきれいなマンションに住めるし、おまけに自己所有の区画を賃貸にすれば、恒常的に収入を得ることもできます。その収入は木賃アパートの収入よりもはるかに多いはずですよ、と。

ペルシニーの地上げ（生産的歳出）理論

このゼネコンの営業マンに当たるのが、ナポレオン三世の片腕である内務大臣のペルシニーで、木賃アパートの家主に当たるのがセーヌ県知事のベルジェである。

ペルシニーは一八五二年の初めに内務大臣に就任すると、パリ改造のためにナポレオン三世の持論である生産的歳出という考えを強く打ち出した。生産的歳出とは、たとえ公債による歳出でも、それがより多くの富を生み出す原動力になる歳出であるなら、資本が民間に循環して歳入も増え、公債は早期に償却されるという考え方である。ようするに、現在、不景気時に政府が行う公的資金を投入して公共事業を行ったり住宅資金を拡大したりする財政出動と同じで、ケインズ理論によく似た積極的財政理論である。

ペルシニーは、まず、この生産的歳出理論により、パリ市に額面一〇〇フラン、利子六パーセントの市債五万口を発行させ、これを各金融機関に競争入札させて五〇〇〇万フランの資金を得て、リヴォリ通り、ストラスブール大通り、レ・ゼコール通りなどの第一次道路建設計画をスタートさせた。

これらの建設工事は、ベルジェの心配をよそに、思いのほか順調に進んだが、それは、先程のゼネコンの営業マンの説明したカラクリとよく似た、パリ市当局による「地上げ」によるものだった。すなわち、「地上げ」となれば、まずまとまった土地の買収が必要になるが、このときにはまだ二月革命から引き続いていた不動産不況の影響で土地価格が低迷を続けていたので、地主への補償をきわめて安く済ますことができたのである。また、この計画では、収容した土地の家屋を取り壊し、そこに上下水道とガス管などを敷設した道路を通した上で、道路の両脇の区画を民間に売り出して、その売却金で公債を償却することになっていたが、パリ市の買収で土地価格が値上がりを始め、二、三年後に予定される民間への売却は高値で早期に行われる見通しになった。つまり、公債で安く買収した土地が高値で売れそうなので、公債の償却が容易になったのである。

成功の原因はもう一つあった。それは、実際の工事が始まったことにより、パリ市への人とモノの流入が増え、パリ市の主要財源であった入市関税が急激に増加したことである。とりわけ、建築資材の搬入と石工の流入による食糧消費増が大きな影響を与えた。その結果、

パリの破壊と建設

内務大臣ペルシニーは生産的歳出理論によって、パリのスクラップ・アンド・ビルドに積極的に取り組んだ。工事により人口と資材の流入が増え、パリ市の歳入も増加した。[V]

変貌以前のパリ

リヴォリ通りの延長工事によってカルーゼル広場にあった貧民街は一掃された。バルザックが『従妹ベット』で描き、ボードレールが「白鳥」で歌ったバラックの群れ。[P]

第一次道路計画の策定後一年もしないうちに、約四〇〇〇万フランという超過歳入がパリ市にもたらされることが判明した。まさに、ペルシニーのいう生産的歳出理論のとおりである。

したがって、パリ市がこの「地上げ」を連続的に行って、第二次、第三次と道路計画を実現していけば、予想よりも早くパリ大改造は完成するはずであったが、肝心のベルジェがこれに強く反対し、第二次道路計画はこの超過歳入の範囲内でとどめるべしと消極財政を主張したのである。長年、乏しい家賃でやり繰りしてきた大家のベルジェにしてみれば、ペルシニーの考えは自分の土地以外にも同じやり方でマンションを建て続けろと勧めるようなもので、とうていそんな勇気はなかったのだろう。

既述のように、この反論はペルシニーの激怒を呼び、ベルジェは更迭され、オスマンがその辣腕を見込まれて抜擢されることとなったのである。

リヴォリ通りの開削と歴史的記念物の保全

オスマンは一八五三年の六月に赴任するや、ペルシニーの生産的歳出の方法を全面的に受け入れ、ただちにパリ改造に着手した。とりわけ、オスマンは工事を行えばパリ市の歳入が増え、建築計画の財源がますます増大するというスパイラルに魅惑された。これなら、パリの住民にまったく負担をかけず（増税を行わず）に、パリ改造を完遂できる。もちろん、こうした積極財政にはおのずと限界があり、どこかでバブルが弾ける瞬間がやってくることは間違いないのだが、楽観論者であるオスマンには、まだそのことはわからない。いずれにしろ、オスマンは着任早々、打ち出の小槌を手にしたと思ったのである。

実際、オスマンの打ち出の小槌はきわめて効果的に働いた。前任者がやり残した第一次道路計画のうち、リヴォリ通りの建設工事を一八五三年の暮れに再開すると、パリの入市関税はまたたくまに増加し、スパイラルが始まったのである。

これに気をよくしたオスマンは、マルサン館からビブリオテック通りまでの第一区間と、そこからプリ通り（後のルーヴル通り）までの第二区間にあった貧民街を一気に撤去したばかりか、パレ・ロワイヤル周辺の通りも大きく拡張して広場をつくり、このあたりの様相を一新することに成功する。

おかげで、カルーゼル広場から、今日ルーヴルの中庭のガラスのピラミッドのあるあたりまでびっしりと建ち並んでいたあばら家の群れは跡形もなく消え去った。この貧民街の中には、バルザックが『従妹ベット』の中で描き、ネルヴァルが『ボヘミアの小さな城』の中で歌ったドワイエネ街やドワイエネ袋小路があったが、それも一掃されてしまった。

ボードレールは『悪の華』の「白鳥」という詩の中で、この消失したバラックの群れのことを歌っている。

それが突然 私の豊かな記憶を孕ませたのだ、
今日 新しいカルーゼル広場を横切ろうとしていたときに。
古いパリはもうなくなった(都市の形の変化の早さは、ああ！ 人の心のそれにもまさる)。
もはや心に描くばかりだ あの建てこんだバラックの群れ、
(略)
さらには、窓ごしにきらめく、雑然としたがらくたなどは。(安藤元雄訳)

ボードレールは嘆き、懐かしんでいるが、オスマンは詩的感傷性をまったく持ち合わせていなかったので、その『回想録』の中で、「パリにおける最初の仕事として、この一画を一掃することができたのは、私にとって、大きな喜びであった」と率直に喜んでいる。

ところで、このリヴォリ通りの第一期延長工事においては、貧民街の撤去と道路と広場の造成までは順調に進んだが、その後の、宅地売却については、必ずしも見通しどおりにはことが進まなかったことを指摘しておく必要がある。すなわち、一八五五年にルーヴルとパレ・ロワイヤルの間の土地が民間に売り出されたとき、案に相違して、不動産業者はほとんど入札に参加しなかったのである。長く続いた不動産不況で痛めつけられた彼らは、これまでの規模からするとあまりにも広大な敷地に恐れをなし、入札を見送ったのである。そこで、困り果てたオスマンは、銀行家のペレール兄弟に頼み込んで、この土地をまとめて買ってもらうことにした。こうして建てられたのが、ルーヴル・ホテルとルーヴル・デパートがテナントとして入ることになるビル（今日の骨董屋デパート《ルーヴル・デ・ザンティケール》）で、これは一八五五年の万博においておおいに活躍することになる。

オスマンはこの工事に引き続いて、パリ市庁舎《オテル・ド・ヴィル》までのリヴォリ通りの延長工事を開始したが、この工事にはいくつかの問題があった。

その一つはルーヴルの正門の前にあるサン・ジェルマン・ロクセロワ教会をどう処理するかという問題である。ナポレオン三世が示したプランでは、リヴォリ通りの延長は、ルーヴル宮殿の正面からセーヌに沿ってまっすぐに東に進むことになっていたが、これだとサン・ジェルマン・ロクセロワ教会を撤去することになってしまう。また、リヴォリ通りをそのまま延長するにしても、ルーヴル宮殿の前のあばら家は撤去してここに広場を作る必要がある。その場合にもサン・ジェルマン・ロクセロワ教会は撤去されることになる。

オスマンはこのいずれのプランにも反対だった。というのも、オスマンはプロテスタントなので、もしサン・ジェルマン・ロクセロワ教会を撤去したりしたら、一五七二年にこの教会の鐘の音を合図に起こった聖バルテルミーの夜のプロテスタント虐殺の仕返しをしていると取られる恐れがあったからだ。

結局、オスマンはサン・ジェルマン・ロクセロワ教会を改修して残すことに決め、リヴォリ通りはこれまでのコースをそのまま延長したものとすることにした。

ところが、これだと別の問題が生じる。シャトレ広場の横にあるサン・ジャック・ド・ラ・ブシュリ教会のところで、ベルジェの測量には現れていなかった思わぬ高低差が見つかったことである。誤算はそればかりではない。その丘の上には、サン・ジャック・ド・ラ・ブシュリ教会がのっていたのだ。

この難題に対して、オスマンは次のように対処した。サン・ジャック・ド・ラ・ブシュリ教会は破損が激しいのでこれを残すことは不可能だが、その鐘楼（サン・ジャック塔）は、ギリギリのところでリヴォリ通りの延長から外れているので、この塔のまわりの土手を削って平坦地とし、道路を通してやれば、パスカルが気圧実験を行ったパリ名所のサン・ジャック塔は破壊を免れるというのである。

オスマンは『回想録』の中で、この二つの歴史的記念物の保存を取り上げて、私は、しばしば壊し屋（デモリスール）と非難されているが、そんなことは決してない、それどころか、壊してもいいあばら家だけを撤去し、由緒ある歴史的記念物は積極的に残していると自己弁護につとめている。たしかに、オスマンの言い分にも一理はあるようだ。とくに、歴史的記念物はパリ改造にもかかわらず、予想以上に残っているのである。

中央市場《レ・アール》の建設

現在、ガラスのショッピング・センター《フォーラム・デ・アール》のある場所に中央市場が建設されたのは遠く一二世紀のルイ六世の時代に遡る。それ以来、この場所で中央市場は順次拡張をつづけてきたが、一八四七年に至って、古い市場を全面的に取り壊し、新しい中央市場を建設することが決まった。ところが、そこに二月革命が起こり、着工できぬ状態のまま、いたずらに月日を重ねたが、それでも大統領ルイ＝ナポレオンの強い意志により、一八五一年の八月には建築家バルタールの設計になる市場の一号棟が着工にこぎつけた。

ところが、いざ市場が建ち上がってくると、ルイ＝ナポレオンは自分がイメージしていた理想とはまったく違うといいだし、一八五二年の三月には工事の中止を命じた。バルタールの設計した石造りの市場は完全に古い様式の建物で、要塞《フォール》のようであったため、人々は、これを小麦市場《ラ・アール》の運搬夫《フォール》とかけて《フォール・ド・ラ・アール》とあだ名したが、ルイ＝ナポレオンはこの様式に激しい不快感をおぼえ、なんと、完成した一号棟を取り壊して、一からコンペをやり直すように指令したのである。

オスマンは着任早々この問題にぶつかった。バルタールはすっかり意気消沈し、コンペには参加しないと言い出したが、オスマンはバルタールとはアンリ四世校時代の学友でもあり、また彼の才能を高く買ってもいたので、なんとかコンペに参加させるよう努める一方、ナポレオン三世の頭にあるイメージを聞き出そうとした。オスマンがいろいろ探りを入れてみると、ナポレオン三世が考えているのは一八五一年にロンドンで開かれた第一回万博のパヴィリオン、つまり、パクストン設計になる鉄とガラスの《クリスタル・パレス》に近いものであることがわかった。そこで、オスマンはこれをバルタールに伝え、幾とおりかプランを作成するよう命じた。

ボ・ザール（美術学校）出身でローマ賞受賞者でもあるバルタールは「私には、そんな温室のような建物の設計はできない」と尻込みしたが、オスマンは「それでは私の面子《めんつ》が立たない」と泣き落とし、無理やりナポレオン三世の意向に沿うような新しいプランを作成させた。出来上がった新しい三とおりの設計図を持ってオスマンがナポレオン三世のもとに出向くと、皇帝はクリスタル・パレスに最もよく似たプランを指し、「私が欲しかったのはこれだ」と狂喜して、こうオスマンにたずねた。

「すごい。天才だ。いったい、この建築家は前にどんな建物を建てているんだ？」

オスマンは答えた。

「陛下が取り壊させた《フォール・ド・ラ・アール》です」

そして、驚いて声も出ない皇帝に向かって、自信満々にこう付け加えた。

「建築家は同じですが、知事は同じではありません」（オスマン『回想録』）

一八五四年から五七年にかけて、まず東側地区の六棟のパヴィリオンが次々に着工し、五八年には東側のすべての棟が完成した。パヴィリオンとパヴィリオンを結ぶ幅広の通路自体も鉄とガラスの屋根で覆われているので、市場の利用者は、雨風にさらされることなく中央市場の中を移動できるようになっていた。ようするに、それは、ナポレオン三世がオスマンに向かって「私が欲しいのは、巨大な雨傘のようなもので、それ以上ではない」と語った理想を完全に実現したウルトラ・モダン建築だったのである。

要塞のようなフォール・ド・ラ・アール
建築家バルタールが最初に建てた中央市場は、要塞に似ているためフォール・ド・ラ・アールと呼ばれた。ナポレオン三世はこれが気に食わず、取り壊させた。[D]

完成したレ・アール
モダニスト・ナポレオン三世は、パクストンのクリスタル・パレスを理想とし、巨大な雨傘のような中央市場（レ・アール）を望んだ。19世紀を代表する鉄とガラスの傑作建築。[D]

オスマンは、東側地区完成後、一八六〇年から引き続いて西側地区の六棟のパヴィリオンの建設に取り掛かったが、そのうちの四棟が一八六八年に完成したのみで、残りの二棟はオスマン在任中にはついに建設されぬままに終わった。この最後の二棟は一九三五年になってようやく着工され、第二次大戦後の四八年にようやく完成したが、それからわずか二一年後の一九六九年、ド・ゴール政権下のパリ市は、中央市場をパリ郊外のランジスに移転することを決定、バルタールの巨大なパヴィリオンの群れは全面的に取り壊され、あとをフォーラム・デ・アールに譲ったのである。

この中央市場の取り壊しは、ナポレオン三世の理想建築を地上から消失せしめたという意味で、パリの都市計画の上で最大の汚点とされるが、しかし、中央市場へのアクセスの面から見ると、無理からぬものともいえた。毎朝、中央市場へと向かう大量の車両によって、パリの中心部はたいへんな交通渋滞に見まわれ、郊外移転以外には解決策はないとされたからである。

この点はじつはオスマンも中央市場を建設した時点から予想しており、中央市場の工事と並行して、市場の地下へと通じる鉄道を建設しようという計画を持っていた。プランでは、ストラスブール駅（今日の東駅）からストラスブール大通りの地下七メートルのところに地下鉄（もちろん、まだ蒸気機関車である）を敷設し、これをランビュトー通りとの交差点で方向転換させ、中央市場へと通じる予定だったが、地下鉄の削岩工事に莫大な費用がかかることが予想されたため、これを経営しようという意欲的な鉄道会社は現れず、ついに計画は幻に終わったのである。もしこれが実現していたら、たとえ二〇世紀に自動車時代となっても、地下鉄を道路に転換すればよく、中央市場も破壊を免れたかもしれない。残念なことである。

この一例をもってしてもわかるように、オスマンの計画の壮大さは同時代人の想像力をはるかに凌駕していた。オスマンは二〇世紀はおろか二一世紀をも見通して、都市計画を作成していたのである。

3　第一期工事

セバストポール大通りの開通と民衆的街区の消滅

リヴォリ通りの開通と中央市場の建設で自信を深めたオスマンは、次に、第一期工事として、東（ストラスブール）駅からまっすぐ南下して、シテ島を横切り、左岸を貫いてアンフエール市門（今日のダンフェール・ロシュロー広場）へと通じる南北の幹線道路の右岸部分の建設に取り掛かった。

この南北の幹線道路はナポレオン三世が、将来の鉄道利用客の増加を見越して、強く建設を望んだもので、ベルジェ知事のもとでストラスブール大通りとして、ブールヴァール・サン・ドニとの交差まではほぼ完成していた。オスマンはこれをサントル大通りとしてシャトレ広場まで延長し、左岸へとつなげることにしたのである。サントル大通りは、開通時には、クリミア戦争の勝利を記念してセバストポール大通りと呼ばれることになる。

オスマンはこのストラスブール・セバストポール大通りと交差する三本の横の通り（レオミュール通り、チュルビゴ通り、エティエンヌ・マルセル通り）も開通させ、さらにシャトレ広場を大改造して、ヴィクトワール通りと交差させたが、これら一連の工事は、交通の面から見て必要不可欠であったにもかかわらず、人々の批判を呼び起こした。

その理由は大きくわけて二つある。

一つは、南北の幹線道路としては、すでにローマ時代に遡るサン・ドニ通りとサン・マルタン通りという平行して走る通りがあったにもかかわらず、オスマンがこの二つの通りのいずれかの幅員を拡張するのではなく、その二つの通りの中間に、民家を取り壊してまったく新しい大通りを通したことである。なぜ、こんな乱暴なことをするのかと問われたオスマンは、あっさりこう答えた。

「パンの堅い皮に手をつけるよりも、中の柔らかいところを貫いた方が簡単だからだ」（『回想録』）

つまり、既存の通りの拡張だと両側の商店の補償が大変で、ファサードも揃わないが、民家しかないところならまとめて立ち退かせて解体するので金も時間もかからないし、ファサードも統一的なものにすることができるというのである。

それに、オスマンには、定規で引いたとおりに、ひたすら真っすぐ通りを開通させようという直線嗜好があったので、東駅から垂直に南下するストラスブール・セバストポール大通りは理想にかなったものだったのである。

もう一つの批判は、この幹線道路とそれと交差する通りや広場の建設によって、パリの歴史と民衆的記憶の残った古い通りが一掃されてしまったというものである。実際、チュルビゴ通りとレオミュール通りの工事によって、『レ・ミゼラブル』の民衆蜂起の舞台となった中央市場付近の狭くて短い迷路のような通りや、ドーミエが一八三四年暴動の虐殺を描いたことで有名なトランスノナン通りなどが姿を消し、シャトレ広場とヴィクトワール通りの建設でジェラール・ド・ネルヴァルが首吊り自殺を遂げたヴィエーユ・ランテルヌ通りも地図の上からなくなった。

ヴィエーユ・ランテルヌ街

シャトレ広場とヴィクトワール通りの建設で、詩人ネルヴァルが縊死したことで有名な貧民街ヴィエーユ・ランテルヌ街も姿を消した。[X]

反乱防止？

第二帝政に反対する共和派のジャーナリストたちは、これらの狭い通りの抹殺は、民衆蜂起に欠かせないバリケードを作れなくするための陰謀だと書き立てたが、これに対して、オスマンは驚くほど率直にこれを認め、こう答えている。

「それは、『古いパリ』の切開であった。反乱とバリケードの街区を幅の広い中央通りによって切開するのである。その幅広の通りは、あのほとんど通行不能の迷路を端から端まで貫通することになる。それには横の連絡道路も備わっているから、それらが出来上がれば、着手された事業の完成に貢献するにちがいない」（『回想録』）

事実、ナポレオン三世が計画した道路のいくつかは、たとえば左岸のカルチエ・ラタンを包囲するレ・ゼコール通りやゲイ・リュサック通りのように、明らかに蜂起の頻発する街区を狙い撃ちにしたものもある。

とはいえ、左翼がいまだに繰り返しているような、パリ改造が反乱防止のためにのみなされたという非難は、やはり的外れのものだといわざるをえない。なぜなら、たしかに、迷路のような街区の一掃が反乱の予防という面をもっていたことは確かだとしても、それは目的の一つではあっても唯一の目的ではないからである。かくも大規模な工事を、この戦略目的のためにだけ、大きなリスクを覚悟してやるわけはないのである。オスマンもその点に関して、次のように述べている。

「しかし、反対派が非難しているように皇帝がこの結果だけを求めたということはありえないにしても、それが、陛下が昔のパリを改造し清潔にしようとして大通りをいくつも開通させた結果、幸いにもそうなったことは否定できない」（同書）

つまり、反乱の街区の一掃のためにパリ改造をしたのでなく、パリ改造の結果、そうなったということである。いずれにしろ、民衆的界隈から無秩序と不潔さが一掃されたことは確実に犯罪と反乱の防止に役だったのである。

このように、ストラスブール・セバストポール大通りの開削工事はさまざまな批判や反論を呼び起こしたが、それがシャトレ広場まで完成して、一八五八年の四月に開通式が行われると、人々は、東駅からセーヌにまで、延々二キロにわたって真っすぐに南下するこの壮麗な大通りの景観に度肝を抜かれた。両側には、建築規制をして高さと石の色を揃えた豪華な建物が並び、シャトレ広場に立って眺めると、そのパースペクティヴの消失点に東駅の絢爛たるファサードが霞んで見える。人々は、ここにおいて、オスマンが意図している改造計画の美的側面をようやく理解したのである。これによって、それまでさかんにオスマンに敵対していた人々も批判の口をつぐむようになる。

ブローニュの森の整備

ブローニュの森をロンドンのハイドパークに負けない庭園にすることはナポレオン三世の見果てぬ夢だった。

ナポレオン三世は、アムの牢獄に幽閉されていたときにガーデニングに目覚め、自らスコップを取って孤独な時間を紛らわしたが、ロンドンに亡命するとさらに造園学の研鑽を積み、専門家並みの知識を得るまでになった。友人のハミルトン公のために設計してやったブドリック城の庭園があまりにすばらしい出来栄えだったので、ハミルトン公はのちに「彼がいまの地位を失ったら、主任の造園技師として雇ってやる」と言ったと伝えられている。

そんなこともあってか、ナポレオン三世は、一八四八年に大統領に就任すると、すぐにブローニュの森を改造するようセーヌ県知事のベルジェに命じたが、ベルジェは、既述の如くサボタージュを決め込んだので、森の整備はほとんど進まなかった。

これに対し、オスマンは着任後、先述のアルファンの力を借りてブローニュの森の全面的改造に乗り出し、またたくまに世界にも類を見ないような美しい庭園を作りあげた。

造園技師としてのアルファンの天才は、ベルジェのプランでは小川だったものを二つの池につくりかえた点などに見ることができる。すなわち、ハイドパークを真似て小川をつくったにもかかわらず、高低差のために、上流は干上がり、下流は沼と化していたのを、真ん中で二つに切って大小の池とし、間に滝を設けるようにした工夫などである。

また、ブローニュの森を拡大し、セーヌに達するように植樹したこと、それにロンシャンの競馬場を建設したこともオスマンとアルファンの功績の一つに数えられるだろう。

ブローニュの森は、オスマン以前には、現在のグランド・カスカード（大滝）のところまでしかなく、それより西にはロンシャンの平原が広がっていた。

アンシャン・レジームの時代には、ここにクララ会のロンシャン女子修道院があり、聖週間には大掛かりなミサが開催されていた。このミサが上流階級の間で評判を呼んだため、社交界の連中は皆、ミサに出掛けるという口実のもと豪華な服装に身をつつんで高級馬車に乗り、シャンゼリゼからロンシャンまで自分たちの富を見せびらかして楽しむようになったのである。これがいわゆる「ロンシャンの散策」といわれるパレードで、やがて、聖週間に限らず、天気のよい日にも行われるようになった。

大革命が起こり、修道院が取り壊されると「ロンシャンの散策」の習慣も失われたが、王政復古とともにそれは復活し、再び、富の衒示に絶好の機会を提供するようになった。バルザックの『人間喜劇』やフローベールの『感情教育』には、この「ロンシャンの散策」がしばしば描かれている。オスマン以前のパリを舞台にした小説で「ロンシャン」という地名が出る場合には、それはこの「ロンシャン散策」を指しているのである。ただ、パレードは復活したが、ロンシャン女子修道院は再建されなかったので、その広大な跡地は、茫漠たる平原として残されていた。

オスマンは、このロンシャン平原の上半分をブローニュの森の延長としてセーヌまで広げ、下半分には新たに競馬場を建設することにした。

アイディアを持ち込んだのは、競馬マニアだったモルニー伯爵である。モルニーは立法議院議長のほか、競馬協会の理事長をつとめていた関係で、それまで競馬の会場として使われていたシャン・ド・マルスがその本来の使用目的である練兵場に戻されることが決まると、新しい競馬場をロンシャンに建設するようにと提案した。上流階級の社交の場として豪華な競馬場は不可欠であるというのがモルニーの主張だったが、これには、同じくイギリスかぶれで、競馬ファンでもあるナポレオン三世も全面的に賛成して、国庫から補助金を出すことが決まった。

こうして、一八五七年に完成したロンシャン競馬場は白亜のスタンドと緑の芝生のコントラストばかりか、競馬場の外の景観も素晴らしく、世界一美しい競馬場と呼ばれるのにふさ

ブローニュの森

パリの肺臓として、オスマンはアルファンに命じて、ブローニュの森の整備に着手した。図版はロンシャン競馬場建設以前の森。[T]

アンペラトリス大通り

幅広い大通りを建設することを美学としたオスマンは幅員140メートルのアンペラトリス（皇后）大通りを建設した。アンペラトリス大通りは新興成金たちが富を見せびらかすために豪華馬車で散策する定番の散歩道となる。[T]

わしい品格を備えていた。一八六三年には、一〇万フランの懸賞金をかけたグラン・プリ・ド・パリが開催され、以後、世界の競馬ファンを熱狂させることになる。

アンペラトリス（皇妃）大通りの建設

オスマンは、たんにブローニュの森の整備に力を注いだだけでなく、第一期工事として、凱旋門から森に至るアクセスとして、アンペラトリス大通りを完成させた。今日、フォッシュ大通りとして知られるあの広壮な並木道である。

このアンペラトリス大通りの度外れた幅員に関しては、「誇大妄想《メグロマーヌ》」と非難されたいかにもオスマンらしいエピソードが残っている。

シャンゼリゼからブローニュに至るアクセスが、幅の狭いサン・クルー大通り（今日は拡張されてヴィクトル・ユゴー通り）しかないので、新しい大通りを設計するようにとオスマンから命じられた建築家のイットルフは、当時まだ存在していなかったような幅員四〇メートルという通りを描いてみせた。

ところが、設計図を見ると、オスマンはこんなのはダメだと突き返した。

「広すぎましたか？」

「その反対だ。二倍、いや三倍はなくてはならん。そうだ、三倍の幅員一二〇メートルの大通りだ。それだけじゃ足りない。君が提案している二列の緑地帯も八メートルの四倍の三二メートルにしたまえ」（『回想録』）

オスマンはさらに一〇メートルの歩道を両側につけて合計の幅員一四〇メートルの道路にするように命じた。そして、この贅の限りをつくした大通りを、ウージェニー皇妃に捧げて、アンペラトリス大通りと命名した。オスマンは皇室の歓心を買うことにもきわめて巧みだったのである。

アンペラトリス大通りが一八五四年に開通すると、そこはたちまち流行の通りとなった。贅を誇示したくてたまらぬ新興成金たちが、従来の「ロンシャン散策」をリバイバルさせ、豪華な馬車で集まっては二つの湖の回りを一周する「湖水一周《トゥール・デュ・ラック》」という衒示パレードを習慣化したのである。いいかえれば、最も第二帝政らしい光景がこのアンペラトリス大通りからブローニュの森にかけて展開することとなったのだ。

その名残は、マルセル・プルーストの『失われた時を求めて』の「スワンの恋」に認めることができる。第二帝政崩壊から一〇年たった一八八〇年前後を舞台にすると思われるこの小説では、高級娼婦のオデットが、自分がシックな場所と感じるものを列挙して次のように言う。

シックな場所って何なのか教えなくちゃならないとしたら、いったい、わたしはどう言えばいいの？　そうね、たとえば日曜日の朝のアンペラトリス大通り、五時の湖水一周、木曜日のエデン座、金曜日の競馬場《イポドローム》、それからダンスパーティ……。（鈴木道彦訳。固有名詞を多少変更）

アンペラトリス大通りは、ナポレオン三世の失墜後、一八七五年まではユルリッシュ大通り、一八七五年から一九二九年まではボワ（森）・ド・ブローニュ大通りないしはボワ大通りと呼ばれた。したがって、オデットは第二帝政期の呼び名をそのまま使っていることになるが、それはプルーストが「スワンの恋」に第二帝政的雰囲気を与えようと固有名詞に工夫を加えたためにほかならない。

これ一つをとっても、ブローニュの森とロンシャンの競馬場、それにアンペラトリス大通りの完成が、第二帝政の社交界の成立と密接に結びついていた事実を理解することができるのである。

またナポレオン三世は、右岸のリヴォリ通りに対応するような東西の環状横断道を左岸にも建設し、これをセバストポール大通りの延長となるサン・ミッシェル大通りとクロスさせようと考えていた。前任者のベルジェはこのプランを実行に移し、ソルボンヌの横を通ってワイン市場（現在のパリ第七大学）に達するレ・ゼコール通りを開削させたが、オスマンはこの道路がサント・ジュヌヴィエーヴの丘の中腹を横切っているためセーヌに達するには途中から急坂になる点に目をとめ、交通量の多い環状横断道として不適格であると判断した。そこで、ナポレオン三世に翻意を促し、あらたに、もう一回り内側にサン・ジェルマン大通りを建設することに決めた。

とはいえ、一八五三年から五八年までの第一期工事では、サン・ジェルマン大通りはオートフーユ通りからモベール広場までの区間が完成したにすぎない。しかし、これだけでも、左岸のもっとも由緒ある古い通りの多くが消滅し、ミュッセやガヴァルニが描いたカルチエ・ラタンの雰囲気は一変することになるのである。

第一期工事の総括

予算の関係から第一期、第二期、第三期と区分されるオスマンのパリ改造の過程で、第一期（一八五三～五八）の特徴を一言でいえば、窒息寸前の過密地域を取り壊して広い道路を設ける一方、新鮮な空気の供給源としてブローニュの森を整備したこと、これに尽きるだろう。

このうち、前者の意義についてブローニュの森の設計者であるアルファンがオスマンへの

オスマンの功罪
オスマンを古いパリの破壊者と見るか、近代的パリの建設者として見るかで、評価は分かれる。鶴嘴は破壊者、鏝は建設者のシンボル。[V]

追悼文の中でこう述べている。

「第一期工事は、曲がりくねった、暗い、非衛生な通り、具体的にいえば、チュイルリ、ルーヴル、パレ・ロワイヤル、テアトル・フランセ、中央市場、パリ市庁舎、それにシテ島などの古い街区に、空気と光と健康をもたらすような統一的な作業であった」

まさにそのとおりだが、ただ、ここで一つ忘れてはならないのは、工事はたんに幅広な道路を作るだけではなく、まったく新しい建物からなる街区を生み出したということである。

前節で述べたように、この街区の建物は、分譲地としてパリ市が売り出した敷地を買い取った私企業や個人がそれぞれ別個に建設したものだが、日本の再開発にあるように、各人がなんの統一感もなくテンデンバラバラなコンセプトの建物を建てるのではなく、そこには、オスマンの意向による強い美学的な建築規制が働いていたことに注目すべきである。

パリ市では、オスマン以前から、道路の幅員と対応する建物の高さ規制の法律があったが、オスマンはたんに高さだけでなく、ファサードについても、街区の建設者がバルコニーや軒蛇腹などの線を揃えるように行政通達を発して、統一感を生み出すように指導した。つまり、行政指導に美学的な観点を盛り込むことで、均整の取れた美しい町並みを作り出すことに腐心したのである。

オスマンは一八七〇年に失脚し、その壮大な改造計画は後退を余儀なくされたが、パリ市当局は、オスマンのこの美学的見地からの規制という思想はしっかりと受け継ぎ、パリを無秩序な再開発から救うことになるのである。

一方、こうして一新された美しく高級な建物には、第二帝政の経済発展で成金となった新興の中産階級が多く住むようになったが、彼らは前時代の貴族たちが行っていた富の衒示行動を真似て、新しい社交習慣を生み出していく。その舞台となった一つが、前述のブローニュの森であり、ロンシャン競馬場であるが、新しい街区に誕生したパリ市庁舎やルーヴル宮殿、それに各種の劇場、ホテルなどもまた、彼らが夜会や舞踏会、晩餐会などを開催するのに格好の場所を提供することになる。

こうして、オスマンのパリ改造は、たんに街を作り替えただけではなく、新しい階層を生み、新しい習慣行動を作り出す。この意味で、オスマンは豪華絢爛たる第二帝政の社会それ自体の生みの親となったともいえるのである。

4 第二次計画

第二次改造計画に加えられた足かせ

一八五八年四月五日、セバストポール大通りの完全開通を祝う祝典において、ナポレオン三世は、居並ぶパリ市委員会のメンバーを前にして、次のような演説を行った。

委員会の皆さん、皆さんの任務はこれで完遂されたわけではありません。皆さんは、かくも見事に開始された事業を継続するプランに賛意を表されました。立法議院もこの計画を

> 可決することでしょう。私はそう期待しております。そうなれば、これから毎年、新しい幹線道路がつぎつぎに開通することになるはずです。その結果、人口過密の地区は衛生的になり、住宅の数が増えて家賃が低下し、労働者階級は働けば働くだけ豊かになり、福祉のより良き組織化で貧困が減少するでしょう。そして、それにより、パリはその高度な使命に答えられるようになるにちがいありません。（アンリ・マレ『オスマン男爵とパリ改造』に引用）

この演説からも明らかなように、少なくとも、ナポレオン三世の主観の中では、パリの大改造は、労働者階級の生活の向上の一環、というよりも、その主たる方法論として位置付けられていた。すなわち、一介のユートピアンにすぎなかった若きルイ＝ナポレオンが『貧困の根絶』の中で、公債の投入で農業コロニーを建設すれば、労働力と資金が循環して豊かな社会を築くことができると主張していたように、いまや皇帝となったかつての夢想家は、第一次改造計画の成功を見て、いよいよパリ改造こそが労働者ユートピアに通じる王道であるとの確信を深めたのである。

この意味で、一八五八年に浮上した第二次パリ改造計画《ドゥジエーム・レゾー》は、ナポレオン三世の描く理想都市のイメージをかなり忠実に再現しており、現実的な都市計画でありながら、その核には、ある種のユートピア的な要素が含まれている。いいかえれば、それは、オスマンというリアリストの建築家の手によって実現された幻想の宮殿という側面を有しているのである。

とはいえ、ナポレオン三世の意志の忠実な実行者たるオスマンは、そのユートピアの実現には、なによりもまず、資金の調達というリアリズムをくぐらなければならないことを承知していた。

ところが、その資金調達という第一の関門で、計画は早くも頓挫の兆しを見せはじめる。すなわち、総計一億八〇〇〇万フランの建設予算のうち、パリ市が三分の二、国家が三分の一を受け持つことになっていたにもかかわらず、予算案が立法議院に上程されるや、反対派の激しい論難に遭って、六〇〇〇万フランの国庫補助は五〇〇〇万フランに減額されてしまったのである。自分たちにとって何のメリットもないと感じた地方議員たちがパリ優遇の予算に反旗をひるがえしたのだ。

しかし、オスマンにとってこたえたのは、国家予算の減額よりも、計画に加えられたさまざまな制約である。

その第一は、パリ市債の起債には立法議院の賛成を得なければならないという条項、第二は、土地や建物の所有者だけではなく間借り人の補償もパリ市が負担しなければならないという項目、そして第三が、工事期間が、五年ではなく一〇年とされたことである。

これらの制約は、そのどれもが、予算の減額以上にオスマンの足かせとなったが、結果的に見て、最大の障害となったのは、三番目の一〇年という工事期間である。なぜなら、このように工事期間が長きにわたったことがいわゆる地上げ屋の暗躍を招き、ゾラが『獲物の分け前』で克明に描いたような土地価格の暴騰を生み出した結果、パリ市は土地収用に莫大な費用を必要とするようになったからである。

オスマンは、もし期間が皇帝の命じたように五年という短期で、その間に一気に工事を完成できたら、このような失敗は起きなかっただろうと『回想録』で反論しているが、果たしてそうだろうか？　日本の実例を見てもわかるように、地上げ屋は、よほどの強権で売買に掣肘を加えない限り、たとえ短期間でも確実に利権にからんでくるからである。事実、第三次計画では、失敗に懲りたオスマンが着手する工事の場所を明かさなかったにもかかわらず、地上げ屋たちはどこからかそれを聞き出して、土地の買い占めに走ったのである。

とはいえ、われわれはまだ一八五八年の時点にいる。ナポレオン三世とオスマンが策定した第二次計画は、立法議院による制約が将来の大きな足かせになるとも知らず、まずは順調な滑りだしを見せたのである。

人体とのアナロジー――第二次改造計画の特徴

リヴォリ通りとストラスブール・セバストポール大通りの交差《クロワゼ》を主軸とする第一次改造計画が、いわば病んだ患部の摘出手術であったとすれば、シャトー・ドー広場（今日のレピュブリック広場）とエトワール広場の建設を中心とする第二次改造計画は、患者の体を壮健にするための肉体改造にたとえることができる。

すなわち、パリの東西に位置するシャトー・ドー広場とエトワール広場という二つの広場をより完全な形の放射状広場に改造したとき、オスマンはこれを、都市という肉体のすみずみに新鮮な血液を送り出す心臓として捉え、いわば、循環器系の治療によって都市の健康を回復しようと考えたということができる。

この発想は、アラン・コルバンの『においの歴史』によると、イギリスのハーヴェイが発見した血液循環の法則をナポレオン三世が都市に応用したものとされるが、たしかに、ナポレオン三世もオスマンも、さまざまな面で、パリのオルガニスムを人体のそれとのアナロジーとして捉えていたようで、たとえば、オスマンは、後に、ヴァンセンヌの森やビュット・ショーモン公園を建設するとき、これをブローニュの森という左の肺に対する右の肺という比喩で語っている。

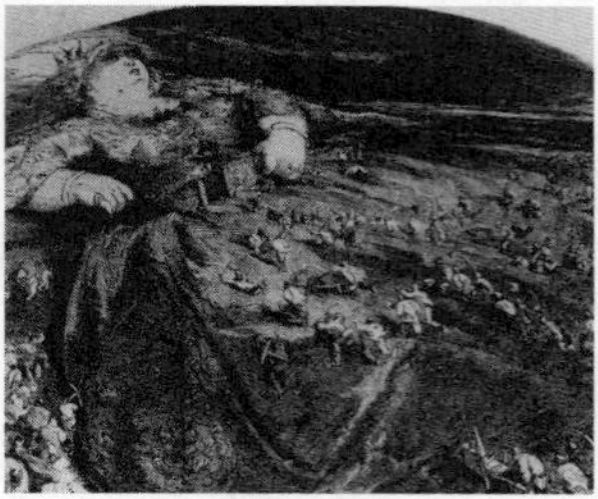

人体とのアナロジー
パリの改造は、森が肺臓、大通りが動脈、ロータリーが心臓というように、しばしば人体とのアナロジーで語られた。図版は建設労働者に侵食されるパリ（女性）を描いたモランの風刺画。[V]

いずれにしろ、ナポレオン三世とオスマンが、第二次道路網の基本コンセプトとして、碁盤目ではなく放射状の組み合わせを採用したことは、パリという都市の性格形成にとってまことに幸運だったといわざるをえない。つまり、直線だけではなく円がこれに加わることによって、同じ幾何学模様でも、単純な計算では計ることのできない複雑な都市の性格がパリに付与されたのである。

もっとも、常に直線を好むオスマンの性向からして、もし彼一人が改造を初めから担当したら、パリは、あるいはニューヨークのような碁盤目の都市になっていたかもしれない。だが、幸いなことに、彼が設計図を描く前に、彼よりも複雑な性格のナポレオン三世が放射状の原型プランを作っていた。パリが今日でも、世界のどんな都市にもない不思議な魅力をたたえているのは、改造を人体モデルにならって放射状にしたナポレオン三世のおかげなのである。

なかでも、衰弱した人体への人工心臓のはめ込みにたとえられるのが、新たなシャトー・ドー広場の建設である。

大改造の前、シャトー・ドー広場は、タンプル大通りとサン・マルタン大通り、それにタンプル通りとフォーブール・デュ・タンプル通りが交わる重要な交差点ではあったが、実際は、シャトー・ドーと呼ばれるライオンの噴水が中央に鎮座する狭い広場に過ぎなかった。

オスマンは、タンプル大通りとサン・マルタン大通りの一部を削り取って、この広場を数倍の規模に、とりわけ横に大きく拡大した上で、そこに東西南北に放射する幅広の道路を通すことにした。

最初に建設されたのが、パリ東部の要衝であるトローヌ広場（現在のナシオン広場）から発する広壮なプランス・ウージェーヌ大通り（現在のヴォルテール大通り）と、その延長で、ポワソニエール市門へと延びるノール大通り（現在のマジャンタ大通り）。次に、タンプル通りの一部を拡大してこれを中央市場の方向へとつなげるチュルビゴ通り（セバストポール大通りまでの部分）。そして、最後に、これはオスマン在任中は実現しなかったが、ペール・ラシェーズ墓地へと通じるアマンディエ大通り（現在のレピュブリック大通り）である。

ところで、これらの放射状の通りの建設には、人口密集地域に空気と光を与え、人とモノの流れを円滑にして都市の健康を回復させるという本来の目標のほかに、もう一つ、パリという人体になにかしらの障害が起こったときにただちに治療を施すという副次的な目的も含まれていたことを忘れてはならない。つまり、民衆反乱の多発する東部地区を縦断横断するこれらの通りは警官隊や軍隊をただちに派遣することのできる戦略道路としても機能していたのである。事実、マガザン・レユニ百貨店と対を成す建物はプランス・ウージェーヌ兵営として、民衆反乱の企てに対して睨みをきかせていた。

また、オスマンはグラン・ブールヴァールに並行するかたちでバスチーユ広場に流れこんでいたサン・マルタン運河をフォーブール・デュ・タンプル通りと交差するあたりから暗渠として、その上を二キロにわたって中央に芝生のある遊歩道にしたが、この措置もまた、反徒たちが東部に立てこもるのを許す堀の役目をしていたサン・マルタン運河を取り除くことに貢献した。

民衆反乱の芽を摘み取るという面でこれらに劣らぬ働きをしたのが、タンプル大通りの東の外れにあった劇場街、通称「犯罪大通り」の撤去である。マルセル・カルネ監督の名作『天井桟敷の人々』に生き生きと描かれたこの「犯罪大通り」は、殺人や強盗、強姦など血なまぐさい犯罪が多く描かれる大衆演劇を上演する小さな劇場がたくさん立ち並んでいたことからその名前がついたが、そこはまた、カーニヴァルの季節には、パリの東部と北部の民衆が集まって熱狂を繰り広げる騒乱の舞台でもあった。このカーニヴァルの騒乱では、ときとして、陰謀家たちが熱狂を暴動へと駆り立てようとすることもあったので、シャトー・ドー広場の拡張で「犯罪大通り」自体が姿を消したことは、こうした陰謀の芽を事前に摘み取ることにも役立ったのである。

エトワール広場

シャトー・ドー広場の建設が、パリ東部の人口密集地域に血液を送り込む人工心臓を埋め込む緊急手術にたとえられるとしたら、パリの市域を西にはみ出したところにわざわざエトワール広場を建設したことは、オスマンがパリの市域の拡大と西への発展という将来を見越して、一種のサイボーグ都市を創り出したと言えないこともない。なぜなら、それは、第二帝政ばかりか、遠く二〇世紀の都市交通をも射程に入れた遠大なプランだったからである。

ナポレオン一世が第一帝政の時代に建設に着手し、ルイ・フィリップが一八三六年に完成させた凱旋門は、ナポレオン三世がロンドン亡命中にパリ改造のプランを作り上げたときには、パリの市域外にあるエトワール広場の真ん中に建っていた。周囲には民家もなく、今日のシャンゼリゼ大通りに当たるエトワール大通りの端にニコラ・ルドゥーの設計になる入市関税事務所が二つ並んで立っていただけである。

未来のナポレオン三世はそれでも偉大なる伯父に敬意を表してか、このエトワール広場に現在のフォッシュ大通り、クレベール大通り、フリエトラント大通りを付け加えてはいたが、広場の規模はそのままで、これをパリの西の心臓にするというアイディアまでは持ち合わせてはいなかった。

ところが、オスマンは、第二次改造計画にこのエトワール広場を含めた時点ですでに、ここを改造後のパリの象徴となるような壮麗な広場にしようと心に決め、パリの市域の拡大も含めて、綿密な計画を練っていたのである。広場の直径は二四〇メートルという巨大なもので、ここから一二本の大通りが放射状に放たれ、それぞれが、他の広場や大通りと接続する。また、一二本の大通りを結ぶ同心円状の通りも設けて、交通を円滑にする。さらに、こうした放射状と同心円状の通りの両側に並ぶ建物はすべて新築とし、その建築様式も揃えて美学的にも見栄えを良くする、等々である。

ようするに、オスマンは、ナポレオン三世のプランでは一つの広場にすぎなかったものを、世界でも類を見ない「唯一の広場」に変えたのである。アンリ・マレは次のように指摘しているが、至言だろう。

この一二本の大通りを持つ広場の《美しき調和》という栄光はまさにオスマンにこそ帰せられるべきものである。それはたしかに世界中のあらゆる首都のうちで最も成功した全体計画の一つなのである。パリに比類なき眺めを与えているこの一二本の枝を持つ星（エトワール）のアイディアとその実現という功績はオスマンのものとして認めてやる必要がある。（マレ前掲書）

モンソー公園の建設

このように、エトワール広場がオスマンの美学的勝利と呼べるとしたら、モンソー公園とその周辺の高級住宅地の建設は、オスマンにとって財政的な勝利と形容できる。

モンソー公園は大革命以前はオルレアン家のシャルトル公の領地で、フォリーと呼ばれた豪華極まりない大庭園を擁する邸宅が建っていた。革命後、領地はオルレアン家に返還されたが、一八五二年にナポレオン三世が行ったオルレアン家財産の没収で、再び国家のものになっていた。オスマンは、アンリ四世校でオルレアン公の子供たちとクラスメートだった関係もあり、この問題の円満解決をはかろうと考えたが、一八六〇年に、銀行家のペレール兄弟の仲介で、ついにそれに成功する。

すなわち、オスマンはオルレアン家に賠償金を払って敷地を買い取り、そこにモンソー公

完成したエトワール広場

パリの西の心臓としてオスマンはエトワール広場の改造を決意。世界で「唯一の広場」を完成した。[G]

モンソー公園

オスマンはモンソー公園を改造すると同時に、その敷地を半分にして、残りをペレール兄弟に売却。ペレール兄弟はこの敷地にパリの最高級住宅地をつくりだした。[T]

園と大通りを建設するが、残りの広大な土地はペレール兄弟に売却して、賠償金の償却と公園の整備費に当てたのである。ひとことで言えば、オスマンはオルレアン家とパリ市とペレール銀行が同時に利益を得る方法を見いだしたわけだが、このアイディアの画期的なところは、パリでは珍しいイギリス風庭園を西部地区に建設すると同時に、パリで一、二を争うほどの高級住宅街を一気に成立させたことにある。つまり、パリ市からモンソー公園を囲む優良地を買い取ったペレール兄弟が、大きな区画の高級住宅用敷地としてこれを売り出したところ、バブル成金たちが殺到し、モンソー地区は瞬く間に大邸宅が立ち並ぶ閑静な御屋敷町に変貌したのである。

ところが、オスマンがこの成功に気をよくして、次に、モンソー公園とマドレーヌ広場を結ぶマルゼルブ大通りの開通に取り掛かったところ、ここでは、思わぬ反撃に出会うこととなる。というのも、ルイ・フィリップの時代から、大金持ちはこのマルゼルブ大通り周辺に邸宅を構えるようになっていたのだが、オスマンの計画では建てたばかりの大邸宅が取り壊しの対象となるので、立法議院をはじめとするあらゆるつてを使って反対行動に出たからである。

この動きにオスマンはおおいに困惑したが、ナポレオン三世は道路建設の公共性を盾にとって例外を認めず、断固としてオスマンを支持した。その結果、マルゼルブ大通りはめでたく開通にこぎつけることとなる。これなど、パリ大改造という大義の前で、一君万民型の皇帝民主主義の原則が貫徹された格好の例としてあげることができるだろう。

シテ島の徹底的改造

第二次改造計画には、このほか、ブローニュの森と対を成すヴァンセンヌの森の整備、バスチーユ広場とヴァンセンヌの森を結ぶドーメニル大通りの開通、西部鉄道の起点駅であるサン・ラザール駅の改築と、放射状のヨーロッパ広場の建設、シャイヨー地区とトロカデロ地区の整備、左岸での環状大通りの開通などがあるが、そのなかでも、パリの変容を象徴するのがシテ島の大改造だろう。

パリの発祥の地であるシテ島は、この時代には、中世とほとんど変わらない民家の群れが所狭しと立ち並ぶパリでも有数な人口過密地域となっており、警察の追及を逃れた多くの犯罪者がタピ・フランと呼ばれる居酒屋兼用の安ホテルに身を隠していた。

オスマンは、シテ島の改造には、ノートル・ダム大聖堂とサント・シャペル、コンスティスを除くすべてをクラッシュ・アンド・ビルドするほかないと考え、道路や建物ばかりか、橋までも完全に作り替えてしまった。すなわち、ポン・ト・シャンジュ（両替橋）がセバストポール大通りの延長上にないという理由で、それを建て直し、同じようにサン・ミッシェ

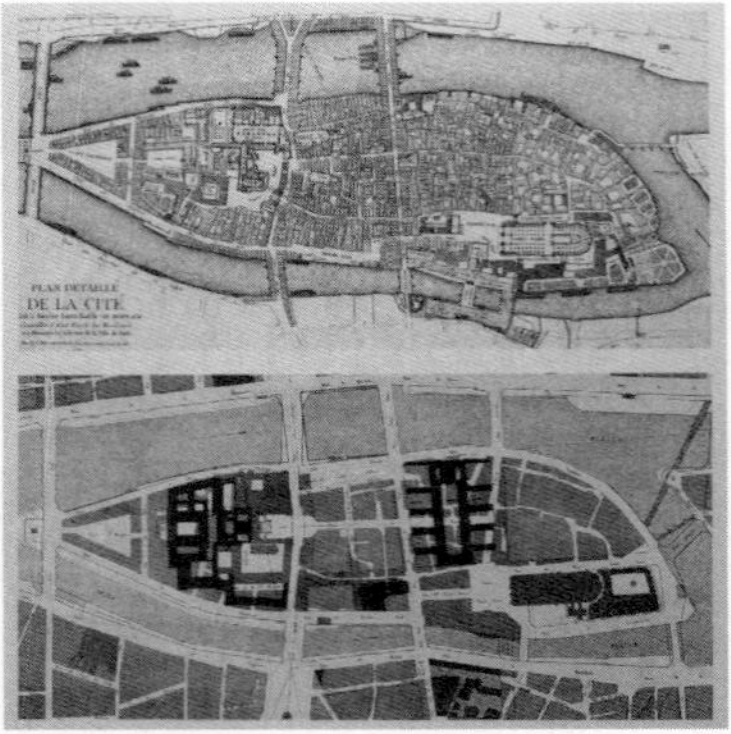

シテ島の改造
中世から続いていたシテ島の民家はオスマンによって一掃され、公共建築の島に変わった。上は改造前、下は改造後。[V]

ル橋も作り替えた。また二つの橋を結ぶバリユリ通りも拡張されてパレ大通りとなった。ノートル・ダム大聖堂の前庭に拡がっていた貧民街はすべて撤去されたばかりか、中世に聖ランドリが開いたといわれるオテル・デュ（パリ市立病院）も取り壊された。

このオテル・デュに関しては、オスマンは、シテ島のような悪環境ではなく、もっと衛生的な場所に移転すべきだと考えていたが、ナポレオン三世の強い意向で、同じシテ島の違う場所（ノートル・ダム大聖堂を挟んだ反対側の河岸）に移設することとなったのである。ナポレオン三世は、オテル・デュを最も頻繁に利用する下層民衆にとってアクセスが少しでも良いという条件を優先させたといわれる。

今日、シテ島の貧民街があったあたりを歩くと、商事裁判所やパリ警視庁（最初はシテ島兵営）といった公共施設が立ち並んでいるばかりで、民家があるのは、オスマンが取り壊そうとして果たせなかったノートル・ダム大聖堂の北側の一角とドフィーヌ広場に限られる。そのため、大改造以前のシテ島の姿をしのぼうと思っても、残っている街よりも、オスマンの改造で消滅した街区の方が強く意識されてしまう。

シテ島こそは、オスマン改造の徹底ぶりを知るための格好の見本といえるのである。

5　第三次改造計画とオスマンの失脚

パリ市域の拡大

パリは一八六〇年一月一日をもって、周辺の一一の市町村を合併し、市域を二倍以上に拡大して、行政区分も一二区制から二〇区制に変更した。これは現在も同じである。

では、市域は具体的にどこからどこまで拡大されたのだろうか？

旧市域は、徴税請負人の壁といわれた塀の内側である。徴税請負人というのは、アンシャン・レジームの時代に、国王のために税金を前納し、その税金を民衆から取り立てる権利を得た人たちのことを指すが、彼らが徴税の財源としたのは、パリ市内に入ってくる日用品への間接税だった。すなわち、市域をぐるりと塀で取り囲み、ところどころに市門を設けて、ここに入ってくる荷物から市税を徴収しようとしたのである。

いっぽう、新市域の境界となったのは、ティエールの城壁と呼ばれる堅固な軍事城壁で、一八四一年から四四年にかけて、当時の首相ティエールの発案で建設されたものである。こちらは、パリ周辺の市町村を取り囲むかたちになっていた。

オスマンは、徴税請負人の壁を廃して、市域をティエールの城壁まで広げ、そこに新たに間接税徴収の市門を設けることにしたのである。

オスマンがこのアイディアを採用したのは、近代化が着々と進むパリ市内に比べて、周辺の市町村のアメニティがあまりに低く、道路や上下水道が整っていないところに、鉄道開通で地方から続々とやってきた新住民が安普請の建物に住みつき、新たな無秩序が発生していたことを重く見たためである。オスマンからすれば、パリ中心部の貧困と悪徳を除去したのに、周辺部にそれが移動し、パリを包囲するようになるのは許しがたいということになる。

この問題は、七月王政の時代から何度も取り上げられていたが、財政難を理由にそのたびに見送られていた。オスマンは、第二帝政の権威と安定が頂点に達したこの時期に、これを一気に解決してしまおうと考えたわけである。

しかし、この合併には、周辺市町村の住民からもパリ住民からも強い反対があった。

周辺市町村の反対というのは、それまで市域の外にいたために享受できた特権が失われるからである。たとえば、市門の外側にはどこも、「市門の酒場」と呼ばれる酒場があって、市門外でワインを飲んで市内に帰る客で大繁盛していたが、もしパリ市に編入されると、無税の酒を飲ませるという特権は失われてしまうことになる。また、周辺市町村の住民の中には、日用品が無税だったために享受できた物価の安さという利点がなくなるとして合併に反対する者もいた。

いっぽう、市域内の住民からも反対の声があがった。その理由は無秩序な市域外のアメニティや行政制度を整備しようとすれば必然的に金がかかるが、その金を負担するのは貧しい新住民ではなく、比較的裕福な自分たちだ、というものである。

これに対して、オスマンは、市域外の住民に対して合併後七年間は免税特権を認めることで反対派を懐柔し、パリ市民には将来的な発展可能性という論拠で説得を図った。その結果、法案は、一八五九年五月にパリ市委員会で採択され、次いで同年一一月に立法議院でも可決され、翌年元日より施行として公布された。

オスマンは徴税請負人の壁と同時に、市門の両側に建っていたニコラ・ルドゥー設計になる揃いの徴税所をわずかな例外を除いて破壊したが、これが後にオスマンのヴァンダリスムという非難の原因の一つとなるのである。

第三次改造計画——二つの公園とオペラ座

アメニティの設備のまったくない市域外の市町村が合併されたことは、必然的に、オスマンに改造計画の変更を強いることになる。すなわち、新市街と旧市街を結ぶ通りや新市街相互を結ぶ環状大通りの敷設、畑は多くても公園のなかった地域への公園の建設などである。そこで、ナポレオン三世とオスマンの心に、第二次改造計画に続く第三次改造計画が浮上することになる。

その中心となったのは、ビュット・ショーモン公園（一九区）とモンスリ公園（一四区）である。

ビュット・ショーモン公園は、新市域の東北部モンフォーコン（一九区）に建設されたイギリス式庭園である。モンフォーコンの丘は中世から刑場として使われ、聖バルテルミーの虐殺で殺害されたプロテスタントの死骸がここに放置されたことなどで有名である。一六二三年には閉鎖されたが、その後、この丘は石膏を切り出す採石場として使われ、いたるところに穴が掘られることになる。一八世紀には、採石場跡の穴は屎尿《しにょう》処理場となり、パリ中から集められた屎尿がこの穴にためられた。

このモンフォーコンの屎尿処理場は、隣り合う廃馬処理場とともに、パリの悪臭スポットとして悪名をはせることになる。屎尿処理場と廃馬処理場は、住民の苦情で、七月王政期に郊外のボンディに移転されたが、跡地は、決められぬまま放置されていた。

ビュット・ショーモン公園
パリの市域の拡大によってパリ市に編入された東北部の肺臓となるべく造営されたビュット・ショーモン公園。以前、モンフォーコンの屎尿処理場だった場所である。[T]

オスマンは、ここに、パリの東北部の民衆の憩いの場となるような壮麗な公園をつくろうと決意し、アルファンに造園を任せた。アルファンはこの期待によく応え、ビュット（丘）という地形の起伏を生かして、独特の興趣に富む公園をつくりあげた。一八六七年にパリを訪問した徳川昭武の一行も、ビュット・ショーモン公園を見学し、民衆的地域に公園をつくったナポレオン三世の意図を称賛している。

いっぽう、モンスリ公園は新市域の南端（一四区）につくられたパリ最大の典型的なイギリス風庭園である。この地域も労働者の多く住む街区で、オスマンは、ビュット・ショーモン公園の左岸版を意図していたが、庭園内を鉄道の線路が二本も走っていたこともあり、造園は思うにまかせず、ビュット・ショーモン公園のような人気は集めることができなかった。今日でも、樹木が鬱蒼と生い茂っているだけで、あまり特徴のない公園である。

グラン・ブールヴァールからルペルティエ通りに入ったところに一八七三年まであったオペラ座は、一八二〇年にベリー公がルヴォワ通りに入る際に暗殺されたことから急遽、建設された仮設の劇場だったので、本格的なオペラ座の建設はすでに王政復古の時代から検討されていた。オスマンも着任するとすぐに新オペラ座の計画を練り始めたが、地上げ屋の暗躍がひどくなったため、建設地に関しては長いあいだ胸中に深く秘めたままだれにも明かそうとはしなかった。

しかし、そのための準備は、第二次改造計画の段階からすでに怠りなく、サン・ラザール駅の整備にかこつけてオベール通りとアレヴィー通りを開通させ、これに建設予定のスクリーヴ通りとマイヤーベアー通りで、現在オペラ座のある敷地を取り囲むようにしておいた。リヴォリ通りとキャピュシーヌ大通りを結ぶ通りとして一八五四年から工事の始まったナポレオン大通り（後のオペラ大通り）も、新しいオペラ座を考えに入れて計画したものである。

こうしたオスマンの深慮遠謀は、一八五八年にイタリア人の愛国者オルシニによるナポレオン三世暗殺未遂事件が起こると、その効力を発揮することになる。というのも、事件はナポレオン三世の馬車がオペラ座に向かう途中で爆弾が投げ付けられて起こったもので、今後も、狭くて警備のしにくいルペルティエ通りにオペラ座がある限り、同じような事件が起きるだろうと予想されたので、よりアクセスの良い場所にオペラ座を建設するしかないという意見が強くなったからである。一八六〇年に、正式にオペラ座の計画が持ち上がったとき、オスマンは、すでに整備済みの広場をオペラ座の建設候補地として差し出すだけでよかったのである。

シャルル・ガルニエ設計になるオペラ座は一八六二年に着工され、一八六七年のパリ万博に間に合わせようとして突貫工事が続いたが、地下に巨大な採石場跡が見つかり、そこに地下水が流れこんだりしたため、遅れに遅れて一八七五年にようやく完成した。この時には、第二帝政は崩壊して体制が第三共和制に替わっていたばかりか、ナポレオン三世もこの世におらず、豪華絢爛たるオペラ座の威容を見ることはできなかった。運命の皮肉というほかない。

オスマンのコント・ファンタスティック

先述のように、すでにオスマンは第二次改造計画においてもパリ市委員会や立法院から何重にも手枷足枷を加えられ、自由に予算を組めないようにされていた。たとえば、立法院からは、第三次以降の改造計画においては国庫補助金を当てにしてはならないという付帯条件までつけられていた。しかも、足りない分をパリ市債で補おうとしても、起債には立法院の承認を必要とするという一条が加えられていたので、こちらも思うに任せなかった。しかもなお悪いことに、第二次改造計画からは、地上げ屋が暗躍して転売につぐ転売で地価を吊り上げたため、用地買収費用は当初の支出予定額をはるかに上回った。

それゆえ、本来なら、パリ市の財政状態から見て、右に述べたような第三次改造計画などが可能になるわけはないのだが、オスマンはさながら錬金術師のように、どこからともなく予算をひねりだして来て、工事を遂行したのである。

オペラ座の設計者ガルニエ

オルシニによるナポレオン三世暗殺未遂事件をきっかけに新しいオペラ座の建設が決まり、コンペが行われた結果、シャルル・ガルニエのプランが採用された。[A]

批判にさらされるオスマン

パリ改造資金の捻出に苦心したオスマンは公共事業金庫を設立し、迂回融資を図ったが、その手法がジュール・フェリーにより「コント・ファンタスティック」と批判された。[V]

このオスマンの魔法のような予算措置は、共和派代議士ジュール・フェリーによって、「オスマンのコント・ファンタスティック」と名付けられ、激しい非難を浴びた。コント・ファンタスティックというのは、ホフマンの「幻想コント（contes fantastiques）」と「途方もない会計（comptes fantastiques）」をかけた語呂合わせである。

では、オスマンの会計のどこがどうファンタスティックだったのだろうか？

オスマンの打ち出の小槌、それは、彼が一八五八年の第二次改造計画の策定にさいして設立した公共事業金庫である。

公共事業金庫は、セーヌ県の行う公共事業を円滑に進めるために設立された金融機関で、主として、入札で工事を落札した請負工事人に、当座の資金を融通することを目的としていた。請負工事人は、落札した工事を自費でまかない、完成した建物を一般に売却すれば利益が出るという仕組みとなっていたが、工事には用地買収費用から、取り壊し、道路工事まですべてが含まれていたので、最初から一切を自費で賄える業者はまれで、多くは、公庫からの融資を当て込んでいた。

しかし、この金庫自体には、資本金がほとんどなかったので、業者が必要とする資金は、金庫側が、銀行から借りられるように手配してやるというかたちを取っていた。すなわち、請負工事人は、金庫から地権の「譲渡証書」を受け取り、それを担保として銀行に渡すと、融資が受けられるというシステムである。

このシステムで注目すべきは、「譲渡証書」というのが、セーヌ県知事が最終的な引き取り手になる点で市債とまったく同じ機能を果たすことによって、オスマンは、市債のような掣肘を加えられることなく、市債と同じ価格の債券を発行できるようになったのである。

この「譲渡証書」の引き受けを専門にやっていたのが、ペレール兄弟が経営するクレディ・モビリエ（動産銀行）の不動産部門の子会社であるクレディ・フォンシエ（不動産銀行）だったが、クレディ・フォンシエの総裁フレミーはオスマンの友人だったので、オスマンは「譲渡証書」という形式を借りて好きなだけ市債を発行することができた。

その総額は一八六二年から六七年までの五年間で四億六五〇〇万フランに上った。これは、第一次から第三次までに正式な市債の発行によってオスマンが手にした予算四億六〇〇〇万フランにほぼひとしい金額である。パリ改造の総支出額は、二五億五〇〇〇万フランと算定されるから、それと比べても、じつに五分の一近くが、公共事業金庫経由でクレディ・フォンシエから融通されたことになる。

この疑惑に満ちた金融操作が明るみに出たのは、一八六四年に金融通のジャーナリストのレオン・セイが『ジュルナル・デ・デバ』で暴露した記事が最初だが、その裏には、クレディ・モビリエのライバルであるロスチャイルド銀行の意向が働いていた。ロスチャイルドは、クレディ・モビリエのアキレス腱がクレディ・フォンシエにあることを察知してそこを突いてきたのである。

しかし、このときには、まだ第二帝政自体の基盤が堅固だったので、オスマンはさしたる痛手を被らずにこの非難をかわすことができた。

だが、結果的には、ここでうまく切り抜けてしまったことが、逆に傷口を大きくし、最終的にオスマンの失脚を招くことになるのである。その過程は、ちょうど現代の不良債権処理に似ている。すなわち、もしこの時点で、公共事業金庫とクレディ・フォンシエを使った迂回融資が公になり、パリ市の予算がハード・ランディングを余儀なくされていたら、第二帝政の経済自体にまだ体力が残っていたから、オスマンは立ち直れたかもしれないのである。

ところが、日本の政治家や銀行家のように、オスマンもここをやりすごしさえすれば、いずれ経済も回復して、予算超過も克服されるだろうと、未来に希望をつないでしまった。そして、このオプティミズムがオスマンの命取りとなるのである。

オスマンの失脚

パリ万博が開催された一八六七年は、ナポレオン三世にとって、その栄光が頂点に達したときであったが、同時に、方々で体制の歪みが明らかになって、危機が噴出した「終わりの始まり」の年でもあった。そのうちの一つは、ペレール兄弟のクレディ・モビリエが社債の発行を政府に拒否されて破産し、経済が深刻な打撃を受けたことだが、この事件は、クレディ・フォンシエが公共事業金庫のパートナーだったことから、オスマンの運命に大きな影響を与えることになる。つまり、オスマンをペレール兄弟と一心同体と見た穏健共和派やオルレアニストたちが、ロスチャイルド銀行の後押しを受けて、猛然と攻撃に出たのである。

口火を切ったのは共和派のピカールと王党派のベリエだった。二人は立法院の決議ではパリ市には市債発行の許可が与えられていないのに、市債と同じ資格で「譲渡証書」が流通している事実を指摘し、政府の見解を質した。

これに対して、首相のルエールは、「譲渡証書」は市債にあらずと一蹴し、立法院もオスマン非難決議を否決した。「副皇帝」とあだ名されるほどの権力を握っていたルエールはオスマンに対して根深い不信感を抱いていたが、このときは、体制の一員としてオスマンをかばったのである。

だが、こうした風向きに、オスマンとしても従来のような強気を続けているわけにはいかなくなる。年末にクレディ・フォンシエに対して発行した「譲渡証書」四億六五〇〇万フランの償還期限を短期債から一〇年の長期債に書きあらためてもらうことにしたのである。この措置に対して、ナポレオン三世は、危機回避には不十分と考え、オスマンを直接呼び付けて、償還期限を六〇年にまで延期させた。

しかし、こうなると、パリ市がクレディ・フォンシエとの間で結ぶ正式借り入れとなるから、立法院の承認を必要とする。そうなった場合、各方面から攻撃を浴びることは必定だが、もし承認を受けることができれば、ハード・ランディングが可能になり、パリ市は財政危機から解放され、パリ改造は続行可能になる。強気をもって信条とするオスマンはこのハード・ランディングというオプションに賭けてみることにした。

だが、一八六八年四月、立法院の検討委員会での審議が始まると、オスマンの思惑とは異なり、各方面からの攻撃は激烈をきわめた。ジュール・フェリーの『オスマンのコント・フアンタスティック』が出版されると、ジャーナリズムも議会もこれに飛びつき、「オスマン会計の底知れぬ闇」をとことん糾明せよという声が日増しに高くなった。

ルエールは、この危機をなんとか回避しようと、検討委員会の委員長ミラルに玉虫色のレポートをまとめさせ、収拾を図ろうとしたが、一八六九年二月から始まった本会議において、ミラル・レポートは各党派の十字砲火を浴び、非難の矛先は直接ルエール内閣に向けられた。

ことここに及んでは、もはやオスマンをかばい続けることは不可能である。そう判断した

とうとう更迭
オスマンは会計の不明朗を糾弾されて、1870年に皇帝によってセーヌ県知事を更迭された。図版はパリを象徴するルテシアの女神に袖にされるオスマン。[V]

ルエールはナポレオン三世に直接伺いを立て、ミラル案を通過させるために、オスマンの非難に加わる許可を願い出た。

ナポレオン三世は、泣いて馬謖《ばしょく》を斬った。

失脚したオスマンは、この年の末日までセーヌ県知事としてとどまった後、一八七〇年元日にエミール・オリヴィエ内閣が組閣されると同時に、皇帝によって罷免された。オスマンは皇帝から辞職を勧められたが、あえてこれを断り、更迭の道を選んだのである。

こうして一六年と半年続いたオスマン時代は、第二帝政最後の年の始めに劇的な終わりを告げたのである。

第七章　二つの戦争

1　クリミア戦争

戦争の発端

「怪帝ナポレオン三世」と銘打ちながら、経済革命やパリ大改造などにページを割きすぎて、肝心のナポレオン三世に関する伝記的記述が長らく中断してしまった。

ここらで、軌道を修正して、ナポレオン三世の思想と行動を再び追ってみよう。

一八五三年、オスマンがジロンド県知事からセーヌ県知事に転じてパリ大改造に着手したこの年、ナポレオン三世は、かねてよりの政治主張の一つであった英仏協調外交に大きく踏み出すことになる。ただし、英仏間の恒久平和を「戦争」によって贖《あがな》うという迂回路を通って。すなわち、ロシアに対して英仏が宣戦布告したクリミア戦争である。

クリミア戦争の発端は、今日の中東問題と同じく、聖地パレスチナの宗教紛争にあった。とはいえ、キリスト教徒とイスラム教徒のそれではない。カトリック教徒とギリシャ正教徒との対立である。パレスチナを含む中東全域は当時、オスマン・トルコの領土内にあった。

キリスト教徒は一定の税金さえ納めれば信仰の自由を認められ、カトリック教徒もギリシャ正教徒も聖地エルサレムでは平等の権利を享受していた。ところが、ギリシャ正教の僧侶の中にこれを快く思わぬ者が現れ、多数派である自派の影響力を拡大しようとし始めた。その結果、両派の間で略奪や暴力沙汰が何度か繰り返されるに至った。

カトリック国で直接的な利害関係のあるオーストリアがとくに反応を示さなかったのに対し、重大な関心を見せたのがロシアである。ロシアのツァーリ、ニコライ一世はこれをきっかけに、「瀕死の病人」であるオスマン・トルコに戦争を仕掛け、ダーダネルス海峡とボスフォラス海峡の支配権を奪い去ろうと目論んだ。そして、パレスチナの正教徒保護を名目に

ニコライ一世
パレスチナのロシア正教とカトリックの紛争に介入したロシアは、パレスチナ正教徒保護を名目にオスマン・トルコに戦争をしかけた。これにイギリスとフランスが対抗して介入し、クリミア戦争が始まった。[A]

海軍大臣のメンシコフ提督をコンスタンチノープルに送りこみ、事実上の最後通牒を突きつけた。

これに驚いたのがイギリスである。一八一五年以来、ロシアの南下政策に神経をとがらせてきたイギリスは今回のロシアの態度には過敏に反応した。ダーダネルスとボスフォラスの両海峡の確保だけでは足りないと考え、トルコの保護下にあるドナウ川沿いの諸公国（今日のブルガリアやルーマニア）に軍を進めることを検討し始めた。

フランスの反応もイギリスに劣らず素早かった。駐ロシア大使のドゥルアン・ド・リュイスから報告を受けたナポレオン三世は、一八五三年三月二三日、トゥーロンに停泊中の地中海艦隊に対し、ギリシャ海域に向けて抜錨するよう命じたのである。マルタ島に基地を持つイギリス艦隊もすぐに錨を上げ、フランス艦隊に追いついた。

いっぽう、オスマン・トルコはというと、英仏の動きを見て、とたんに強気に転じ、ロシアの要求を拒否。これに対して、ロシア軍は七月三日、ついにドナウの支流であるプルート川を越えてオスマン・トルコ領内に入った。知らせを受けた英仏艦隊はダーダネルス海峡に直航。ロシア軍とトルコ軍はドナウ川を挟んで対峙し、一一月末にはロシアの艦隊がシノプの港でトルコ艦隊を撃破、町を破壊するという事件が起こった。

こうして、一八五三年の暮れには、戦争は避けられない情勢になってきたのである。

戦争介入の真意

しかし、当時、「世界の警察」であったイギリスの出方は理解できるにしても、なぜ、直接的な利害関係がないフランスが遠い黒海での露土紛争にまで積極的に介入しようとしたのだろうか？

第一の説は、ナポレオン三世の皇后となったウージェニーの強い意向があったというものである。つまり、スペイン人で熱心なカトリックであるウージェニーは聖地パレスチナでカトリック教徒が迫害されているのを知り、ナポレオン三世に介入を勧めたというのである。これは、その後のイタリア紛争やメキシコ問題などを見ればわかるように、決してありえない仮説ではない。

第二の説は、ナポレオン三世のブレーンとなったサン＝シモン主義者たちが唱えていた、地中海を「フランスの海」とするという東方拡大政策の影響を見るものである。たとえば、ウィリアム・H・C・スミスは『ナポレオン三世』のなかでこう指摘している。

中近東におけるフランスの政策はサン＝シモン主義を奉じるナポレオン三世が権力について以来、より《攻撃的》になっていた。（中略）サン＝シモン主義者で、コレージュ・ド・フランスの教授であるミシェル・シュヴァリエは「地中海システム」というものを唱導していた。このシステムは鉄道網と蒸気船網、それにスエズ運河の開通を包括したもので、それらすべては、当然のことながらフランスの財政的・経済的なコントロールのもとに置かれるものとされていた。

実際、すでにサン＝シモン主義者のフェルディナン・レセップスがエジプトのパシャ（太守）にスエズ運河の開削を働きかけ、プロスペル・アンファンタンの夢想を実現しようと試みていたから、この仮説も決して見当違いのものではない。

しかし、以上の仮説は、パレスチナ紛争の初期については多少の関係はあるものの、直接的には、やはり、ナポレオン三世自身の外交思想が大きく影響している。『大ルイ＝ナポレオン』の中のフィリップ・セガンはこう指摘している。

ルイ＝ナポレオンにとって、英仏接近こそが真の固定観念であり、他のあらゆる思想の前提となっている。（中略）一八五三年の二月に、ルイ＝ナポレオンは友人のマームズベリー卿に対し、自分の恒常的目的は、「かくも愛している」イギリスと「最も友好的かつ親密な」関係を保つことであると書き送っている。彼は「他の国は私の愛人のようなものだが、イギリスは私の正妻である」と言うのを好んだ。

このように、クリミア戦争にナポレオン三世が積極的に介入したのは、この地域に利害関係を持つイギリスに加担して、友好関係を強化することにあったとみてよい。いいかえれば、ナポレオン三世は、ヨーロッパでの戦争を避けるため、黒海という遠隔の地での戦争に踏み切ったということになる。ようするに、平和のための戦争である。そして、その目論見は、見事に的中することになる。しかし、それにしては、平和の代価はあまりに高くつきすぎた。

戦争の下手なフランス

一八五四年一月三日、英仏連合艦隊はボスフォラス海峡を通過して黒海に入った。ナポレオン三世はツァーリに対して、最終的な警告の書簡を送ったが、ニコライ一世はこれに対し、次のような傲岸な回答をよこした。

「ロシアは一八一二年にそうだったように一八五四年においても振る舞うであろう」

ようするに、ナポレオン三世の行動をナポレオン一世のそれと同一視し、侵略者は撃退されるだろうとしたのである。

これを受けて、英仏両国は二月二七日、四月三〇日までにドナウ川沿いのトルコ領から撤退するよう最後通告を発し、それが実行されないとみるや、三月二七日にロシアに対して宣戦を布告した。

とはいえ、ナポレオン三世が本格的な戦争をする意志を持っていたかというと、これには強い疑問を抱かざるをえない。というのも、ナポレオン三世が最初に黒海に派遣したのは、軍隊というよりも、五個師団三万人規模の派遣軍にすぎなかったからである。総指揮はクー・デタ時の陸軍大臣サン＝タルノー元帥に委ねられていたが、その実態たるや、およそ、これが軍隊かといえるほどお粗末なものだった。サン＝タルノーはフランス軍の本営の置かれたガリポリに到着後、一週間たった五月二六日、ナポレオン三世に対して、次のように惨状を訴えざるを得なかった。

「陛下に対し、悲痛なる思いをこめて御報告いたしますが、現在のわれわれはおよそ戦争などできる状態ではありません。準備不足はその極に達しており、現地に到着した将兵は、戦争に不可欠なものを何一つとして見いだすことができません」（カストゥロ『ナポレオン三世』）

事実、派遣軍は、食糧・武器・弾薬などの軍事物資を何一つ手にできないでいた。蒸気船で送り出された将兵に対して、食糧・武器・弾薬は帆船で運ばれたため、彼らがガリポリに着いたときには、軍事物資はまだギリシャ半島にあったのである。

アンドレ・カストゥロは『ナポレオン三世』の中で、フランス軍の信じられない兵站の悪さについてこう言っている。

事実、フランス軍はなんの準備も出来ていなかった。そしてこの予見性のなさ、というよりも無能力は、恐るべき結果をもたらすことになるのである。あいもかわらぬ同じ欠陥であり、同じ過ちであり、同じ乱脈である。そして、それはイタリア戦役のときにも、さらには一八七〇年の対プロシャ戦争のときにも見いだされることとなり、それが結局体制の終わりを早めることになるのだ。皇帝とて、この欠陥について知らないはずはなかった。

げんに、皇帝は一八五九年の五月二六日の書簡で次のように書いている。「フランスでは、一度として戦争の準備ができていた例《ためし》がない」

ひどいのは兵站ばかりではなかった。フランス軍の士気そのものもはなはだ低かったのである。

コレラの流行と総司令官サン＝タルノーの死

士気の低下を招いている原因の一つは、トルコの風土と国情にあった。コンスタンチノープルに指揮官の一人として派遣されたプリンス・ナポレオンは従兄の皇帝にこう書き送っている。

「トルコは、環境のひどく悪い、もの寂しい国です。国土は疲弊し、全土に腐敗が広がっています。（中略）トルコ人は絶望的なまでに無関心です。ただタバコをくゆらすだけで、なにもしようとしません」（同書に引用）

英仏軍は、侵略の危機などにはいっさい関心のないトルコの民衆と兵士を見て、戦争の動機が揺らぐのを感じたにちがいない。

だが、その間にも、ロシア軍は北方から迫りつつあった。ドナウ川沿いの都市シリストラの包囲に取り掛かったのである。そこで、フランス軍は戦闘準備も整っていないにもかかわらず、イギリス軍に足並みをそろえるかたちでドナウ川に進軍を開始した。もし、実際に戦闘でも起ころうものなら、フランス軍の敗北は決定的なものになるはずだった。ところが、なにを思ったのか、ロシア軍は六月二三日には包囲を解いて、ドナウ川の向こう岸まで後退した。ロシア軍は英仏軍を恐れたのか？

そうではなかったのである。ロシア軍は、オーストリアがドナウ川沿いの諸公国での動きに神経をとがらせ、偵察部隊を送り込んできたのを見て、包囲を解いたのだった。

だが、ツァーリはトルコ侵略をけっしてあきらめたわけではなかった。それどころか、英仏が、ドナウ川沿いの諸公国をトルコの保護下ではなく、列強の保護下に置くという提案をあっさり拒否した。

かくして、情勢はふたたび緊迫し、戦争は再度、不可避になる。

しかも、今度は、新しい要素がこれに加わっていた。南下するロシア軍を迎え撃つのではなく、むしろ、敵の最大の要塞であるクリミア半島のセバストポリを一気に急襲し、ロシア軍の中枢を破壊すべしというナポレオン三世の提案をサン＝タルノーが全面的に受け入れ、英仏両軍はセバストポリ奪取に向けて動き出したのである。以後、トルコを間に挟んでのロシアと英仏両国の黒海紛争は、はっきりと「クリミア戦争」と呼ばれることになる。

ところで、作戦の主要目標をシリストラからセバストポリに変更したとき、サン＝タルノーはなんとも妙なことを思いついた。それは、せっかくここまで戦闘準備ができたのだから、全軍をセバストポリに差し向けてしまうのはもったいない。むしろ、一部の部隊を残してこれを南下中のロシア軍と戦わせる陽動作戦を取ろうというのである。

サン＝タルノーがこんなことを思いついた原因の一つに、派遣部隊の間でコレラが流行し始めているという事実があった。サン＝タルノーは、砂漠が多く乾燥した黒海沿岸の地域に進撃すれば、コレラが勢いを弱めるのではないかという、一種の「転地療法」的な楽観論を抱いていたのである。

ところが、サン＝タルノーの希望的観測はたちまちのうちに崩れ去る。ヴァルナへと向かった分遣隊の内部で、コレラは収まるどころか、ますます拡大の勢いを見せ始めたからで

コレラ患者
ドナウ川流域に派遣されたフランス軍はコレラに悩まされた。1万500人の分遣隊のうち、2500人がコレラに罹患し、総司令官のサン=タルノーまでがコレラで死亡した。[A]

ある。ヴァルナへと至るドプロウドスカ地方は、たしかに砂漠は多かったが、周りは沼地と池に囲まれた湿地帯だったので、コレラはこれ幸いとばかりに猖獗《しょうけつ》を極めたのだ。

この分遣隊一万五〇〇〇人のうち、コレラに倒れたもの二五〇〇人、そのうち一八八六人が死亡した。さらに、部隊がヴァルナに戻ったとき、町は大火にひとなめされて、食糧も衣服もなくなっていた。サン＝タルノーはナポレオン三世に窮状を書き送っている。

「私は死者と死にかけている病人の間で一日に五時間はすごしています。私に欠けているものはなにもないでしょう。コレラ、火事（中略）。息絶え絶えですが、なんとか命の残りを使ってみるつもりです」（同書に引用）

ナポレオン三世はこの手紙を受け取って不吉なものを感じたらしく、サン＝タルノーにすぐに休息を取るように命じ、必要があれば、パリに帰還してもよいと許可を与えた。サン＝タルノーはこの命令に従ったが、帰途、船中で帰らぬ人となった。死因はコレラだった。

セバストポリ攻防戦

一八五四年九月一四日、英仏土連合軍（フランス軍二万五〇〇〇、イギリス軍二万五〇〇〇、トルコ軍八〇〇〇）はクリミア半島の北西の海岸のエウパトリア付近に上陸し、一路、セバストポリに向かった。九月二〇日には、アルマ川を挟む両岸で、迎え撃つロシア軍五万と衝突し、激しい戦闘の末、これを撃破、セバストポリに迫った。

この戦いでは、ズアーヴと呼ばれるフランス歩兵連隊の活躍が目立った。ズアーヴとは一般に、一八三〇年にアルジェリア人を中心に編制した歩兵部隊のことを意味するが、クリミア戦争では、ズアーヴ兵の服装を踏襲したフランス兵連隊を指した。今日でも、パリのアルマ橋のたもとにはズアーヴ兵の銅像がセーヌの流れを見つめている。

セバストポリ要塞への攻撃は困難を極めた。英仏連合軍は当初、情勢を楽観視し、数週間で包囲戦は終わるだろうと踏んでいたが、見通しはあまりに甘かった。セバストポリ要塞は、若き軍事的天才、トッドレーベン司令官の指揮のもと、完全なる防御態勢を敷いていたのである。住民総動員で塹壕を穿ち、港の入り口も七隻の軍艦で完全閉鎖していたので、英仏連合軍の包囲攻撃は数度にわたって失敗した。それどころか、一〇月の二五日には、バラクラヴァでロシア軍の反撃を受け、大損害を被る有り様だった。

英仏両軍は事態を打開するため、増援につぐ増援を行ったが、戦況はいっこうに改善されなかった。とりわけ、ひどかったのは、例によって兵站だった。ジョルジュ・ルーは『ナポレオン三世』でこう指摘している。

食料や備品を積み込むとき、あくまで短期決戦のつもりだった。よもや軍隊が冬を越すとは予想だにしていなかったので、我が軍の哀れな兵士たちは夏服でガタガタ震えることになる。衛生に関しても、その機能不全は明らかで、ヴィクトリア女王夫君アルバート公のノートによれば、フランス軍は四万五〇〇〇人の病人を抱えていて二五〇人が毎日死んでいるという。

戦況を憂慮したナポレオン三世は一八五五年の四月に自ら現地に赴いて陣頭指揮を執ると言い出した。軍事面でも伯父の栄光に張り合いたいという願望が強かったのである。

この発言は、大臣たちをおおいにあわてさせた。皇帝不在中は、プリンス・ナポレオン（彼はナポレオン三世の警告を無視して、派遣軍の指揮を放棄し、フランスに戻っていた）が留守を預かることになるが、万一、戦地で皇帝が落命でもしたら、帝位相続規定で、彼が

セバストポリ要塞の攻防

英仏土の連合軍はクリミア半島に上陸、ロシア軍のセバストポリ要塞を攻撃し、1年にわたる攻防戦の末、これを陥落させた。[A]

マラコフ要塞の陥落

大増援を受けたフランス軍はセバストポリの主要要塞であるマラコフ要塞の攻略に成功したが、7000人の死傷者を出した。[A]

ナポレオン四世となってしまう。そうなったら、帝国の没落は火を見るよりも明らかだ。部下たちにこう強く諭されたナポレオン三世は結局、出陣をあきらめることとなる。

一八五五年九月、大増援を受けた英仏両軍は、二度目の冬が来る前に包囲戦に決着をつけようと、大規模な攻撃をしかけた。フランス軍は死力を尽くして戦い、ついに九月八日、セバストポリの主要要塞の一つマラコフ要塞の攻略に成功した。フランス軍はこの攻撃で七〇〇〇人の死傷者を出し、五人の将軍が戦死した。セバストポリも一〇日には陥落、九月三〇日には、すべての抵抗が終わった。

フランス中が勝利に沸き返り、ナポレオン三世は面目を保って、英仏協調はいっそう緊密なものになったが、その犠牲はあまりにも大きかった。ジャン・テュラールの『第二帝政事典』によると、英仏連合軍の犠牲者は一二万人。内訳は、フランス軍九万五〇〇〇、イギリス軍二万二〇〇〇、それに、イタリア統一のためにフランスに恩を売る目的で途中から包囲戦に参加したピエモンテ・サルジニア軍が二〇〇〇人強（派兵総数一万五〇〇〇人）。

フランス軍の死者九万五〇〇〇人のうち、戦病死は七万五〇〇〇人に達した。フランスの派兵総数は一四万人だから、半分以上が戦わずに、戦病死したことになる。英仏協調という「平和」のための戦争は、なんとも高くついたのである。

2　人生最良の年

ナポレオン三世の王室外交

時間を少し溯って、英仏連合軍がセバストポリ要塞のあるクリミア半島に向かおうとしている一八五四年の九月上旬。ドーヴァー海峡のブローニュ・シュル・メールでは、英仏関係強化を狙ったナポレオン三世の王室外交が展開されていた。

ナポレオン三世はヴィクトリア女王に書簡を送り、黒海に出発するフランス軍の閲兵を夫君のアルバート公とともに行いたいと要請したが、そのさい、ポルトガル王とベルギー王も一緒に招待し、アルバート公を国王と同格の賓客として扱うことを忘れなかった。

ザクセン王家の出であるアルバート公は、まず、スイスのアレネンベルクで育ったナポレオン三世のドイツなまりの英語に親密感を抱いたが、皇帝がシラーの愛読者であることを知るに及んで、知性もなかなかのものであると認めることになる。このアルバート公の高評価によって、ナポレオン三世に対するヴィクトリア女王の好感度も必然的にアップしたのである。ひとことで言えば、アルバート公を介してヴィクトリア女王を籠絡しようとしていたナポレオン三世の完全な作戦勝ちであった。

翌年の一八五五年四月、返礼として、ヴィクトリア女王はナポレオン三世とウージェニー皇妃をロンドンに招待したが、それは、いわば、「ナポレオンとウージェニーにとっては、古いヨーロッパの王家の君主を前にしての面接試験」（ルイ・ジラール『ナポレオン三世』）のようなものだった。二人は、ウィンザー宮とバッキンガム宮でヴィクトリア女王夫妻を魅了し、面接試験に見事パスした。ヴィクトリア女王は、伯父のベルギー国王レオポルドに皇帝夫妻の印象をこう書き送っている。

印象はとても好ましいものでした。皇帝の物静かで率直な態度には人を魅惑するものがあります。皇后はというと、とても感じがよく、優美で、気取ったところがなく、繊細で、そして言うまでもなく、大変な美人です。(アンドレ・カストゥロ『ナポレオン三世』に引用)

しかし、ヴィクトリア女王とアルバート公は、一つの点でナポレオン三世の態度に手を焼いた。それは、クリミア半島に自ら出向いて指揮を執るという皇帝の決意をなかなか翻意させられなかったことである。じつは、皇帝夫妻の訪英は予定よりも早められたのだが、それは、大臣たちが皇帝を翻意させられるのはヴィクトリア女王夫妻しかいないとして、女王に招待日程を前倒しにするよう懇請したことによる。ところが、大臣たちの期待も空しく、ナポレオン三世は、ヴィクトリア女王に説得されても、決意を変えようとはしなかったのである。

彼がしぶしぶ出陣をあきらめたのは、帰国直後の四月二八日、ブローニュの森で散策途中、ピアノリと名乗るイタリア人共和主義者に狙撃されるという事件があったためである。さいわい暗殺は未遂に終わったが、大臣たちは、ここぞとばかりに説得につとめ、もし戦場で万一のことがあったら、プリンス・ナポレオンがナポレオン四世になると説いた。これには、さすがのナポレオン三世も出陣を断念せざるをえなかった。

第一回パリ万博とヴィクトリア女王夫妻の訪仏

一八五五年五月一五日、パリはシャンゼリゼ側のクール・ラ・レーヌに設けられたパレ・ド・ランデュストリ（産業館）でフランス初の万国博覧会の開会式が行われた。

万国博覧会は、拙著『絶景、パリ万国博覧会』で詳述したように、産業皇帝と異名を取るナポレオン三世が、一八五一年にロンドンで開かれた第一回万国博覧会に嫉妬して一八五二年の三月に急遽開催を決めたものである。

万博のコンセプトは、サン＝シモン主義者で皇帝の知恵袋であるミシェル・シュヴァリエとその盟友の社会学者フレデリック・ル・プレーが中心となって練り上げ、民衆福祉の向上のための産業社会実現というナポレオン三世の理想を強く打ち出していた。ところが、パレ・ド・ランデュストリを始めとする会場の方は、クリミア戦争の勃発やオスマンのパリ大改造の余波を受けていっこうに準備が整わず、果たして開会できるのかと危ぶまれたほどだった。

開会式では、万博の帝国委員会委員長のプリンス・ナポレオンが無内容な開会演説をすると、ナポレオン三世はこれに素っ気ない挨拶を返しただけで、会場を立ち去ってしまった。プリンス・ナポレオンの不手際で準備が遅れ、帝国の威信が傷つけられたことに激しい憤りを覚えていたのだ。

しかし、夏になり、準備も整って、それぞれの会場がすべてオープンすると、トマス・クックに引率されたパック・ツアーの団体客を始めとする外国人観光客もたくさん姿を見せるようになり、パリには華やいだ雰囲気が漂ってきた。民衆たちも入場料が五分の一の日曜日には大量に会場に詰めかけ、事物教育による産業社会の理解という主催者の意図もようやく浸透しはじめた。

1855年のパリ万博

1851年のロンドン万博に刺激されたナポレオンは1855年にパリ万博を開催。準備不足が懸念されたが、ヴィクトリア女王夫妻が会場を訪れてから盛り上がり、成功裏に幕を閉じた。[E]

ヴィクトリア女王夫妻を迎えるナポレオン三世

ナポレオン三世は、クリミア戦争を機会に王室外交を展開、1855年万博の際にはヴィクトリア女王夫妻をブローニュに出迎えた。[E]

もっとも、こうした主催者側の教育的配慮がそのまま民衆に伝わったかといえば、かならずしもそうとはいえなかった。会場で稼働中の巨大な産業機械を目にした民衆は、その使用価値に注意を向けるよりはスペクタクルとしての側面に幻惑され、万博をとてつもなく楽しい大規模なアミューズメントのイベントとして享受するようになったからだ。ヴァルター・ベンヤミンは『パリ——十九世紀の首都』でこう指摘している。

「万国博覧会は商品の交換価値を神聖化する。それが設けた枠のなかでは、商品の使用価値は後景に退いてしまう」

とはいえ、こうした民衆のわけもない熱狂は、ナポレオン三世にとってはむしろ歓迎すべきものだった。万博の最中にヴィクトリア女王夫妻を招き、英仏親善の強さを世界中に印象付けようと考えていたので、どんなかたちであれ、万博が盛り上がり、民衆が帝国の栄光に酔いしれるようになったことは、クリミア戦争の膠着で批判が出始めた外交政策を立て直すまたとないチャンスと映ったのである。

果たせるかな、八月一八日にヴィクトリア女王夫妻が王子や王女を引き連れてブローニュに到着すると、フランス中が英仏親善の熱狂にわきかえった。ナポレオン三世はブローニュまで女王一家を出迎え、特別に用意した豪華カレーシュ（馬車）に女王夫妻と同乗し、沿道の群衆の歓呼に答えた。

ヴィクトリア女王一家はサン・クルーの離宮に滞在し、晩餐会、オペラ観劇、万博見学、ヴェルサイユ宮殿の鏡の間で大舞踏会といった忙しい日程を消化していったが、その期間中、ナポレオン三世は完璧なホスト役を演じ、王子たちの案内役まで買って出た。後のエドワード七世であるプリンス・オブ・ウェールズはナポレオン三世に向かってこう言ったと伝えられる。

「あなたのお国はとても素晴らしいですね。ぼくは、いっそあなたの息子になりたいくらいです」

この願望は後に実現する。なぜなら、エドワード七世はその長い皇太子時代のほとんどをパリで、しかもパリの娼館で過ごし、放蕩者の「父」ナポレオン三世に負けぬほどの艶福に恵まれたからである。

それはさておき、ヴィクトリア女王訪仏の最大のハイライトは、なんといっても、女王夫妻がアンヴァリッド（廃兵院）を訪れ、そこに安置してあるナポレオンの棺の前に詣でたことだろう。ナポレオンがアウステルリッツで佩いた剣やアイラウで被った二角帽で飾られた緋色の棺の近くまで来ると、ヴィクトリア女王は突然、皇太子の手を取ると「偉大なナポレオンのお墓の前で跪きなさい」と言い、黙禱を捧げた。

その瞬間、何者かが機転をきかせて、イギリス国歌の「ゴッド・セイヴ・ザ・クイーン」をオルガンで奏でた。ナポレオン三世が意図した英仏王室の親善がここに理想的なかたちで実現したのである。

もっとも、ヴィクトリア女王は帰国して、ナポレオンの棺について尋ねられると、「見事だったけど、プールに似ていたわ」と率直な感想をもらしたという。とまれ、この訪問で、中世以来、たえまなく抗争を続けていた英仏は以後一五〇年にわたって固い信頼関係で結ばれることになる。

パリ講和会議

フランスがクリミア戦争に加わった目的は、ひとえに英仏関係の緊密化にあったのだから、ヴィクトリア女王の訪仏でそれが実現したいまとなっては、ナポレオン三世が戦争を続行する理由はなくなっていた。しかし、だからといって、一方的に休戦を宣言するわけにも行かない。そこで、ナポレオン三世は、どんなかたちであれ、セバストポリ要塞が陥落したら、即、停戦に持ち込もうと考えていたのだが、九月三〇日に待ちに待ったセバストポリ要塞完全陥落の知らせが届いても、急逝したニコライ一世のあとを受けてツァーリの座についたロシア皇帝アレクサンドル二世は、なおも戦争継続の意志を捨てず、要塞奪還に向けて作戦を練り始めた。

これにあわてたナポレオン三世は、万博のさいに密かにパリを訪れていたロシア側の密使に接触し、黒海の中立化さえ呑んでくれたら、イギリスの反対があろうと、直ちに休戦交渉に入る旨をツァーリに伝えさせた。

この動きに、中立を保っていたオーストリアが加わり、プロシャも同調する動きを見せたので、アレクサンドル二世もついに折れて、交渉のテーブルにつくことに同意した。イギリスは休戦に反対したが、ナポレオン三世は強引に押しきった。かくして、一八五六年の二月の半ばから、英仏露土の当事国に、オーストリアとピエモンテ・サルジニア王国が加わった六ヵ国によるパリ講和会議が開催される運びとなったのである。

二月二五日に始まったパリ講和会議の議長として取り仕切ったのは、ナポレオン三世の外務大臣のヴァレフスキだったが、ヴァレフスキはナポレオンがポーランド貴族の妻マリア・ヴァレフスカとの間にもうけた庶子で、ナポレオンに生き写しだったから、会議はウィーン会議の黒白反転版のような観を呈した。

パリ講和会議
クリミア戦争終結を受けて1856年に開かれたパリ講和会議はナポレオンの庶子ヴァレフスキ外務大臣によって進行された。英仏露土にオーストリアとピエモンテ・サルジニア王国が加わったこの講和会議はナポレオン三世外交の勝利と謳われた。[A]

ルイ・ジラールはこのパリ講和会議について、次のように書いている。

一八一四年のウィーン会議以来、これほどの規模を持つ講和会議が開かれたことはなかった。それはナポレオン三世にとって、ワーテルローの復讐であった（中略）。まさに、戦争の苦しい日々のあと訪れた栄光の絶頂といえた。勝ち誇る皇帝はヨーロッパの仲裁者として登場した。（『ナポレオン三世』）

講和条約は三月三〇日に調印された。オスマン・トルコの領土保全、黒海の中立化、ダーダネルス海峡とボスフォラス海峡の自由通行、トルコ領だったドナウ川沿岸諸国の自治領化がその内容である。これにより、ルーマニアを始めとするドナウ川沿岸諸国は事実上の独立を果たし、ロシアの威信は傷つけられ、ナポレオン三世の威光はいやがうえにも高まった。歴史家のジャック・バンヴィルがいうように、「パリ会議は第二帝政の勝利」だったのである。

皇太子の誕生

幸福も不幸も、それをすでにたくさん持っている人間のところにやってくるという諺のとおり、この年、パリ講和会議の成功で、栄光の絶頂に登りつめたナポレオン三世に、さらなる幸福が訪れた。待ちに待った皇太子の誕生である。

一八五三年一月三〇日にノートル・ダム大聖堂でナポレオン三世と結婚式（チュイルリ宮殿での民事婚は前日の二九日）をあげたウージェニーは、二月の末にはもう妊娠していた。女たらしで有名だったナポレオン三世だが、新婚当初には、まるで未経験の若い夫のように新妻に夢中になり、夫婦の義務に励んでいたから、この妊娠は当然の結果だったが、宮廷のゴシップ雀たちは、それにしても早すぎる、きっと結婚前に仕込まれた子供だろうと陰口をたたいた。その中傷が心の重荷となったのか、それとも馬車に乗るときに足を踏み外したのが原因か、ウージェニーは流産してしまった。窪田般彌氏の『皇妃ウージェニー——第二帝政の栄光と没落』には、そのとき、周囲の人々が見せた反応が次のように描かれている。

この流産を誰よりも喜んだのは、ナポレオン公［プリンス・ナポレオン］プロン＝プロンだった。ナポレオン三世に世継ぎができなければ、当然帝位は自分のところに舞いこんでくるからだ。それに、彼のウージェニーへの憎しみは姉のマチルド皇女以上のものがあったから、ここぞとばかりに《スペイン女》への敵意をむき出しにする。思わずウージェニーは、《オーストリア女》と蔑まれたマリー・アントワネットの運命に思いをはせた。

ウージェニーのもう一つの心配は、新婚当初はあれほど妻に夢中だったナポレオン三世が、妊娠を知るやいなや、再び元の漁色家に戻って、あらゆる種類の女の尻を追いかけ回し始めたことである。別れたはずのミス・ハワードともよりが戻っているらしい。そこで、ウージェニーは寝室ストライキを決行し、愛人たちと完全に手を切らないかぎり、夫婦の寝室をともにしないと告げた。

これにはさすがのナポレオン三世も全面降伏し、ミス・ハワードをロンドンに帰還させ、愛人たちを囲っていたバック街の私邸へも足を運ばなくなった。その効果か、ウージェニーは五月に再び妊娠した。しかし、今度もまた流産だった。宮廷人も大臣たちも、口にこそ出さなかったが、「これは、もしかすると、第二のジョゼフィーヌになるかもしれない」と不安をいだきはじめた。

クリミア戦争が勃発すると、ナポレオン三世の周辺はにわかに忙しさを増したので、ウージェニーはバスク地方の保養地ビアリッツに出掛け、二度の流産で害した健康を取り戻すにつとめた。ビアリッツは故郷のスペインに近いこともあって、ことのほかウージェニーの気に入った。ナポレオン三世もこの保養地を好み、皇后のために海岸に「ヴィラ・ウージェニー」を建ててやった。やがて皇帝夫妻にならって第二帝政の高官たちもこぞって別荘を建てるようになり、ビアリッツは有数の保養地として発展していくことになる。

ウージェニーにとって大きな転機となったのは、一八五五年四月のロンドン訪問である。ヴィクトリア女王と会ったさい、女王からいろいろと妊娠と出産のための知恵を授けられたのだ。女王は王子や王女を産んだ経験から、いったん妊娠したら、熱い風呂に入ってはいけない、乗馬も禁止、馬車で敷石道を走るのもよくないなど懇切丁寧な忠告を与えた。そして、ナポレオン三世と二人きりになったとき、女王は「子供をつくるのは簡単なことよ、皇妃の腰の下にクッションを一枚いれなさい」と、妻を妊娠させる秘訣を教えた。

ナポレオン三世はこの忠告を即座に実行に移したようだ。というのも、万国博覧会で賑わう一八五五年の六月にはウージェニーはあきらかに妊娠の兆候を示しはじめたからである。

しかし、今度は、ウージェニーは慎重に振る舞った。プリンス・ナポレオンやマチルド皇女たちの嫉妬の目がうるさいということが一つ。それに、万博で、連日のように舞踏会や晩餐会などの日程をこなさなければならず、妊娠していることを周囲の人々に知られたくなかったからである。そこで、ウージェニーは、クリノリンという、鯨鬚で腰から下を大きく膨らませたスカートをはくことにした。お腹の膨らみを隠すために、一六世紀のヴェルチュガダンや一八世紀のパニエなどのモードからヒントを得たものだが、ウージェニーがこれをはくとそのデコルテの肩と見事に調和して照り映えるように美しかったので、宮廷の女性たちはいっせいに皇后に右へ倣えした。こうして、クリノリンは第二帝政の代表的なモードとなったのである。

念願の皇太子は、パリ講和会議が講和条約の締結に向けて進むなか、一八五六年三月一六日の早朝に誕生した。パリには奇妙な噂が流れていた。チュイルリ宮殿の地下には、一二人の妊婦が出産を控えていて、もし、ウージェニーが流産したり、女子を産み落としたりしたら、即座に他の妊婦の産んだ男の子と取り替える用意ができているというのである。

いかにも、もっともらしい噂である。事実、ウージェニーはかなりの難産で、主治医はナポレオン三世に対し、ぎりぎりの選択を迫られるようなことがあったら、母親と子供のどちらを救うべきか回答を求めたほどである。

ナポレオン三世はこの問いに「母親だ」と答えたが、完全に気が動転していたので、いよいよ皇太子が生まれ、ウージェニーが意識不明の状態から抜け出して赤ん坊の性別を尋ねたとき、歴史に残るトンチンカンな受け答えをした。

「女の子だったの？」皇后がきいた。

「いや」と皇帝は答えた。

皇太子の誕生

パリ講和条約の調印に向けて準備が進む中、ウージェニー皇妃は皇太子を出産。1856年は、講和会議の成功もあり、ナポレオン三世にとって「我が人生、最良の年」となった。[A]

「男の子なの？」

「いや」

「じゃあ、いったい何なの？」

生まれたのは、健康そうな男の子だった。普段はめったに感情を露《あらわ》にしないナポレオン三世も、このときばかりは、周囲にいた人々に片端から抱きついてキスを浴びせた。明けて、一八日の朝、すべての教会で祝福の鐘が打ち鳴らされ、アンヴァリッドでは一〇〇発の祝砲が轟いた。一人、プリンス・ナポレオンだけは地団駄踏んで悔しがり、略式洗礼にも立ち会おうとはしなかった。

ナポレオン三世は皇太子誕生を記念して、一八五一年一二月二日のクー・デタで投獄されていた囚人に特赦を実施し、貧者と社会福祉施設に一〇万フランの寄付を行うと発表した。ナポレオン三世にとって、公的にも私的にも一八五六年は「我が人生、最良の年」だったのである。

3　イタリアの思惑

カヴールの戦略

パリ講和会議には、英仏露土の戦争当事国のほか、オーストリアとピエモンテ・サルジニア王国が加わっていた。

このうち、オーストリアは、紛争の原因の一つとなったドナウ川沿岸の諸公国と密接な関係があるし、ロシアともトルコとも国境を接しているので、この大国が講和会議に参加するのは、ある意味、当然といえた。というよりも、英仏ともロシアを牽制し、その勢力を削ぐには、オーストリアの会議参加は不可欠ということで意見が一致していたのである。

これに対して、ピエモンテ・サルジニア王国という、地理的にも政治的にもクリミア半島とはおよそ無関係な小国が講和会議に参加しているのは、いかにも場違いな感を免れなかった。事実、会議参加に道を開いたフランスを除くと、参加国のほとんどはその存在を無視していた。

しかし、ピエモンテ・サルジニア王国のほうは、自分たちを英仏と対等の資格を有する戦勝国と考えていた。一八五五年の一月にフランスと締結した条約に基づいてクリミア半島に一万五〇〇〇人の兵力を送り、うち二〇〇〇名が戦死するという大きな犠牲を払っていたからである。

では、なぜ、この小国がクリミア戦争に無理やり参戦してまでパリ講和会議に加わろうとしたのか？

オーストリアに分断統治されたイタリアを復興しようとするリソルジメント運動の先頭に立つ宰相カヴールの戦略の一環だったからである。国王ヴィットリオ・エマヌエーレ二世とともに富国強兵に努めてきた宰相カヴールは、悲願のイタリア統一を成し遂げるには、まずウィーン体制の見直しを目論むナポレオン三世に取り入って後ろ楯を得たのち、オーストリアと一戦交えるほかないと考えたのである。

クリミア戦争への派兵はナポレオン三世に恩を売るための第一歩として位置付けられていたのだ。

カヴールは、セバストポリ要塞が陥落すると、講和会議の開始を待たずに、ヴィットリオ・エマヌエーレを促して、一八五五年の一一月末にフランスとイギリスという同盟国の表敬訪問に赴かせた。カヴールはそのさい、細心の注意を払い、鍾馗《しょうき》様のようにピンと上向きに尖っているヴィットリオ・エマヌエーレの口ひげを短くさせ、顎鬚も一〇センチほど刈らせた。野人丸だしの王様が英仏の宮廷で笑い物になり、悶着を起こしたりしたら、彼がせっかく練りあげたプログラムが台なしになると恐れたからである。

しかし、こうしたカヴールの深慮遠謀も、ヴィットリオ・エマヌエーレの野放図な振る舞いを防ぐことはできなかった。ヴィットリオ・エマヌエーレは、オペラ座に招待されたとき、バックで踊る一人の踊り子に目をとめると、オペラ・グラスを目に付けたまま、隣席のナポレオン三世に向かってこう尋ねたからである。

「あの娘、いったいいくらしますか？」

「さあ、それは……」ナポレオン三世は苦笑しながら答え、「そういうことなら侍従長のバシオッチが詳しいですから」と受け流した。

バシオッチが代わって答えた。

「そうでございますね、まあ五〇〇〇フランといったところでしょうか」

「なんと、ずいぶんと高い！」ヴィットリオ・エマヌエーレは叫んだ。

それを聞いたナポレオン三世は侍従長の耳元でこうささやいた。

「いいから、わたしの勘定につけておきなさい」

ナポレオン三世はそういいながら、笑いをこらえるのに苦労し、しばし横を向いたまま体を震わせていたという。（カストゥロ前掲書に引用）

こんなことがあったためでもなかろうが、ヴィットリオ・エマヌエーレとカヴールに対するナポレオン三世の歓迎はおせじにも熱狂的とはいえなかった。クリミア戦争を一刻も早く終結させ、講和会議に持っていこうと考えていたナポレオン三世にとって、オーストリア側の疑心暗鬼を呼ぶ振る舞いは避けたかったからである。ヴィットリオ・エマヌエーレとカヴールは落胆して次の訪問国イギリスへと向かった。

カヴール
オーストリアからの領土奪回を目指すピエモンテ・サルジニア王国の宰相カヴールはあえてクリミア戦争に参戦。講和会議の一角を占めた。[A]

ヴィットリオ・エマヌエーレ二世
自らをイタリア解放の盟主と見なしていたピエモンテ・サルジニア王国のヴィットリオ・エマヌエーレ二世はクリミア戦争に無理やり参加しフランスに恩を売る。[E]

カヴールの隠し球

一二月に帰国したカヴールはナポレオン三世の心をイタリア問題に向けさせる秘策はないかと頭をひねった。なんとしても、講和会議が始まる前にナポレオン三世の心を捉え、イタリア問題を会議の議題として取り上げさせなければならない。それには、彼の最大の弱点である「女」を突破口にするしかない。

こう結論を下したカヴールはただちに「人身御供」の人選に入った。観察したところ、ナポレオン三世はデコルテ姿の女性の真っ白な肩と胸に目がない。籠絡するならこの点を衝くにかぎる。そう考えたカヴールの心に一人の美女のイメージが浮かんだ。親戚筋のオルドイニ侯爵家の娘で、一〇歳年上のカスティリオーネ伯爵フランチェスコ・ヴェラシスと結婚していた一九歳のヴィルジニアである。ヴィルジニアは絶世の美女であるばかりか、男心をとろけさせる秘術にたけた天性の妖婦でもあった。そして、妖婦の亭主によくあるように、夫のカスティリオーネ伯爵はコキュ（寝取られ亭主）の典型で、妻がとっくにヴィットリオ・エマヌエーレ国王の愛人となっていることさえ知らなかった。

カヴールが国王にこの秘策を打ち明けると、ヴィットリオ・エマヌエーレは自らカスティリオーネ伯爵夫人の邸宅に出向き、庭園に誘い出してことをすませてから、その類い稀な誘惑のテクニックを今度はフランス皇帝に対して使うように命じた。

いっぽう、カヴールはヴィットリオ・エマヌエーレが誤解のないように使命を伝えたか不安になったので、この親戚の若妻を呼び出すと、はっきりとこう言い切った。

「うまくやってください。方法はなんでも、あなたの好きなのを選んでかまいません。ようは、成功しさえすればいいのです」

かくして、カスティリオーネ伯爵夫人は、一八五六年の初頭、その妖艶な美貌を武器に皇帝を籠絡すべく、夫同伴でパリに到着したのである。

カスティリオーネ伯爵夫人を皇帝に最初に紹介したのは、マチルド皇女だった。マチルドは、スペインの小娘とばかり思っていたエウヘニエ・デ・モンティホーがウージェニー皇妃となってしまったことに強い妬みを抱いていたので、これはと思う美女がサロンに現れると、女衒よろしく皇帝に紹介の労を取ったのである。

マチルドの目は確かだった。ヴィルジニアが現れるやいなや、皇帝の目は女に興味を持ったときに示す特殊な輝きでキラリと光った。皇帝が一目でヴィルジニアの魅力ある肉体を観察したことは明らかだった。その証拠に、皇帝は顎鬚をしきりにしごきながら、ヴィルジニアに優しい声をかけたが、ヴィルジニアは虚を衝かれて、一言も答えることができなかった。

「ふうむ、きれいだが、頭はよくなさそうだな」皇帝は側近に語った。

だが、二週間後の一八五六年一月一七日、ヴィルジニアは見事に雪辱を晴らす。ヴィルジニアがパレ・ロワイヤルで開かれたプリンス・ナポレオンの夜会に真っ白なドレスに身を包んで姿を現すと、帰ろうとする皇帝が階段をおりてきた。

「いらっしゃるのが遅すぎますよ、マダム」皇帝が言った。

カスティリオーネ伯爵夫人
イタリア問題にナポレオン三世の関心を向けさせるには「女」しかないと考えたカヴールは、「人身御供」として、ヴィットリオ・エマヌエーレ二世の愛人カスティリオーネ伯爵夫人に白羽の矢を立て、パリに差し向けた。[A]

「殿こそ、お帰りが早すぎます」ヴィルジニアは皇帝の目をまっすぐに見据えて言った。この夜以来、カスティリオーネ伯爵夫人の名前は皇帝の特別招待者名簿に載ることとなる。

ヴィルジニアが皇帝の心を決定的に捉えたのは、チュイルリ宮殿で開かれた舞踏会の夜だった。シルバー・ブルーのデコルテに身をくるんだヴィルジニアは、その輝くような半裸体をシャンデリアのもとに惜し気もなくさらし、皇帝の視線を釘付けにさせた。以後、ヴィルジニアの付けていた日記には、ナポレオン三世の名前が頻出する。

この間、パリでは二月から講和会議が始まり、ヴィットリオ・エマヌエーレとカヴールはヴィルジニアからの連絡を受けて一喜一憂していたが、現実的には見通しは決して明るくなかった。カヴールは列強の関心をイタリア問題に向けようと必死に努力したが、会議の議長を務めるフランス外相ヴァレフスキは、ピエモンテ・サルジニア王国を牛と大きさを競い合おうとするカエルにたとえて、まともに相手にしようとしなかった。

とはいえ、カヴールは、パリを去る前日、ナポレオン三世から呼び出しを受け、口頭でこう伝えられた。

「今回はオーストリアと悶着を起こすわけにはいきませんでしたが、平和は長く続かないだろうという予感がします。安心していてください」

カヴールは、これは脈があると感じた。ヴィルジニアはよく使命を果たしているらしい。

カスティリオーネ伯爵夫人の勝利と敗北

実際、ヴィルジニアは着々と誘惑戦術を推し進め、皇帝の心を籠絡していった。皇帝の陥落がだれの目にも明らかになったのは、六月二七日にヴィルヌーヴ・レタンという美しい湖で知られる離宮で開かれた祝宴の夜だった。出産まもないウージェニー皇妃の名前で届けられた招待状には、肌をさらさないローブ・モンタントでお越しくださいと書かれていたが、愛国心に燃える（？）ヴィルジニアは千載一遇のチャンス到来とばかり、スケスケのモスリンのドレスに白い羽毛の帽子というなんとも派手な衣装に身を包んで「戦場」に姿をあらわした。果たせるかな、皇帝は好色そうなまなざしでヴィルジニアの体を眺めわたすと、さっそく湖に浮かぶ島へ、自ら小船のオールをこいで連れ出した。

一時間後、城郭のサロンに用意されている夜食を取りにカスティリオーネ伯爵夫人が現れたとき、その場に居合わせた人々は、伯爵夫人のモスリンのドレスに少しばかり皺がよっているのを認めざるをえなかった。

その夜、白いドレスを着たウージェニー皇妃は顔面をドレスよりも蒼白にし、やけを起こしたように踊りまくったが、ついに気をうしなって倒れた。

この日から、カスティリオーネ伯爵夫人はルイ十五世におけるデュバリー夫人のような「寵姫」の座にすわったのである。

秋口にコンピエーニュに移動した宮廷でもカスティリオーネ伯爵夫人の妖艶な魅力は遺憾なく発揮された。宮廷人は、皇帝ばかりかプリンス・ナポレオンもモルニー公爵も術中にはまったと噂した。ようするに、宮廷で多少とも影響力のある男たちはみなカスティリオーネ伯爵夫人の軍門に下ったのである。

しかし、こうした影響力の増大に眉をひそめている者も少なからずいた。女たちと秘密警察である。

ウージェニー皇妃を始めとする女たちはほとんど全員が敵に回った。彼女の一挙手一投足が批判の的となり、イジメは日を追うごとにひどくなった。

また、イタリア独立運動の闘士たちの不穏な動きを警戒していた秘密警察もカスティリオーネ伯爵夫人がこの運動に関係しているのではないかと疑って内偵を開始していた。

ナポレオン三世は、一八五七年になっても、あいかわらずモンテーニュ街二八番地に居を定めたカスティリオーネ伯爵夫人のもとに足繁く通っていた。夫人は寝物語にイタリアへの愛を語り、なにかというと皇帝の関心をイタリア独立問題へと誘導しようと努めた。警察は彼女の書簡を検閲し、情報の漏洩をつかもうとしたが、彼女がカヴールのもとに送る情報はすべて暗号文でしたためられていたため、警察はついに決定的な証拠をつかめなかった。

そんなとき、思わぬ突発事故が発生して、伯爵夫人の計画を台なしにする。一八五七年の四月、モンテーニュ街に皇帝が通いつめていることを知ったイタリア独立運動の闘士三人が、夫人の屋敷から出て馬車に乗り込もうとしている皇帝を襲ったのである。運よく、御者が機転をきかせ、チュイルリ宮殿まで一気に突っ走らせたので、皇帝は危うく難を逃れることができた。

翌日、カスティリオーネ伯爵夫人の公然の敵たちは、夫人が皇帝の来る日時を暗殺者たち

カスティリオーネ伯爵夫人の勝利と敗北

フランスの宮廷に現れたカスティリオーネ伯爵夫人は巧みにナポレオン三世を誘惑、「寵姫」の座に座ったが、暗殺未遂事件への関係が疑われて失墜した。[Y]

に教えたにちがいないと触れ回った。結局、何一つ具体的な証拠はあがらなかったが、さすがのナポレオン三世も、これ以上夫人との関係を続けるわけにはいかなくなった。皇帝はカスティリオーネ伯爵夫人に対し、内々にパリから退去するよう命じた。

その後、夫人がロンドンからパリに舞い戻ったとき、関係が修復されかかったこともあったが、結局、ナポレオン三世はイタリアよりもフランスを選び、夫人とは永久に手を切ったのである。

オルシニ事件

トリノに戻ったカスティリオーネ伯爵夫人から作戦の失敗を知らされたカヴールは暗澹たる気持ちで一八五八年の新年を迎えていた。この分では、イタリア独立をかけてオーストリアと一戦交えるのは当分先のことになりそうだ。

そんなときだった。パリから驚天動地の知らせが届いたのは。

一八五八年一月一四日の夜八時、ルペルティエ街のオペラ座正面の車寄せに到着しようとしていた皇帝夫妻の馬車めがけて、三発の手製爆弾が投ぜられた。閃光がほぼ同時に光ったあと爆風でガス灯が消え、あたり一帯は真っ暗闇に包まれた。大パニックが見物の群衆を襲った。警察隊が松明をもって駆けつけたときには、馬車は大破し、護衛の近衛兵や群衆が折り重なって倒れていた。負傷者一五〇人、死者一八人の大惨事だったが、奇跡的に皇帝夫妻はわずかなかすり傷だけで馬車から脱出することができた。ウージェニー皇妃は、心配して駆けつけたお付きのものに向かっていらだたしげにこう言った。

「私たちにはかまわないで。これは私たちの仕事です。けがした人を見てやりなさい」

いっぽう、皇帝は御者と従僕が負傷しているのを見ると、彼らを薬局につれていこうとしたが、駆けつけた警視に制せられた。

「劇場にそのまま入ってください。観客たちがいらぬ想像を働かせるといけませんから」

皇帝は沈着冷静に振る舞い、皇妃に腕を貸してオペラ座のボックス席に着いた。皇妃のスカートが血で染まっているのを見て事件の重大さに気づいていた観客たちは割れんばかりの拍手で皇帝夫妻を迎えた。ナポレオン三世は言った。

「さあ、いつもどおり、始めなさい」

真夜中に夫妻がチュイルリ宮殿に戻ると、リヴォリ通りには、事件を知った群衆たちの大波が押し寄せ、いつまでも「皇帝万歳、皇后万歳」の叫びが鳴り響いた。

犯人は翌日すぐに逮捕された。カルボナリの残党で筋金入りの陰謀家であるフェリーチェ・オルシニ伯爵を首領とするピエリ、ルーディオ、ゴメズの四人のイタリア人だった。ピエリは犯行直前に逮捕されていたので、爆弾は三人によって投げつけられたのである。

彼らはカルボナリのかつての同志であるナポレオン三世がイタリア問題に冷淡であることに義憤を感じ、ナポレオン三世を暗殺することで、広く世間にイタリアの独立・統一を訴えようとしたのである。

四人の裁判が始まると、事件の重大さとは裏腹に、世間の同情はオルシニたちに集まっ

オルシニ事件
1858年1月14日、オペラ座に向かう途中で、ナポレオン三世の馬車めがけて爆弾が投ぜられ、多数の死傷者を出したが皇帝夫妻は奇跡的に難を免れた。犯人はイタリアの愛国者オルシニだった。[A]

オルシニ
カルボナリのかつての同志であるオルシニはナポレオン三世がイタリア問題に冷淡であるとして、暗殺を図ったが、獄中で転向し、ナポレオン三世こそは、イタリアの解放者であると考えるに至る。[A]

た。とりわけ、オルシニが法廷で見せた毅然とした態度は、フランス人たちに強烈な印象を与え、愛国心とは何か、イタリア独立とは何かを深く考えさせる結果となった。

オルシニの弁護を引き受けた共和派の代議士ジュール・ファーヴルは、オルシニはイタリア独立の大義に自らの命を捧げようとしているが、一八四八年の二月革命のときには、フランス自身がイタリアを助けると約束したのではなかったかと訴え、獄中のオルシニが書いた手紙を懐から取り出すと、皇帝の特別の許可により、これを代読すると告げた。

オルシニは訴える。従容として死に赴こうとしている今、自分は、ヨーロッパの平和のためにはイタリアがオーストリアの頸木《くびき》から解き放たれる以外にはないと考える。しかし、フランス人に血を流してほしいとはいわない。せめて、イタリアに不利となる介入をさけてほしいと願うだけだ。ところで、それは、フランス皇帝陛下にその気さえあればすぐにでもできることなのだ。陛下にここで思い起こしていただきたい。かつて、私の父を含めた多くのイタリア人がナポレオン皇帝のために喜んで血を流したことを。死刑台に登ろうとしている者の最後の願い、わが祖国を解放し、一八四九年にフランスの裏切りでイタリアが失った独立を取り戻すという願いを陛下が聞き入れられんことをせつに希望する。

オルシニは獄中で思想を転換し、ナポレオン三世だけがイタリアに独立と自由を与えることができると理解するに至った。ゆえに、ジュール・ファーヴルが代読したオルシニの手紙は、ナポレオン三世自身の宣言でもあったのだ。

オルシニたち四人は皇帝夫妻の減刑嘆願にもかかわらず処刑された。だが、それによって彼は、カヴールもカスティリオーネ伯爵夫人も果たせなかった回天に成功したのである。

4　イタリア戦争

「私的評議会」と「総括治安法」

オルシニ事件は、当のナポレオン三世自身に、体制の維持には皇帝の突然の死という「イフ」を考慮に入れておく必要を悟らせた。世継ぎの皇太子はまだ二歳で、摂政が必要だったからである。

そこで、ナポレオン三世は、「私的評議会《コンセイユ・プリヴェ》」という常設の摂政準備機関を設け、自らに万一のことが起こった場合には、これをそのまま摂政評議会に移行できるようにしようと考えた。ところが、この私的評議会の構成員をどうするかで、一悶着が生じた。プリンス・ナポレオンが、自分以外に、元ウェストファリア王である父親のジェローム・ボナパルトもメンバーに加えるように主張したからである。プリンス・ナポレオンはこうしておけば、摂政評議会を意のままに牛耳れると目論んだのである。

ナポレオン三世は陰謀家特有の勘を働かせて、プリンス・ナポレオンの意図をすぐに見抜き、私的評議会には、皇后、ジェローム王親子のほか、国務院、立法院、貴族院の三院の議長も加えると回答した。ジェローム・ボナパルト親子はこの措置に怒りくるった。立法院議長という資格で、彼らの不倶戴天の敵モルニー公が加わることになったからである。一八五八年二月一日、私的評議会の設立が発表されたが、名簿にはジェローム王親子の名前はなかった。陰謀に関しては、ナポレオン三世のほうが一枚上手だったのである。

私的評議会が設置されたのと同じ頃、「総括治安法」が立法院を通過した。これは二月革命やクー・デタのさいに逮捕された反体制主義者は令状なしに予防拘禁できるとした無茶苦茶な法律で、国務院の予備審査でも反対意見が強かったのを、皇帝が強引に立法院に上程させたのである。暗殺の標的となった多くの君主と同じように彼も、厳しい弾圧策で、反体制主義者を抑圧しようと考えたのである。

ビヨーに代わって内務大臣に任命されたエスピナス将軍はただちに法律を厳密に適用し、各県の知事に命じて、二〇〇〇人以上の共和主義者を勾留させ、四〇〇人をアルジェリアに送った。命令に従わなかった知事は更迭された。人々は、戒厳令体制の再来を予感し、あの時代閉塞の状況がまた訪れるのかと恐怖した。ところが、なんとしたことか、三月に入ると、総括治安法はほとんど適用されなくなり、準戒厳令体制はたったの一ヵ月余りで解除されてしまったのである。

いったい、なにが起こったのか？

オルシニの影響である。左翼ボナパルティストの警視総監ピエトリの訪問を受けたオルシニは、二月下旬に裁判が開始されるや、イタリアの真の解放者となりうるのはナポレオン三世だけだと強く主張するに至った。その結果、被害者であるはずの皇帝がオルシニに感化されるという、思いもかけぬ状況の変化が生まれたのである。ひとことで言えば、これまでイタリア問題で腰が定まらなかったナポレオン三世が、オルシニ事件によって突然のように覚醒し、イタリア半島からオーストリアの影響を払拭するためには、ピエモンテ・サルジニア王国に加担して戦争も辞さないという決意を固めたのだ。この皇帝の方向転換により、イタリア介入賛成の共和主義者を味方につけるためもあって、弾圧策が突然、中止されたのである。

こうしたことがあるから、ナポレオン三世という皇帝は「わからない」のである。自分を暗殺しようとした外国人が自分をイタリアの解放者と持ち上げたからといって、その暗殺未遂犯人の主張どおりに、イタリア解放戦争を始める独裁者がどこにいるだろうか？　妖艶な女スパイの魅力に溺れて皇帝がそのいいなりになったというのならまだわかる。しかし、暗殺者の言い分の正しさを認めて、その主張どおりに行動する皇帝の心の動きというものは常人にとっては理解の範囲を超えている。アンドレ・カストゥロはナポレオン三世の中のカルボナリの血がオルシニの手紙で突然騒ぎだしたのではないかと推測しているが、あるいはそうかもしれない。いずれにしろ、端倪すべからざる怪帝であることだけは確かである。

後世のわれわれでさえこうなのだから、ナポレオン三世の突然の心変わりを知った関係者の驚きはいかばかりだったか。とりわけ、外務大臣のヴァレフスキ、ウージェニー皇妃、モルニー公といったイタリア介入反対派の驚愕は大きかった。彼らは、ナポレオン三世がオルシニの手紙を法廷で朗読させたばかりか、それを政府官報の『モニトゥール』に掲載させると、にわかに警戒心を強めた。もしかすると、皇帝は本気でイタリアに介入するつもりなの

オルシニの処刑
獄中で思想転向し、皇帝こそはイタリアの解放者と見なすに至ったオルシニは皇帝夫妻の助命嘆願にもかかわらず処刑されたが、その愛国の熱情はナポレオン三世のカルボナリの血をかき立て、イタリア問題への本格的介入が開始された。[H]

エスピナス将軍
オルシニの暗殺未遂事件を契機に思想弾圧が強化され、内務大臣となったエスピナス将軍は「総括治安法」を適用して、大量の共和主義者を逮捕・拘留した。[H]

かもしれない。

彼らの危惧は、皇帝がプリンス・ナポレオンの勧告を容れて共和派への強圧策を放棄し、総括治安法は目的を達したと三月の下旬にその適用をやめたときに、現実のものとなった。しかし、それでもまだ彼らは半信半疑でいた。だが、六月にエスピナス将軍が内務大臣を解かれ、それと入れ替わるように、あのプリンス・ナポレオンがアルジェリア及び植民地大臣に任命されたときには、もはや疑いの余地はなかった。

プリンス・ナポレオンとともに、左翼ボナパルティズムが戻ってきたのだ。これは権力の座にあった秩序派にとっておぞましい事態だった。プリンス・ナポレオンはいずれイタリア問題での皇帝の懐刀、秘密の共犯者となり、今後、政治の前面に出てくることになるだろう。（ルイ・ジラール『ナポレオン三世』）

プロンビエール温泉での秘密会談

一八五八年の七月、ナポレオン三世は持病のリューマチの治療という名目で、ヴォージュ地方の湯治場プロンビエールに赴いた。そこには、偶然にもピエモンテ・サルジニア王国の宰相カヴールが居合わせていた、というのは、もちろん嘘で、二人は、カヴール側のエージェントであるニガラと、ナポレオン三世の秘密工作員コノーがあらかじめ打ち合わせておいた手順に従って、秘密会談を持つべくこの温泉に赴いたのである。ナポレオン三世は、大臣にもウージェニー皇妃にもこの秘密交渉のことは知らせていなかった。

七月二一日、両者は七時間にも及ぶ一対一の会談の末、イタリア解放のためのプログラムを練りあげた。すなわち、会談は、オーストリアに対する戦争を挑発するための陰謀工作から始まり、戦争勝利後のイタリア半島の領土分割にまで及んだ。ピエモンテ・サルジニア王国はロンバルディア、ヴェネト、エミリア、ロマーニャを併合して北イタリア王国を形成し、トスカナを中心とする中央イタリア王国、ローマだけに領土を限定した教皇国、それに両シチリア王国の四ヵ国でイタリア連邦をかたちづくる。一方、フランスはというと、介入の報酬として、ニースとサヴォワを得る。

会談後の散策の途中で、ナポレオン三世は、ヴィットリオ・エマヌエーレ国王の長女であるクロチルドとプリンス・ナポレオンを結婚させるというアイディアを持ち出した。カヴールは最初、これに難色を示した。クロチルド王女が一六歳であるのに対し、プリンス・ナポレオンは三六歳、しかも、従兄のナポレオン三世と同じく、希代の好色漢であることが気に障ったのである。しかし、散策が終わるとき、両者の意志はすでに固まっていた。

ナポレオン三世は、秘密会談が終わると、なにくわぬ顔をしてパリに戻り、ヨーロッパの列強がイタリア問題に関して中立を守るよう、外交政策を展開しはじめた。というのも、ナポレオン三世がイタリア介入の意志を固めたというニュースは、イギリス政府の不安をかき立てていたからである。イギリスは、イタリア戦争はドイツの介入を呼び、ナポレオン戦争の悪夢が再現されるのではないかと恐れていたのだ。

ナポレオン三世は、一八五八年八月、ヴィクトリア女王夫妻をシェルブールの海軍進水式に招き、友好を計ろうとしたが、クリミア戦争のときにはあれほどに親密だった両者の関係はもはや修復不可能なまでに冷えきっていた。女王夫妻は式典が終わるとすぐにイギリスに帰ってしまった。

ナポレオン三世は次はロシアを味方につけようと、プリンス・ナポレオンをワルシャワに派遣し、ロシア皇帝アレクサンドル二世と会談させた。アレクサンドル二世は好意ある中立は約束したが、フランスの側に立つことは拒絶した。

ナポレオン三世は、未来のヴィルヘルム一世であるプロシャの摂政皇太子にも、オースト

プリンス・ナポレオンの登用
オルシニの影響でイタリア解放を決意したナポレオン三世は、共和派への弾圧を突如中止し、エスピナス内相を解任すると同時に、左翼ボナパルティストのプリンス・ナポレオンを植民地大臣に起用、大きく左展開を遂げた。[H]

リアの領土割譲を提案して同盟を持ちかけたが、フランスがライン地方へも触手を伸ばすのではないかと警戒した摂政皇太子は、同盟を拒否し、イギリスと協調して、ナポレオン三世に対して、戦争回避を強く呼びかける方針を取ることにした。

イタリア戦争への出陣

一八五九年が明けると、フランスとピエモンテ・サルジニア王国は、密約どおりオーストリアに対する挑発を開始した。オーストリアの方から戦端を開かせようという考えである。一月、婚約者のクロチルド王女と結婚式をあげるためにピエモンテ・サルジニア王国の首都トリノに飛んだプリンス・ナポレオンは同時にもう一つの「結婚」である対オーストリア軍事協定をカヴールとの間で締結した。これにより、両国は不可分の関係に入り開戦は時間の問題となった。

とはいえ、フランス国内の世論は開戦に反対だった。ラ・ゲロニエールという名のジャーナリストの署名のある「ナポレオン三世とイタリア」というパンフレットが大量に配布され、それがナポレオン三世のイタリア介入の意志表明であることが知れると、世論は沸騰した。政府上層部でも、戦争支持派はプリンス・ナポレオン、それにマチルド皇女だけで、内閣の大臣全員が反対、カトリックの立場を代表するウージェニー皇妃も大反対、イタリアとオーストリアの鉄道に多額の投資をしている経済界に至っては恐慌をきたし、株式市場は大暴落した。

だが、ナポレオン三世とはこうと心に決めたら、どんな反対があろうともしつこく目的を追求するタイプの支配者である。イタリア問題を平和裡に解決するためにヨーロッパの列強をパリに集めて協議するというアイディアを打ち出したものの、それはあくまで戦争反対の世論をかわすカムフラージュにすぎなかった。皇帝の心は開戦に決まっていたのだ。

ところが、ここがまた不可解なところだが、そう決心していながら、ナポレオン三世は、その決意を軍隊に打ち明けず、開戦の準備に取り掛かるよう命令もしていなかったのである。だから、挑発にたまりかねたオーストリアが最後通牒を突き付けたのをきっかけに、四月二九日にピエモンテ・サルジニア王国とオーストリアが戦争状態に入り、トリノ条約の規

イタリア戦争へ
イタリア解放のための対オーストリア戦争を決意したナポレオン三世は、陣頭指揮を執るため、パリを出発、イタリア戦線に赴いた。[A]

定で自動的にフランスが五月三日にオーストリアに対して宣戦布告を行ったとき、フランス陸軍の総司令部は、完全に不意をつかれるかたちとなった。

ナポレオン三世はそんなことは委細かまわず、今度こそは、自ら陣頭指揮を執ることにして、五月一〇日、ウージェニー皇妃を摂政としたうえで、意気揚々とイタリア戦線に赴いた。民衆は狂喜して皇帝に喝采を送って見送ったが、陸軍の内情からいえば、武器弾薬も兵站も整ってはおらず、とても戦争などできる状態ではなかったのである。

したがって、オーストリア側が、フランス軍の先発部隊と後発部隊が合流しないうちに各個撃破戦術に出ていたら、勝利は間違いなくオーストリアに帰していたはずである。ナポレオン三世は、軍事に関しては、伯父とはちがってまったくの素人だったからだ。

ところが、オーストリア軍のギウライ司令官は、いかなる情報によったのか、フランス軍は南から攻めてくると思い込み、主力部隊をピアチェンザ方面に集中させた。おかげで、ジエノヴァに上陸を果たしたナポレオン三世の後発部隊はモン・スニ峠を越えたカンロベール将軍率いるフランスの先発部隊とアレクサンドリアで合流することができたのである。

いっぽう、ピアチェンザ方面に陣地を敷いていたギウライ将軍麾下のオーストリア軍はというと、偵察に派遣した二個師団が、モンテベッロでフォレー将軍麾下のフランス軍分遣隊と衝突し、敗退したことを知ると、ただちに主力部隊をカステッジオ方面に退却させ、ポー川の右岸に沿って北に上った。まだフランス軍の主力が南にいると思い込んで、左翼から総攻撃されるのではないかと恐れていたのである。

これに対し、フランス軍の方も、同じくらいにドジだった。本来なら、ポー川を渡河し、一気に敵を撃破してロンバルディアの首都ミラノへと迫るべきはずなのに、川に橋をかける工兵隊を欠いていたため、ポー川の支流のテサン川の左岸に沿ってひたすら北へと向かった。つまり、両軍は、ともに、敵がどこにいるか正確に知らぬまま、川を間に挟んで平行に移動していたのである。

「マジャンタの戦い」と「ソルフェリーノの戦い」

だから、六月四日に、マジャンタの村で両軍の主力が遭遇したとき、ナポレオン三世にとっても、ギウライ将軍にとっても、それは、完全な「不意打ち」となった。その結果、両軍は、なんの作戦指揮もないまま無秩序に戦闘状態に入ったのである。

いたるところで、すさまじい白兵戦が展開された。形勢は数で劣るフランス軍に不利だった。本来なら援軍に駆けつけるはずのピエモンテ・サルジニア軍はいっこうに動こうとせず、また、トゥルピゴから南下してくるマクマオン将軍率いる部隊もまだ戦場に到着していなかった。それでも、マクマオン軍の大砲の音を聞いたナポレオン三世は、ここぞとばかりに近衛部隊に橋の奪取を命じた。近衛部隊は橋を奪取し、マジャンタの村に突入したが、ティロル狙撃兵による猛烈な反撃をくらい足止めされた。近衛部隊が全滅したら、もうナポレオン三世には戦う手駒はなかった。「まずい」ナポレオン三世は顔面蒼白になって叫んだ。

「マクマオンの部隊はまだ来ないのか？」

その頃、マクマオン軍はいったん開始した砲撃をやめ、散らばった部隊を集合させていた。果たして、近衛部隊が全滅する前に、マクマオン軍はマジャンタに到着することができるのか？

午後六時、マクマオン軍がついにマジャンタに現れた。それを見たオーストリア軍は算を乱して退却した。ナポレオン三世はこの夜、ウージェニー皇妃に電報を打った。

「偉大なる勝利。ただし、犠牲は多大」

事実、フランス軍の死傷者は万の単位に及び、マクマオン軍の先頭を切って突撃したエスピナス将軍（前内務大臣）は戦死。犠牲が大きすぎたフランス軍は敗退したオーストリア軍を追跡することはできなかった。翌日、勝利の立て役者であるマクマオン将軍は元帥位を授

マジャンタの戦い

ナポレオン三世率いるフランス軍はマジャンタ村でオーストリア軍と遭遇、両軍とも作戦指揮もないまま白兵戦に突入した。援軍にかけつけるはずのマクマオン軍が到着せず、ナポレオン三世は全軍壊滅の危機にさらされた。[A]

マクマオン将軍

フランス軍が壊滅する寸前、マクマオン軍がマジャンタの戦場に駆けつけ、オーストリア軍を蹴散らした。この功績により、マクマオン将軍は元帥位とマジャンタ公の爵位を授けられた。[A]

けられ、同時にマジャンタ公の爵位も与えられた。六月八日、ナポレオン三世とヴィットリオ・エマヌエーレは両軍の先頭に立ってミラノに入城を果たした。

いっぽう、退却したオーストリア軍は、その間に、自ら出陣したフランツ・ヨーゼフ一世の指揮の下、態勢の立て直しをはかり、強烈な反撃を加えんと満を持していた。

しかし、ナポレオン三世がナポレオンでないのと同様、フランツ・ヨーゼフもフランツ二世ではなかった。

その結果、一六万のオーストリア軍と一三万八〇〇〇のフランス軍がなんの作戦もないままに全面衝突した六月二四日のソルフェリーノの戦いは、皮肉な意味で歴史に残る戦いとなった。つまり、ソルフェリーノは、両軍の指揮者の無能ゆえに、かつてないほどの犠牲者を出したのである。

戦いはソルフェリーノの村の丘をめぐる攻防となり、両軍とも決め手を欠いたまま、犠牲者の数だけを積み重ねていったが、結局、最後に近衛軍の投入を決意したナポレオン三世がかろうじて勝利をおさめるかたちとなった。

両軍とも、戦死者だけで三万以上にのぼり、負傷者は戦場に手当を受けぬまま放置された。おりからの暑さのために、身動きできぬフランス軍の間ではチフスが広まり、全軍の四分の一以上が戦闘能力を欠いた状態となった。

この悲惨きわまる有り様を目の当たりにしたナポレオン三世は、ただちに副官のフルーリ将軍をフランツ・ヨーゼフ一世のもとに送り、即時停戦を提案した。さすがのナポレオン三世もことここに及んで自軍の準備不足と作戦の杜撰さを認めざるを得なくなったのだ。もし、この機会を逸すれば、まだ戦闘意欲の衰えていないオーストリア軍を相手に長期戦を強いられるかもしれない。プロシャ軍が総動員体制を敷き、ライン国境に四〇万の軍を集結させたという情報も届いていた。

おまけに、イタリア半島中部の情勢も危機的だった。オーストリア軍の敗北を知った愛国者たちがいたるところで蜂起し、ローマ教皇領からの独立を叫び始めたのである。

これらすべてはナポレオン三世の最初の意図を超えたものだった。もはや、フランスが生きる道は即時停戦しかない。かくして、七月一一日、ヴィラフランカにおいて会談したナポ

ソルフェリーノの戦い
ナポレオン三世もフランツ・ヨーゼフ皇帝も同じくらいに軍事的に無能だったため、ソルフェリーノの戦いも完全に無秩序な遭遇戦となり、両軍ともかつてないほどの死傷者を出した。[A]

レオン三世とフランツ・ヨーゼフ一世の間で休戦協定が結ばれたのである。

5　デパート都市の誕生

イタリア戦争の影響

ソルフェリーノの戦いは、双方の指揮者の無能に加えて、近代兵器が恐るべき威力を発揮したため、戦場は酸鼻を極めた様相を呈した。

このとき、アルジェリアでの投機事業に関してナポレオン三世の協力を得ようとイタリアまで出向いていた一人のスイス人が、殺戮の黙示録的な有り様を目撃し、強い衝撃を受けた。アンリ・デュナンである。デュナンは戦場での負傷者の救援に対する国際世論を喚起するため、一八六二年に『ソルフェリーノの思い出』を出版し、ジュネーヴでの国際会議を呼びかけた。この会議から一八六四年のジュネーヴ条約が生まれ、敵味方に関係なく負傷者を救済する国際赤十字が誕生することとなる。

しかし、ソルフェリーノの戦場で最も激しいショックを受けたのは、なんといっても当のナポレオン三世だった。七月の太陽に焼かれて腐敗する四万人の死傷者を直接目撃したナポレオン三世は、このダンテの『神曲・地獄篇』を連想させるような光景に戦慄し、フランツ・ヨーゼフ皇帝に即時停戦を申し出たのである。ジョルジュ・ルーが指摘するように、ナポレオン三世は「フランスの歴代の元首の中で、人間の苦しみに対して最も敏感な一人だった」のである。

だが、こうした人間的な反応から発した即時停戦の方針は、各方面に意想外の反響を投げかけることとなった。

まず、停戦交渉開始に関して何一つ相談を受けなかったピエモンテ・サルジニア王国のヴィットリオ・エマヌエーレ王と宰相カヴールは、知らせを受けると激しく反発し、ナポレオン三世の協定違反をなじった。イタリア全土で、裏切りを非難する愛国者の激しい抗議行動が起き、ナポレオン三世はイタリアの解放者となるどころか、一転して、最悪の憎まれ役となってしまった。

いっぽう、戦争当事国のオーストリアがまだ余力を残していたにもかかわらず停戦に応じたことは、ヨーロッパ列強ばかりか、帝国領内の諸民族に「オーストリア弱し」の印象を与える結果となった。以後、オーストリア帝国は、領域内で民族自立の動きに悩まされることになる。

また、ロシアとイギリスは、ナポレオン帝国の再来という悪夢に脅え、ナポレオン三世の拡大主義に強い警戒を抱くに至った。

しかし、イタリア戦争の影響として、フランスにとって最悪だったのは、プロシャがこれを機会に強国への歩みを開始したことである。プロシャは、マジャンタとソルフェリーノの戦いでフランスが勝利したことで、旧神聖同盟領内での覇権争いでオーストリアに勝てると確信すると同時に、「フランス強し」という脅威を抱いた。とりわけ、ライン国境で総動員体制を敷いたさいに露呈した戦闘準備の遅れは、プロシャ首脳に、将来の対フランス戦争に向けて自軍を強化する必要を痛感させた。これに対して、マジャンタとソルフェリーノの戦いで戦争への嫌悪感を募らせたナポレオン三世は、軍隊の改革へ積極的な姿勢を示さなかった。この反応の違いが一一年後の普仏戦争に大きな影響を与えることとなる。イタリア戦争は、プロシャに普墺戦争、普仏戦争への準備を怠りなくさせたのに反して、フランスには厭戦気分を植え付けるという皮肉な結果を招いたのである。

だが、それはあくまで結果論であって、一八五九年夏の時点では、ナポレオン三世の停戦

負傷者を見舞うナポレオン三世
ソルフェリーノの戦場は会戦史上かつてないような犠牲者を出し、アンリ・デュナンに国際赤十字の設立を決意させたが、戦いの酸鼻さに最もショックを受けたのは当のナポレオン三世だった。[A]

ナポレオン三世の凱旋
ヴィラフランカの和約はピエモンテ・サルジニア王国には激しい反発を引き起こしたが、フランスでは圧倒的な賛意をもって迎えられ、ナポレオン三世はパリ凱旋のさい、熱狂的な歓迎を受けた。[A]

決定は、フランス国内では圧倒的な賛意をもって迎えられた。八月一四日にパリで行われたイタリア派遣軍の凱旋パレードは国民的熱狂を呼び起こし、ヴァンドーム広場で、騎馬姿のナポレオン三世が三歳の皇太子とともに、ズアーヴ連隊の勇士たちを出迎えたとき、だれもが、フランスの栄光が頂点に達したのを感じた。ウージェニー皇妃は目に涙を浮かべ、皇帝は感極まったさいによくやるように、しきりに顎鬚をしごいた。

幸運なときには、よいことが重なるもので、一八六〇年の四月には、マジャンタとソルフェリーノの勝利でも手に入らなかったサヴォワ公国とニース伯領が、まったく棚ぼた式にフランスの領土となった。

一八五九年七月一一日、ナポレオン三世とフランツ・ヨーゼフ一世が休戦の予備協定にサインしたとき、フランツ・ヨーゼフは、ロンバルディア（旧ミラノ公国）をピエモンテ・サルジニア王国に割譲することは認めたものの、ヴェネトは断固として譲らなかった。その結果、ナポレオン三世は、戦争勝利のさいの「報酬」としてプロンビエールの密約でカヴールに約束させたサヴォワとニースの割譲は断念せざるを得なかった。

ところが、ヴィラフランカの停戦交渉の内容がこの両国に伝わると、七月二〇日から二五日にかけて、フランスへの統合を要求する民衆の激しいデモ行進が起こった。両国を領有するピエモンテ・サルジニア王国は当初、分離・統合に反対する方針を打ち出したが、年が明けてナポレオン三世が両国の獲得に向けて積極的な姿勢を見せると、一転して、住民投票による帰属決定を認めた。トリノ条約がそれである。ニースでは一八六〇年四月一五日、サヴォワでは四月二二日に、それぞれ住民投票が行われ、圧倒的多数でフランスへの帰属を決めた。マジャンタとソルフェリーノでフランス兵が流した血は無駄にはならなかったのである。

関税クー・デタと経済発展

ソルフェリーノで垣間見た悪夢は、ナポレオン三世をして、外交路線の転換に向かわせることになる。すなわち、軍事指導者としての無能を自覚したナポレオン三世は、列強がフラ

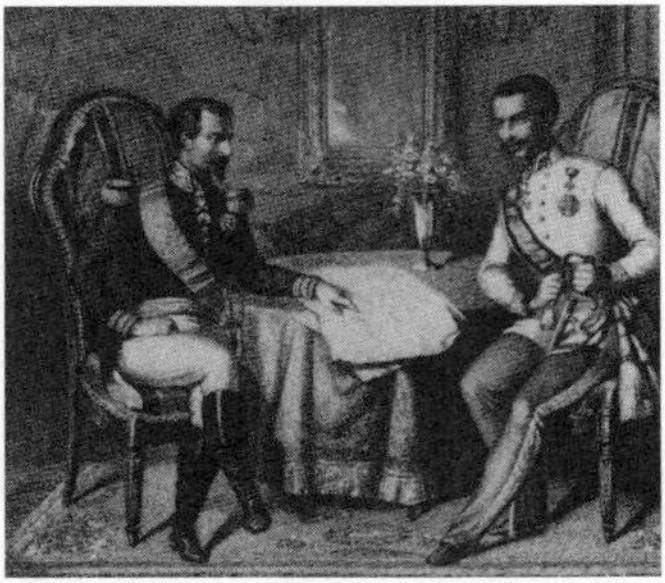

ヴィラフランカの和約
ソルフェリーノの戦いにショックを受けたナポレオン三世は即時停戦を決意、ピエモンテ・サルジニア王国側に諮ることなく、ヴィラフランカでフランツ・ヨーゼフと会見し、休戦協定にサインした。[A]

サヴォワとニースの統合
ヴィラフランカの和約をきっかけに、ニース公国とサヴォワ公国ではフランス統合運動が活発化し、国民投票の結果、フランスへの帰属が決まった。[A]

ンスへの警戒心を募らせるなか、一八五二年にボルドーで行った「帝国、それは平和だ」という方針へと立ち返って、平和外交へと大きく舵を切ったのである。

その現れは、一八六〇年一月二三日に突如締結された英仏通商条約の精神の中に見ることができる。

一八五一年一二月に権力を掌握して以来、ナポレオン三世は、商工業の振興には関税障害の撤廃が欠かせないというサン＝シモン主義者たちの主張を容れ、関税率の引き下げに努めてきたが、フランスの伝統ともいえる保護貿易主義の厚い壁に当たって、わずかに、石炭、鉄鉱石といった一次産品の関税引き下げに成功したにとどまっていた。

反対勢力の中心は、地方の名望家層を基盤とする立法議会と、繊維工業など保守的な工場経営者たちだった。とりわけ、後者は、関税率が引き下げられれば、イギリスの安価な繊維製品がフランスに流入し、産業を破壊すると主張していた。

これに対し、関税引き下げを歓迎していたのは、第二帝政開始とともに産声をあげたデパートや量販店などの商業資本家だった。彼らにとって、仕入れ値が引き下げられ、大量販売が可能になる措置ならば、どんなものでも諸手をあげて賛成だったのである。

ナポレオン三世は、一八五五年に開催して大成功を収めた万国博覧会の経験から、関税引き下げは一時的に混乱を招いても大局的にはフランス産業の基盤を強くするとの確信を強め、イギリスとの関税協定の締結に向けてひそかに準備を進めていたが、事前に情報が漏れて反対の火の手があがるのを恐れ、完璧な秘密主義を貫いた。

皇帝の秘密エージェントとして、イギリス側の当事者であるリチャード・コブデンと交渉に当たったのは、コレージュ・ド・フランスの教授でサン＝シモン主義的経済学の唱導者であるミシェル・シュヴァリエだった。

ミシェル・シュヴァリエは、既述のようにクー・デタの成功と同時にナポレオン三世の経済的ブレーンとなり、サン＝シモン教会時代の同志だったペレール兄弟と歩調を合わせながら、銀行改革、鉄道敷設、万国博覧会といった一連の経済改革に手を染めてきたが、その仕上げともいうべきものが、この関税クー・デタだったのである。彼は、ナポレオン三世に、審議を立法院にゆだねることの愚を説き、やるならば、通商条約締結後、皇帝勅令として一気に布告すべきと主張した。シュヴァリエの意見は採用された。

シュヴァリエは、ヴィラフランカの和約が成立すると、ただちに秘密裏に数回ロンドンを訪れ、コブデンと交渉を重ねたあげく、一八五九年一〇月にコブデンをパリに招き、ナポレオン三世に引き合わせた。その結果、交渉は一気に妥結に向かい、一八六〇年一月二三日に、突然条約が締結されたのである。内容は、石炭、羊毛、綿花などの原材料の関税を最高三〇パーセントに止めるというもので、完全な関税撤廃とはほど遠かったが、それでも、一〇〇パーセントの高関税に保護されていたフランスの産業資本家にとっては、脳天をバールで一撃されるに等しい衝撃だったのである。協定について知っていたのは、ナポレオン三世とシュヴァリエを除くと、政府の最高幹部であるルエール、バロッシュ、フールト、それにイギリス大使であるペルシニーの四人のみ。立法院も国務院も完全に無視された。

ミシェル・シュヴァリエ
サン=シモン主義者の経済学者ミシェル・シュヴァリエはナポレオン三世の知恵袋となり、2度の万博で主導的な役割を演じたが1860年には皇帝の秘密エージェントとしてイギリスのコブデンとの間で英仏通商条約の交渉を行った。[E]

通商条約が官報に発表されるや、案の定、各方面から激しい反発があがったが、ナポレオン三世は、積極的に設備投資を行おうとする商工業者には、大規模な貸し付けを実施すると発表して、反対を乗り切ることに成功した。新興の商工業者の多い下院は、この措置を好戦的な時代が終焉し、平和的な繁栄の時代が再来するものと歓迎した。ある下院代議士の次のような演説は、ナポレオン三世が「産業皇帝」の初心に戻ったことに対する喜びに溢れている。

皇帝の経済政策はボルドーでの演説の確認であります。それは平和の宣言にほかなりません。皇帝はヨーロッパに安心を与えると同時に、我が国に、将来に賭けるよう呼びかけた

のであります。（ルイ・ジラール『ナポレオン三世』に引用）

通商条約の成立によってフランス経済は一時的な景気後退に陥ったものの、翌年から、ミシェル・シュヴァリエの予想した効果が現れはじめ、商業のみならず鉱工業も未曾有の繁栄の時代を迎えた。

とりわけ、工業分野においては、高関税と人件費の低さにあぐらをかいて、設備の機械化を怠ってきた工場が、このショック療法によって覚醒し、イギリスとの競争激化に備えて設備投資に力を入れはじめたことが、大きな波及効果をもたらした。石炭、羊毛、綿花などの原材料費の低下は、工業発展の追い風となった。フランスは、これによって、ようやくイギリスの産業革命の段階に追いついたのである。

この結果を確認した政府は、一八六二年からベルギー、プロシャなどとも通商協定を結び、一八六六年にはヨーロッパのほぼすべての国との自由貿易体制を整えた。その結果、一八六〇年から七〇年までの一〇年間のあいだに、フランスの対外貿易額は倍増して、フランスは第二次産業革命を経て、イギリスと肩を並べる経済大国にまで成長したのである。

デパートによる商業革命

この通商条約による第二次産業革命で、最大の利益を享受したのが「ボン・マルシェ」、「ルーヴル」、「プランタン」などのデパート（グラン・マガザン）である。

デパートは、いずれも、王政復古から七月王政の時代に生まれた安物衣料の量販店マガザン・ド・ヌヴォテ（流行品店）を起源にしている。

マガザン・ド・ヌヴォテは、問屋を介さない直接取引による商品の低価格化、広告の活用と派手な外装による集客戦術、定価販売、入店自由など、後にデパートで活用される商業のノウハウを先取りして実践していたが、ただ一点、「商業とは騙し売り」であるという昔ながらの商人根性を捨て去ることができなかった。そのため、客は、安さと宣伝に釣られて一度は店に足を運ぶものの、固定客となって店を支えるまでにはならなかった。

この一点を突破し、近代商業の全面展開に成功したのが、一八五二年に、マガザン・ド・ヌヴォテの一つ「プチ・サン・トマ」から独立して、パリ左岸のセーヴル街とバック街の角に「ボン・マルシェ」を開店させたアリスチッド・ブシコーである。

ブシコーは、拙著『デパートを発明した夫婦』で述べたように、マガザン・ド・ヌヴォテの商業システムを改良し、それを芸術ともいえるほどの域に高めた商業的革命家である。

その理由の第一は、厳しい品質管理と返品自由の制度導入によって騙し売りの商人根性と決別した点にある。これによって、「誠実さ」というものが最もよく売れる商品となり、近代的な商業が成立したのである。

第二は、デパートをオペラ座やカテドラルと比較できるような豪華絢爛たるトポスに変容させることで、それまでの「必要による買い物」を、「欲望による買い物」へと変えた点に求められる。鉄とガラスでできた夢の神殿のような巨大な空間に入った消費者は、商品を買うことを一つの快楽と意識するようになったのである。いいかえれば、ブシコーは、デパートを消費者に夢を見させるドリーム・ワールドに変えることで、それをある種の欲望喚起装置へと変容させたのである。

第三の理由は、ブシコーが、デパートを、そこで買い物をすることが階級的な義務であると感じる教育装置に転換させたことにある。これによって、消費者は、買い物と消費にともなう罪悪感から解放され、デパートでの買い物を、階級維持に必要なライフ・スタイルの一環と見なすようになった。かくして、消費は罪悪ではなく、義務の観念をともなった快楽と

ブシコー夫妻
薄利多売のマガザン・ド・ヌヴォテからスタートしたブシコー夫妻は、誠実さを最高の商品とするデパート商法を開拓。消費を必要から快楽へと変容させた。[A]

「ボン・マルシェ」
ブシコー夫妻が第二帝政開始の年に開業した「ボン・マルシェ」は第二帝政期に店舗を拡大すると同時に、商業の新しい観念をつくりだし、世界初のデパートへと変身を遂げた。[A]

化したのである。

以上のような商業戦略を完成しつつあったブシコーにとって、一八六〇年に始まる関税革命は、強力な追い風となって機能した。なぜなら、これを契機に、仕入れ価格が大幅に引き下げられたばかりか、生産工場の機械化によって製品の質が向上すると同時に、大量生産化が可能になったからである。安くて良い物を多量にという、ブシコーの掲げる理想（ボン・マルシェとは安いという意味）に現実が一歩も二歩も近づいたのである。

関税クー・デタに始まる一八六〇年代がフランス商業の飛躍・発展期であると言われる所以がここにある。

ブシコーによるデパート革命は、その追随者やライバルを大量に発生させ、パリを世界一の商業都市へと発展させることになる。

ブシコーの強力なライバルとして、第二帝政期にしのぎを削ったのが、ブシコーと同じくマガザン・ド・ヌヴォテの店員から身を起こして、一八五五年にルーヴル宮殿の前に「ルーヴル」デパートを開店させたアルフレッド・ショシャールとその協力者エリオである。二人は、一八五五年のパリ万博で、ルーヴル宮殿前の敷地にペレール兄弟がフランス最初の近代的ホテル「ルーヴル・ホテル」を建設することを知ると、その一角を借りて、ここにボン・マルシェをはるかに上回る規模のデパートを開店させることを決意、資本もペレール兄弟から引き出すことに成功。後にはホテル部分もすべて買い取って、「ボン・マルシェ」と売上・利益などすべての面で激しい競争を演じた。

いっぽう、「ボン・マルシェ」の売り場主任として辣腕を振るったあと、資本を得て独立し、この二つのデパートの牙城に迫ったのが、一八六五年創業の「プランタン」デパートの主ジュール・ジャリュゾーである。ジャリュゾーはオスマンのパリ大改造でグラン・ブールヴァールの北側地区が大きく変わり、商業地区として大発展するのを確信すると、ここに初めから巨大な資本を投下して豪華な外装のデパートを建設することにした。賭は当たり、プランタンは数度の大火にもかかわらず、右岸最大のデパートへと発展していくことになる。

このほか、一八五七年開業の「バザール・ド・ロテル・ド・ヴィル（B H V《ベー・アッシュ・ヴェー》）」、一八六九年開業の「サマリテーヌ」など、今日のパリの大手デパートのほとんどは、第二帝政期に産声をあげ、第三共和制下に急成長を遂げるのである。

ナポレオン三世の関税クー・デタはデパート都市パリをつくったのである。

6　自由帝政と労働運動

権威帝政から自由帝政へ

一八六〇年は第二帝政にとって大きな転換点となる一年であった。というのも、この年には、サヴォワとニースの併合、関税クー・デタといった大きな出来事のほか、一一月にナポレオン三世が、立法議会へ大幅な権限を委譲する勅令を発し、それまでの権威的な体制に別れを告げたからである。改革は翌年にも引き続き行われ、勅語奉答文の復活、書記選出権の復活、議事録の全面公開、予算案の各条審議権などが立法議会の権利として認められた。これによって、第二帝政は権威帝政《アンピール・オトリテール》から自由帝政《アンピール・リベラル》への移行を成し遂げたのである。

ところで、マルクス主義の影響を受けた従来の左翼的歴史観では、この自由帝政への移行は、イタリア戦争でカトリックが離反し、関税クー・デタで資本家や銀行家が強く反発した結果、ナポレオン三世が新たな支持基盤を求めて、共和派と労働者に接近したものと解釈されている。つまり、ナポレオン三世は、行き当たりばったりに人気取り政策を打ち出したため、従来の支持層を失い、あわてて共和派と労働者を味方にしようと画策したというのである。ひとことでいえば、自由帝政の開始は譲歩であったとする説である。

たとえば、井上幸治編『世界各国史2　フランス史（新版）』の第七章「二月革命と第二帝政」の項を見ると、自由帝政の開始について、次のように記述されている。

はたして条約［英仏通商条約］が公表されると、産業ブルジョワジーの多くはいっせいに反対の火の手をあげ、イタリア政策に反感をいだくカトリック勢力と結んで、政府に批判的な態度をとりはじめた。（中略）このように左右の攻勢にさらされ、動揺に動揺を重ねるナポレオン三世は、ここに自由帝国《アンピール・リベラル》という新しい構想を掲げて、局面の打開をはかることになった。（桂圭男執筆）

この説を取る歴史家は、左翼の歴史家ばかりか、この本でも引用しているルイ・ジラールなど、少なくない。

しかし、これはちょっと考えただけでもおかしいとわかる。なぜなら、ナポレオン三世がいかに不可解な行動をする皇帝であったとしても、イタリア戦争に踏み切ればカトリックの反発を招くのはわかっていたはずだし、また関税クー・デタを決行すれば保守的な産業資本家たちが離れていくのも理解できたはずだからである。ようするに、ナポレオン三世にとって、カトリックと産業ブルジョワジーの離反は織り込みずみであり、あえてそれを覚悟の上で、イタリア戦争と関税クー・デタに踏み切ったと考えたほうがいいのである。

ナポレオン三世再評価の口火を切ったイギリスの歴史家ウィリアム・H・C・スミスも、こうした考えの一人である。

> これまでしばしば、一八六〇年と一八六一年の勅令は、カトリックと保護貿易主義者を敵に回したため、より自由主義的な党派、というか急進的な党派の支持を得て体制の維持を図ったナポレオン三世の立場の弱体化の結果であると言われてきた。たしかにこうした反対派の不満がこの二年間の出来事の背景にあったことは確かだが、しかし、皇帝の政策はいささかもその結果生まれたものではない。(『ナポレオン三世』)

ナポレオン三世の政治思想

このスミスの観点に立てば、問題は、次のように立てなければならないということになる。すなわち、従来の支持基盤を失うリスクを冒してまで、ナポレオン三世は、なぜこの二つの冒険に打って出て、自由帝政へと大きく舵取りしたのか、と。

「ナポレオン三世＝大馬鹿説」を取らないかぎり、考えられる理由とは一つしかない。ナポレオン三世の政治思想である。ウィリアム・H・C・スミスはこう断言している。

《自由化》の勅令によって現実となった変化は、自らの政治プランに忠実な皇帝によってもたらされたものである。そして、その政治プランは、皇帝が権力の座に到達する以前に描いていたものにほかならない。(同書)

たしかに、スミスのいうとおりで、もし、ナポレオン三世が世の独裁者の多くと同じく、自己の権力の維持だけを願っていたならば、イタリア戦争も関税クー・デタも必要なく、いわんや、権威帝政を自由帝政へと変更することなど思いもよらないだろう。現に、ナポレオン三世の周辺でも、ルエールやペルシニーは、移行に反対だった。賛成は、立法議会の議長をつとめていたモルニーだけだったが、モルニーの強い勧めがあったとしても、決断を下したのはやはりナポレオン三世自身なのだ。第二帝政においては、ナポレオン三世がウンといわなければ何一つ決定は下されなかったからである。

しからば、ナポレオン三世は、なにゆえに、自由帝政への移行を強行したのか？

ナポレオン三世は、一八五一年のクー・デタ以来の権威帝政においては、議会という中間項があっては、民衆と皇帝を直接むすぶ皇帝民主主義の実現は危ういと考えていたが、一八五〇年代の末に至って、議会制民主主義でも、いや、正確には、議会制民主主義のほうが、皇帝民主主義の実現はたやすいと判断を下したのではないかと思われる。

その大きな原因の一つは、本来なら、皇帝の命令一下、手足となって働かなければならないはずの内閣や国務院が、民主的な政策実現を妨げる「抵抗勢力」として機能していたことである。以前にも述べたように、ペルシニーを除いて、オルレアン派の官僚上がりが大部分を占めていた大臣たちは、ナポレオン三世の希求するサン＝シモン主義的、あるいはブルードン主義的な社会政策や経済政策を決して理解しようとはしなかったばかりか、さまざまなかたちでサボタージュを行って、その実現を遅らせようとこころみた。立法議会の大半を占める名望家たちの秩序派も、同じように大きな「抵抗勢力」であった。

このような状況において、ナポレオン三世にとって好ましいのは、いっそ、立法議会で、民衆保護を訴えた自らの社会政策を支持してくれる新しい党派が勢力を伸張させ、それが「抵抗勢力」を下から突き上げてくれることである。

そのためには、まず立法議会に立候補する反対党の人材を育成し、ついで、その反対党が立法議会で活躍できるように、立法議会の権限を強めなければならない。

「第三党」の出現

ナポレオン三世はイタリア戦争勝利のあとこの第一段階のプロジェクトに取り掛かった。

一八五九年八月一五日の聖ナポレオン祭の翌日に発表した、政治亡命者への無条件かつ全面的な恩赦がそれである。これにより、ヴィクトル・ユゴーほか数名の「不治の反逆者」を除いて、ほとんどの政治亡命者が帰国し、立法議会選挙への出馬を用意するようになる。

とはいえ、彼ら政治亡命者がクー・デタ前とまったく同じような政治主張と政治的影響力によって活動を開始したかといえば、かならずしもそうとはいえない。クー・デタからすでに一〇年ちかい歳月が経過し、彼ら自身は変わらなくとも、いや変わらないがゆえ、もはや昔日の影響力は望むべくもなかったのである。帝政一〇年という繁栄と発展の実績は、堅忍不抜の反骨精神を持った政治亡命者が帰国しても、彼らを一種の「過去の人」として葬り去ってしまうような政治状況を生み出していたのだ。すなわち、「共和派」「オルレアン派」「正統王朝派」といった既成の反対党とは別のところで、新しい反対党がかたちづくられつつあったのだ。

その代表的な一人が、ユゴーとともに最後まで恩赦を拒否して亡命を続けた山岳党（共和派左派）の大物デモステーヌ・オリヴィエの息子エミール・オリヴィエである。

エミール・オリヴィエは一八五七年に行われた立法議会選挙に於いて、官選立候補者を破って議席を獲得した数少ない反対党の一人であったが、立法議会で皇帝に対する忠誠の宣誓を受け入れ、信念に忠実であるよりも、議会活動を通して改革を実現するという現実主義的闘争の道を選んだ。こうした選択を行った他の四人の共和派議員とともにオリヴィエは「レ・サンク（五人組）」と呼ばれた。オリヴィエは自らの立場を他の共和派と区別して、こう規定している。

共和派は三つの立場に別れている。一つは、立法議会選挙にさいして、断固として立候補も投票も拒否する立場。第二は、投票あるいは立候補は行うが、議会での宣誓は拒否する立場。この人たちはすべての選挙に投票あるいは立候補するものの、クー・デタに対する抗議は永遠にこれを保持する。第三は、政治を変えるには、投票するか、できるなら立候補・当選したうえで宣誓を行い、立法議会において合法的な方法に拠るほかないと考える立場である。彼らは、合法的議会活動はたとえわずかなものであっても、まったく効果のないものとは見なさない。（エミール・オリヴィエ『自由帝政』）

このように、帝政という枠組みを認めた上で、野党活動をしようとするオリヴィエたちの「レ・サンク」は、いずれ、秩序派とも、また既成の反対党とも異なる「第三党」を形成することになる。そして、この「第三党」の出現は、秩序派の頑迷さに手を焼く一方、オルレアン派的な議会主義を嫌悪していたナポレオン三世にとって、まさに願ったりかなったりの党派の出現であった。

「大臣たちとしばしば不和に陥っていた皇帝は、個人的には、このような党派の発展こそ、革命的反政府勢力の脅威に対する解毒剤となることを期待していたのである」（スミス『ナポレオン三世』）

エミール・オリヴィエと4人の代議士
1857年の立法議会選挙で当選した5人の反対党の代議士は議会活動を通じて改革を実現するという第三の道を選んだ。この5人はレ・サンク（五人組）と呼ばれ、後に第三党の中核となる。［H］

労働条件の向上を目指す皇帝
図版は炭坑内で会議を開く労働者。ナポレオン三世は、労働者の劣悪な条件の改善を目指して、労働運動家と接触、ストライキ権の容認に踏み出した。［A］

しかし、この将来の「第三党」はまだ少数派である。ならば、こうした第三党的な潮流を育てる方向で政治の舵取りを行わなければならない。

労働者との連携

こう考えたナポレオン三世が次に取り掛かったのは、自らの支持基盤と考える労働者との連携である。すなわち、労働者の置かれた苛酷な労働条件の改善に向けて、ナポレオン三世はさまざまな政策を打ち出したのである。

何度も指摘しているように、ナポレオン三世というのは、「貧困の根絶」というスローガンを掲げて、労働者や貧農の生活条件の向上を政治の第一目標とした「特異な」皇帝である。そして、皇帝の座に就いて以来、常に、労働者住宅の建設を始めとして、労働者の生活改善のための政策には心を配ってきた。

しかし、これまで、大臣たちや秩序派の妨害に遭って、その試みは所期の目標を達成したとはとうていいいがたかった。また、ナポレオン三世が推し進めたパリ大改造や鉄道工事によって、雇用は増加し、賃金は上昇したものの、インフレの到来によって生活物価の上昇率はそれを上回ったため、一八五〇年代の後半には、労働者の生活条件はあきらかに悪化しつつあった。

そこで、ナポレオン三世は、イタリア戦争以来、急接近していたプリンス・ナポレオンの助言を容れて、自らのイニシャティヴで、労働条件の向上に乗り出すことに決めた。

当時、プリンス・ナポレオンは、居城としていたパレ・ロワイヤルに、一八五五年の万博を契機として知り合ったミシェル・シュヴァリエ、ジェルー、アルレス＝デュフールなどのサン＝シモン主義者やフレデリック・ル・プレーなどの社会学者、それに、ナポレオン三世を崇拝する労働者たちを集め、「パレ・ロワイヤル・グループ」なる集団を形成し、『オピニオン・ナショナル』という機関紙や「皇帝、民衆、および旧党派」と題したパンフレットを発行していた。これらの機関紙やパンフレットには、労働者たちが署名記事を寄せ、労働条件の改善には、皇帝が民衆の意向を汲んで率先介入し、労働者ストライキ権の承認や、労働手帳の携行義務の廃止、労働時間の短縮、公的職業紹介所の設置、労働立法の成立などに心を配るべきだという主張を繰り返していた。

パレ・ロワイヤル・グループ

このパレ・ロワイヤル・グループの主張は、ある意味で、エミール・オリヴィエなどの「第三党」の立場と近いものだった。すなわち、旧来の共和派のように一八五一年のクー・デタを罪悪視することなく、ナポレオン三世の肯定的な面を認め、反政府的な立場に立ちながらも、あくまで改良主義で行こうとする点である。その根底には一八四八年の六月事件で弾圧の側に回ったブルジョワ共和派への憎悪があり、これが皇帝への積極的評価と結び付いていた。共和主義とは手を切り、労働者は労働者自身で問題の解決を図るべきだとするプルードンのサンジカリスムの主張も彼らに大きな影響を与えていた。

木下賢一は『第二帝政とパリ民衆の世界――「進歩」と「伝統」のはざまで』の中で、クルスタインによる分析を踏まえて、これらパレ・ロワイヤル・グループの労働者の特徴をこう指摘している。

彼らは、フランス革命以来ブルジョワジーはつねに自分たちの階級的利害から人民を利用してきただけであり、人民はもはやブルジョワジーに従っていくことはできないと考える。他方、皇帝は、特定の党派のためではなく、すべての人びとのための政府を望んでいるから、皇帝に自分たちの改革案を提出していくことによってそれらを実現することができる、とする。なぜなら、帝政は普通選挙にその基礎をおいているから、体制を永続させるためには大衆の必要を満足させようとするからである。このように、ボナパルティスト労働者の特徴は、改革を皇帝に直接訴えることによって、実現しようとする点にある。

では、このパレ・ロワイヤル・グループの労働者がさしあたって主張したことはなにかといえば、それは一八六二年にロンドンで開かれる万国博覧会に労働者の代表を派遣しようという提案であった。『オピニオン・ナショナル』はこのための募金を労働者に呼びかけたが、これに対して、労働者の自主性を生かした代表派遣でなければ意味はないと答えたのがアンリ・トランというブロンズ工であった。トランの逆提案はプリンス・ナポレオンによって受け入れられ、さらには皇帝によって承認された。

かくして、一八六二年の五月と六月にフランスの労働者の「普通選挙」によって派遣代表二〇〇人が選出され、七月にロンドンに赴いたのである。その旅費と滞在費用は、ナポレオン三世の肝入りによって、政府とサン＝シモン主義の企業家が負担した。

ロンドンで労働者代表は自国とはまったく異なる労働条件を享受するイギリスの労働者と会見したり、工場を見学したりして新鮮な驚きを覚える。イギリスには、よく組織された労働組合が存在し、権力との辛抱強い戦いによって、賃金や労働時間などの面で大きな成果を勝ち取っていたのである。

帰国後、フランスの労働者代表は、報告書を作成したが、その多くのページはイギリスとフランスの労働条件の比較に費やされ、労働組合結成の自由、集会の自由などの権利要求が公然となされていた。

この報告書に、出版費用を負担した政府は苦虫をかみつぶしたが、一人、ナポレオン三世はおおいなる満足でこれを迎えた。それどころか、ナポレオン三世は、この一八六二年に印刷工場や炭鉱で頻発したストライキの責任者に対して、寛大な態度で臨み、重罪を宣告された者の多くに恩赦を施した。ナポレオン三世は、労働条件の改善を目指して戦う労働者の味方であることをはっきりと宣言したのである。

労働者エリートの誕生

ロンドン万博への労働者代表の派遣はまた、意外な副産物をもたらした。労働者の自主性に任された代表の選出と報告書の作成の過程で、職能を同じにする労働者たちの間で連帯の感情が生まれ、労働者としての意識が覚醒した結果、労働者エリートという存在が誕生したことがあげられる。

職種ごとに普通選挙によって二〇〇名の代表が選出されたことは、この時点におけるパリの労働者エリートの表舞台への登場を意味したのであった。この時期の労働者エリートの一人で、『六〇人宣言』に署名し、労働者候補として一八六三年の立法院選挙に出馬した植字工のブランは、労働者代表の目的が労働者のあいだにつながりを生み出すことであったこと、また、代表団がもたらしたもっとも重要な結果は、長いあいだ眠りこんでいた労働者大衆を結集し、活気づけたことであると述べている。(同書)

ひとことでいえば、ナポレオン三世のイニシャティヴによるロンドン万博への労働者代表派遣こそが、長らく停滞していた労働運動の活発化を呼び起こしたのである。

その明らかな結果は、右の引用にもあるとおり、一八六三年の立法議会選挙と一八六四年の補欠選挙に、既成の共和派とは一線を画したところから、労働者の代表が立候補した事実にあらわれている。彼らは、共和派左派からなされた「政府の別動隊」という非難に対して、トランを起草者とする「六〇人宣言」というマニフェストを発表し、自ら、直接的な代議士を必要とする「特別の階級」であると宣言した。彼らは、体制そのものへの批判は差し控えたが、政府に対しては一定の距離を置き、同時に、既存の野党とは異なる勢力となる決意を明らかにしたのである。

こうした流れを受けて、ナポレオン三世は、自らのイニシャティヴにより、一八六四年の五月に、エミール・オリヴィエを起草者とする法案を立法議会で可決させ、暴力行為を伴わない限り労働者がストライキのために団結権を持つことを認めた。これは、労働組合などの結社の自由の承認ではなかったが、政府が労働者のストライキ権を認めた点で、労働運動史上、画期的な意味を持つ法律だった。

一八六四年にはまた、ロンドンで世界初の労働者インターナショナルが組織され、フランスでもトランを代表とする支部が開設された。ナポレオン三世はこれにも同様に認可を与えたのである。

このように、ナポレオン三世こそは、語の正しい意味において「労働運動の父」にほかならない。

労働者インターナショナル
ナポレオン三世の肝入りで1862年のロンドン万国博覧会に派遣されたフランスの労働者は、イギリスの労働者と接触。これがきっかけとなり、1864年、世界初の労働者インターナショナルが結成された。[A]

第八章　第二帝政の終焉

1　祝祭と放蕩

酒池肉林伝説

第二帝政という時代に関して多少とも歴史好きなフランス人に連想ゲームを試みたとき、クー・デタ、オスマンのパリ改造、金融バブルなどと並んで、かならず口に出されるものが二つある。

一つは、帝国の祝祭《フェット・アンペリアル》、つまり皇帝が迫りくる危機から大衆の目をそらすために、万博や列国会議などを次々に催し、祝賀会や舞踏会を繰り広げては贅のかぎりをつくしていたというう蕩尽のイメージ。

もう一つは、好色な皇帝がルイ十五世の「鹿の園」よろしく愛妾を囲う一方、政治家や金満家たちが高級娼婦の尻を追いかけ回していたという性的に放埒な時代というイメージ。

これを二つあわせれば、絶対的権力を握った一部の成り上がりものたちが贅沢三昧をして、色欲にふけっていたという「酒池肉林」の完璧なイメージが出来上がる。

ユゴーとマルクスに連なる左翼の歴史家が、ナポレオン三世と第二帝政を貶めるときに強調したのはこのイメージである。典型的な文章を一つあげてみよう。

> 皇帝夫妻をめぐって繰りひろげられるはなやかな宮廷生活は、クリノリーヌと呼ばれる鉄枠でひろげた広いスカートの流行が示すように、社交とモードの中心であり、また同時に上流社会の退廃と享楽主義の象徴でもあった。高級娼婦がテュイルリ宮に出没して皇帝をも誘惑し、政治家のスキャンダルが巷の口をにぎわした。カトリックへの信仰心の厚い皇后ウジェニーは、うわ気な夫に愛想をつかし、一人息子の皇太子に望みを託して、しばしば政治にくちばしをいれるようになった。しかし、スペイン女は《オーストリア女》（マリ・アントワネット）と同様に、いくら慈善にはげんでも、しょせん国民の不評を解消することはできなかった。（中略）さんざめく舞踏会の軽やかな衣ずれの嬉遊曲《ディヴェルティメント》の底の方で、すでに無気味な死のシンコペーションが低くつぶやきはじめていた。やがてトロンボーンが響きわたり、地獄の口があいて、石造りの騎士長ビスマルクが現われ、皇帝をスダンの奈落の底へとつき落とすことであろう。（井上幸治編『世界各国史12　フランス史（新版）』）

直接自分と関係がないのに、こと贅沢と色欲に対しては、人は限りなく嫉妬深くなるようだ。第二帝政の崩壊は天罰であると決めつけるところなどは、ほとんど黙示録的な憤りさえ感じられる。いまとなっては、貴重な左翼文体のサンプルといっていい。

しかしながら、ナポレオン三世が「怪帝」であるゆえんは、こうした左翼的偏向に満ちた文章でも、そこに述べられていることは、誇張されてはいるものの、決してデッチアゲではなく、全部、真実だという点だ。つまり、世間一般の道徳規準からすれば、ナポレオン三世は赦免できる範囲を大きく逸脱しているのである。したがって、ナポレオン三世の復権を図るにしても、いや、だからこそ、そのマイナスの側面はキッチリとおさえておく必要がある。

帝国の祝祭

まず、帝国の祝祭である。実際、ナポレオン三世ほど宴会好きの元首もなかった。なんだかんだと理由をつけて宴会に明け暮れていたといっても言い過ぎではない。国民投票で皇帝の座にすわると同時に、伯父にならって「宮内府《メゾン・アンペリアル》」を再建し、大侍従、儀典長、侍従頭、宮廷司祭、主馬頭などの役職を設け、祝祭の式次第や礼儀作法も定めたが、これは宮廷での祝祭を円滑に行うためだった。

ナポレオン三世が祝祭のために心を砕いたのは儀式や典礼ばかりではない。宴会の評価の基準になる料理とワインについても皇帝自ら音頭を取って質の向上に努力したのである。

たとえば、今日、ワイン好きなら知らぬ者はないボルドー・ワインの格付けは、ナポレオン三世が、一八五五年万博の際にヨーロッパ中からやってくる王侯貴族をもてなすために、

帝国の祝祭
（フェット・アンペリアル）
きらびやかな祝祭を好んだ皇帝の嗜好を反映して、第二帝政期には、なにかというと壮麗な大宴会が開かれた。図版はヴェルサイユ宮殿の宴会の間で開かれた祝祭。[A]

オッフェンバック
1855年万博の際にブッフ・パリジャン座でオペレッタ『天国と地獄』を上演し、大成功を収めたオッフェンバックは第二帝政を代表する作曲家となった。[U]

ボルドーの商工会議所に命じて決めさせたものである。イギリス滞在が長くボルドー・ワイン党になっていたナポレオン三世は、自分がふるまうワイン（主にラフィット・ロートシルト）が特上品であることを示すため、褒賞授与式に先だって格付けを決めさせ、祝祭の幻影をいっそう目くるめくものにしようと努めたのである。

祝祭といえば絶対に欠かせないのが、華やかな彩りを添える宮廷の女性であるが、こちらは、ウージェニー皇妃の取り巻きとなった女性たちで十分まかなうことができた。ウージェニー皇妃は、真っ白な肌理こまかな肩が自慢だったので、できるかぎり肩と胸を露出したドレスを着用するのを好んだが、この流行はただちに宮廷全体に広がって、舞踏会ともなると裸の肩と胸の乱舞だった。そんなとき、決め手となるのは、裸の肌に輝きを添える宝石だった。

帝国がその絶頂に達した一八六〇年にウージェニー皇妃の姉のアルバ公爵夫人の邸宅で開かれた舞踏会に出席した作家のメリメは、その豪華さに目を見張る。ジョルジュ・ルーはメリメの描写をダイジェストして、こんな風に描いている。

女性たちは高価な宝飾で身を飾っていたので、腕や肩や胸の上は、ダイヤモンドの雨が降ったようだった。舞踏会はペローの「コント」のカドリールで始まり、ヴェネチア風カドリールに変わって、次に、土、空気、水、火の四大を表すカドリールとなったが、土のグループはエメラルドを、空気のグループはトルコ石を、水のグループはオパールを、火のグループはルビーをつけていた。二時になると、食堂の扉が開いたが、その食堂はヴェロネーゼの絵『カナの結婚』を模してデザインされていた。カップルはそこにマイヤーベアーの『予言者のマーチ』の音楽に合わせて入っていった。「まさに夢幻劇のようだった」とメリメは語っている。(『ナポレオン三世』)

舞踏会の音楽は、ここに描かれているようにマイヤーベアーも多かったが圧倒的に人気があったのは、ユダヤ人の作曲家ジャック・オッフェンバック（オッフェンバッハ）である。オッフェンバックは、一八五五年のパリ万博のさいにモルニー公のコネで会場近くのブッフ・パリジャン座を借り切ると、『天国と地獄（原題　地獄のオルフェウス）』に代表されるあの軽快で享楽的なオペレッタで満たし、パリ中を興奮の坩堝《るつぼ》にたたき込んだ。ジークフリート・クラカウアーが『天国と地獄――ジャック・オッフェンバックと同時代のパリ』で活写したように、第二帝政の「帝国の祝祭」はオッフェンバックで始まり、オッフェンバックで終わったのである。

「帝国の祝祭」がその頂点を飾ったのは、一八六七年の万博である。この万博のことは、拙著『絶景、パリ万国博覧会』に詳述したので繰り返しは避けたいが、オッフェンバックに関してはこの時、ヴァリエ座で上演された風刺的オペレッタ『ジェロルステイン女大公殿下』を忘れるわけにはいかない。このオペレッタの前評判はたいへんなもので、皮肉られているのはどこの国の元首なのかを知ろうとして、ヨーロッパ各国から国王や皇帝がヴァリエ座の桟敷に駆けつけたといわれるからである。

ちょうど、この時期に将軍徳川慶喜の名代としてパリ万博にやってきた徳川昭武一行の中に、後に日本財界の父となる渋沢栄一がいた。渋沢は万博の褒賞授与式におけるナポレオン三世の大演説を回顧してこう語っている。

ナポレオンの気焔は随分思ひ切つたものであり、露骨に申せば少しは自惚に過ぎたと言ひたい位であるが、兎も角自身にはこれ位の気慨はあつたのである。其の時には露帝アレキサンドル、英国皇太子を始め、各君主、各国皇族、大公使、其他多数参列して居つたが、演説中声大なる拍手の為めに屢〻其の演説を中止して、鳴りの静まるを待たなければならぬ有様であつた。斯様に得意満面のナポレオン三世も僅か数年後には普仏戦争に敗れて、遂に帝政は亡び、無念の涙を呑んで鬼籍に入つたのである。槿花一朝の夢とは云ふもの丶、此の博覧会の盛大を見、此の大演説を耳にした者は、誰か数年後の没落を予想し得られやう。（渋沢栄一『青淵回顧録』）

第二帝政の崩壊との対比ではあれ、夢のような「帝国の祝祭」がよく表現された文章ではないだろうか。

好色な皇帝

「帝国の祝祭」と並んで、第二帝政を象徴するイメージは、なんといっても好色な社会というそれであるが、このイメージは今日に始まったことではなく、第三共和制の時代にすでに定着していた。たとえば、ピエール・ド・ラノーという著者が著した『第二帝政下のパリの愛』を開くと、その冒頭にこんな言葉が掲げられている。

第二帝政の事物と人物は、読者にある特別の好奇心をかきたてるにちがいない。ただし、その好奇心は、この時代を画した歴史的・政治的出来事にではなく、むしろ、《社交》にむけられている。現に、人はナポレオン三世の治世というとき、必ずや口を意地悪く歪めて、目配せをする。というのも、《社交》とは、主として愛（セックス）のことであり、これこそが、第二帝政でもっとも重大な関心事であったからだ。チュイルリ宮殿ばかりではなく、サロンでも、上品な閨房でも、そうだったのである。

したがって、ナポレオン三世の「怪帝」としての側面に興味を持つわれわれとしても、当然、この方面に光を当てざるをえない。

晩年のナポレオン三世に親しく接したエミール・オリヴィエはナポレオン三世を「セックスにとりつかれた男」とか「肉の欲望に苦しめられた男」と呼んでいるが、実際のところ、ナポレオン三世が関係したすべての女たちのことを語ろうとすれば、期間を皇帝在位中に限っても、カサノヴァの『回想録』にゆうに匹敵する数冊の本が必要になるだろう。大臣の妻や娘といった社交界の貴婦人に始まって、女優、オペラ座の踊り子、外国人女性、高級娼婦、さらには民衆階級の娘や下級の娼婦に至るまで、皇帝は「博愛の精神」をもってほとんど全階級の女性を手にしたといっても決して言い過ぎではない。

第一、その結婚自体が「肉の欲望に苦しめられた男」の悪あがきの産物だった。すなわち、操《みさお》の固いスペイン娘エウヘニエ・デ・モンティホーに異常なまでの欲望をたぎらせていたナポレオン三世は、結婚以外に彼女をものにする方法はないと悟ると、側近たちの反対を押し切って、結婚に踏み切ったのである。

しかし、そんなナポレオン三世も結婚式から半年もすると、浮気の虫の蠢動を押さえ切ることができなくなった。

一八五三年の秋のある晩、夜会のあと、皇帝の従妹であるマチルド皇女は廊下で、なにやら憂鬱そうな顔つきをしている皇帝とすれちがった。マチルドが声をかけると、皇帝は「いま、三人の女に追いかけ回されてたまらない」という打ち明け話を始めた。そこで、マチルドが、皇后はどうしているのかと尋ねると、皇帝はこう告白した。

「皇后？　私だって、最初の半年は忠実な夫だったさ。だが、今はね、いろいろと気晴らしが必要なんだ。いつも、同じ調子では、退屈でやりきれないから」（アンドレ・カストゥロ『ナポレオン三世』に引用）

好色な皇帝

ナポレオン三世はフランスの歴代の王や皇帝の中でも一、二を争うほど好色な皇帝だった。エミール・オリヴィエは「肉の欲望に苦しめられた男」と呼んだ。［A］

「気晴らし」の数々

皇帝の最初の「気晴らし」は、わかっている範囲でいえば、ラ・ベドワイエール夫人という社交界の貴婦人だった。

ナポレオン三世は、まるで灯火に目がくらんだ蛾のようにフラフラと、この眩しい女性の周辺をさまよい歩いて、でれっとした様子だったので、宮廷の全員はやがて皇后陛下が《角を生やした女》になるだろうと察した。それから数日後に、果たしてそれが事実になった。（ギー・ブルトン『フランスの歴史をつくった女たち』第一〇巻、曽村保信訳）

皇帝は、こうした「気晴らし」を気兼ねなく行うために、チュイルリ宮殿の対岸のバック街に一軒のアパルトマンを借り、夜になると、青いフロックコートに灰色のズボン、シルクハットというブルジョワの服装を身にまとってお忍びで愛人に会いに出掛けた。そこで皇帝を待っていたのは、ラ・ベドワイエール夫人ばかりではなかった。女優、踊り子、娼婦、ただのブルジョワ娘、「要するに彼にとっては、女でさえあれば、誰でもよかったのである」（同書）。

では、「気晴らし」が発覚したとき、ウージェニー皇妃はどのように反応したのだろうか？　ブルボン王朝の王妃たちのように、夫は夫、自分は自分と割り切って行動したのだろうか。そうではなかったのである。スペインでカトリックの厳格な躾を受けて育ったウージェニーは夫婦の貞操を信じていたばかりか、セックスというものを汚らわしいものと思い込んでいたので、夫の浮気が発覚するたびに、いちいち激しい怒りを爆発させ、フランス語とスペイン語をチャンポンにした罵倒の言葉を夫に浴びせかけた。

ヴィスコンティ伯爵夫人が去った後、一八六〇年の一一月に起こったアクシデントなどはその典型である。ある夜、ウージェニーは捜し物をしていて、皇帝が読書をするためによく閉じこもる小さな書斎のドアを開けた。そのとたん、同時に二人の女の悲鳴がチュイルリに響いた。ウージェニーが叫ぶと同時に、全裸で皇帝と睦み合っていた若い娘も悲鳴をあげたのである。

あわてて服を着たナポレオン三世が皇后の居室に駆けつけると、皇后は考えつく限りの悪罵を浴びせたあと、今年の冬はコンピエーニュには行かないと宣言し、数日後にスコットランドに旅立ったまま、一ヵ月も帰ってこなかった。

このエピソードからも推測がつくように、ナポレオン三世は欲情に駆られると、時と場所をわきまえずにことに及ぶという癖があったらしく、妻にだけではなく、浮気相手の夫にも現場を目撃されている。

ナポレオン一世がポーランド遠征の際に土地の貴族の妻マリア・ヴァレフスカとの間にもうけた庶子は、第二帝政の宮廷ではヴァレフスキ伯爵として外務大臣の要職を占めたが、その妻のマリアンヌは男好きのする小柄な美人だったので、たちまちにしてナポレオン三世の恩寵を頂戴することとなった。

ナポレオン三世がシェルブールに出掛けたときのこと、ある朝、ヴァレフスキと秘書のショモン＝キトリが皇帝の居室に通じる小部屋に控えていると、皇帝秘書官のモカールが皇帝に緊急の報告をするためにやってきた。モカールはよほど急いでいたのか、ノックもせずに皇帝の居室のドアを開けたが、中に足を踏み込もうとして突然あとずさりした。開いたドアの隙間から、ショモン＝キトリは、皇帝の腕に抱かれているマリアンヌの姿をはっきりと見た。ショモン＝キトリは、「ヴァレフスキは私の隣にいたのだから、私が見たものを見なかったはずはない」と、ジャーナリストのヴィエル・カステルに証言している。

マルグリット・ベランジェとの出会い

激しい雨が降った六月のある日、ナポレオン三世はサン・クルーの離宮へ向かう途中、木

マリアンヌ・ヴァレフスキ
ナポレオン三世の「気晴らし」は、臣下の美貌の妻たちにも及んだ。ヴァレフスキ外務大臣の妻マリアンヌはそうした皇帝の愛人の一人。[E]

マルグリット・ベランジェ
本名をジュリー・ルブッフという女優マルグリット・ベランジェはサン・クルーの離宮へ向かう途中のナポレオン三世と知り合い、子供を生んだと噂された。[E]

立の陰で雨宿りしている一人の美しい娘に目をとめた。娘が寒さにふるえているのを見た皇帝は、馬車の窓から一枚の毛布を投げてやった。娘は本名をジュリー・ルブッフといい、マルグリット・ベランジェという名の女優だった。マルグリットはNのマークの入った毛布に包まって夜を過ごすと、翌日、借りたものを返すという口実でサン・クルー宮の門を叩いた。ナポレオン三世が暖かくマルグリットを迎え入れたのはいうまでもない。

　マルグリットは一八六四年に男の子を生んだ。だれもが皇太子に弟が出来たと噂したが、しばらくすると、別の噂がこれを打ち消した。なんと、セーヌ県知事オスマンの娘のヴァランチーヌが一六歳で皇帝の愛人となり男の子を出産したため、世間体を考えたナポレオン三世がマルグリット・ベランジェの子供として届けさせたというのである。根も葉も無い噂ではなかった。というのも、ナポレオン三世がヴァランチーヌ・オスマン嬢に御執心だったことは事実だからである。

　この話には後日談がある。マルグリットが子供を生んだという話を耳にしたウージェニー皇妃が皇帝のところに駆け込み、もし、これが事実なら、私はビアリッツに出掛けてもうパリには戻らないと息巻いたのである。そこで、ナポレオン三世は苦し紛れにあれは私の子供ではないとしらを切った。すると、皇后が「では、その証拠を見せてください」と食い下がったので、皇帝はひそかにセーヌ県控訴院院長に命じて、マルグリットから「この子は私が他の男と浮気してつくった子供です」という念書を取ってこさせたのである。この念書は、第二帝政が崩壊したとき、ほぼ同じ内容を告白した皇帝宛の手紙とともに、ウージェニー皇妃の小箱の中から発見された。

最後に、ナポレオン三世とベッドを共にした主だった女たちの名前を列挙しておこう。名女優ラシェル、高級娼婦コーラ・パール、同じく高級娼婦ラ・パイーヴァ、ゾラの『ナナ』のモデルとなったアンナ・デリオン、そのライバルだったジュリエット・ラ・マルセイエーズことジュリエット・ボー、要するに、第二帝政で多少とも名を売った美人でナポレオン三世の寵愛を受けなかった者は一人もいなかったといえるのである。「美しければ、社会的階級がどのようなものであれ、どんな女でも愛する価値がある」（カストゥロ『ナポレオン三世』に引用）

ナポレオン三世は、まさに、この告白どおり、「博愛」を衆に及ぼしながら生きたのである。

2　伝説のバブル美女たち

空前の美女バブルと前代未聞の蕩尽

第二帝政がエロス全盛の時代として知られているのは、前節で述べたように、君主たるナポレオン三世自身が好色な男だったということが多分に関係している。最高権力者がエロス的人間であるときには社会の下々まで乱れるというのは、オルレアン公の執政《レジャンス》時代、ルイ十五世のロココ時代の例もあるように、ほとんど法則に近い。

しかし、より合理的にこの現象を説明しようとすれば、原因は、第二帝政がフランス史上まれなバブル時代だったことに求められるだろう。投機ブームのおかげで濡れ手で粟の大金を手にしたバブル紳士たちがまず最初に考えるのは、札束を積み上げて天下の美女を手に入れることだからである。それは、一九八〇年代のバブル期にわれわれ日本人が直接この目で観察したとおりである。

世の中、金回りがよくなると、美女に札束を捧げて機嫌を取ろうとするバブル紳士が次々に現れ、それに応じて、男を誘惑して札束を湯水のように使いたいと願う美女が大量に出現するのである。それは、一種の「美女バブル」とでもいえる現象である。

しかし、不完全燃焼に終わった日本のバブルと異なり、行きつくところまで行って大破裂した第二帝政バブルにおいては、好色紳士のスケールばかりか美女のそれも桁が大きくちがっていた。

つまり、バブル紳士が巨万の富を美女につぎ込めば、バブル美女のほうはまるでその期待に応えなければいけないとでもいうように、全財産をあっという間に蕩尽してみせたのである。この意味で、バブルの生産と消費のファクターは見事に釣り合っていたといえる。第二帝政に起こった、このすさまじいばかりの生産と消費のせめぎ合いは、エミール・ゾラが『ナナ』で間然するところなく描き切っている。

ナナは数ヵ月のうちに、彼らを一人また一人と、食いつぶしていった。豪華な生活のいよいよかさんでいく費用が彼女の欲望を熾烈化し、一人の男をひとかじりで片づけてしまうのだった。はじめ彼女は、フーカルモンをつかまえたが、彼はほんの数日しかもたなかった。(中略)それからナナは、スタイネールにとりかかった。(中略)ナナが、とてつもない注文ばかりつけて、その崩壊を早めた。一月ほどの間はそれでも、彼はつぎつぎと奇蹟的な手を打って、あがきつづけた。(中略)彼女は燃えさかる火みたいに、投機のあぶく銭も、労働による稼ぎも、何もかも飲みこんでいった。今度こそ彼女は、スタイネールを完全に平らげ、骨の髄までしゃぶりつくして、精も根も吸いとったあげく、歩道におっぽり出した。(平岡篤頼訳)

こうした描写を掲げると、『ナナ』はフィクションではないかと言う人がいるにちがいないが、実際に第二帝政に現れたバブル美女、すなわち、高級娼婦《ドウミ・モンデーヌ》たちの描いた軌跡をたどってみると、ゾラはいささかも現実を歪めていないことがわかる。それどころか、むしろ控え目であったとさえいえる。それくらい、第二帝政の高級娼婦たちの蕩尽ぶりはすさまじかったのである。

その具体的な例はいくらでもあげることができるが、ここでは、第二帝政を代表する二人の高級娼婦に的をしぼって記述を進めてみよう。

イギリス女コーラ・パール

コーラ・パール

第二帝政バブルを代表する高級娼婦コーラ・パールはイギリスなまりと下品な自然さが、マゾの多かった政府高官やバブル紳士たちを虜にした。ゾラの『ナナ』のモデルの一人。[A]

通称コーラ・パール、本名をエンマ・クラッチというイギリス出身のこの高級娼婦が、金ぴかの第二帝政を象徴する美女だといわれても、われわれはおおいに首をかしげることになるだろう。というのも、残された写真を見る限り、コーラ・パールは絶世の美女でもなければ、妖艶なファム・ファタルにも見えないからだ。たしかに胸のふくらみは豊かだが、それほど上品とはいえない顔立ちからして、舞台の端役女優くらいにしか見えない。事実、彼女はわずかな期間、舞台に立ったことはあるが、たいした役もつかず、こちらの道は早々に放棄せざるをえなかった。第一、いつまでたっても抜けない英語なまりではパリの舞台で主役を張ることはしょせん無理だった。なんとか覚えたフランス語も洗練されているとはお世辞にもいえなかった。また、その立ち居振る舞いは優雅どころかきわめて下品で、エレガンスの面で上流婦人と競いあうことを生きがいにした高級娼婦たちからも総スカンを食ったほどである。

では、いったい、なぜ、こんなコーラ・パールが、並み居る美女たちを押しのけて、第二帝政の代表的美女の一人となりえたのか？

それは、ひとえに美女バブルが過熱したため、規格品の美女ではバブル紳士たちの欲望が刺激されなくなっていたという事実に求められる。つまり、バブル紳士たちのゲテもの趣味がコーラ・パールを時代の寵児としたのである。

コーラ・パールがいつイギリスからパリに来たかは、その生年と同じく不明である。着いた当初は、おおくの高級娼婦と同じく、食うや食わずのその日暮らしで、路上で春をひさいでいたと思われる。

ただ、彼女にはこの頃から、他の娼婦にはない一つの特徴があった。それは、他国から渡ってきた娼婦たちが一刻も早く気取ったパリジェンヌになりきろうと努力したのに対し、下品でがさつな性格をそのまま押し通そうとしたことだろう。ピエール・ド・ラノーは『第二帝政下のパリの愛』で、こう述べている。

コーラ・パールは、その頃、社交界の男たちの称賛と接吻と財産を一身に集めていた高級娼婦たちの大部分とはいささかも似ていなかった。こうした女たちのほとんどすべては、よく知られているように、それなりにきちんとした社会に属し、その出自からくる、ある種の完璧な口調と矯正を受け継いでいた。（中略）これに対し、コーラ・パールは、パリにやってきたとき、こうした礼儀作法にはまったく頓着しなかった。彼女は、それを立派なものとは思ったが、それ以上に、子供っぽいものと感じたのである。そして、彼女は実際にあるがままに振る舞った。つまりその感情と方法に化粧をすることを軽蔑したのである。

こうした一種の「自然さ」が普通の美女たちに食傷していたバブル紳士たちの心を捕らえたのである。また、そのイギリスなまりもかえって、「かわいい」とフランス男には受け止められたようだ。マドモワゼル・サン・ジェーヌ（気兼ねしないマドモワゼル）というあだ名は、彼女の人気の由来がどこにあるかを物語っている。

いずれにしろ、コーラ・パールは、他の高級娼婦とは逆を行く「自らに忠実である」という方針によって、一頭地を抜く存在となった。彼女を正式に囲った第一号がだれなのかは不明だが、とにかく、相当に地位も財産もインテリジェンスもある男が、このイギリス女を苦海から拾い上げたのである。

この大恩に対して、普通の女だったらおおいなる感謝を捧げたはずである。ところが、コーラ・パールは恩に対するに侮辱と罵倒をもって応えた。すると、その異常なる振る舞いが社交界の男どもの間で喝采を呼びおこし、一躍彼女をスターダムに押し上げたのである。金満家はいうに及ばず、プリンス・ナポレオンや皇帝自身もコーラ・パールにおぼしめしを垂れる有り様だった。

察するに、第二帝政の高位高官やバブル紳士のほとんどはマゾ男で、自分たちを罵倒し、虐げてくれる女王様を待望していたのだ。

彼女は、ただその洗練されていない本能の粗暴さから、あるいは自分が奉仕している男たちに対する復讐の気持ちから、このように振る舞った。つまり、彼女は、閨房で、彼らを蔑み、侮辱し、そのセックスの有無をいわせぬ無慈悲な力の前にひざまずかせるという哲学的な快楽を存分に楽しんだのである。(同書)

この点は、ミュファ伯爵をなぶりものにして悦ぶナナとまったく同じである。というよりも、ゾラは、コーラ・パールのスキャンダラスな振る舞いを参考にしてナナの人物像を造形したに相違ない。

桁外れの浪費という点でも、コーラ・パールはナナのモデルというにふさわしい。

彼女はパリで贅沢極まりない生活を送り、ファンタスティックな浪費に身をゆだねた。彼女は金銭に貪欲だった。だが、これは正しく認めてやらなければならないが、彼女は同僚のもっと目先のきいた女たちの多くがやるような、蓄財や終身年金の獲得が目的でそうしたのではない。彼女はたしかに金を手でむしり取ったが、同時に、それをそのまま風に散

らすことを躊躇しなかったのである。（同書）

こんな風に女王様のように振る舞っていても、コーラ・パールは自尊心の渇きを癒せなかったらしい。というのも、彼女は、一八六六年に、以前の失敗にも懲りずに、ふたたび舞台に立とうとしたからだ。すなわち、オッフェンバックの『地獄のオルフェウス』でヴィーナスの役を演じ、ほとんど全裸に近い格好で舞台に立ったのである。この点もナナとよく似ている。また、よせばいいのにひどい声でセリフのある役を演じたのもナナそっくりである。その結果、舞台は見るも無残な結果に終わり、コーラ・パールは深く傷つく。以後、彼女は人前に姿を見せなくなり、孤独のうちに引きこもるようになる。第二帝政の崩壊と、愛人のアレクサンドル・デュヴァルの自殺が、彼女の没落に拍車をかける。

コーラ・パールは荷物をまとめてパリを離れ、二度と戻ってこなかった。その晩年は悲惨で、遺体を埋葬するために、隣人に毛布を借りなければならなかったといわれる。第二帝政のバブル美女にふさわしい最後というほかない。

ロシアから来たラ・パイーヴァ

第二帝政の高級娼婦たちが贅をこらしてつくりあげた大邸宅のほとんどは、彼女たちの運命とともに跡形もなく消えさったが、唯一の例外が、今日もシャンゼリゼ大通り二五番地に、トラヴェラーズ・クラブの所有となって残るパイーヴァ侯爵夫人邸である。その内装はルーヴルのナポレオン三世の居室も顔まけの金ぴか趣味で飾られているが、それを見ると、第二帝政の高級娼婦の贅沢というものがどれほどのものだったか、手に取るようにわかる。ゾラの描写はけっして誇張ではないのだ。

とはいえ、一八一九年にモスクワのユダヤ人ゲットーに生まれたテレーズ・ラックマンという一人の娘がパリに出てパイーヴァ侯爵夫人となり、ラ・パイーヴァと名乗ってドゥミ・モンドに君臨し、シャンゼリゼに大邸宅を建設するまでの道筋は決して平坦ではなかった。

一六歳のときに、テレーズはロシアに定住したフランス人の仕立屋フランソワ・ヴィロワンと結婚し、一児を設けるが、すぐに家族を捨て、自らの運命を試す旅に出る。コンスタンチノープル、ロンドン、ベルリンと渡り歩いて、パリにやってきたのが一八四一年のことだった。

無一文の彼女は当然ながら歩道で春をひさぐほかなかった。ある晩、ベンチに座り、懐に一文もなく、ボロボロのドレスと穴のあいた靴で、シャンゼリゼを行き交う馬車の群れを眺めていると、隣に一人の男が座って優しく話しかけてきた。男はアンリ・エルツ（ハインリッヒ・ヘルツ）と名乗った。後に有名になるピアニストである。テレーズは、その自伝で、この出会いを回想してこう語っている。

このときの彼の親切な態度を、私は生涯決して忘れないだろう。その晩私は、心に誓った。いつか私も金持ちになり、パリを征服してやろう。そして、この裸同然の、腹ペコの時代に見た廃屋の場所に堂々たる御殿を建ててやるんだ。（ギー・ブルトン『フランスの歴史をつくった女たち』第一〇巻、曽村保信訳）

アンリ・エルッはいささかも金持ちではなかったが、知識と教養を持ち合わせていたので、これを惜し気もなく彼女に与えた。この知識と教養が彼女にとって大きな財産となる。なぜなら、彼女はこれを資本に、さながら、わらしべ長者のように、社会の階段を一歩一歩上昇していくからである。すなわち、男を替えるたびに、社会的地位を向上させて行くのだ。

その第一歩は、エルッに捨てられた後、社交界の花形スタンリー卿の愛人となることで確保された。スタンリーは彼女に財産を与えて別れたが、すでに社交界で名を売っていた彼女は次にポルトガルの貴族パイーヴァ侯爵と知り合い、玉の輿に乗ることに成功する。すなわち、一八五一年、フランソワ・ヴィロワンの死を確認したテレーズ・ラックマンは侯爵と結婚し、パイーヴァ侯爵夫人、通称ラ・パイーヴァとなったのである。

侯爵が破産して祖国に帰ったあと、ラ・パイーヴァはパリのドゥミ・モンドの女王として君臨し、皇帝を始めとする社交界のすべての男たちを、そのセックスの奴隷とする。ラ・パイーヴァ（Paiva）は、語呂合わせで《Qui paye y va》とあだ名されたが、その意味するところは、「金を払う奴がそこに行く」ということである。

侯爵と結婚した直後のこと、ラ・パイーヴァはブローニュの森の散策から馬車で、作家の

ラ・パイーヴァ
モスクワのユダヤ人ゲットーに生まれたテレーズ・ラックマンはパリに出て高級娼婦となり、ポルトガルのパイーヴァ侯爵と結婚、パイーヴァ侯爵夫人、通称ラ・パイーヴァとなることに成功する。[A]

ラ・パイーヴァの豪邸
ラ・パイーヴァは、ドイツの大富豪ドナースマルク伯爵の愛人となり、シャンゼリゼ大通りに贅の極みともいえる豪邸を建設した。[J]

アルセーヌ・ウーセとシャンゼリゼに戻ってくる途中だった。一〇年前にパリの征服を心に誓ったラ・パイーヴァは、その時の廃屋を指さして、「あそこで私は昔、自分に約束したのよ」とウーセに思い出話を語った。

すると、ウーセは、あの廃屋のある土地は、昨日、エミール・ペレールから自分が買い取ったばかりだと打ち明けた。それを聞くと、ラ・パイーヴァは、あなたがいくら払ったのかは知らないが、どうしてもあそこは欲しいので買値の倍は払わせてもらうと約束した。ウーセは答えた。

「私は二〇万フランで買いました。同じ値段で、あなたにお譲りしますよ。貴重なお話を伺いましたので、とても銭金にはかえられませんからね」

ラ・パイーヴァの豪邸の建設は一八五六年から始まり、一八六六年に建築家ピエール・マンガンの手で完成した。エドモン・アブーは、これを見て、こんな警句を吐いたと伝えられる。

「建築は順調に進んでいる。歩道をすえたところだ」

歩道をすえる（poser le trottoir）というのは、「娼婦が歩道で客を引く」という意味である。アブーは、ラ・パイーヴァの前職をあてこすったのである。

ラ・パイーヴァがこれほどの豪邸を建設できたのは、プロシャの大貴族で、後にドイツ帝国の大公となるヘンケル・フォン・ドナースマルク伯爵の愛人となっていたからである。ドナースマルク伯爵は、ドイツ帝国でも二番目の金持ちだったから、ラ・パイーヴァに豪邸をプレゼントするくらいの余裕は十分にあったのである。

ラ・パイーヴァは一八七一年についに伯爵と結婚し、ドナースマルク伯爵夫人となるが、その間に起こった普仏戦争は、パリでの彼女の立場をかなりあやしくする。というのも、対独報復派のエドワール・ドリュモンなどのジャーナリストは、ラ・パイーヴァが夫のサロンで遠慮会釈なく交わした会話がドイツに筒抜けになって、フランスの情報を漏らす役目をしたと非難したからである。

この非難はまんざら当たっていなくはなかった。なぜなら、人寄せをするのが好きなラ・パイーヴァは、ジャーナリストたちをあつめて晩餐会を催したが、その席でジャーナリストたちはなんの警戒心も抱かずに、フランスの世論やさまざまな政府情報をしゃべりまくるのを常としたからである。情報は同席したプロシャの外交官を通じて確実にベルリンへ送られていたのである。

第三共和制下で、ラ・パイーヴァは、再び、ガンベッタとビスマルクの仲介の労をとったと非難されたため、夫とともにパリを離れてシリジアのノイデック城に居を移し、一八八四年に彼の地で亡くなった。

彼女の死後、シャンゼリゼの豪邸は売りに出され、一時は高級レストランとなり、銀行の手に渡ったこともあったが、いまは会員制のトラヴェラーズ・クラブの所有となっていて、許可があれば見学できる。

通例、高級娼婦は死して伝説だけを残すが、ラ・パイーヴァは奇跡的にその豪邸も残した。それは第二帝政の貴重な文化遺産として今日も金ぴかに輝いている。

3　一八六三年の転換

議会改革の行方

第二帝政の絶頂期にあった一八六〇年一一月に、ナポレオン三世がみずからイニシャティヴを取って立法議会に大幅な権限委譲を行い、自由帝政の方向に大きく舵を切ったことはすでに述べた。また、それが、オルレアン派的な議会主義への回帰を意図したものではなく、むしろ、政府と議会多数派という「抵抗勢力」を抑え、皇帝の改革を支持するエミール・オリヴィエらの第三党の勢力伸張を狙ったものだったことも指摘した。

では、肝心の第三党自身は、この改革についてどう考えていたのだろうか？

改革推進派のモルニー公から、改革措置に対する感想を尋ねられた際、エミール・オリヴィエが答えたという次の言葉は彼らの反応をよくあらわしている。

「もしそれが［改革の］終わりなら、あなたがたは負けです。もしそれが［改革の］始まりならば、あなたがたの基盤は盤石です」（エミール・オリヴィエ『自由帝政』）

つまり、オリヴィエは、断固として改革を支持するから、皇帝は一意専心、改革に邁進し、帝政を盤石なものにしてほしいと述べているわけだ。げんに、オリヴィエは一八六一年三月の議会演説でも、こう断言している。

「私は共和主義者ですが、［皇帝の改革を］称賛し、支持しています。そして、その支持は、完全に利害を超越したものですから、その分、より効果があるはずです」（同書）

しかしながら、皇帝の意図を正しく理解したのはオリヴィエらの少数の人間にとどまり、大多数の議員たちは、議会に与えられた新たな権限を自派拡大の方策とすることしか考えなかった。たとえば、カトリックと秩序派右派は、バロッシュ、ビヨー、マーニュの三人の無任所大臣が内閣代表として議会に出席し、法案説明を行うように制度が改まると、彼らにイタリア問題やメキシコ出兵などで答弁を求め、激しく政府の方針を追及した。

一八六三年の立法議会選挙

こうした秩序派右派による政府攻撃は、皮肉にも、共和派やオルレアン派、正統王朝派などの反体制党派を元気づける結果となった。すなわち、彼らは、反皇帝に回った秩序派右派の動きを見て、議会活動が反政府的な運動の原動力になりうると判断したのである。

かくして、一八六三年五月の立法議会選挙は空前の活況を呈することとなる。これまで、政府公認候補に勝てるわけはないと出馬を見合わせていた反体制派が大量に立候補に踏み切ったのである。その数三〇〇人以上。彼らは呉越同舟で統一候補を立て、政策協定を組んで、政府公認候補と戦った。

一例をあげると、パリ選挙区では、共和派の統一リストに、エミール・オリヴィエと「レ・サンク」の三人の代議士、共和派でこれまで宣誓を拒否してきたジュール・シモン、それになんと、あのオルレアン派の頭目ティエールが加わったのである。

いっぽう、これまで、一党独裁体制に等しかった秩序派の内部でも大きな分裂が起こっていた。ローマ占領問題で、皇帝から離反したカトリックは、政府公認候補を支持するのを潔しとせず、デュパンルー猊下を先頭にして、有権者たちに「カトリック候補」に投票するよう呼びかけたのである。

また、「六〇人宣言」に署名した労働者たちが共和派とは一線を画して、独自の候補を立てたことも注目される。当選には至らなかったものの、彼ら労働者は、自分たちが独自の代表を必要とする階級であることをあきらかにしたのである。

このように、ナポレオン三世の議会改革をきっかけに、権威帝政では鳴りを潜めていた反対派が一斉に息を吹き返し、あたかも体制を揺るがすかのような騒ぎになったので、時の内務大臣ペルシニーはこれに強い危惧を抱き、権威帝政時代の時と同じような露骨な選挙干渉に打って出た。

しかし、かつて成功したことが今度も成功するとは限らない。時代の趨勢を認識できなかったペルシニーの妨害活動は裏目に出た。とりわけ、都市部では、新聞が世論を決定するようになっていたため、選挙干渉は期待したような効果をもたらさなかったのである。

結局、一八五七年の選挙のときの三倍にあたる二〇〇万票が反対派候補に投じられ、三二人の反対派議員が誕生した。このうち九人がパリ選挙区選出で、八人が共和派（オリヴィエらの第三党四人を含む）、一人がティエールだった。パリでは政府公認候補は全滅したのである。カトリックは、地方でも票を集めるに至らず、完敗した。

ティエール

自由帝政下に初めて行われた1863年の選挙では、共和派の統一リストに、レ・サンクのほか、ジュール・シモンとティエールが加わった。中でも、策士ティエールは第二帝政にとって大いなる脅威となる。[E]

内閣改造と政治潮流の変化

選挙結果は、ナポレオン三世にとって、満足にはほど遠いものだった。カトリックと秩序派右派が後退したという面では評価できたものの、彼が望んだような反対党（皇帝主導の改革路線の支持派）の大幅進出には至らなかったからである。

皇帝は内務大臣ペルシニーの更迭を決定し、手紙を送った。

「まことに残念だが、世論を鎮静するには君に退いてもらうほかない」（ルイ・ジラール『ナポレオン三世』に引用）

ペルシニーは恩賞として大公（デュック）の称号を与えられたが、以後、二度と彼が政治の表舞台に復帰することはなかった。ペルシニーのような陰謀家上がりの政治家が活躍する時代はすでに終わっていたのである。

この内閣の改造では、反カトリックのペルシニーが切られる一方、それとバランスを取るかたちで、カトリック保守派に加担したヴァレフスキも更迭された。

また、一八六〇年の議会改革で設置された三人の無任所大臣は廃止され、立法議会には一人の国家大臣（ミニストル・デタ）が政府代表として出席することとなったが、この地位にはビヨーが任命された。以後、立法議会の比重が重くなるにつれ、国家大臣の責務も大きくなり、事実上の内閣首班（首相）の役割を果たすようになる。

ナポレオン三世は、最初、ビヨーをペルシニーの後任として内務大臣にし、国家大臣にはモルニーをあてようとしたが、モルニーはこれを断り、立法議会議長の職に止まった。

モルニーは、クー・デタの首謀者であるにもかかわらず、オルレアン派というその出自に忠実で、終始一貫ハト派の立場に立って、議会主義の確立に努めた政治家である。一八五四年に皇帝の意を受けて立法議会議長に就任すると、巧みな議会運営で、党派間の対立を緩和させ、全面的な敵対が起きるのを防いだ。彼の信念は、反対勢力のガス抜きの役割を果たす議会がある政府のほうが長持ちするというもので、一八六三年の開会の挨拶で述べた次のような言葉はそれをよくあらわしている。

「コントロールと批判勢力のない政府というのは、バラストを欠いた船に等しいものでありーます。反対勢力のないことは権力を盲目にさせ、しばしば道を誤らせますから、国家を堅牢なものにはいたしません。われわれがここで議論することは、偽りの沈黙よりも、はるかに国家の安全を確実なものにするのです」（カストゥロ前掲書に引用）

モルニーは、早くからエミール・オリヴィエの思想と才能に注目し、自分の後釜に据えよ

ビヨー
1860年の自由帝政開始とともに、内閣代表として立法議会に臨む3人の無任所大臣の一人となったビヨーは、1863年には、内閣首班に相当する国家大臣として答弁に立った。[E]

モルニー公
自由帝政への移行に与って力あったモルニー公はエミール・オリヴィエの力量に注目し、帝政のソフト・ランディングを試みるが、1865年に急死する。[A]

うと考えていたようだ。一八六二年には、オリヴィエを議長官邸に招いて長時間議論し、自由帝政へ完全移管する将来計画を明かして、協力を求めた。モルニーは立憲君主制が成立したあかつきには、オリヴィエを内閣の首班に据えようと考えていたのである。

しかし、こうした二人の帝政ソフト・ランディング計画は、一八六五年に襲ったモルニーの突然の死によって、頓挫することとなる。モルニーが長生きしていたら、第二帝政があれほど早く崩壊することはなかったとする歴史家も少なくない。たしかに、モルニー↓エミール・オリヴィエの線で自由帝政への移行が行われたら、第二帝政はソフト・ランディングに成功したかもしれないのだ。

だが、歴史は「かくあるべき」という方向には進まないのが常である。

その阻害要因の一つが実務官僚ルエールのめざましい台頭である。

一八一四年にリオムで生まれたルエールは第二帝政の大臣の多くと同じように、オルレアン派の風土の中でキャリアをスタートさせた。二月革命後の大統領選挙ではカヴェニャックを支持したが、一八四九年の内閣改造でルイ＝ナポレオンに司法大臣に抜擢されると、以後は、ボナパルティストの陣営に与した。クー・デタの計画には加わらなかったが、ルイ＝ナポレオンから能力を高く評価されていたので、クー・デタ直後の組閣では再び司法大臣に起用される。帝国憲法を起草したのも彼である。オルレアン家財産の没収に際しては、抗議のため大臣を辞任したが、官僚としての彼の手腕を買う皇帝は、その後も要職に起用しつづけた。

たとえば、一八五五年の第一回パリ万博に際して、皇帝は、ルエールを農商務・公共事業相という重要なポジションに就けたが、ルエールは未経験なこの分野でも実力を発揮し、万博を見事成功に導いた。複雑な書類を読みこなし、利害関係を調整して、適確な決定を行うのに、彼ほど巧みな大臣はいなかったのである。どんな難問もルエールがこれに当たればたちまちに解決すると言われた。

そのルエールが実務官僚の域を超えて、帝政の舵取りを担う政治家として登場したのは一八六三年のことである。国務院《コンセイユ・デタ》の議長に任命されていたルエールは、ビヨーが急死すると、そのあとを襲って、実質的な内閣首班である国家大臣の座についたのである。以後、六年間、ルエールは皇帝の代弁者としてこの地位にとどまり、政府の政策決定に重大な影響力を行使した。この政治的態度はよくいえば堅実、悪くいえば保守的で、改革路線を推進しよ

ルエール
オルレアン派の代議士としてスタートしたルエールは官僚としての有能さをナポレオン三世に買われて頭角を現し、ビヨー亡き後は国家大臣となり、「副皇帝」として君臨した。[E]

うとするモルニーやエミール・オリヴィエにとって、最大の障害となった。とりわけ、一八六五年にモルニーが死去すると、ルエールは、オリヴィエがいうところの「副皇帝《ヴィス・アンプルール》」として君臨し、オリヴィエらが画策した自由帝政への移行に歯止めをかけた。

このように、一八六〇年以降の政治において、エミール・オリヴィエが皇帝の進歩的思想を代表するとすれば、ルエールは皇帝の権威的側面を代行し、つねにライバルとして政局の重大局面で対峙することになるのである。

ルエールが出たついでに、自由帝政時代に活躍した二人の大物政治家、ビヨーとバロッシュの経歴についても簡単に触れておこう。

アドルフ・ビヨーは一八〇五年にブルターニュのヴァンヌで帝政期の総徴税官を父として生まれた。家庭は裕福ではなかったが、法律を修めて弁護士となると、ナントの裕福な実業家の娘と結婚し、義父の会社を継いだ。サン＝シモン主義に傾倒し、社会の改良を目指して代議士の座を得ると、産業・経済部門の専門家として頭角を現し、七月王政下では第二次ティエール内閣で副官房長官となった。

二月革命に際して、いったんはカヴェニャック将軍に近づいたが、ルイ＝ナポレオンの大統領就任とともにこれに接近、クー・デタ後は、立法議会議長をつとめた。

ビヨーのキャリアが開けるのは、一八五四年からである。ペルシニーのあとを襲って内務大臣に就任すると、ハト派として規制を緩め、新聞への警告件数も激減した。一八五八年のオルシニ事件で辞任を余儀なくされるが、一年後に復帰、反カトリックの立場から、ルイ・

ブイヨの『ユニヴェール』を廃刊に追い込んだ。

一八六〇年にナポレオン三世が自由帝政の方向に舵を切ってからは、バロッシュ、マーニュとともに、立法議会で答弁する三人の無任所大臣の一人としてつとめる。その穏やかなバランス感覚に対するナポレオン三世の信任は篤く、一八六三年に三人の無任所大臣に代わって国家大臣の制度が設けられると、これに就任、自由帝政路線の推進を期待されたが、その矢先に急死した。

ピエール・ジュール・バロッシュは一八〇二年にパリの商人の家に生まれた。公証人の伯父の事務所で修業して弁護士の資格を得る。七月王政末期に代議士に当選し、二月革命後は憲法制定議会に座席を得て、カヴェニャック、オディロン・バローに与する。ルイ＝ナポレオンが大統領に当選すると、支持に回り、一八五一年四月に外務大臣となる。クー・デタ後は、国務院議長を一〇年にわたってつとめ、法案の作成に多大な貢献をなした。

第二帝政における代表的な雄弁家で、ナポレオン三世に対しても説得力のある議論を展開することのできた数少ない一人である。一八六〇年に三人の無任所大臣の一人となったが、一八六三年の内閣改造で法務・信仰大臣に転じると、ローマ教皇庁との関係修復につとめた。ルエールが国務大臣に就任し、「副皇帝」となってからは、その影響力は衰えた。元老院議員。

教育大臣ヴィクトール・デュリュイと非宗教性の原則

第五共和国憲法によるフランス共和国の定義は「フランスは、不可分の非宗教的、民主的かつ社会的な共和国である」というものだが、この中で、歴史的に大きな意味をもっているのが「非宗教的《ライック》」という性格付けである。なぜなら、この非宗教性《ライシテ》の原則こそは一九世紀後半における左右対立の最大の焦点であり、とりわけ教育を非宗教的なものとするか否かの問題は今日のイスラム・スカーフ事件を引き起こした共和国原理とも密接に関係しているのだ。

一八六三年、内閣改造に当たって、ナポレオン三世が、一年前まで国立中学校アンリ四世校の歴史教授にすぎなかった無名のヴィクトール・デュリュイを教育大臣に任命した抜擢人事は世間をあっと言わせた。人々は噂した。ナポレオン三世とカエサルの類似を指摘したデュリュイの博士論文を皇帝が読み、その論旨に共鳴して『カエサル論』執筆の相談役にしたというところまではまだ許せる、しかし、いきなり教育大臣とは、いくらなんでもえこ贔屓が過ぎるのではないか。

だが、本当の驚きは、そのあとからやってきた。教育大臣に就任したデュリュイは、前任者の多くが試みながら挫折した初等教育の改革に着手し、カトリック陣営から猛反発を受けながら、堅忍不抜の意志によって、初等教育の無償化、義務化を推進しはじめたからである。イタリア戦争以来、ただでさえギクシャクしていた政府とカトリックの関係は、これによって完全に修復不能なものになる。

伝統的に、フランスでは初等教育と女子教育はカトリックの専管事項という暗黙の了解があった。村の司祭が教理問答のかたわら子供たちに読み書きを教え、女子修道院の寄宿学校で尼僧が女子の教育をする体制が長く続いてきたのである。

デュリュイは、学齢期の児童の四分の一が小学校に通わず、識字率がいっこうに向上しないのは、こうしたカトリック的な教育体制に原因があると考え、初等教育の無償化、義務化の促進と同時に、非宗教化を追求する姿勢を見せた。つまり、皇帝の支援のもと、数多くの小学校を開設し、ここに非宗教的な教員を大量配置することにしたのである。

同時にデュリュイは成人教育にも力を入れ、多くの夜間学校も開設した。中等教育では古典語教育ばかりでなく、現代語も教えるよう指示し、現代史や哲学の授業も設けた。

しかし、デュリュイの改革で、カトリックを最も激しく反発させたのは、女子のための高

ヴィクトール・デュリュイ
一介のリセの教師にすぎなかったヴィクトール・デュリュイはナポレオン三世によって教育大臣に抜擢され、初等教育の無償化、義務化、非宗教化を推し進めた。[A]

等教育機関を開設したことである。すなわち、四〇の都市の大学に女子のために開かれた講座を設けたのである。この女子教育の改革は皇帝が強く支持していたので、ウージェニー皇妃は狂信的なカトリックだったにもかかわらず、姪たちをソルボンヌの講座に通わせることを余儀なくされた。

デュリュイはこうした改革をほとんど孤立無援のうちに推進しなければならなかった。本来なら、カトリックとの対決を支持するはずの共和派が、皇帝の支持を受けているという理由からデュリュイの改革に不信の念を抱きつづけたからである。頼みの綱の皇帝も、カトリックとの融和をはかる必要が生まれるとデュリュイへの支持を取り下げるようになる。その結果、デュリュイの改革は徹底を欠くものとなり、非宗教性《ライシテ》の原則が国是となるには第三共和制期のジュール・シモンの改革までまたなければならない。

落選者展とワグナー

皇帝と急進的な改革者が、頑迷固陋な保守派を間に挟んで結びつくという構図は、政治や教育、経済の分野で観察されたばかりではない。美術や音楽といった芸術の分野でも、同じような現象があらわれていたのである。

一つは、官展《サロン》で落選と決まった出品者のために、落選した作品をサロン会場のパレ・ド・ランデュストリの一隅で展示した落選者展である。

ナポレオン三世は、サロンの審査が不公正であるという苦情が多数寄せられているのを知ると、一八六三年のサロンの準備期間中に会場に足を運び、落選と決まった作品を見て歩いた。それから二日後、官報の『モニトゥール』には次のような告知が掲載された。

「落選した作品はパレ・ド・ランデュストリの別の一角に展示されるだろう」

落選者展は一八六三年五月一五日から開催された。そこには、ファンタン＝ラトゥール、ヨンキント、ローランス、ピサロ、それにマネなどの作品が展示された。マネの『草上の食事』が、神話や聖書以外の題材で女性のヌードを表現したと轟々たる非難を浴びたのは美術史の有名な事件である。これをきっかけに、印象派はアンチ体制派としての地歩も築いていくことになる。ナポレオン三世は印象派の作品を理解していたわけではなかったが、その介入が意図せざる美術史の転換を招いたのである。

ワグナーのオペラ『タンホイザー』のフランス初上演と失敗も、これとよく似た経路をたどっている。すなわち、オペラをほとんど理解しなかったナポレオン三世が、知り合いのパウリーナ・メッテルニッヒ大公夫人から強く薦められて、一八六一年に無名のワグナーの『タンホイザー』のオペラ座上演の便宜を図ったまではよかったが、ワグナーがバレエを第一幕に入れたため、踊り子目当てに第二幕が始まる頃にオペラ座にやってきたジョッキー・クラブ会員たちが猛反発し、『タンホイザー』は惨めな失敗に終わったという事件である。つまり、皇帝の要らぬお節介が結果的にワグナーの敗北を招いたわけだが、これを契機に、ボードレールやマラルメが熱烈なワグナー信者となり、フランスにワグナー熱が広がったのだから、この場合もナポレオン三世は、そうとは知らぬ音楽の改革促進者ということになる。

いずれにしても、ナポレオン三世は不思議にイノベイターと縁のある皇帝なのである。

4 メキシコ介入の悲劇

左翼言説の「水戸黄門性」

洋の東西を問わず、マルクス主義的史観が歴史学界をあれほどに席巻したのは、善玉と悪玉をはっきりと分けてすべてを裁断してみせる「水戸黄門的」な語りというか、「プロレス的」なアナウンスというか、とにかく分かりやすさを第一とする物語性が受けたからである。その「水戸黄門性」あるいは「プロレス性」がとりわけ如実に出ているのが、ナポレオ

マネ『草上の食事』
ナポレオン三世はサロンの審査に批判が寄せられたのを機会に、落選と決まった作品だけを集めた「落選者展」を開催。マネの『草上の食事』は神話・聖書題材以外のところで裸体を登場させたとして激しい非難を浴びた。[A]

ワグナー
ナポレオン三世はメッテルニッヒ大公夫人の推薦で『タンホイザー』のオペラ座上演の便宜を図るが、ワグナーがフランスの習慣を無視したため、『タンホイザー』の上演は失敗に終わる。[E]

ン三世の植民地主義を語る次のような言説である。

第二帝政期は、フランスがイギリスにつぐ植民帝国となる基礎を固めた時代であった。フランス資本の海外進出は、また、皇帝権力と密着してヨーロッパ金融市場を支配した大銀行資本の要請でもあった。すでに一八五六年、アロー号事件が起こると、フランスはイギリスと連合して中国に出兵し、一八五八年には日本と通商条約を締結、極東進出の口火を切った。さらに一八六〇年、英仏連合軍は北京に進入して円明園を焼き払い、清朝を圧迫して多くの通商上の利権を獲得した。また中国の弱体化に乗じて、フランスはインドシナに勢力を扶植し、一八五七年アンナンを征服、さらに一八六二年から数年の間にコーチシナを支配下に収めた。（井上幸治編『世界各国史12　フランス史（新版）』傍点鹿島）

述べられている年号と事実に誤りはない。要約も手際よく、事実関係が手っ取り早く頭に入るようにまとめられている。しかし、「密着」「弱体化に乗じて」「支配下に収めた」といった語り《ナラティブ》の要素に現れる「水戸黄門性」は、さながら、悪の代官ナポレオン三世が出入りの商人と結託して「おぬしもワルよのう、イヒヒ」といいながら、いたいけない植民地人を痛めつけ、甘い汁をすすっているような印象しか与えない。つまりは、悪玉・善玉のマルクス主義的二元論の語りなのだが、しかし、実際はこれほどに単純ではない。ナポレオン三世は、その植民地主義においても、もっと複雑な人物なのである。

カトリック宣教師団とナポレオン三世の関係

一般に、ナポレオン三世とその植民地政策を語る場合、第一に勘定にいれておかなくてはいけないのは、パリ外国宣教会から世界各地に派遣されている宣教師団とその応援団である宮廷や政府部内のカトリック勢力のことである。もし、ナポレオン三世がこの宮廷や政府部内のカトリック勢力と一枚岩の関係にあり、宣教師団と海軍がその忠実な手先であったなら、たしかに、右の引用にあるような分かりやすい植民地政策が行われたことだろう。

ところが、本質的にカトリック的要素の薄かったナポレオン三世は、すでに見たように、イタリア戦争や教育の非宗教化など、カトリックの方針と真っ向から対立するような政策を平気で採用し、カトリック勢力と激しく対立することが少なくなかった。

しかし、では、ナポレオン三世が反カトリック一本槍だったのかというと、これがそうでもないから、説明がむずかしくなるのである。つまり、国内政策での対立が深まったときには、カトリックの歓心を買うために、外国での政策をカトリック寄りにすることもあったのだ。

具体的にいうと、パリ宣教会から中国やヴェトナム、それにラテン・アメリカなどに派遣された宣教師たちが、現地の権力から迫害を受けると、パリ宣教会は、ウージェニー皇妃やヴァレフスキ外務大臣などの宮廷や政府部内の親カトリック勢力を通じて皇帝に働きかけたが、そうした時、ナポレオン三世は宣教師とカトリック保護の名目のもとに、海軍を派遣することが少なくなかったのである。

とはいえ、そうした働きかけが頻繁になったのは、一九世紀後半に迫害が激しくなったからではない。迫害は以前と変わらなかった。むしろ、カトリックであると同時にナショナリストであった宣教師が、布教に政治を利用しようと考えたことが原因だったのである。坪井善明『近代ヴェトナム政治社会史』はこう説明している。

つまり、フランスの国家権力に対して宣教師たちの態度が変化したのである。フランス国内において政治権力に対する宣教師集団の力関係が相対的に強くなり、宗教的理由で政治権力を他国に介入させることが出来るようになったからである。当時のナポレオン三世政府は、体制の支柱の一つを構成する聖職者集団の要求について、より耳を傾けざるを得ない立場に置かれていた。この点から、宣教師たちは、帝国政府を介入させる可能性の糸口をつかんだのである。

本国政府の無関心と提督たちの暴走

まあ、このあたりがナポレオン三世の植民地政策の実情なのであり、『世界各国史12　フランス史（新版）』がそう思わせようとしているのとは異なって、貪婪《どんらん》なナポレオン三世が金融資本家と結託して、アジアやアフリカに次々と毒牙を伸ばしていったわけではないのだ。たとえば、アロー号事件に続いて中国で起こった一八五八年の軍事衝突やヴェトナムのダナン占領も、ナポレオン三世の明確な指令によるものというよりも、むしろ、中国やヴェトナムのことをよく知らないナポレオン三世と政府が「よきにはからえ」とばかりにフランス海軍の提督に自由裁量権を与えてしまったことに起因しているのである。

この時、リゴー・ド・ジュヌイイ（Rigault de Genouilly）提督に率いられたフランス艦隊が、中国での事件のために極東に向かいつつあった。ナポレオン三世政府はこの機会を利用して、一一月二五日、非常に曖昧な、と言うよりヴァレフスキ自身の言葉を借りれば、非常に〝弾力的な〟一連の指令を送る。本国政府は、明確に一点のみ、即ち、迫害をやめヴェトナムのキリスト教徒に信教の自由を許す寛容な制度を確立することを要求していた。いかにして、どの程度まで？　これらの点については、先に引用したアシール・フールドの発言が示すように、ヴェトナムの現状に全く無知であったパリ政府は、提督に、現地での作戦遂行の全権をすぐさま委任することによって、全責任を押しつけたのである。この時から、パリ政府は常に現地の政策実行者たちに動かされるままになった。（坪井善明、同書）

ここにあるアシール・フールド（アシル・フールト）の発言というのは閣議でコーチシナへの軍事介入が議論された時、彼が「私はコーチシナがどこにあるのかも、それが何であるのかも知らない」と言いはなったというもので、政府首脳でさえ、アジアなどには無関心だったことをよく示している。たとえてみれば、中国とヴェトナムにおけるフランスの帝国主義的行動は、現地の出先機関が暴走する満州事変型の軍事介入の先駆けだったわけである。

しかし、結果オーライで、リゴー・ド・ジュヌイイ提督率いるフランス海軍がスペイン軍と組んで一八五八年にダナンを占領し、翌年にサイゴンを陥落させると、救援に駆けつけたボナール提督までが功名心に駆られ、フエの嗣徳帝政府にキリスト信仰の自由とコーチシナの南部の三省とプロ・コンドール島の割譲を認めさせることになる。

これが一八六二年のサイゴン条約である。一八六七年には、ラ・グランディエール提督が、現地人の反乱に乗じて、コーチシナ西部の三省も併合し、直轄植民地コーチシナを成立させる。さらに、フランス軍は、一八六三年、メコン・デルタの安全確保を理由にカンボジ

中国進出
1857年、フランスは開港などの条約不履行を理由にイギリスと歩調を合わせて広東を砲撃、その後も進出を図ったが、それは必ずしもナポレオン三世の命を受けたものではなかった。[E]

シャム使節団
隣国のコーチシナとアンナンが英仏の進出に敵対的だったのに対し、シャムの国王は貿易に積極的で、1861年には使節団をナポレオン三世のもとに送った。[A]

サイゴン陥落
1859年、フランス艦隊の提督たちは、本国の指令を待たずに独断専行し、宣教師団への迫害を理由にサイゴンを砲撃、これを陥落させた。[A]

アを保護領とすることに成功する。すなわち、完全な提督たちの暴走であったが、得たものが大きかったので、本国政府は追認というかたちを取るほかない。ここらも満州事変とよく似ている。

提督たちの暴走が極端なかたちを取って現れたのが、中国の場合である。というのも、アロー号事件をきっかけに、広東を占領し、一八五八年に天津条約を結んだ英仏連合軍は、一八六〇年九月に北京に進撃すると、皇帝の居城であった円明園の宝物を略奪し、これに火を放つという暴挙に出たからである。しかも、英仏連合軍は、それをわびるどころか、翌月に清朝政府と北京条約を締結し、外国使節の北京常駐、中国北方および長江沿岸一一港の開港、それに英仏への賠償金六〇〇万両の支払いなどを認めさせた。

軍事介入の背景――ウージェニー皇妃とモルニー公

このように、中国やヴェトナムにおけるフランスの帝国主義的進出は、もっぱら現地の提督たちの暴走に本国政府が引っ張られたものだったが、メキシコにおけるそれは、ナポレオン三世の明確な意図、というよりも、彼の独特の世界観によるものだった。

サン＝シモン主義の主張する「物流を通じての東洋と西洋の融和」という思想に強い影響を受けていたナポレオン三世は、スエズ運河の開削を企てるレセップスに多額の援助を与えるかたわら、太平洋と大西洋を結ぶ中央アメリカに運河を建設する計画を心ひそかに練っていたが、同時に、強大化するアメリカ合衆国に対抗するため、ラテン・アメリカに新たな大国をつくることも夢想していた。

皇帝のこうしたユートピア的な想念は、一八五八年、メキシコに革命家フアレスを中心とする民族主義的な自由派政権が成立し、反カトリック的な政策を打ち出すと、にわかに現実味を帯びたものに変わる。すなわち、メキシコに移住したカトリックのフランス移民から軍事介入の要請を受けたナポレオン三世はなんらかの行動に出る必要を感じていたのだが、一八六一年にメキシコ政府が対外債務の支払い停止を宣言すると、心は一気に出兵へと傾いたのである。

といっても、メキシコ出兵のすべてがナポレオン三世のユートピア的思想から生まれたも

円明園の炎上

1858年に清国政府と天津条約を結んだ英仏両国は、1860年に北京に進出、円明園の宝物を略奪した上、火を放った。[A]

メキシコの革命家フアレス

インディオの血が混じったベニート・フアレスは権力を奪取すると、反カトリック的政策を打ち出し、対外債務の支払いを停止した。これに対し、ナポレオン三世は出兵を決意し、イギリス、スペインとともにベラクルス港を占領した。[A]

のとするのは早計である。皇帝の周辺にも、メキシコ出兵を強行すべしという空気が強かったからだ。

その急先鋒だったのがウージェニー皇妃である。ウージェニーは、中国やヴェトナムのときと同じく、メキシコのカトリック宣教師団から軍事介入を皇帝に進言するよう懇請を受けていたが、一八六一年に保養先のビアリッツで以前からの知り合いだった亡命メキシコ貴族ホセ・イダルゴと再会すると、本気で派兵を考えるようになる。

イダルゴは、フランスの力を借りて独裁者ファアレスを打倒し、メキシコにカトリックの一大君主国をつくりだすという夢を熱っぽく語った。熱心なカトリックだったウージェニーは、このラテン大帝国の夢に取りつかれ、皇帝にイダルゴを紹介した。イダルゴとウージェニーの話を聞くうち、ナポレオン三世自身も、テキサスからパナマまで広がる「ラテン大帝国」のイメージに圧倒されるに至る。

ナポレオン三世にメキシコ出兵をたきつけたもう一人の人物、それは彼の異父弟モルニー公だった。

モルニー公は賭博常習犯の常としていつも手元不如意だったので、メキシコの対外債務支払い停止事件で大損を被ったスイスの銀行家ジェケールから、もし債権回収に協力してもらえるなら総額の三割を手数料として支払ってもいいと持ちかけられると、渡りに船とばかりにこれに飛びつき、さっそく皇帝にメキシコ出兵を強く進言した。

こうして、最も信頼するウージェニーとモルニーからメキシコ軍事介入を勧められたナポレオン三世はついに出兵を決意する。一八六一年一二月、共同債権国であるイギリスとスペインを誘って遠征軍を派遣し、ベラクルス港を軍事占領させたのである。

もっとも、軍事介入に熱心だったのはフランスだけで他の二ヵ国は翌年、メキシコ政府と支払い協定を結ぶのに成功すると灼熱の地に長居は無用とばかりに直ちに撤兵を開始した。対するに、「ラテン大帝国」の創設を夢見るナポレオン三世は、撤兵するどころか、ロランセ将軍率いる増援部隊を派遣し、内陸部への侵攻を命じた。しかし、フランス軍は当初こそ敵を撃破して進撃を続けたものの、その勢いはすぐに止まる。熱帯性の風土に悩まされたばかりか、土地をよく知るゲリラから絶えざる攻撃を受け、苦しい戦いを強いられたのである。

しかし、ナポレオン三世は、そうした状況にいっこうにひるまず、メキシコ派遣軍を数度にわたって増強しつづけた。

じつは、この間、ナポレオン三世はウージェニー皇妃とともに、メキシコに建設すべきラテン大帝国の皇帝をだれにすべきか人選に入っており、なんとしてもメキシコを手に入れる決意を固めていたのである。

マキシミリアン皇帝の悲劇

二人の頭にあったのは、オーストリア皇帝フランツ・ヨーゼフの弟マキシミリアン大公である。ナポレオン三世とウージェニーはこう考えた。マキシミリアンはいわば部屋住みの身、メキシコ皇帝という思いがけないプレゼントを与えてやれば、フランツ・ヨーゼフも喜ぶにちがいない。きっと、これでオーストリアとの同盟関係が強化され、新興のプロシャと対抗することができる。そればかりか、こうして売った「恩」に対して、ヴェネト地方を割譲してもらって、これをイタリアに譲れば、ギクシャクしていたイタリアとの関係も改善されるはずである。

ところが、申し出を受けたマキシミリアンは回答を出すのに一年ちかく逡巡を重ねた。というのも、メランコリックな審美家であった彼にとっては、灼熱の地メキシコで皇帝になどなるよりも、世界一周クルーズを楽しんだほうがはるかによかったからである。しかし、ベルギー国王レオポルド一世の娘である妻のシャルロットは、夫よりもはるかに野心家だった。そこでこんな素晴らしい提案を受けない手はないと考え、夫に強く受諾を迫った。ナポレオン三世は、帝国の基礎ができるまでフランスの軍隊を駐留させると確約しているのだから、不安はないはずではないか。妻からこう説得されて、マキシミリアンはついにメキシコ帝国皇帝の位を受けることを決意する。かくして、一八六四年の四月、民衆の熱烈な歓迎を受けながら、マキシミリアン夫妻はメキシコに入り、玉座にすわったのである。

だが、マキシミリアンが皇帝となっても、メキシコの政情はいっこうに落ち着かなかった。フォレー将軍に代わったバゼーヌ将軍が掃討作戦を開始しても、土地勘のあるゲリラにはほとんど効き目がなく、逆に、各所で部隊が包囲されて撃滅されるありさまだった。

皇帝となったマキシミリアンの政治的手腕もはなはだこころもとなかった。自由派の支持をえようとして民主的政策を打ち出すと、それがカトリック保守派の憤激を呼び、ただでさえ支持基盤の弱い皇帝は四面楚歌の状況に陥った。落ち込んだ経済を立て直そうとする努力も水泡に帰したばかりか、唯一の頼みであるフランス軍との関係もあやしくなった。メキシコ貴族の娘と結婚したフランス派遣軍の総司令官バゼーヌ将軍が、みずから皇帝位を狙って、マキシミリアンの追い落としを画策しはじめたからである。バゼーヌはひそかに、ファレス配下のペルフィリオ・ディアス将軍と結び、平定作戦をサボタージュした。こうして、即位して一年もたたないうちに、マキシミリアン皇帝は完全な孤立無援に陥った。もはや、彼を支援するものはメキシコには一人もいなくなったのである。

一方、フランスでは、メキシコ出兵に対して世論の風当たりが日に日に強くなっていた。

マキシミリアン皇帝夫妻

合衆国に対抗するラテン帝国建設の夢に取りつかれたナポレオン三世は、オーストリア皇帝の弟マキシミリアンを皇帝に戴くメキシコ帝国をつくりだしたが、ゲリラ掃討に手を焼き、「メキシコ・スズメバチの巣に落ち込んだ」と批判された。[A]

ナポレオン三世が派兵予算を通過させようとしても、立法議会がこれに反対した。メキシコには債務を返済できる資力がまったくないではないか。それなのに、これ以上の支出などもってのほかというわけである。議会でも街頭でも、人々はナポレオン三世は「メキシコ・スズメバチの巣に落ち込んだ」と噂した（「スズメバチの巣に落ちる」とは「苦境に陥る」の意）。

悪いときには悪いことが重なるもので、一八六五年に南北戦争が終わった。以前からひそかにファアレスを援助していたアメリカは、フランスに対してメキシコから撤兵するよう公然と要求し、アメリカ大陸へのヨーロッパ列強の軍事介入は自国の安全への重大な侵犯であるとして、最後通牒を突き付けた。

ヨーロッパで、プロシャとの戦いに備える必要を感じていたナポレオン三世は、ここでアメリカと事を構えるのはまずいと判断し、マキシミリアン皇帝に対して、一八六六年の初め、メキシコから撤兵する決意をした旨を伝えた。

これに驚愕したのがマキシミリアンに皇帝位受諾を強く勧めたシャルロット皇妃である。シャルロットは皇帝に翻意を促すために、遠路パリを訪れたが、皇帝の意志が固いと知ると、絶望のあまり精神に異常をきたし、病院に入院した。

その間、メキシコでの状況は日に日に悪化していった。一八六七年二月、最後のフランス軍がメキシコを離れると同時に、マキシミリアン皇帝はファアレスの軍隊に捕らえられ、六月一九日、メキシコ中部のケレタロという小さな町で、二人の腹心の将軍とともに銃殺刑に処せられた。

マキシミリアン銃殺の知らせは、パリで万博の褒賞授与式が盛大に行われている日にナポレオン三世のもとに届けられた。それはあたかも、ナポレオン帝国の落日を告げる晩鐘のように、フランス人の心の中で鳴り響いたのである。

マキシミリアン銃殺

1865年に南北戦争が終わると、アメリカはフランスにメキシコからの撤退を要求、ナポレオン三世はいたしかたなく撤兵を決意。孤立無援に陥ったマキシミリアン皇帝はフアレスの軍隊に捕らえられて銃殺された。[A]

5　サドワの失策

ビスマルクの登場とビアリッツの密約

メキシコへの介入がいよいよ泥沼化の様相を呈しはじめていた一八六五年の一〇月、ナポレオン三世は、大西洋に臨む保養地ビアリッツに滞在していた。そこに、プライベートな旅行の途中に立ち寄ったという口実のもと、プロシャの宰相ビスマルクが訪問してきた。

ビスマルクは、プロシャの主導権でドイツ連邦諸国を糾合し、ドイツ帝国を再建しようと目論んでいたので、統一の邪魔になるオーストリアにまず戦争をしかけ、これを打ち破ろうと考えていたのだが、その際に絶対的に必要だったのは、フランスの中立だった。フランスが中立でいてくれさえすれば、新興国のプロシャは大国オーストリアに勝利できるとビスマルクは考え、その保証を取り付けようと、ビアリッツのナポレオン三世のもとを訪れたのである。

もちろん、ビスマルクとて、まったく手土産なしで、ナポレオン三世の好意を得られるとは思っていなかった。フランスが中立でいてくれるなら、フランドルのフランス語圏であるベルギーとルクセンブルクの二ヵ国がフランスへ併合されるのを認めてもいいとはっきりと匂わせた。

ところが驚いたことに、ナポレオン三世はビスマルクから言質を取ろうとしなかった。それどころか、自分はドイツが統一されることには反対しないと述べ、さらにはプロシャとイタリアの連携に仲介者の役割を果たしてもいいというようなニュアンスのことを話した。イタリアは対オーストリアとの戦いで、フランスは頼りにならないと、プロシャに急接近を図っていたのである。

ビスマルクはもしかすると大きなワナが仕掛けられているのではないかとも感じたが、ベルリンへの帰還後、その疑念を打ち消し、備忘録に会見の印象をこう記した。

「ナポレオン三世は、知られざる無能力者である」

いっぽう、ナポレオン三世はヴァレフスキ伯爵に次のように打ち明けた。

「いいかね、君、プロシャとオーストリアの戦争は願ってもないチャンスになるよ。我が国に望外な利益がころがりこむぞ」（カストゥロ前掲書に引用）

普墺戦争とサドワの戦い

じつは、ナポレオン三世は、プロシャとオーストリアの戦争が長引くと予想し、双方の国力が弱まるのを見て調停に乗り出し、漁夫の利を得ようと目論んでいたのである。そして、普墺戦争が迫った一八六六年三月二日にも、ドイツでの戦争には、フランスの利害が脅かされない限り中立を貫くと公式に表明した。

この態度に対して、国内ではティエールが強硬に反対し、もし、戦争でプロシャが勝利したら、ベルリンを首都とする強力なドイツ帝国が誕生し、フランスに大きな脅威となるだろ

ビスマルク
プロシャの主導権でドイツ帝国を再建しようと目論むビスマルクは、対オーストリア戦争に備えて、フランスの中立を取り付けるため、ビアリッツに滞在するナポレオン三世のもとを訪れた。[E]

普墺戦争
ナポレオン三世が動かないと見たビスマルクは1866年6月、オーストリアに戦争をしかけ、ボヘミアのサドワでオーストリア軍を撃破した。[H]

うと警告した。また、オーストリアもメッテルニッヒ大使（あの宰相メッテルニッヒの甥）を通じて、普仏国境に軍隊を移動させプロシャを牽制するようナポレオン三世に対してたび重なる要請を行った。

しかし、ナポレオン三世の心は変わらなかった。それを見たプロシャ大使のゴルツはフランスは動かないだろうとビスマルクに打電した。それから四八時間後の一八六六年六月一六日、ビスマルクはオーストリアに宣戦を布告。翌朝、モルトケ将軍は全軍に対して攻撃命令を発し、一気呵成にオーストリア領内に侵入した。プロシャと軍事同盟を組んでいたイタリアもオーストリアに対して宣戦を布告した。

ナポレオン三世の予想に反して、勝負は三週間余りでついた。七月三日、ボヘミアのサドワとケーニヒグレーツの間にある平原で、二〇万のプロシャ軍が同数のオーストリア軍と衝突し、六時間の激戦のすえこれを撃破したのである。

プロシャ軍はそのまま進軍して、一気にウィーンを衝き、華々しく入城することもできた。しかし、ビスマルクはあえてそれを行わなかった。将来の対フランス戦争が頭にあったため、オーストリアを徹底的に痛めつけ、怨恨の原因をつくることを恐れたからである。

いっぽう、サドワで大敗を喫したオーストリアは、ヴェネト地方をイタリアに譲ることを交換条件に、ナポレオン三世に調停を依頼し、プロシャからイタリアを離反させようと試みた。

もし、このとき、ナポレオン三世が、強く介入を主張する外務大臣ドゥルアン・ド・リュイスの意見を容れ、調停に乗り出していたら、あるいは四年後の普仏戦争は起こらず、第二帝政も崩壊は免れたかもしれない。ドゥルアン・ド・リュイスはライン国境にフランス軍を集結させ、プロシャに警告を与えるように進言していたので、ナポレオン三世の決断次第では、ビスマルクは講和条約での要求を手控えたかもしれないからである。

ナポレオン三世の「失策」

だが、持病のリューマチに加えて、荒淫の影響で悪質の膀胱炎に悩まされていたナポレオン三世は決断力がにぶり、ただ、茫然自失したまま、いたずらに時間を失い、最後は、介入反対派のラ・バレット、バロッシュ、ルエールなどの意見に従い、様子見をきめこんだ。

その反応を見たビスマルクは、ナポレオン三世恐るに足りずとばかりに、休戦交渉を一気に進め、八月、プラハで講和条約を結んだ。その際、ビスマルクはオーストリアには領土割譲は要求せず、シュレースヴィヒ・ホルシュタインの単独統治権だけを得るに止めた。彼にとって欲しかったのは、オーストリアの領土ではなく、ドイツ統一の主導権だったからである。

では、このプロシャの全面的勝利をフランスの世論はどう受け止めたのだろうか？　後世の目からみると、まことに奇異に見えるが、新聞は、とりわけ左派の新聞は、カトリックで保守反動のオーストリアが敗れ、プロテスタントで進歩派のプロシャが勝利したとして、いずれも歓呼の声でこれを迎えたのである。プロシャ勝利の報で、パリの株式市場は大幅に値をあげ、民衆はフランス国旗を振ってプロシャを祝福した。

だが、フランスが潜在的な敵の勝利に浮かれるのを外国は不可解な気持ちで見つめていた。サドワの戦いから二週間たった七月一八日、オランダ女王ソフィーはナポレオン三世に手紙を送り、フーシェがアンギャン公処刑の際に言ったという警句を引用しながら、こう警告した。

「あなたは奇妙な幻影にとりつかれているようですが、この二週間であなたの権威は失墜しています。それどころか、帝国さえ危うくなっています。オーストリアを見殺しにしたことは、犯罪以上のもの、つまり失策です」（カストゥロ前掲書に引用）

実際、それは取り返しのつかない大失策だった。休戦交渉が始まってから、あわててナポレオン三世は中立遵守をたてにビアリッツの密約の実行を迫ったが、得るものを得てしまったビスマルクは、もうまったく取り合おうとしなかった。

「ルイのやつ、いまごろになってからくだらない請求書を出してきやがった。だれが払うもんか」（同書に引用）

講和条約の締結が行われた一八六六年の八月には、駐ベルリンのフランス大使ベネデッティは、ドイツ全土におけるプロシャの主導権を認めるかわりに、ライン左岸のバイエルンとヘッセンの領土を割譲するよう要求したが、ビスマルクはきっぱりとこれをはねつけた。ついで、フランスがルクセンブルクの併合を要求してくると、ビスマルクは引き延ばし作戦に出たあげく、要求に応じると見せながら、一方でオランダ王をけしかけ、ナポレオン三世の試みを頓挫させた。そのとき、ナポレオン三世は開戦を決意したが、メキシコ戦役で疲弊した自国の軍隊が戦えるような状態でないことに気づいて、戦いを断念せざるを得なかっ

老いたナポレオン三世
1860年代後半には持病の膀胱炎のためナポレオン三世の老いが目立ち始め、決断力に衰えが見えた。普墺戦争にも介入の時機を失し、ビスマルクのなすに任せた。[A]

たのである。

翌一八六七年の五月、ロンドンで開かれた国際会議では、イギリスまでがプロシャに味方し、ルクセンブルクは中立の領土という決定が下された。サドワで敗れたのは、オーストリアだけではなかった。ナポレオン三世の外交もまた決定的な敗北を喫したのである。

進まぬ軍制改革

サドワにおけるプロシャ軍の決定的勝利は、遅まきながらも、ナポレオン三世の危機意識を目覚めさせた。とりわけ、イタリア戦役以後、縮小の方向にあった軍隊は、組織、軍備、将兵の士気、どれを取っても強大化したプロシャ軍に比べて明らかに見劣りした。いまや、事実上、緩衝地帯なしで、強大なプロシャと直接対峙することになった以上、軍制改革は急務の問題として浮上したのである。

一八六六年一二月、ナポレオン三世は、ニエル元帥に軍拡計画の作成を命じ、九〇万の常備軍を擁するプロシャに対して、フランス軍を現役と予備役合計で八二万四〇〇〇人のレベルにまで拡大し、さらに四〇万の国民遊動隊を創設するよう指示した。

一八六七年一月、この軍拡計画は、議会の審議に付されたが、なんとしたことか、議会は与野党一体となってこれに反対を表明し、ナポレオン三世の軍制改革を完全に骨抜きにしてしまったのである。

与党はその支持基盤である農民が徴兵を恐れているために反対し、野党、とりわけ、ジュール・ファーヴル、ジュール・シモン、レオン・ガンベッタなどの共和派は、軍拡路線は時代遅れであるばかりか、いたずらにプロシャを刺激するだけである、軍拡は経済の破綻に通じる云々と、これまた反対にまわった。ナポレオン三世の支持者であるはずのエミール・オリヴィエでさえ、議会でこう言い放ったのである。

いったいどこに軍拡の必要があるのだろうか？　差し迫った危険がどこにある？　誰がわれわれを脅かしているのか？　誰もいない。危険もない。ドイツ軍のことを問題にするが、ドイツ軍は本質的に防衛的な軍隊である。われわれの本当の同盟軍とは、理念であり、正義であり、英知である。最も強力な国家とは自ら軍備を解く国家である。フランスを兵営にしてはならない！（ジョルジュ・ルー『ナポレオン三世』に引用）

三年後、内閣総理大臣として、プロシャに宣戦布告するとき、エミール・オリヴィエは自分の演説をどのような思いで回想したことだろう。なんの根拠もなく、敵を「善意」によって裁断しようとする者は、必ず、自らの思い込みに裏切られるのである。

議会は審議に一年近くを費やしたあげくに、軍制改革案を完全に骨抜きにして可決した。四〇万の国民遊動隊が創設されるどころか、常備軍の増設も認められず、唯一可決されたのは兵役の短縮のみという有り様だった。ジョルジュ・ルーが『ナポレオン三世』で指摘しているように、「いわゆる軍制改革は、軍拡どころか軍縮だったのである」。

しかしながら、ナポレオン三世としては、こうした軍制改革の失敗を立法議会にのみ責任転嫁するわけにはいかなかった。なぜなら、立法議会を帝政に対する抵抗の牙城にしてしまったのは、ほかならぬナポレオン三世自身だったからである。

自由帝政と議会主義の進展

ごく普通の思考法の支配者ならば、内外の危機が顕在化し、ここで手を打っておかなければ大変なことになると自覚した場合、自らの権力基盤を固め、世論への締め付けを強化して、より抑圧的な体制を確立すべくつとめるだろう。

ところが、まことに端倪《たんげい》すべからざるナポレオン三世は、抑圧的な体制が最も必要であるはずの一八六七年の一月、第三党党首のエミール・オリヴィエと再三会談し、一八六五年のモルニーの死で沙汰止みとなっていた自由帝政への完全移行プログラムを実行に移す決意を固めた。すなわち、ルエール宛の手紙で、勅語奉文に替えて、大臣に対する質問権を議会に与えるよう指示したのである。

その結果、議会は政府の提案する政策について討議する権利を得て、ナポレオン三世が打ち出した軍制改革案を「十分に」審議することとなる。

こうした結果を見た場合、通常の支配者だったら、ただちに改革案を引っ込め、もとの抑圧体制に戻すはずである。

しかし、ナポレオン三世はちがった。思惑どおりにことが運ばないのは、改革が不十分で、自分を強く支持してくれる第三党の勢力が弱いためと判断し、第三党が進出しやすいような改革を矢継ぎ早に実行したのである。

一八六七年三月に元老院の議決で元老院と立法院の対話が行われることが決まったあと、改革はさらに加速する。

一八六八年五月、立法院は出版の自由を保障する出版法を可決したが、これは第二帝政の歴史を変えた画期的な出来事だった。というのも、新聞を発行するさいに政府に提出する保証金は必要とされたが、許可制ではなく届け出制になり、悪名高い警告制も廃止された。ひとことでいえば、新聞は政府批判の自由を得たのである。

また、六月には、集会法が可決され、政治的・宗教的目的をもたない集会なら、事前に届け出をしないでもいいことになった。集会には警官の出席が認められ、解散を命じることも可能という制限がついていたが、以前とは比べものにならないほど、自由は拡大した。

どちらの法案も、これを議会に提出した政府首脳は、心の中では、野党の反対で廃案になることを望んでいたが、ナポレオン三世は議会の解散をちらつかせて、大臣たちを屈服させた。

出版・集会の自由と反体制派の躍進

では、この強引ともいえる措置により、第三党の勢力拡大というナポレオン三世の願いはかなえられたであろうか？

ノンであり、ウイである。

ノンであるのは、これら一連の改革により、第三党以外の野党も勢力を伸ばし、再び「党派の時代」が出現したことである。それぞれの党派が、国家的な利害よりも、自派の利害を優先するという議会主義的な弊害があらわれたのである。おかげで、軍制改革のような国家的な課題が、選挙目当ての党利党略の材料にされてしまうことになった。

また、出版法の施行により、一年もたたないうちに一四〇紙が創刊されるという空前の新聞発行ブームが起こり、政府攻撃においても一種の自由競争状態が生まれた。そこから、より過激な新聞に人気が集まるという、政治的自由主義特有の現象があらわれたのである。

こうした過激な新聞に拠った反体制派は、政府攻撃を活発化させたばかりか、出版法では禁じられている体制と皇帝への直接的批判もあえて辞さなかった。

中でも、『フィガロ』のヴィルメサンにその才能を見いだされたアンリ・ロシュフォールは赤い表紙の週刊新聞『ランテルヌ』を発行すると、激烈な皮肉でナポレオン三世と政府を嘲笑し、反体制派の喝采をあびた。『ランテルヌ』は当局の逆鱗に触れて発行停止となり、アンリ・ロシュフォールは亡命を余儀なくされたが、似たような過激な反体制ジャーナリズムは雨後の筍のように生まれて、政府を悩ませたのである。いまや、一八五一年のクー・デタの真相を語ることさえ流行となり、ナポレオン三世が「バダンゲ」と蔑称で呼ばれることも珍しくなくなった。

このように、反政府ジャーナリズムではなく、反体制ジャーナリズムが誕生したことはナポレオン三世にとって誤算だったが、より大きな計算違いは、集会の自由を利用した反体制運動が活発になったことである。たとえば、一八五一年のクー・デタのときにサン＝タントワーヌのバリケードの上で射殺された共和派の代議士ボダンを英雄に祭りあげようという運動が盛り上がり、『レヴェイユ』という共和左派の新聞を主宰するドレクリューズは、ボダンを記念する銅像を建立するための募金を呼びかけた。

とはいえ、もし当局がいま少しの冷静さをもって対処していたら、この運動もさしたる広がりを見せずに終わったかもしれない。だが、内務大臣のピナールはドレクリューズを逮捕し、他の七人のジャーナリストとともに法廷で裁くという最悪の手段に訴えた。まさに、これが第二帝政崩壊の序曲となったのである。

なぜなら、このとき、反体制派は、訴訟の過程で、一八六八年世代の声を代弁する最大の

極左新聞『ランテルヌ』

1868年の出版法の改正で、新聞の発行は届け出制に変わったため、雨後の筍のように新聞が創刊された。その内、アンリ・ロシュフォールが主筆となった『ランテルヌ』は正面切って皇帝を批判、しばしば発行停止となった。[A]

ガンベッタ

共和派の新聞『レヴェイユ』主宰のドレクリューズが他の7人のジャーナリストと逮捕されたとき、弁護に立ったガンベッタは懸河の弁をふるって聴衆を魅了し、一気に共和派のスターとなった。[A]

ヒーローを発見したからである。レオン・ガンベッタがその人である。

南仏カオール出身のガンベッタはドレクリューズから弁護を任されると、懸河の弁をふるって聴衆を圧倒し、第二帝政それ自体の再審を要請した。次の朝、目覚めたガンベッタは自分がフランス一の有名人になっているのを知ったのである。

このように、ナポレオン三世の一連の自由主義的改革は、まるでパンドラの箱をあけたように、有象無象の反体制派を発生させたが、エミール・オリヴィエ率いる第三党も大きく躍進したという面では、あきらかにウイといえる要素も含んでいた。

その証拠に、一八六九年の立法議会選挙では、第三党は一一六議席を占め、権力奪取へと大きく近づいたのである。

6　自由帝政にむけて

ナポレオン三世は左右に動揺していたのか？


一八六九年五月二三日から二四日にかけて実施された立法議会選挙は、帝政の大転換を予感させる結果となった。

実際、蓋を開けて見ると、共和派の進出は著しく、フランス全土でこそ、与党四五〇万票に対し野党は三三五万五〇〇〇票と、与野党逆転はならなかったものの、パリだけに限れば、与党七万四〇〇〇票に対して野党二三万票と、野党が与党を圧倒。マルセイユとパリ・

ベルヴィル地区の選挙区で同時当選したガンベッタがマルセイユ選挙区を取ると、ベルヴィルでは亡命先から戻ったウルトラ過激派のロシュフォールが補欠選挙で当選した。

また、立法議会の色分けは、与党が二一六人、野党が七四人と、表面上は与党の過半数は揺るがなかったが、与党議員のうち「マルムーク」と呼ばれる権威帝政主義者は八〇人しかおらず、与党議員でも、その大半は「権力と自由の融合」というエミール・オリヴィエの唱える自由帝政路線の支持者だったのである。

この状況に対して、ナポレオン三世はどのように反応したのか？　従来型の左翼史観によればこうである。

議会選挙

1869年の立法議会選挙では、都市部で野党が与党を圧倒、マルムークと呼ばれる権威帝政主義者は80人に落ち込んだ。図版は、選挙結果を見ようと、新聞社の号外に殺到する民衆。[A]

エミール・オリヴィエ

エミール・オリヴィエ率いる第三党は「116人の質問」で政治の前面に進出。ナポレオン三世は責任内閣制確立のための立法措置を講じた後、エミール・オリヴィエに組閣を命じた。[A]

革命の危機をはらむ局面に直面して、ナポレオン三世は再度のクーデタに訴えるか、あるいは、さらに左旋回して譲歩政策を続けるかの二者択一を迫られた。しかし、老いと病に苦しむ皇帝は、もはや以前のような意志と決断力を失い、複雑な派閥関係の錯綜する政府部内を統制することができなくなった。彼は右に左に動揺したのち、ついに一八六九年七月、《副皇帝》の異名を持つ側近の国務大臣ルエールを解任し、《第三党》の指導者エミール＝オリヴィエに政局をゆだね、議会帝政への道を選んだのである。（井上幸治編『世界各国史12　フランス史（新版）』）

つまり老いと病気で衰えたナポレオン三世は、かつてのような強い政治力を発揮できず、「右に左に動揺したのち」譲歩に譲歩を重ねた末に自由帝政の道を選んだというのである。

だが、本当にそうなのだろうか？

たしかに、ナポレオン三世は体力・気力とも低下していた。また、周囲の意見は真っ二つに分裂していた。ウージェニー皇妃とルエールは権威帝政への復帰を主張していたのに対し、一八五一年のクー・デタの当事者であるペルシニーとモーパは妥協やむなしという線に傾き、プリンス・ナポレオンはエミール・オリヴィエに政局を委ねるよう強く進言していた。さらに、ナポレオン三世がどちらを取るか明言を避けたのも事実である。しかし、だからといって、ナポレオン三世が「動揺していた」わけではない。ナポレオン三世の腹は決まっていたのだ。ウィリアム・H・C・スミスは、そのあたりをこう分析している。

このような状況において、なすべきことは一つしかない。そしてナポレオン三世はそれをした。すなわち、自らの意図を知らしめるのではなく、一つのグループが将来性のあるプログラムを持って登場するまで待ったのである。(『ナポレオン三世』)

その証拠として、スミスは、ナポレオン三世が一一月に予定されていた立法議会の開会を早め、六月に臨時議会を召集した事実をあげている。このとき、だれもが議会と政府の全面対決かと脅えたのである。エミール・オリヴィエですらナポレオン三世に議会の召集は時期尚早と忠告した。だが、ナポレオン三世は聞く耳を持たなかった。

六月六日、シュネデール議長が開会を宣言するや、一一六人の議員が連名で質問権を行使して、政府に現在の政治情勢に対する説明と、責任内閣制の確立を求めた。有名な「一一六人の質問」であり、これにより、エミール・オリヴィエの第三党がついに政治の前面に躍り出たのである。

このアクションにナポレオン三世はただちに応えた。七月一二日、「副皇帝」ルエールを切ったのである。ルエールは議会で一一六人の要求に応じる皇帝の親書を読み上げ、辞任を表明した。ナポレオン三世は逡巡していたのではなく、自由帝政への歩みを早めようと決断していたのである。

エミール・オリヴィエ内閣へ

しかし、これによってエミール・オリヴィエ内閣が誕生したのではない。立法議会の議員は閣僚にはなれない憲法の規定があったので、ナポレオン三世はシャスルー＝ローバ侯爵を首班とする暫定内閣をつくり、これに責任内閣制確立のための立法措置を委ねた。内閣はエミール・オリヴィエと協議のすえ、九月八日に元老院決議を発令し、自由帝政移管を決定的なものにした。オリヴィエは日記にこう書いている。

この一二年来、人は私が帝国を信じていることを嘲笑してきた。だが、いまや、私の信念は証明された。問題は解決したのである。私は目標に達した。私の人生の第一部は完結した。ここから、第二部が始まるのだ。（オリヴィエ『日記』）

実際、元老院決議によって、立法議会は法律の発議権と予算の各条審議権を有するようになった。元老院は第二院としての性格が強くなり、その権能を弱めた。両院とも無制限の質問権が認められたばかりか、大臣は両院の議員の中から皇帝によって選ばれ、議会に対して集団的責任を負うこととなった。ひとことでいえば、一八六〇年の一一月にナポレオン三世が示した自由帝政の方向付けがこれで確定したのである。

残るは、自由帝政の責任内閣制の首班をだれにするかという問題だけだが、ナポレオン三世の心は決まっていた。エミール・オリヴィエである。かくして両者の間で何度も書簡が交わされ、秘密裏に会談が持たれて組閣条件が煮詰められた。エミール・オリヴィエの条件は、組閣は皇帝の指示ではなく、自らの考えで行うこと。一方、皇帝のそれは、「新聞王」のエミール・ド・ジラルダンとプリンス・ナポレオンの排除だった。ジラルダンはナポレオン三世の目には党利党略だけを狙う最大のデマゴギー、プリンス・ナポレオンは大革命におけるフィリップ平等公の役割を演じようとしている危険な人物と映っていたのだ。オリヴィエは皇帝の条件を呑んだ。その結果、一八六九年一二月二七日、皇帝はついにエミール・オリヴィエに組閣を命じたのである。

こうして、第二帝政にとって運命の年である一八七〇年の一月二日、エミール・オリヴィエ内閣が発足した。

「熱意の内閣」とヴィクトール・ノワール殺害事件

エミール・オリヴィエ内閣には、大臣経験者はほとんどおらず、大臣の大部分は前年の選挙で選ばれた中道左派および中道右派の立法院議員から成っていた。この内閣は、熱意に燃えていたので「熱意の内閣」と呼ばれた。

エミール・オリヴィエは内閣発足後、ただちに全国の県知事に対して、警察の監視体制を緩和するように命じ、「権威帝政の終焉」と「自由帝政の開始」を国民の目にはっきりと印象づけた。世論も、新内閣を好意で迎え、漠としたオプティミズムが国中を覆った。だが、そうしたムード先行の内閣にままあることだが、年明け早々、思いもかけなかった事件が発生し、政権の屋台骨は激しく揺さぶられることとなる。

ナポレオン一族の一人に、ピエール・ボナパルト（一八一五〜一八八一）という人物がいた。ナポレオンの弟のリュシアン・ボナパルトの第一二子で、若き日には、従兄弟のルイ＝ナポレオンとともにロマーニャの蜂起に加わったこともあったが、長じてからは、性格が粗暴にして放埒、軍隊で脱走事件を起こすなど、世間の評判が悪かったため、ルイ＝ナポレオンとの付き合いはほとんどなかった。第二帝政成立後も、皇室からは疎んじられ、おまけにニナという労働者の娘と結婚したことから、宮廷への出入りは差し止めになっていた。ナポレオン三世は、プリンスの称号だけは許可したが、ピエール・ボナパルトがその第二の洗礼名である「ナポレオン」を名乗ることは禁じていた。従弟がなにかスキャンダラスな事件でも起こして、ナポレオン一族の家名を傷つけはしないかと恐れたからである。

熱意の内閣

エミール・オリヴィエは中道左派および中道右派の実務派議員からなる内閣を組織。「熱意の内閣」と呼ばれた。[A]

ヴィクトール・ノワール

アンリ・ロシュフォールの『ラ・マルセイエーズ』の記者ヴィクトール・ノワールは別の新聞編集長パスカル・グルーセからの決闘状を持って、ボナパルト一族の一人ピエール・ボナパルトの家を訪れた。[E]

一八七〇年一月一〇日、皇帝の不安はまさに最悪のかたちで的中することになる。

この日、ユルリック・ド・フォンヌヴィエルとヴィクトール・ノワールという二人のジャーナリストが、オトゥーユ通りにあるピエール・ボナパルトの家を訪ねた。彼らは「帝政の敵ナンバーワン」である過激共和派アンリ・ロシュフォールが主宰する『ラ・マルセイエーズ』誌の記者で、コルシカの共和派の新聞『ルヴァンシュ』の編集長パスカル・グルーセから託された果たし状を携えていた。グルーセは別のコルシカの新聞でピエール・ボナパルトから罵倒の言葉を浴びせられたとして、決闘を申し込んでいたのである。『ラ・マルセイエーズ』の二人の記者がグルーセの手紙を手渡すと、ピエール・ボナパルトが手紙を読みもせずに握り潰したので怒ったノワールはピエール・ボナパルトの横面を張った。ピエール・ボナパルトは正当防衛と称してピストルでノワールを射殺し、逃げようとするフォンヌヴィエルにも銃撃を加えた。

ピエール・ボナパルト
ボナパルト一族の鼻つまみ者だったピエール・ボナパルトは、ヴィクトール・ノワールに頬を張られたことに腹を立て、ピストルを持ち出すと、ノワールを射殺した。[E]

アンリ・ロシュフォール
ヴィクトール・ノワール射殺の報を耳にするや、アンリ・ロシュフォールは葬儀を反体制行進に変えることを決め、猛烈な反ナポレオン・キャンペーンを組織。暴動寸前まで運んだが、悪扇動の理由で逮捕された。[E]

ピエール・ボナパルトはこの事件のあらましを皇帝の秘書に自ら伝えてから警察に出頭、身柄を拘束された。正当防衛という自信があったからである。

一方、フォンヌヴィエルから事件を知らされたパスカル・グルーセとアンリ・ロシュフォールは、これぞ帝政打倒の千載一遇のチャンスと捉え、ヴィクトール・ノワールの大規模な葬儀を計画、アンリ・ロシュフォールは火の出るようなアジテーションで反ボナパルト熱を煽った。ピエール・ボナパルトは皇帝とはほとんど関係のない人物だったが、アンリ・ロシュフォールにとっては、ボナパルトはボナパルト、みんな「血で手を汚した殺人犯」という点で変わりはなかったのである。

こうして、ヴィクトール・ノワールという無名の若いジャーナリストは、血に飢えたボナパルト一族に暗殺された「民主主義の英雄」ということになり、反権力の象徴に祭り上げられた。事件の二日後に行われた葬儀には一〇万人の共和主義者が参加、アンリ・ロシュフォールを先頭にしてヌイイの墓地まで行進したあと、群衆はシャンゼリゼに戻ったが、そこには警官隊と軍隊が待機していた。衝突は不可避かと思われた瞬間、「ここはロードスではない」と判断したロシュフォールとドレクリューズが両者の間に割って入り、あやういところで流血の惨事は回避された。

その後も、ピエール・ボナパルトが正当防衛で無罪放免されたこともあり、一ヵ月ほどの間、パリは革命前夜のような不穏な空気に包まれた。エミール・オリヴィエはアンリ・ロシュフォールを反体制の悪宣伝を理由に逮捕、勾留した。

このように、スタート直後から、エミール・オリヴィエ内閣は、言論・集会の自由を得た過激共和派からの激しい揺さぶりにあい、さらに譲歩を重ねるか、あるいは秩序維持を掲げて運動の弾圧に出るかの岐路に立たされた。「帝政と自由の結合」を掲げるオリヴィエは、自由のみでは帝政が揺らぐと考え、断固として、後者を選んだ。フランス重工業の支柱であるシュネデール社のクルゾー工場でストライキが起きると、内閣は軍隊を派遣してこれを鎮圧、同時に、ナポレオン三世が認めた労働者インターナショナルの解散を命じて、その幹部を逮捕した。

四月には、皇帝の命を狙った陰謀が摘発され、危険人物と見なされた活動家には逮捕状が出された。ようするに、「自由帝政」の開始を告げたエミール・オリヴィエ内閣は、まさにその方針によって、危機を招いてしまったのである。

こうした情勢をじっと観察していたナポレオン三世は一つの大きな賭に出た。すなわち、皇帝は次の疑問に国民がウイかノンで答える国民投票を実施したのである。

「フランス国民は一八六〇年以降の憲法の自由主義的改正に同意するや否や？」

この問いはじつに巧みに設定されていた。なぜなら、もしこれにノンと答えれば、それは権威帝政への逆戻りを願うことになる。一方、ウイと答えれば、皇帝と帝政に再度承認を与えたことになる。つまり、帝政に反対する反体制主義者だろうとノンとは答えにくい設問だったのである。「ノン」を主張したのは権威帝政を待望するカトリックだったが、それでさえ、皇帝と帝政を否定することは革命を招くと、むしろ、棄権に回る者が多かった。

一八七〇年五月八日、国民投票の結果が発表された。「ウイ」七三三万六〇〇〇票、「ノン」一五六万票、棄権一八九万四〇〇〇票。ナポレオン三世は圧倒的多数で信任を勝ち得たのである。エミール・オリヴィエ内閣は安堵し、野党は落胆した。ガンベッタは「帝国は以前よりも強固になった。契約は更新されたのだ」と嘆いた。

だから、もし、この時点で、ナポレオン三世が死去していたら、ジョルジュ・ルーが『ナポレオン三世』でいうように、「皇帝は、フランスがかつて体験した最も幸福で人気のある治世という思い出を後世に残せたかもしれない」。

だが、運命は最後の最後で皮肉なドンデン返しを用意していたのである。

ビスマルクの世紀の陰謀「エムス電」

国内の危機を国民投票で切り抜けたエミール・オリヴィエ内閣は、その後、急速に安定を取り戻し、自由帝政は軌道に乗ったかと思われた。国外に問題はなく、オリヴィエが六月三〇日の議会演説で断言したように、「ヨーロッパではかつてないような平和が維持されている」かのように見えた。

だが、その表面的な平和の裏で、プロシャの鉄血宰相ビスマルクによる陰謀がひそかに進行していたのである。

ことの発端は、一八六八年、マドリードで起こった軍事クー・デタに溯る。女王イザベル二世を追放した臨時政府は、新しい王朝をつくるべく、各国に打診したのち、ホーエンツォルレン＝ジグマリンゲン家のレオポルド王子に白羽の矢を立てた。レオポルド王子は、プロシャ王ヴィルヘルム一世の従弟だったが、プロシャ王とは違ってカトリックだったため、スペインには最適と判断されたのである。

ホーエンツォルレン＝ジグマリンゲン家の当主アントワーヌ公はこの話に乗り気ではなかったが、宰相ビスマルクは、むしろ、積極的にこの話を推し進めるべきだと判断し、ヴィルヘルム一世の裁可を仰いだ。ヴィルヘルム一世はとくに熱意があるわけではなかったが、最終的に同意を与えた。

一方、ナポレオン三世はと言うと、在ベルリンのフランス大使ベネデッティ伯爵を通じてこの話を耳にはしていた。しかし、レオポルド王子は、ナポレオン一世の皇后ジョゼフィーヌの姪で、バーデン大公夫人であるステファニー・ド・ボーアルネの孫だったこともあり、とくに反対する筋はなかった。ヴィルヘルム一世よりも親等は近かったのである。

ヴィルヘルム一世
ビスマルクは、スペイン王位にホーエンツォルレン＝ジグマリンゲン家のレオポルド王子を立候補させることを決意、ヴィルヘルム一世の裁可を仰いだ。[A]

ベネデッティ
在ベルリンのフランス大使ベネデッティは、スペイン王位問題でウージェニー皇妃から絶対阻止を命じられ、ヴィルヘルム一世を探しに湯治場エムスを訪れた。[A]

だが、フランスの世論はちがった。七月二日、レオポルドがスペイン王の有力候補にあげられていることが報じられると、パリの新聞は、ビスマルクこそフランスに対して陰謀を企てる張本人と決めつけ、猛烈な反対キャンペーンを開始した。

宮廷や政府においても、この声に同調する者が現れた。ウージェニー皇妃はその急先鋒で、皇帝に、即座に反対の声をあげるよう要請した。外務大臣のグラモン公爵もこの潮流に棹差し、七月五日の議会演説で、フランスは隣国の王座にプロシャの王子が座るのを座視しているわけにはいかないと大見得を切った。これを見たビスマルクはひそかにほくそ笑み、「ガリアの雄牛が闘牛士の赤い布を見て興奮してきたぞ」と側近にもらした。

グラモン公爵から訓令を受けた駐プロシャ大使ベネデッティは保養地エムスに滞在していたヴィルヘルム一世のもとを訪れ、レオポルド王子にスペイン王座を放棄するよう要請してほしいと伝えた。ベネデッティは、七月七日から一一日にかけて何度もヴィルヘルム一世と会談し、フランスの好戦的状況も教えた。

その結果、ついに七月一二日、レオポルド王子の父親であるアントワーヌ公は息子をスペイン王座に据えるのを断念する旨をスペイン政府に打電したのである。

その電報を読んだエミール・オリヴィエはこれで戦争は回避できたと安堵した。

だが、好戦派のグラモン外相やウージェニー皇妃はこの措置に飽き足らず、エミール・オリヴィエの許可を得ることなく、プロシャ王から今後もスペイン王座に色気を見せないという確約を得るようにという電報をベネデッティに送った。

七月一三日、ベネデッティはまたもやヴィルヘルム一世のもとに赴いて、確約の件を切り出した。鉱泉から戻ったばかりだったヴィルヘルム一世は、驚き、問題はすでに解決済みであり、わざわざ確約するには及ばないと、ベネデッティの要請を拒否した。ベネデッティは不安だったので、午後にもう一度会見を申し込んだ。うるさくつきまとうベネデッティに嫌気が差していた国王は、会見を拒否し、その日にあったことを、ベルリンにいるビスマルクに打電した。

電報を受け取ったビスマルクは落胆した。フランスを挑発し、戦争へと引きずり込む目論見がもろくも崩れたからである。だが、すぐに考え直した。問題は解決済みとする電報の前

保養地エムス

ベネデッティは、湯治場エムスに保養中のヴィルヘルム一世を訪れ、立候補取り下げの確約の件を切り出すが、問題はすでに解決済みと、会見を拒否された。その旨の電報を受け取ったビスマルクは前半部分をカットし、会見拒否の後半だけをマスコミにリーク。フランス世論を挑発した。[A]

半部分はカットして、ベネデッティとの会見を拒否したという後半部分だけを取り出して新聞各紙に配信すればいいのではないか？

翌日の七月一四日、ビスマルクが改竄《かいざん》したエムス電が『北ドイツ新報』に掲載されるや、ニュースは即刻フランスに伝えられ、各方面に激しい憤慨を引き起こした。

ビスマルクの陰謀は見事、成功したのである。

7　第二帝政の崩壊

「ベルリンへ！」

七月一四日、エムス電が朝刊紙の『北ドイツ新報』に掲載されると、パリの夕刊紙は激しいアジテーションで戦争熱を煽った。民衆たちは狂気の発作にとらわれたように街頭に繰り出し、立法議会のあるパレ・ブルボンを取り囲んで「ベルリンへ！　ベルリンへ！　戦争万歳！」と叫んだ。このときの民衆の興奮は、ゾラの『ナナ』の最後で、死の苦悶にあえぐ高級娼婦ナナと対比するかたちで巧みに描かれている。

そうした最中にチュイルリで開かれた閣議で、戦争を回避したいナポレオン三世は、王位継承に関する国際会議を召集することを決めたが、サン・クルー宮殿に戻ると、出迎えたウージェニー皇妃から「そんな提案では国民感情に応えられるとは思いませんわ」と強い口調でいさめられ、臨時閣議の開催を求められた。

この閣議にはウージェニー皇妃も出席し「これは私の戦争です」と宣言したと伝えられるが、これはウージェニーの政敵であるプリンス・ナポレオンの作文らしい。ただ、ウージェニーの存在が閣議に強い影響力を与えたことは確かで、休憩時間の後、閣議が再開されたときには、開戦は既定方針となっていた。もはや、皇帝も、内閣も、戦争に向かって動き出した国民の動きを止めることはできなかったのである。

翌一五日、エミール・オリヴィエが立法議会で戦争のための緊急予算案を提出すると、議会は圧倒的多数でこれを可決。勇気あるティエールが発言を求め、冷静な判断を呼びかけたが、その声は怒号にかき消されてしまう。

開戦決定
閣議での開戦決定を受け、立法議会ではエミール・オリヴィエが戦争のための緊急予算案を提出すると、圧倒的多数でこれを可決した。一人ティエールのみが壇上に上がり、戦争反対を叫んだが野次り倒された。[H]

エミール・オリヴィエは次のような言葉で演説を締めくくった。

「今日から、わたしたち内閣にも、議会にも、そして私にも大きな責任がかかることになります。が、わたしはその責任を軽い気持ちで引き受けるでしょう」

集団的狂気に駆られたフランスはこうして「軽い気持ちで」戦争に突入していったのである。自由帝政への移行により、皇帝は事実上、開戦決定の権利を奪われていたのだ。

悪化する皇帝の病気と絶望的な準備不足

七月一九日、駐ベルリンのフランス代理大使が宣戦布告書をビスマルクに手渡したとき、ビスマルクは、喜びで天にも昇る気持ちになった。この宣戦布告によって、それまで、親仏的だったバイエルンを始めとする南ドイツ諸国もプロシャ側に加わったからである。

一方、ナポレオン三世はというと、持病の膀胱炎が極度に悪化して、とうてい統帥の任に耐えなかった。この時期に皇帝に謁見した者は、例外なく、死期が近い病人のような皇帝の顔色に驚いたと証言を残している。

それは、病気のせいばかりではなかった。ナポレオン三世は自分がいささかも望んではいない戦争に駆り立てられることに深く絶望していたのである。七月二三日に国民にむけて発せられた宣言には、その苦渋の決断がよく表現されている。

「わたしは次のように言うことができる。抗いがたい高揚の中で、われわれに開戦を命じたのは、国民全体であると」

皇帝はそれでも、国民の意志としての戦争を遂行するには、自分が総指揮を取るほかないと感じていた。イギリス人の侍医が戦場に赴くなど自殺行為に等しいと反対したが、皇帝は翻意しなかった。ナポレオンの名前を持つ皇帝である以上、世論が望んだ戦争の前でひるむことはできないのだ。

一八七〇年七月二八日朝、皇帝はサン・クルー宮殿地下の鉄道駅で、ウージェニー皇妃と別れの挨拶を交わしたあと、特別列車に乗り込んだ。皇帝のかたわらにはルイ皇太子がいた。一四歳にしてはひ弱で頼りなげな少年で、将軍たちは邪魔になるだけだと難色を示したが、皇帝は予感でも働いたのか、同行に強く固執したのである。

民衆の熱狂
エムス電が報道されて以来、「ベルリンへ！」と叫んで政府に開戦を促していた民衆は、開戦決定の報に狂喜してブールヴァールに駆けつけた。[H]

ナポレオン三世の出陣
病状が悪化していたにもかかわらず、ナポレオン三世は出陣を決意し、ウージェニー皇妃を摂政に任命すると、サン・クルー宮殿の地下駅で、皇妃と別れの挨拶を交わした。[H]

戦場の皇太子

皇太子はまだ14歳のひ弱な少年だったが、ナポレオン三世は戦場への同行に固執し、終始、行動をともにした。[A]

フランス軍首脳

ほとんど戦争準備もなく、戦争に突入したフランス軍は初めからかなり劣勢を強いられていた。軍首脳も、コネで出世した無能な人間が多く、戦場に臨んでも危機感は薄かった。[H]

列車はパリ環状線から総司令部の置かれたメッスへと向かった。パリで出陣式を演出しなかったのは、健康状態がそれを許さなかったためである。見送った者たちは、まるで葬列に立ち会ったようだと感じた。

摂政にウージェニー皇妃を任命してパリを離れる前、ナポレオン三世が立てた作戦は、プロシャ軍の戦列が整う前にラインを渡り、南北ドイツの間にクサビを打ち込んで、南ドイツ諸国をプロシャから離反させ、オーストリアとイタリアの参戦を誘うというものだった。プロシャ軍のモルトケもこれを強く恐れていた。

だが、メッスの駅に到着した皇帝の見たものは、うずたかく積み上げられて放置された武器弾薬、食糧の山だった。エミール・オリヴィエは後に「メッスは市場の広場のようだった」と語っている。到着した将兵たちも自分たちの部隊がどこにいるのかわからず右往左往していた。兵士たちはモーゼル川で釣りをして時間をつぶし、将校たちはパリから同行した妻や愛人たちと「休暇」を楽しんでいた。総司令部に詰めている将軍たちの中には作戦地図の読めないものすらいた。実力ではなくコネで出世した者ばかりだったのである。だれもかれも、メッスに来ているのは戦争のためであることを忘れているようだった。

ナポレオン三世は絶望して、ウージェニーに手紙を書いた。

「なにもかも予想外だ。兵員も足りない。これでは我が軍はあらかじめ負けたようなものだ」（カストゥロ前掲書に引用）

戦う前から決まっていた優劣

フランス軍がメッスで右往左往している間に、モルトケ将軍率いるプロシャ軍は三軍に分かれてアルザスとロレーヌに侵入を開始していた。総数五〇万人。よく訓練され、装備、兵站とも完璧な精兵たちだった。

対するに、フランス軍はアルジェリアとローマに駐在する部隊を入れても三五万人、それを除外すれば、実働部隊はわずかに二五万人。

また、フランス軍は紺の上着に赤いズボンという「威嚇」理念に基づく派手な軍服だったから、簡単にプロシャ軍の標的となった。これに対し、黒の上着に褐色のズボンというプロシャ軍の軍服は銃弾からよく兵士たちを守った。

武器の点から見ても、フランス軍のシャスポー銃はプロシャ軍のドゼ銃より射程が優れていたが、肝心の弾薬が決定的に不足していた。大砲も、フランス軍の先込め式ブロンズ砲では、プロシャ軍の元込め式のクルップ鋼鉄砲の敵ではなかった。

つまり、ナポレオン三世は伯父のナポレオンでも挽回不可能なような不利な条件をあらかじめ背負わされたうえに、戦場に臨むこととなったのである。

八月二日、両軍はザーレブリュックで最初の衝突をした。敵軍の機先を制するつもりでナポレオン三世がプロシャ領内のザーレブリュックの攻撃を命じ、プロシャ軍を町から撤退させたのである。この「勝利」の知らせはパリでは大きく報じられた。

だが、勝利の熱狂は長く続かなかった。八月四日にはまずプロシャ領内のヴィセンブルク

ライヒショーフェンの敗北
アルザスに侵入したプロシャ第三軍は、ライヒショーフェンでマクマオン軍を撃破、退却させた。フランス軍の赤いズボンはプロシャ軍の狙い撃ちにあった。[A]

でアベル・ドエー将軍率いるフランス軍部隊が皇太子カイザー・ヴィルヘルム二世の率いるプロシャ軍に蹴散らされ、六日には、ロレーヌのフォルバックでフロサール軍がフリードリッヒ・カルル王子麾下のプロシャ第一軍に、またアルザスのレショーファン（ライヒショーフェン）ではマクマオン軍がフリードリッヒ・ヴィルヘルム王子率いるプロシャ第三軍に、それぞれ急襲されて大敗北を喫し、退却を余儀なくされたのである。こうして、アルザスとロレーヌはプロシャ軍に占領され、第一次世界大戦までドイツ領となるのである。

この大敗北をメッスの総司令部で知ったナポレオン三世は、絶望のどん底に突き落とされた。総司令部の将軍たちは、辛うじて退却に成功したフロサール軍とマクマオン軍を一ヵ所に集め、反撃を用意すべきだとしたが、ナポレオン三世は遠方のシャロンまで思い切って後退し、その地で予備役軍と合流し、パリ防御のための強固な軍を再組織すべきだと考えた。

どちらの道を取るかで議論と逡巡が繰り返され、無駄な数日が失われたあと、ようやくナポレオン三世の意見が通り、シャロンまで全軍が退却することとなった。八月一四日、傷心の皇帝は後退戦の指揮をバゼーヌ元帥に託し、皇太子とともにメッスを離れた。シャロンに到着したとき、ナポレオン三世は、二日間の馬車旅で疲労困憊していた。

摂政ウージェニー皇妃の遠隔操作

ヴィセンブルクの敗北の報に続いて、アルザスとロレーヌがプロシャ軍に占領された知らせがパリに伝わるや、勝利を確信していたパリの民衆は激しく動揺した。裕福な階層は、パリを離れる準備を始め、民衆のあいだでは不穏な動きが活発化した。

八月九日には、エミール・オリヴィエ内閣が総辞職に追い込まれ、クザン・モントーバン将軍を首班とする内閣が成立した。この内閣は、クザン・モントーバン将軍が北京郊外の八里橋《パリカオ》での戦勝からパリカオ伯爵の爵位を与えられていたことから、パリカオ内閣と呼ばれる。

パリカオ内閣はパリに戒厳令を敷き、政情の安定につとめたが、民心の動揺はいかんともしがたく、八月一六日には、皇帝が退位したとの噂が広まった。

こうした不安に突き動かされたのか、ウージェニー皇妃はこの頃から遠征中のナポレオン三世に対して連日のように電報を打ち、フランス軍事と政治を遠隔操作する意志を明らかにし始めた。ウージェニー皇妃は、帝政崩壊への危機感から、このような行動に出たのだが、結果的には、このウージェニーの「張り切り」が第二帝政を滅亡へと導くことになるのである。

さて、ナポレオン三世親子がシャロンに向けて発ったあと、メッスに残ったバゼーヌ将軍は八月一四日にモーゼル川右岸のボルニーの戦いで勝利し、ロレーヌに侵入したプロシャ軍をくいとめるかに見えた。だが、プロシャ軍のアルヴェンシュレーベン将軍がモーゼル川の左岸に渡って猛攻撃をかけると、バゼーヌ軍は阻止されて立ち往生した。このとき、もし、両軍が正面から対峙していたなら、数において勝るフランス軍はプロシャ軍を圧倒していたはずなのだが、怖じ気づいたバゼーヌはメッスに退却し、フランス軍の最精鋭部隊をこの地にくぎづけにするという大失策を犯した。

いっぽう、アルザスとロレーヌから退却してシャロンに集結したフランス軍の主力部隊では、今後の方針を巡って意見が割れていた。八月一七日、ナポレオン三世は将軍たちを集めて作戦会議を開き、パリ防御のために退却するか、それとも反撃に転じてメッスのバゼーヌ軍と合流するかを協議した。ナポレオン三世はパリ退却の道を選んだ。大多数の将軍もこの作戦に賛成だった。

一七日夜、ナポレオン三世はウージェニーにパリ退却の方針を打電し、全軍に対して、移動の準備を始めるよう指示した。

ところが、この電報を受け取ったウージェニー皇妃とパリカオ伯爵は恐慌をきたし、パリの政情不安から見て、もし皇帝が敗北を喫したまま首都に戻れば、暴動が発生し、帝政は崩壊しかねない、ゆえに強く再考を促すと返電した。さらにメッスのバゼーヌ軍がプロシャ軍を引き付けているすきに、背後から敵を急襲せよと矢継ぎ早に電報を打った。

パリカオ伯爵
初戦敗退の報を受けてエミール・オリヴィエ内閣は総辞職し、パリカオ伯爵ことクザン・モントーバン将軍が内閣を組織した。将軍は、北京攻撃のさいに八里橋（パリカオ）で戦勝したことから、パリカオ伯爵の称号を与えられていたのである。[A]

摂政ウージェニー
摂政を任されたウージェニーは、戦場のナポレオン三世に宛てて、連日、緊急電を打ち、遠隔操作を行おうとしたが、これが指揮系統の分裂を招き、惨めな敗戦へとつながった。[A]

この電報でナポレオン三世は激しく動揺した。憔悴の極みに達していた皇帝にとって、ウージェニーの「命令」に抗してまでパリに全軍を退却させるだけの力は残っていなかったのである。

ジョルジュ・ルーは、ウージェニーが命じたこのシャロンでの方向転換が運命の別れ道だったとして、こう指摘している。

この日、歴史の流れを変えた責任はウージェニーにある。ウージェニーさえいなければ、その夫の運命ばかりか、第二帝政とフランスの運命も異なったものになっていたにちがいない。(『ナポレオン三世』)

シャロンからセダンへ

八月二三日、逡巡に逡巡を重ね、貴重な時間を無駄にしたあげく、マクマオン元帥はシャロンを離れ、バゼーヌ軍に合流すべく北に向かった。しかし、ウージェニーが計画した急襲の機会はすでに去っていた。

一方、モルトケ将軍は最初、パリの新聞の伝えるシャロンからの急旋回が軍事常識に反する作戦なので、パリの新聞は敵を欺くために虚報を流しているのだと思ったが、やがて急旋回が本当であることに気づくと、パリに向かっていた第二軍と第三軍を急遽、北に向かわせた。

では、この間、パリへの帰還をウージェニーから拒否されたナポレオン三世と皇太子はどうしていたかといえば、しかたなくマクマオン軍に従って北に向かっていた。皇帝は、排尿困難となり、ゾンデを尿道に入れて尿を取る有り様だった。その死人のような姿は兵士を鼓舞するどころか、絶望させた。エミール・オリヴィエに向かって、皇帝は寂しげに次のように言ったという。

「本当のところ、どこでも私を厄介払いしたがっているんだ」

しかし、それでも、マクマオン軍がまともな軍隊であれば、まだプロシャと一戦を交えてこれをくい止めることも可能だったかもしれない。だが、すでにマクマオン軍は規律を欠いた敗兵の集まりでしかなかった。彼らは敵の姿を見ないうちから消耗し、意気阻喪していたのである。

悪いときには悪いことが重なるものである。八月二七日、メッスに近づきつつあったマクマオン軍は、右方向にプロシャ軍の大部隊を発見したため、方向を左に取ることにして、その旨をウージェニー皇妃に打電した。すると、これを退却と取ったウージェニーは激怒し、既定方針どおりバゼーヌ軍の救出に向かえと命じた。

八月二九日、マクマオン軍はプロシャ軍の本格的攻撃を受けた。いまや、プロシャの二つの軍団が進路を断ち切ろうとしているのは明らかだった。皇帝とマクマオンはウージェニーに進路変更を打診したが、ウージェニーからは断固、命令を貫徹せよとの電報が届いた。しかし、もはや命令に従っている余裕はなかった。皇帝とマクマオン元帥はセダン要塞にこも

セダン籠城

ウージェニー皇妃によってパリ防衛のための退却を拒否されたナポレオン三世は、プロシャ軍に進路を阻まれ、マクマオン元帥とともにセダンの要塞に籠城した。[A]

ることを決意した。これは危険な賭だった。なぜなら、セダンの要塞は回りを山で囲まれたすり鉢状の盆地の底にあり、もし、二倍の兵力を持つプロシャ軍に包囲されたら、抵抗のすべはなかったからである。

セダンの捕虜

九月一日の明け方、プロシャ軍は四方の山の頂上に据えたクルップ砲で猛烈な砲撃を開始した。マクマオン元帥は徹底抗戦の意志を固めていたが、砲弾の破片で負傷し、指揮をデュクロ将軍に委ねた。すると、デュクロ将軍は、メジエール方面に活路を開くため、全軍に退却してイルリー平原に集結せよと命じた。ちょうどそこに、ウージェニー皇妃の親書を携えたヴィンフェン将軍が現れ、「退却とは何ごとだ。今こそ攻撃に移るべき時だ」と怒鳴り、デュクロ将軍の命令を取り消して全軍に回れ右を命じた。

こうして命令が二転三転して、将兵が大混乱に陥っているところへ、プロシャ軍が七〇〇門以上のクルップ砲で砲弾を撃ち込んだからたまらない。ヴィンフェンは包囲網を打ち破るために、ボヌマン将軍率いる胸甲騎兵とマルグリット将軍のアフリカ騎兵に突撃を命じたが、これらの騎兵たちはプロシャ軍の一斉射撃のために次々となぎ倒された。これを遠くから観戦していたヴィルヘルム一世は「ああ、勇敢な兵士たちよ！」と叫んだという。

この間、ナポレオン三世は兵を励まし、砲弾が雨あられと飛んでくる前線に騎馬姿で立ちつくしていた。その姿は、明らかに最後の死に場所を求めているように見えた。

ヴィンフェン将軍は、一か八かの策として、皇帝に全軍の先頭に立って突撃を命じていただきたいと進言した。こうすれば、間違いなく皇帝は命を落とすだろうが、名誉は救われ、体制は存続するというのである。だが、皇帝はしばらく考えた後、こう言った。

「突撃をすればさらに一万いや二万人の命が失われるだろう。突撃は無駄だ。私には兵士を殺す権利はない」

将軍が去ったあと、ナポレオン三世はしばし躊躇した。そして、だれに相談することもなく、最後の決断を下した。セダン要塞に白旗が掲げられたのである。

白旗
セダンに籠城したフランス軍にプロシャ軍はクルップ砲による砲撃を加えた。ナポレオン三世はこれ以上の犠牲を避けるため、降伏を決意。白旗を掲げた使者がプロシャ軍陣地に向かった。[A]

夕闇が迫る中、白旗を持ったレーユ将軍がプロシャ軍陣地に赴いて皇帝からの親書を手渡すと、ヴィルヘルム一世は絶句し、叫んだ。「なんだと、皇帝がそこにいたのか！」明けて九月二日早朝、捕虜となることを決意したナポレオン三世はセダンを離れ、ドンシェリーの村に赴く途中、出迎えに現れたビスマルクと農家で会談したのち、ベルヴューの城に向かい、そこでヴィルヘルム一世と会見した。プロシャ国王はナポレオン三世の落魄ぶりに心を打たれた。

翌三日の夕刻、皇帝がセダンで捕虜となったニュースはフランスを駆け巡った。九月四日、権限委譲を拒否するウージェニー皇妃に対し、民衆たちは立法議会になだれ込んでガンベッタを議長席に上げ、帝政の廃止を宣言させた。ジュール・ファーヴルらのパリ選出代議士たちは市庁舎に民衆とともに乗り込んで、共和制を宣言し、パリ軍管区司令官トロンシュ将軍を首班とする臨時政府を成立させた。

こうして、一八五一年一二月二日のクー・デタとともに始まった体制は、皇帝の捕囚という思わぬアクシデントにより、もろくも崩壊したのである。

セダンの捕虜

プロシャ軍の捕虜となることを決意したナポレオン三世は敵陣に赴く途中、出迎えに現れたビスマルクと農家で会談したあと、ヴィルヘルム一世との会見に向かった。[A]

第二帝政の終焉

1870年9月4日、立法議会になだれこんだ民衆はガンベッタを議長に帝政の廃止を決定。ジュール・ファーヴルらはパリ市庁舎で共和制を宣言。ここに第二帝政は終わりを告げた。[A]

8　虜われの皇帝

「なんで、自殺しなかったのよ」

少し時間を溯って、九月一日の夕刻、ナポレオン三世がセダンの要塞から送った降伏の親書を受け取ったビスマルクは、それをヴィルヘルム一世の前で読み上げていた。

親愛なる我が兄へ、
軍中において戦死することあたわず。あとは、我が剣を陛下の手に委ねるのみ。
陛下の良き弟として。
ナポレオン

ビスマルクは、これが「セダン要塞におけるナポレオン三世の降伏」であり、「フランス帝国の降伏」ではないことに即座に気づいて、複雑な心境になった。なぜなら、プロシャはこれから頭（皇帝）を欠いた体（フランス）を相手に戦争を続けなければならなくなるからであり、メッスにいるバゼーヌの部隊どころか、パリにいる摂政のウージェニー皇妃の留守政府が降伏を受け入れるかどうかさえ不明である。さらに、皇帝が捕虜になったという知らせで、帝政が倒れたりしたら、休戦交渉を行うべき当事者が存在しないことになる。

これはかえって厄介なことになったぞ、とビスマルクは思った。戦争の早期決着を計ることを第一としていたビスマルクにとって、捕虜としてのナポレオン三世はまったく使いようのない、はた迷惑な駒なのである。

九月三日の午後遅く、セダンからの電報がチュイルリ宮殿のウージェニー皇妃のもとに届けられた。

「軍は敗れた。我が兵士たちの間で戦死することあたわず、軍を救わんがため、捕囚となる道を選んだ」

ウージェニー皇妃は一読するや顔面蒼白になり、わめき散らした。「なんで、自殺しなかったのよ、あの人は！　自分の名誉を汚すことになるのに気がつかなかったの？　息子に、いったい、どんな名前を残すつもりなの？」

結果として、ビスマルクの予感も、ウージェニー皇后のそれも見事的中することになる。それも、最悪のかたちで。

三日の夜に伝わった「皇帝、セダンで捕囚」というニュースは、明けて四日の朝、パリ全域にわたってバリケードを出現させた。大通りには、「共和国万歳！」と叫ぶ民衆があふれ、首都はすでに完全に統制を失っていた。

チュイルリの窓から押し寄せる群衆の波を茫然と見つめていたウージェニー皇妃は、それでも、立法議会代表のビュフェによる権限委譲勧告を断固として拒否。あくまで、摂政として留まる意向をあきらかにした。だが、事態はすでに彼女の意志を越えていた。民衆はコンコルド広場の鉄柵を押し破り、チュイルリの庭園になだれ込んでいたのである。

助けをもとめて

イタリア大使のニガラとオーストリア大使メッテルニッヒが駆けつけてウージェニーを説得した。

「一刻の猶予もなりません。早く、早く！」

この言葉にウージェニーも脱出を決意したが、逃げ道は一つだけ、ルーヴル美術館を通ってサン・ジェルマン・ロクセロワ教会前広場に出るしかない。ニガラは、広場に通りかかった辻馬車を拾うと、ウージェニーと読書係のルブルトン夫人を中に押し込んだ。

でも、どこに行けばいいの？

ルブルトン夫人の頭に浮かんだのは国務院議員のベソンと侍従のピエンヌの名前だったが、二人とも不在だった。マクシム・デュ・カンの伝えるところでは、ワグラム大通りのピエンヌ家の女中はウージェニーの顔を知っていて、二人にこう言い放ったという。

「旦那様がお帰りになるまでお待ちになるですって？　旦那様を道連れにして銃殺になさるおつもりですか？　さあ、お帰りになってください。密告しなかっただけでも、私に感謝しなくっちゃ」（『半世紀の回想』）

ウージェニーとルブルトン夫人は途方にくれて、通りに出た。そのとき、ウージェニーの脳裏にふとアメリカ人の歯科医トマス・エヴァンズ博士の顔がひらめいた。彼なら、古い友人だから、逃亡を手伝ってくれるにちがいない。ウージェニーは辻馬車の御者にマラコフ大通りのエヴァンズ博士の住所を告げた。エヴァンズ博士は留守だったが、さいわい、従僕がウージェニーを覚えていてアパルトマンの中に入れてくれた。

帰宅したエヴァンズ博士は、居間に皇妃がいることに仰天したが、イギリス人の友人のクレインと相談した結果、翌朝早く、ランドー馬車に二人の婦人を乗せ、マイヨー市門からパリを抜け出すことにした。

マイヨー市門で、エヴァンズ博士は、これから友人たちと一緒に田舎に保養に出掛けるところだと謀《たばか》って検問を通過するのに成功した。三日かかってノルマンジー海岸のトルーヴィルに着いた後、一行はヨットを借りてドーヴァーを渡った。途中、台風の接近でライト島に寄港を余儀なくされたが、九月九日には蒸気船プリンセス・アリス号でようやくイギリスのサウスシーの港に到着した。

ウージェニーは、ヘイスチングスのマリーン・ホテルで、一足先に亡命していた息子のルイ皇太子との再会を果たすことができた。ルイは八月二七日のセダンに向かう父とトゥルトロンで別れて以来、逃避行を続け、ベルギーのオステンドから船に乗って九月六日にドーヴァーに着き、ヘイスチングスのマリーン・ホテルに泊まっていたのだ。

親子はエヴァンズの勧めもあって、ヘイスチングス近くの田舎町チルズハーストの城郭カムデン・プレイスを借りて住むことにした。

捕囚生活への道

その間、捕虜となったナポレオン三世はどうしていたのだろう？

九月二日、ベルヴューの城でナポレオン三世と会見したヴィルヘルム一世は、その落魄ぶりにそぞろ哀れを催し、カッセル近くのヴィルヘルムスヘーエ城を提供することを申し出た。ここは皮肉にも、ナポレオン三世の叔父のジェローム・ボナパルトがウェストファリア王だった時代に使っていた城で、当時ナポレオンシェーへと呼ばれていた。

ヴィルヘルム一世は、さらに、ヴィルヘルムスヘーエ城に赴くときには、ベルギー領を通っていきたいというナポレオン三世の要望を快諾した。ナポレオン三世は、自国領内を捕囚として通過する屈辱に耐えなかったのである。

九月三日、ヴィルヘルム一世の副官であるヘルマン・フォン・ボイエン将軍に付き添われたナポレオン三世は馬車の窓をカーテンで閉ざし、ベルギー国境へと向かった。

九月五日の朝、ベルギーのヴェルヴィエの鉄道ホテルで、ナポレオン三世は新聞を読み、皇妃が行方をくらまし、共和制が宣言されたことを知った。カッセル行きの列車を待っているとき、ナポレオン三世の部屋にルイ皇太子に付き添っていたクラリー大尉が現れた。皇太子はいまベルギーのナミュールにいるが、病気のため合流できないというのだ。息子の無事を知ったナポレオン三世は、できるかぎり早急にイギリスに向かうよう指示した。ウージェニー皇妃もいずれイギリスに亡命するだろうと思ったからである。

夕刻、ほぼ半世紀ぶりにヴィルヘルムスヘーエ城の居間に入った皇帝は驚きで足を止めた。そこには、母親のオルタンス女王の肖像が掲げられていたからである。

彼は御付きの者に合図した。一人でいたかったのである。そして、半時間の間、セダンの敗者は母親の肖像と水入らずの時間を過ごした。ジョゼフィーヌの娘の顔に浮かんだかすかな笑いは、この捕囚の最初の晩に、息子が現れるのを待ちつづけ、歓迎しているように見えた。（アンドレ・カストゥロ『ナポレオン三世』）

ヴィルヘルムスヘーエ城では、セント・ヘレナ島のナポレオンがそうだったように、ナポレオン三世は身の回りを世話する侍従の一団とともに暮らすことを許されたので、まずは快

ヴィルヘルムスヘーエ城のナポレオン三世
セダンで捕囚となったナポレオン三世はプロシャ王ヴィルヘルム一世の恩情によりカッセル近くのヴィルヘルムスヘーエ城を与えられ、ここで侍従とともに「幽閉生活」を送った。[B]

適な生活を送ることができた。

二週間後、長らく知らせのなかったウージェニーから、カムデン・プレイスでルイ皇太子とともに元気に生活しているという知らせが届いた。ナポレオン三世は一安心した。捕囚生活に慣れるにしたがって、健康も回復していった。

奇妙な「パスポート」

一方、フランスはその間も迷走を続けていた。九月二〇日、臨時政府（国防政府）のジュール・ファーヴルは、パリがプロシャ軍に包囲される中、フェリエールでビスマルクと休戦協議に入ったが、ストラスブールとその周辺の割譲という条件を拒否したため、戦争は奇妙なかたちで継続することとなった。

ビスマルクはこれにいらだった。戦争が長引くことは、プロシャにとって最悪の結果を招きかねない。ナポレオン三世でもなんでもいい、使えるものなら使って休戦にこぎつけたい。

一方、メッスとストラスブールでプロシャ軍に包囲されたままのフランス軍にも厭戦気分が広がっていた。いったい、だれが、戦争を終わらせることができるのか？

双方にこんな状況があったためだろうか、前代未聞のとんでもない事件が起こった。仲介を買って出た民間のボナパルティストが、あわや休戦を成功させる寸前までいったのである。

ウージェニーと皇太子がチルズハーストに落ち着いてから数日後のこと、カムデン・プレイスにレニエと名乗る男が現れ、ウージェニーに面会を申し込んだ。皇太子の家庭教師のフィロンが応対に出ると、レニエは臨時政府の無能を訴え、国民と軍隊に対して皇妃の回りに再結集するよう呼びかけて、帝政を復活させてはどうかと提案した。

フィロンはこれをウージェニーに伝えたが、ウージェニーは、ビスマルクのスパイとも臨時政府の回し者ともつかない男など相手にできるわけがないと、にべもなく断った。

ところが、フィロンは、レニエがこれから自分はビスマルクとヴィルヘルムスヘーエ城の皇帝に会いに出掛けるのだと熱弁を振るうと、熱意にほだされたのか、ヘイスチングスの絵葉書を三枚与えたうえに、ルイ皇太子にこれにサインをさせてしまったのである。

この奇妙な「パスポート」を持ったレニエは、フランスに戻ると、真っすぐにフェリエールのビスマルクのところに行き、自分はこれからメッスのバゼーヌ軍に出向き、皇帝の名の下に降伏するようバゼーヌを説得するから通行許可証をくれと頼んだ。レニエの筋書きは、皇妃がバゼーヌ軍の力を借りて臨時政府を鎮圧し、休戦協定を成立させるというものだった。

正常のときだったら、ビスマルクも、こんな「特使」の言い分を信用するはずはない。だが、ジュール・ファーヴルとの休戦交渉決裂で気が動転していたのか、ビスマルクはレニエの言うことを信じ、メッス要塞への通行許可証を与えた。

レニエは例の絵葉書をもってメッスに到着すると、通行許可証を振りかざしてバゼーヌ司令官と面会し、用件を切り出した。すると、降伏のタイミングを待ち兼ねていたバゼーヌもこの話をすぐに信じ、絵葉書の上に自分のサインを書き加えたばかりか、ブルバキ将軍をイギリスのウージェニーのもとに派遣し、指示を仰ぐことにした。

ところが、ブルバキ将軍から話を聞かされたウージェニーが、自分は一切与《あずか》り知らぬと激怒したことから、レニエの描いたシナリオは一気に崩壊することとなる。そして、当然、休戦も流れたのである。

帝政復活の希望の炎

とはいえ、このレニエの筋書きは意外なところで影響を与えはじめる。その一人が、ロンドンに亡命していたペルシニーである。

おそらく、ペルシニーは「そうか、こんな手があったのだ」と気づいたにちがいない。そして、そう思ったと同時に陰謀家の血が騒いだらしく、さっそく行動に移った。ロンドン駐在のプロシャ大使のベルンシュトォルフに対して、ブルバキ将軍のもってきた計画はそれ自体では決して悪いものではないので、是非とも再検討を願いたいと電報を打ったのである。

すると、それと呼応するかのように、ウージェニーが動き始めた。

ウージェニーは、ビスマルクの許可を得てロンドンにやってきたバゼーヌ将軍の副官ボワイエ将軍を介して、ベルンシュトォルフに宛てて電報を打ち、休戦協定を結ぶために、バゼーヌ元帥に全権を与える用意があるから、もし、この提案に同意するなら、二週間の停戦を行い、バゼーヌ軍に食料補給していただけないかと書き送った。

ビスマルクは、ベルンシュトォルフから転送されたこの提案について、ヴィルヘルム王に指示を仰いだ。ヴィルヘルム王は、賢明にも、休戦協定が成立する以前に、こちらに牙を向けるかもしれない敵に塩を送るような真似はしてはならぬとクギを刺した。

ウージェニーはこの拒絶に落胆したが、一度燃え上がった帝政復活の希望の炎は、メッスのバゼーヌ軍が一〇月二七日に降伏したあとも消えなかったらしい。というのも、一〇月三〇日、ウージェニーはヴィルヘルムスヘーエ城のナポレオン三世のもとに突然姿を見せたからである。

元皇帝夫妻は、出会った瞬間こそ、周りの者の目を意識して感情を自制したが、二人きりになると涙にかきくれて、かたく抱きあった。そして、一段落つくとすぐに、フランスの運命について語りあい、現状の分析につとめた。

ウージェニーの推測するところでは、ビスマルクはいまもなおナポレオン三世の政府をフランスの唯一の正統な政府と認めている。だから、もし、ナポレオン三世政府との間で休戦条約が結ばれるなら、捕虜とした軍隊とともにナポレオン三世をフランスに帰還させるだろう、そのあとで、共和政府との内戦が起こっても、それは彼にとって内政問題である、云々……。

ウージェニーはイギリスに戻ると、自分には平和のために果たすべき最後の使命があると称して、帰国キャンペーンを開始した。プロシャにサヴォワとニースを割譲して休戦条約を締結したあと、自分がアミアンに戻り、国民投票を実施するというプログラムである。しかし、ナポレオン三世はウージェニーの不人気をよく知っていたから、手紙を送ってこのアイディアに強く反対した。

君がアミアンに現れる。それはまあいいとしよう。だが、フランスの半分はプロシャ軍に占領されている。残りの半分は精力的なデマゴーグたちの手にある。デマゴーグたちは国が君の呼びかけに応えるのを妨げるだろう。君がいくら、自分には帝政復活の野心はなく、ただフランスに平和の恩恵を与えたいだけだと言っても無駄だろう。彼らはこう答えるにちがいない。やつらの提案する平和などは屈辱的な平和だ、やつらが国民感情の高まりを麻痺させないかぎり、おれたちはプロシャからよりよい条件を引き出せるはずだ、と。(中略)私たちの義務は、無名の底に沈んで、出来事が終わりに至るまで傍観しておくことなのだ。(カストゥロ同書に引用)

さすがは、何度も革命をくぐり抜けてきたナポレオン三世。共和主義者同士の争いが、結局は悲惨な内乱にしか行きつかないことをよく予見していた。実際、このあと、国防政府は降伏条件を巡る左右対立から分裂し、パリ・コミューンの大殺戮になるのだから、ナポレオン三世の見立ては正しかったのである。

ついに「歴史」となる

とはいえ、ナポレオン三世も、もしかしたらビスマルクの思惑で帝政の復活もありうると一縷の望みは失っていなかった。

だが、二人にとって誤算だったのは、レニエ事件以来、プロシャ政府の内部でビスマルクの影響力が低下していたことである。ビスマルクがいくらナポレオン政府を休戦交渉の相手にしようとしても、独断はゆるされない状況が生まれていたのである。とりわけ、一八七一年一月一八日にヴェルサイユ宮殿でヴィルヘルム一世がドイツ帝国皇帝として即位してからは、ビスマルクの影響力は相対的に低下した。

もう一つのマイナス要因は、ナポレオン三世が捕虜となって以来、繰り広げられてきたマスコミのナポレオン三世罵倒キャンペーンである。共和派も王党派も、これまで抑圧されてきた恨みを晴らそうとするかのように「ナポレオン三世＝大馬鹿の好色皇帝」「ウージェニー皇妃＝淫乱のヒステリー女」というイメージを限りなく増幅させ、民衆の親ナポレオン感情を一掃しようと努めていた。そのため、すくなくとも都市住民の間では、ナポレオン三世夫妻は完全に悪役のレッテルを張り付けられていた。

さらに決定的だったのは、これまで領土割譲を拒否して戦争継続の方針を取ってきた臨時政府が、戦局の打破は不可能とあきらめ、プロシャ側の苛酷な休戦条件を呑む決意を固めたことだった。

この情勢の変化に気づいたナポレオン三世は、元大臣のクレマン・デュヴェルノワをビスマルクの元に密使として送り、休戦条件の交渉相手となるべきは自分であると主張しようとした。

だが、ここでも、ウージェニーの出しゃばりがナポレオン三世の意図をくじくことになる。ウージェニーから命令を待つように言われたデュヴェルノワがベルギーのブリュッセルで足止めを食っている間に、しびれを切らせたビスマルクは、臨時政府を交渉相手として選ぶ腹を固めたからである。

一八七一年一月二八日、臨時政府の外務大臣ジュール・ファーヴルとの間で、パリ降伏を条件に、国民議会選挙準備のための三週間の停戦の取り決めが交わされた。その直後、ヴェルサイユにいるビスマルクのもとにデュヴェルノワが到着した。ビスマルクはデュヴェルノワが通じた名刺の裏にこう書き付けた。

「クレマン・デュヴェルノワ、二〇分遅かった！」

二月八日に行われた国民議会選挙では、王党派が圧倒的勝利を収め、一七日からボルドーで開かれた議会では、オルレアニストのティエールが共和国行政長官に選ばれた。ティエールは休戦交渉を進めて、二六日には仮条約が締結された。アルザスとロレーヌの割譲、五〇億フランの賠償金というプロシャ側の条件を丸呑みしたものである。

この条件を知ったナポレオン三世は「この平和はほんの一瞬のもので、ヨーロッパにさらなる不幸を準備することになるだろう」とウージェニーに書き送った。

もちろん、共和国政府は、三月一日に皇帝ナポレオン三世の廃位とその王朝の失権を宣言し、休戦の屈辱的な条件はすべて前王朝の責任であることにした。

これによって、その後の混乱と悲惨はともかく、ナポレオン三世と第二帝政は、現在ではなく過去に、「歴史」に属することになったのである。

そして、当然の結果として、ナポレオン三世の解放が決まった。三月一九日、ナポレオン三世はヴィルヘルムスヘーエ城を去り、第二帝政のテーマ曲である「シリアへの出発」がドイツの軍楽隊によって奏でられる中、列車に乗り込んで、イギリスでの家族との再会を果たすべく、ベルギー国境へと向かった。列車が発車する直前、ナポレオン三世は一通の電報を手渡された。それには、次のように記されていた。

「パリで革命。二人の将軍が殺された。社会主義者がパリを支配。和平は遠のく」

パリ・コミューンが勃発したのである。

エピローグ　その後のナポレオン三世

チルズハーストのカムデン・プレイスは、シャトーというよりもヴィラと呼ぶほうがふさわしい小体な邸宅で、元皇帝の住まいとしてはいかにも貧弱で、御付きの者たちは失望を隠せなかったが、ナポレオン三世はこのアットホームな感じが気に入った。寝室に落ち着いたときは、戦線に出陣するときから肌身離さず持ち歩いていた妻と息子のミニアチュアを取り出して、枕元に飾った。

カムデン・プレイスの周りには、イギリスに亡命してきた第二帝政の王族や貴族が住み着き、ちょっとした宮廷ができあがった。前の亡命時代のイギリスの友人たちも足繁く訪ねてきた。こうした友人たちに、ナポレオン三世はユーモアを込めてこう語ったという。

「いや、やっと、私もイギリスに落ち着くことができて、じつに幸せです」

イギリス人訪問客の中には、ヴィクトリア女王もいた。ヴィクトリア女王は、その日記に、パリ・コミューンの悲劇を語るときのナポレオン三世は悲痛そうだったと書き留めたあと、最後をこう結んだ。

「私が、ヴィキーとフリッツが二人の近況を知りたがったと教えてあげたとき、二人はどちらもとても幸せそうだった」。ちなみにヴィキーとフリッツとはドイツ皇帝夫妻のことである。

元皇帝一家の暮らし向きは、ウージェニーがチュイルリ宮殿を脱出する寸前にスペインに送った金銀財宝と多額の現金があったためか、極めて裕福で、生活に困るようなことはまったくなかった。イギリスの関税当局はナポレオン三世一家の資産は三〇〇万フランと見積もったが、海外に蓄えていた資産も多かったので、総資産はその数倍に上ったようだ。いずれにしても、ウージェニーが亡命から半世紀近く生き延びても、食うに事欠くという事態には至らなかったのだから、資産は膨大だったのだ。

資産はあっても、カムデン・プレイスでは、好色なナポレオン三世も、かつてのような浮名を流すことはなかった。その気が起きなかったというよりも、ウージェニーの監視がきつかったし、体力的にもう無理だったのだろう。

実際、ナポレオン三世の健康は日々悪化していった。一八七二年の秋にカムデン・プレイスを訪問したウィリアム・ピット・レノックス卿は、ナポレオン三世は憔悴しきっていると語った。

だが、健康が衰えれば衰えるほど、パリ・コミューンの戦乱で麻痺状態に陥ったフランスに対する思いは強くなっていった。そして、最後には、エルバ島から帰還して百日天下を取ったナポレオン一世の奇跡が自分にも不可能ではないと思い込むまでになった。

そうなると、かつての陰謀家の血が騒いでくる。ナポレオン三世は本気でフランス帰還と権力再奪取の計画を練り始めた。一八三六年のストラスブール一揆のときと同じ作戦で、ブルバキ将軍のいるリヨンでまず蜂起し、パリに攻めのぼるというものである。国民議会の議員に関しては、彼らを乗せた列車をムードンのトンネルの中で止めて閉じ込めてしまうことになった。

一八七二年一二月九日、陰謀参加者をカムデン・プレイスに集めて、実行計画が策定され、行動開始日は一八七三年一月三一日と決まった。

資金については、計画に一枚加わったプリンス・ナポレオンが義父、つまり、いまやイタリア王となったヴィットリオ・エマヌエーレ二世から一〇〇万フランを借りようかと提案したが、ナポレオン三世はこれを断り、自分のプランで行くと言い張った。

プリンス・ナポレオンが、それは結構だとしても、蜂起を成功させるには全軍の先頭にナポレオン三世が立つことが不可欠だが、果たして、その健康で馬上の人となることはできるのかとただすと、ナポレオン三世は「できると思う」と答え、二日後に、息子のルイが通っているウールリッチの士官養成学校ロイヤル・アカデミーに行く必要があるから、その時に馬で出掛けることにすると言った。

そして、言葉の通り、一二月一一日に馬に乗ったが、一キロも行かないうちに、ナポレオン三世は激しい痛みを下腹に感じ、カムデン・プレイスに戻った。ロンドンから医師がやってきて診察した結果、膀胱に卵くらいの結石があるため、外科手術でこれを取り除かない限り、回復は難しいということが判明した。一八七三年一月七日、二度目の手術が行われたが、健康は持ち直さず、九日の朝には危篤状態に陥った。

ウールリッチにいる息子ルイを呼びに行こうとしたウージェニーが、医師に臨終は近いと諭され、部屋に戻ったときには、もう、ナポレオン三世は死にかけていた。最後に、一瞬、意識が戻った刹那、ナポレオン三世は侍医のコノーに呼びかけた。

「君はセダンにいたか？」

「おりましたとも、陛下」

「なら、わかるな、アンリ、セダンで、私たちは卑怯者ではなかったな、そうだろ？」（カストゥロ同書に引用）

　これがナポレオン三世の最後の言葉だった。一〇時半にゴダール神父が終油の秘蹟を施したあと、三〇分後に、皇帝は息を引き取った。午前一一時だった。享年六四。波乱の多い人生であった。

　葬儀は一月一五日にチルズハーストのカトリック教会でルイ皇太子を喪主として行われた。フランスから駆けつけた帝政関係者は一万人以上。この中には八八人の労働者代表団もいた。

『タイムズ』は「沈みかかっている船を離れようとした者はほとんどいなかった。（中略）この小さな田園の家の中には、一八七〇年のチュイルリがそこにはあった」と報じた。

　遺体は村の墓地に葬られた。旅行作家のウージェーヌ・デレセールはチュイルリの庭園から運んできた土で柩を覆った。フランスからやってきた労働者の代表が「皇帝万歳！」と叫ぶと、その仲間が「皇妃万歳！　ナポレオン四世万歳！」と和した。すると、ルイ皇太子が

ナポレオン三世最後の住居
捕囚を解かれたナポレオン三世はウージェニーとルイ皇太子の住むイギリスの田舎町チルズハーストにある「カムデン・プレイス」の城郭に落ち着き、ここを終の住処とした。[R]

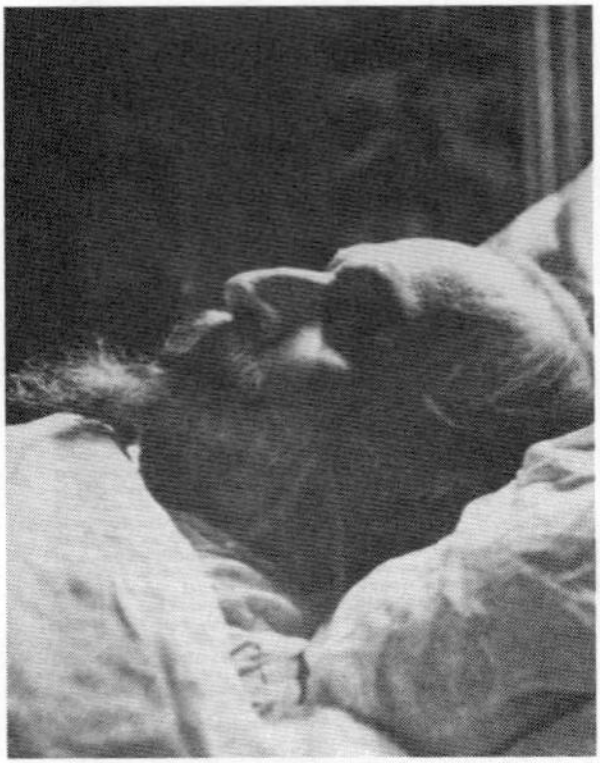

ナポレオン三世の臨終
1873年初頭に計画された帝政復活の陰謀で、全軍の先頭に立つことを要請されたナポレオン三世は乗馬の練習を始めたが、それが仇になり、膀胱結石を再発して帰らぬ人となった。最後の言葉は「セダンで、私たちは卑怯者ではなかったな？」であった。[B]

彼らに向かって懇願した。

「いけません。『皇帝万歳！』はやめてください。皇帝はもう亡くなったのです。叫ぶなら、『フランス万歳！』にしてください」


青年に達したルイ皇太子は、「すべては人民により、人民のために」を父の遺言として、これに忠実に生きることを誓った。成人式に当たる一八歳の誕生日のとき、ヨーロッパ各地から駆けつけたボナパルティストを前に、次のような言葉で演説を締めくくった。

「父の治世は国民全員の福祉に対する絶えざる思いやりでありました。フランスの地における最後の一日は英雄的振る舞いと自己犠牲の一日でありました」（以上、カストゥロ同書に

引用）

一八七八年にズールー戦争が始まり、ウールリッチのロイヤル・アカデミーの卒業生たちが喜望峰に向けて旅立つと、ボナパルト一族に流れる軍人の血が騒いだのか、ルイ皇太子は、母親の止めるのも聞かずに、南アフリカに向けて出発した。

一八七九年六月一日、偵察任務に就いていたイギリス軍騎兵小隊にズールー族が奇襲をかけた。馬が奇声に驚いて後脚立ちの状態になり、皇太子を振り落とした。そこにズールー族が襲いかかり、皇太子を一刀のもとに斬り殺した。二四年にも満たない生涯だった。遺体はイギリスに運ばれ、チルズハーストの墓地のナポレオン三世の隣に葬られた。

ウージェニー皇妃は、帝政の崩壊から五〇年、息子の死からも四一年生きて、一九二〇年七月一一日にマドリードのアルバ公の邸宅で息を引き取った。享年九四。皇妃として君臨した一七年に比べて、余生はあまりにも長すぎたというほかない。

ナポレオン三世とルイ皇太子の墓はその後、一八八七年に、ヴィクトリア女王のはからいでロンドン近郊にあるフランス・ベネディクト派修道院管理のファーンボロウ墓地に移された。ウージェニー皇妃の遺骸も一九二〇年にこの墓地に移送され、夫の隣に埋葬された。

セント・ヘレナ島のナポレオンの遺骸は、大々的なセレモニーのうちにパリのアンヴァリッドに移され、国民の英雄として、全世界的に礼拝されている。

しかるに、実質的にフランスのために伯父以上の業績を成し遂げたナポレオン三世のそれは、死後、一三〇年を経ても、フランス移送が計画されたこともない。

ウールリッチの
ロイヤル・アカデミーのルイ皇太子

ナポレオン四世となることを期待されたルイ皇太子は、イギリスで士官養成学校のロイヤル・アカデミーを卒業し、ズールー戦争に参加すべく南アフリカに赴いたが、そこでズールー族の刃を受けて戦死した。級友の膝に乗っているのがルイ皇太子。[R]

晩年のウージェニー皇妃

ウージェニー皇妃は帝政の崩壊から50年、皇太子の死後からも41年生きて、1920年に94歳で世を去った。[B]

第二帝政がなければ、果たして、フランスが近代国家の仲間入りできたかさえ疑わしいというのが、歴史家の間で定説になりつつあるというのに、この仕打ちはあまりにむごい、と言わざるをえない。

ナポレオン三世こそは「評価されざる偉大な皇帝」なのである。

参考文献

邦語文献

●著者自身による著作
『「レ・ミゼラブル」百六景』（文藝春秋）一九八七年
『馬車が買いたい！』（白水社）一九九一年
『新聞王伝説』（筑摩書房）一九九一年
『デパートを発明した夫婦』（講談社現代新書）一九九一年
『絶景、パリ万国博覧会　サン＝シモンの鉄の夢』（河出書房新社）一九九二年
『パリ時間旅行』（筑摩書房）一九九三年
『パリ・世紀末パノラマ館』（角川春樹事務所）一九九六年
『かの悪名高き』（筑摩書房）一九九七年
『パリ五段活用』（中央公論社）一九九八年
『文学は別解で行こう』（白水社）二〇〇一年

●文学作品
ジャン・ド・ラ・フォンテーヌ『寓話』全二巻　今野一雄訳（岩波文庫）一九九四年
オノレ・ド・バルザック『娼婦の栄光と悲惨——悪党ヴォートラン最後の変身』飯島耕一訳（「バルザック『人間喜劇』セレクション第8・9巻」藤原書店）二〇〇〇年
『従妹ベット——好色一代記』山田登世子訳（「バルザック『人間喜劇』セレクション第11・12巻」

藤原書店）二〇〇一年
ヴィクトル・ユゴー『懲罰詩集』（邦訳「ヴィクトル・ユゴー文学館」第一巻『詩集』辻昶・稲垣直樹・小潟昭夫訳　潮出版社　二〇〇〇年」）
『小ナポレオン』佐藤夏生・庄司和子訳（「ヴィクトル・ユゴー文学館」第八巻『海に働く人びと・小ナポレオン』潮出版社）二〇〇一年
『レ・ミゼラブル』全五巻、佐藤朔訳（新潮文庫）一九六七年
ジェラール・ド・ネルヴァル『ボヘミアの小さな城』中村真一郎・入沢康夫訳（「ネルヴァル全集1」筑摩書房）一九七五年
ギュスターヴ・フローベール『ブヴァールとペキュシェ』新庄嘉章訳（「フローベール全集5」筑摩書房）一九六六年
『感情教育』生島遼一訳（「フローベール全集3」筑摩書房）一九六六年
シャルル・ボードレール『悪の華』安藤元雄訳（集英社）一九八三年
エミール・ゾラ『パリの胃袋』朝比奈弘治訳（「ゾラ・セレクション第二巻」藤原書店）二〇〇三年
『金銭』（邦訳「ゾラ・セレクション第七巻『金』」野村正人訳　藤原書店）二〇〇三年
『ボヌール・デ・ダム百貨店　デパートの誕生』吉田典子訳（「ゾラ・セレクション第五巻」藤原書店）二〇〇四年
『獲物の分け前』中井敦子訳（ちくま文庫）二〇〇四年
『ナナ』平岡篤頼訳（「世界の文学新集22」中央公論社）一九六八年
マルセル・プルースト『失われた時を求めて』全一三巻　鈴木道彦編訳（集英社）一九九二年

●同時代の証言

カール・マルクス『ルイ・ボナパルトのブリュメール十八日』伊藤新一・北条元一訳（岩波文庫）一九五四年
マルクス、エンゲルス『共産党宣言』大内兵衛・向坂逸郎訳（岩波文庫）一九七一年
アレクシス・ド・トクヴィル『フランス二月革命の日々――トクヴィル回想録』喜安朗訳（岩波文庫）一九八八年
サン＝シモン『サン＝シモン著作集』全五巻　森博編訳（恒星社厚生閣）一九八七〜八八年
ピエール＝ジョゼフ・プルードン『革命家の告白　二月革命史のために』山本光久訳（作品社）二〇〇三年

●研究書

ジョルジュ・デュプー『フランス社会史　1789―1960』井上幸治監訳（東洋経済新報社）一九六八年
ジョルジュ・デュビィ、ロベール・マンドルー『フランス文化史Ⅲ』前川貞次郎・鳴岩宗三・島田尚一訳（人文書院）一九七〇年
フランク・マニュエル『サン＝シモンの新世界』森博訳（恒星社厚生閣）一九七五年
エミール・デュルケム『社会主義およびサン＝シモン』森博訳（恒星社厚生閣）一九七七年
セバスティアン・シャルレティ『サン＝シモン主義の歴史　1825―1864』沢崎浩平・小杉隆芳訳（法政大学出版局）一九八六年
ハワード・サールマン『パリ大改造　オースマンの業績』小沢明訳（井上書院）一九八三年
F・キャロン『フランス現代経済史』原輝史監訳（早稲田大学出版部）一九八三年
ピエール・ギラール『フランス人の昼と夜　1852―1879　資本主義黄金期の日常生活』尾

崎和郎訳（誠文堂新光社）一九八四年
ジークフリート・クラカウアー『天国と地獄――ジャック・オッフェンバックと同時代のパリ』平井正訳（せりか書房）一九七八年
アラン・コルバン『においの歴史　嗅覚と社会的想像力』山田登世子・鹿島茂訳（藤原書店）一九九〇年
ジュリア・クセルゴン『自由・平等・清潔――入浴の社会史』鹿島茂訳（河出書房新社）一九九二年
ヴァルター・ベンヤミン『パリ――十九世紀の首都』川村二郎訳（『ヴァルター・ベンヤミン著作集6』晶文社）一九七五年
『パサージュ論』全五巻　今村仁司他訳（岩波書店）一九九五年
ギー・ブルトン『フランスの歴史をつくった女たち（第10巻）』曽村保信訳（中央公論社）一九九五年

●日本人による著作
渋沢栄一述、小貫修一郎編著『青淵回顧録』全二巻（青淵回顧録刊行会）一九二七年
井上幸治編『世界各国史2　フランス史（新版）』（山川出版社）一九六八年
柴田三千雄・樺山紘一・福井憲彦編『世界歴史大系　フランス史3　十九世紀なかば～現在』（山川出版社）一九九五年
福井憲彦編『新版　世界各国史12　フランス史』（山川出版社）二〇〇一年
宮本又次『フランス経済史学史』（ミネルヴァ書房）一九六一年
河野健二編『フランス・ブルジョア社会の成立』（岩波書店）一九七七年

中木康夫『フランス政治史 上』（未来社）一九七五年
中村秀一『産業と倫理 サン＝シモンの社会組織思想』（平凡社）一九八九年
窪田般彌『皇妃ウージェニー——第二帝政の栄光と没落』（白水社）一九九一年
坪井善明『近代ヴェトナム政治社会史』（東京大学出版会）一九九一年
服部春彦・谷川稔編著『フランス近代史——ブルボン王朝から第五共和政へ』（ミネルヴァ書房）一九九三年
松井道昭『フランス第二帝政下のパリ都市改造』（日本経済評論社）一九九七年
横張誠『芸術と策謀のパリ』（講談社選書メチエ）一九九九年
木下賢一『第二帝政とパリ民衆の世界——「進歩」と「伝統」のはざまで』（山川出版社）二〇〇〇年
野村啓介『フランス第二帝制の構造』（九州大学出版会）二〇〇二年
平野千果子『フランス植民地主義の歴史——奴隷制廃止から植民地帝国の崩壊まで』（人文書院）二〇〇二年

欧語文献

Napoléon III : *Œuvres de Napoléon III*, 4 vol., Henri Plon/Amyot, 1854-1856
Napoléon III : *Discours, Messages et Proclamations de l'empereur*, Henri Plon,1860
Napoléon-Louis Bonaparte : *Des Idées Napoléoniennes*, Amyot/Henri Plon,1860
Napoléon III : *Histoire de Jules César*, 2 vol., Plon, 1865
Napoléon III : *Œuvres Posthumes de Napoléon III*, Lachaud & Burdin, 1873
Agulhon, Maurice : *The Republican Experiment 1848-1852*, Cambridge University Press, 1983

Allem, Maurice : *La vie quotidienne sous le Second Empire*, Hachette, 1948
Apponyi, Rodolphe : *De la Révolution au coup d'Etat 1848-1851*, La Palatine, 1948
Aubry, Octave : *Napoléon III*, Arthème Fayard, 1929
Belhoste, B./Masson, F./Picon, A. : *Le Paris des Polytechniciens, Des ingénieurs dans la ville 1794-1994*, Délégation à l'action artistique, 1994
Bellesort, André : *La Société Française sous Napoléon III*, Perrin, 1960
Bigo, Robert : *Les Banques françaises au cours du XIXe siècle*, Recueil Sirey, 1947
Blayau, Noël : *Billault, Ministre de Napoléon III d'après ses papiers personnels 1805-1863*, Klincksieck, 1969
Bleton, Pierre : *La vie sociale sous le second empire*, Ouvrières, 1963
Bornecque-Winandy, Edouard : *Napoléon III "empereur social"*, Téqui, 1980
Bouin, Ph./Chanut, Ch-Ph : *Histoire Française des Foires et des Expositions Universelles*, Baudouin, 1980
Bourachot, Christophe : *Bibliographie critique des mémoires sur le Second Empire, 2 décembre 1852, 4 septembre 1870*, La Boutique de l'Histoire, 1994
Breton, Yves/Lutfalla, Michel : *L'Economie Politique en France au XIXe siècle*, Economica, 1991
Briais, Bernard : *Grandes Courtisanes du second Empire*, Tallandier, 1981
Cabaud, Michel : *Paris et les Parisiens sous le Second Empire*, Belfond, 1982
Cameron, Rondo : *La France et le développement économique de l'Europe (1800-1914)*, Seuil, 1971
Caron, François : *Histoire de l'exploitation d'un grand réseau, La compagnie du chemin de fer*

du nord 1846-1937, Mouton, 1973

Castelot, André : *Napoléon Trois*, 2 vol., Perrin, 1973-1974

Chemla, Guy : *Les Ventres de Paris, Les Halles, La Villette, Rungis, L'histoire du plus grand marché du monde*, Glénat,1994

Colson, Jean/Lauroa, Marie-Christine : *Dictionnaire des Monuments de Paris*, Hervas, 1992

Conchon, Georges : *Nous, la gauche, devant Louis-Napoléon*, Flammarion,1969

Corbin, Alain : *Le miasme et la jonquille, L'odorat et l'imaginaire social 18ᵉ-19ᵉ siècles*, Aubier, 1982

D'Alméras, Henri : *La Vie Parisienne sous le Second Empire*, Albin Michel

Dansette, A. : *Du 2 décembre au 4 septembre*, Hachette Littérature, 1972

Dansette, A. : *Louis-Napoléon à la conquête du pouvoir*, Hachette, 1961

Dansette, A. : *Naissance de la France moderne*, Hachette, 1976

Dayot, Armand : *Le Seconde Empire*, Ernest Flammarion

De Chambrier, James : *Second Empire, Entre l'Apogée et le Déclin*, Albert Fontemoing, 1908

De La Gorce, Pierre : *Histoire du Second Empire*, 7 vol., Plon, 1894-1913

De Lano, Pierre : *L'Amour à Paris sous le second empire*, H. Simonis Empis, 1896

De Lano, Pierre : *Les Femmes et Napoléon III*, Ernest Flammarion

De Moncan, Patrice/Mahout, Christian : *Le Paris du Baron Haussmann*, Seesam-RCI, 1991

De Moncan, Patrice : *Baltard, Les Halles de Paris*, Observatoire, 1994

De Persigny, Jean Gilber duc : *Mémoires du duc de Persigny*, Plon, 1896

De Ricard, L. Xavier : *Histoire Mondaine du Second Empire, En Attendant l'Impératrice (1852-*

1853), Universelle, 1904

Decaux, Alain : *Amours, Second Empire*, Hachette, 1958

Delord, Taxile : *Histoire Illustrée du Second Empire*, 6 vol., Germer Baillière

Delvau, A. : *Paris qui s'en va et Paris qui vient*, Les Editions de Paris, 1985

Des Cars, Jean/Pinon, Pierre : *Paris-Haussmann, "Le Pari d'Haussmann"*, Pavillon de l'Arsenal/ Picard, 1991

Des Cars, Jean : *Eeugénie, la dernière Impératrice ou les larmes de la Gloire*, Perrin, 2000

Du Camp, Maxime : *Souvenirs d'un Demi-Siècle*, 2 vol., Hachette, 1949

Duby, Georges : *Histoire de la France Urbaine, La ville de l'âge industriel*, tome 4, Seuil, 1983

Dufresne, Claude : *Morny, le roi du second Empire*, Jean Picollec, 1993

Duveau, Georges : *La Vie Ouvrière en France sous le Second Empire*, Gallimard,1946

Earls, Irene A. : *Napoléon III, L'Architecte et l'Urbaniste de Paris*, Centre d'études Napoléoniennes, 1991

Ferry, Jules : *Les Comptes Fantastiques d'Haussmann*, Guy Durier, 1979

Fleury/Louis-Sonolet, : *La Société du Second Empire*, 2 vol., Albin Michel

Gaillard, Jeanne : *Paris, la Ville 1852-1870*, Honoré Champion, 1977

Gille, Bertrand : *La Banque en France au XIXe siècle*, Droz, 1970

Gille, Bertrand : *La Banque et le Crédit en France de 1815 à 1848*, Presses Universitaires de France, 1959

Girard, Louis : *Napoléon III*, Arthème Fayard, 1986

Goyau, Georges : *Un roman d'amitié entre deux adversaires politiques Falloux et Persigny,*

Ernest Flammarion, 1928
Guériot, Paul : *Napoléon III*, 2 vol., Payot, 1933-1934
Haussmann : *Mémoires du Baron Haussmann, 1853-1870 Grands Travaux de Paris*, 2 vol., Guy Durier, 1979
Lebey, André : *Louis-Napoléon Bonaparte et La Révolution de 1848*, 2 vol., Félix Juven
Lecaillon, Jean-François : *Napoléon III et le Mexique*, L'Harmattan, 1994
Lemoine, B./Mimran, M. : *Paris d'Ingénieurs*, Pavillon de l'Arsenal/Picard, 1995
Loliée, Frédéric : *Le Duc de Morny et la Société du Second Empire*, Emile-Paul Frères, 1928
Magen, Hippolyte : *Histoire du Seconde Empire 1848-1870*, Maurice Dreyfous, 1878
Malet, Henri : *Le Baron Haussmann et la Rénovation de Paris*, Municipales, 1973
Maneglier, Hervé : *Paris Impérial, La vie quotidienne sous le Second Empire*, Armand Colin, 1990
Marrey, Bernard : *Le Fer à Paris Architectures*, Picard/Pavillon de l'Arsenal, 1989
Merlat-Guitard, O. : *Louis-Napoléon Bonaparte de l'exil à l'élysée*, Hachette, 1939
Merruau, Charles : *Souvenirs de l'Hôtel de Ville de Paris, 1848-1852*, Plon, 1875
Minc, Alain : *Louis Napoléon revisité*, Gallimard, 1997
Miquel, Pierre : *Le Seconde Empire*, André Barret, 1979
Morizet, André : *Du Vieux Paris au Paris Moderne, Haussmann et ses Prédécesseurs*, Hachette, 1932
Newman, Edgar Leon : *Historical Dictionary of France from the 1815 Restoration to the Second Empire*, 2 vol., Greenwood Press, 1987

North-Peat, Anthony B. : *Paris sous le Second Empire, Les Femmes-La Mode-La Cour, Correspondance (1864-1869)*, Emile-Paul, 1911

Ollivier, E. : *Journal*, 2 vol., éd.T. Zeldin et A. Troisier de Diaz, Julliard, 1961

Ollivier, E. : *L'Empire libéral*, 17 vol., Garnier Frères, 1895-1915

Ory, Pascal : *Les Expositions Universelles de Paris*, Ramsay, 1982

Pereire, Emile & Isaac : *Réorganisation des Banques, Légalité et Urgence d'une Réforme*, Paul Dupont, 1864

Pereire, Emile & Isaac : *Enquête sur la Banque de France*, Paul Dupont, 1866

Pereire, Isaac : *Principes de la Constitution des Banques et de l'Organisation du Crédit*, Paul Dupont, 1865

Pierre, Michel : *L'Age Industriel*, Casterman, 1989

Pinon, Pierre : *Atlas du Paris Haussmannien, La ville en héritage du Second Empire à nos jours*, Parigramme, 2002

Plessis, Alain : *The Rise & Fall of the Second Empire 1852-1871*, Cambridge University Press, 1987

Plessis, Alain : *De la fête impériale au mur des fédérés 1852-1871*, Seuil, 1979

Régnier, Philippe : *Le Livres Nouveaux des Saint-Simoniens*, Du Lérot, 1991

Rouleau, Bernard : *Le Tracé des Rues de Paris, formation, typologie, fonctions*, Centre National de la Recherche Scientifique, 1983

Roux, Georges : *Napoléon III*, Flammarion, 1969

Sabatès, Fabien : *Les Champs-Elysées*, Olivier Orban, 1983

Salles, Catherine : *Le Second Empire*, Larousse, 1985
Séguin, Philippe : *Louis Napoléon le Grand*, Grasset, 1990
Sipriot, Pierre : *Ce fabuleux XIXe siècle*, Belfond, 1990
Smith, William H. C. : *Napoléon III*, Hachette, 1982
Sonolet, Louis : *La Vie Parisienne sous le Second Empire*, Payot, 1929
Tudesq, André-Jean : *L'élection présidentielle de Louis-Napoléon Bonaparte 10 décembre 1848*, Armand Colin, 1965
Tulard, Jean : *Dictionnaire du Second Empire*, Fayard, 1995
Vincenot, Henri : *L'âge du chemin de fer*, Denoël, 1980
Walch, Jean : *Michel Chevalier, Economiste, Saint-Simonien*, J.Vrin, 1975
Zeldin, Theodore : *The Political System of Napoléon III*, Macmillan, 1958
Paris et ses Réseaux, Naissance d'un Mode de Vie Urbain XIXe-XXe siècle, Hôtel d'Angoulême-Lamoignon, 1990
La Documentation Photographique, La Monarchie de Juillet, La Documentation Française, 5-225 mai 1962
La Documentation Photographique, La Restauration, La Documentation Française, 5-217 juillet, 1961
Les Grands Noms de L'histoire : Napoléon, Rocher, 1998
Regards sur Emille Ollivier, Publications de la Sorbonne, 1985

図版出典一覧

A……Salles, Catherine : *Le Second Empire*, Larousse, 1985

B……Vincenot, Henri : *L'Age du chemin de fer*, Donoël, 1980

C……Castelot, André : *Napoléon Trois*, 2 vol., Perrin, 1973-1974

D……De Moncan, Patrice : *Baltard, Les Halles de Paris*, Observatoire, 1994

E……Dayot, Armand : *Le Second Empire*, Ernest Flammarion

F……Sipriot, Pierre : *Ce fabuleux XIX*ᵉ *Siècle*, Belfond, 1990

G……Sabatès, Fabien : *Les Champs-Elysées*, Olivier Orban, 1983

H……Delord, Taxile : *Histoire illustrée du Second Empire*, 6 vol., Germer Baillière

I……『オノレ・ドーミエ版画　I、II』東武美術館、1997

J……Colson, Jean/Lauroa, Marie-Christine : *Dictionnaire des Monuments de Paris*, Hervas, 1992

K……*La Documentation Photographique, La Restauration*, La Documentation Française, 5-217 juillet, 1961

L……*La Documentation Photographique, La Monarchie de Juillet*, La Documentation Française, 5-225 mai, 1962

M……Tulard, Jean : *Dictionnare du Second Empire*, Fayard, 1995

N……Tudesq, André-Jean, : *L'Election présidentielle de Louis-Napoléon Bonaparte 10 décembre 1848*, Armand Colin, 1965

O……Marrey, Bernard : *Le Fer à Paris Architectures*, Picard/Pavillon de l'Arsenal, 1989

P……Potémont, Martial : *Ancien Paris*, Cadart

Q……Hugo, Victor, : *Les Misérables*, Hugues, 1879-1882

R……講談社資料センター

S……*Les Grands noms de l'histoire* : *Napoléon*, Rocher, 1998

T……De Moncan, Patrice/Mahout, Christian : *Le Paris du Baron Haussmann*, Seesam-RCI, 1991

U……Cabaud, Michel : *Paris et les Parisiens sous le Second Empire*, Belfond, 1982

V……Des Cars, Jean/Pinon, Pierre : *Paris Haussmann*, Picard/Pavillon de l'arsenal, 1991

W……Belhoste, B./Masson, F./Picon, A. : *Le Paris des Polytechniciens Des ingéniurs dans la ville*, Délégation à l'action artistique, 1994

X……Delvau, Alfred et d'autrs : *Paris qui s'en va et Paris qui vient*, Les Editions de Paris, 1985

Y……Miquel, Pierre : *Le Second Empire*, André Barret, 1979

Z……鹿島茂『絶景、パリ万国博覧会』河出書房新社、1992

あとがき

講談社現代新書で、拙著『デパートを発明した夫婦』を担当された堀越雅晴氏が横浜の拙宅に見えられて、「次はぜひ、講談社現代新書でナポレオン三世のことを」と、執筆依頼の申し出をされたのが、いまを去ること一三年前の一九九一年秋のこと。

当時はこちらも暇だったから、さっそく書き始めたのだが、クー・デタの準備あたりまで書き進んだ時点で、新書にはとうてい収まらない枚数になりそうな気配が見えてきたので、どうせなら、単行本として出したいと堀越氏に逆提案をして、編集部の了承を受けたはいいが、連載などの関係で次第に時間がとれなくなり、原稿を放置したまま、数年が経過した。書き下ろしをする暇が皆無になったのである。

その後、堀越さんも部署が変わり、この話は立ち消えになったのかと思って、残念な気持ちと同時にいささかの安堵感を感じていた。ところがある日、当時選書出版部にいた園部雅一氏が研究室にやってきて、選書メチエに一冊書いてほしいと言われた。「実はナポレオン三世の原稿が二〇〇枚ほどあるが……」と話したところ、「連載の場所を探してきますから、続きを書いてください」と言って帰っていかれた。それからほどなく、講談社のPR誌『本』の編集長をされていた渡瀬昌彦氏から、『本』での連載をご快諾いただき、『怪帝ナポレオン三世』のタイトルで連載がはじまった。二〇〇一年二月号からのこと。

以後、編集部の都合による休載はあったものの、毎回、二〇枚の原稿を渡すこと四二回。それに最終章とエピローグを書き足して、このたび、ようやく、単行本として上梓するまでにこぎつけた。

この間、『本』での編集事務を担当された石坂純子さんをガンで失うなど、悲しい出来事にも遭遇したが、最後は、渡瀬氏のもとへと異動した園部雅一氏が連載の担当と単行本化作業をふたつながらに受けもたれ、挿入図版などの詰めの段階では、徹夜作業も辞さずの構えで本造りに取り組まれたおかげで、私の本としては、久々に、図版たっぷりの豪華版が出来上がった。切に感謝する次第である。

というわけで、じつにじつに一三年の長きにわたって付き合ってきたナポレオン三世とこれでようやく縁を切れるわけだが、そうなってみると、いろいろと問題のある厄介な「怪帝」だったにもかかわらず、完全に情が移って、寂しくて仕方がない。

少なくも本書により、「陰謀好きなたんなる馬鹿」「好色で、宴会好きの成り上がり」といったマルクスとユゴーの投げつけた濡れ衣は晴れるはずである。またサン゠シモン主義に基づく社会資本の加速的整備、剛腕オスマン知事を使ったパリ大改造などのプラスな側面への認識も深まると期待できる。しかし、その反面ナポレオン三世の最も人間的に魅力ある側面と、第二帝政のわくわくするようなおもしろいエピソードがうまく伝えられたかどうか不安が残る。

できるなら、今度は、おもに第二帝政の社会そのものに力点を置いた本を書いてみたいものである。そのときには、バルザックがそうしたように、ナポレオン三世に脇役に回って主役をもり立ててもらいたいと考えている。

二〇〇四年一一月一日

学術文庫版への加筆

一昨年の秋、「パリ日本文化会館」（中川正輝館長）とフランスの「第二帝政アカデミー」（アラン・ブーミエー会長）共同主催の日仏シンポジウムに講師として呼ばれ、「一八五八年当時の日本がフランスに期待したもの」という演題でミニ講演をしてきたが、その際、最後を「もしナポレオン三世と第二帝政が存在せず、歴史が第二共和政からいきなり第三共和政へと接続してしまったとしたら、果たして今日のフランスの発展と花の都パリはあり得ただろうか？」と締めくくったところ、これが大喝采。閉会後のパーティーでは「よくぞ言ってくれた」と握手責めにあった。どうやら、第五共和政下のフランスでは、いまだにナポレオン三世と第二帝政を顕揚することはタブーらしい。「第二帝政アカデミー」もこうした共和政的偏見と闘うために組織された歴史研究団体のようで、外国人の私が公平な眼でナポレオン三世と第二帝政を再評価したことが関係者には驚きをもって迎えられたのである。

ことほどさように、本国フランスでは、ナポレオン三世再評価への道のりは二一世紀の今日でもまだ遠いのである。文庫化にあたっては、単行本のときと同様、編集部の園部雅一氏にお世話いただいた。この場を借りて感謝の意を伝えたい。

二〇一〇年九月一七日

鹿島　茂

KODANSHA

本書の原本『怪帝ナポレオンⅢ世』は、二〇〇四年小社より刊行されました。

鹿島　茂（かしま　しげる）

1949年神奈川県横浜市生まれ。東京大学仏文科卒業。同大学大学院人文科学研究科博士課程修了。現在明治大学教授。19世紀フランスの社会・小説が専門。代表作に『馬車が買いたい！』（サントリー学芸賞）、『子供より古書が大事と思いたい』（講談社エッセイ賞）、『愛書狂』（ゲスナー賞）、『職業別パリ風俗』（読売文学賞評論・伝記賞）、『成功する読書日記』（毎日書評賞）などがある。

講談社学術文庫

定価はカバーに表示してあります。

怪帝《かいてい》ナポレオン三世《さんせい》
第二帝政全史《だいにていせいぜんし》

鹿島《かしま》　茂《しげる》

2010年10月12日　第1刷発行
2024年1月19日　第7刷発行

発行者　森田浩章
発行所　株式会社講談社
東京都文京区音羽 2-12-21 〒112-8001
電話　編集（03）5395-3512
販売（03）5395-5817
業務（03）5395-3615
装　幀　蟹江征治
印　刷　株式会社広済堂ネクスト
製　本　株式会社国宝社
本文データ制作　講談社デジタル製作

ISBN978-4-06-292017-9

「講談社学術文庫」の刊行に当たって

これは、学術をポケットに入れることをモットーとして生まれた文庫である。学術は少年の心を養い、成年の心を満たす。その学術がポケットにはいる形で、万人のものになることは、生涯教育をうたう現代の理想である。

こうした考え方は、学術を巨大な城のように見る世間の常識に反するかもしれない。また、一部の人たちからは、学術の権威をおとすものと非難されるかもしれない。しかし、それはいずれも学術の新しい在り方を解しないものといわざるをえない。

学術は、まず魔術への挑戦から始まった。やがて、いわゆる常識をつぎつぎに改めていった。学術の権威は、幾百年、幾千年にわたる、苦しい戦いの成果である。こうしてきずきあげられた城が、一見して近づきがたいものにうつるのは、そのためである。しかし、学術の権威を、その形の上だけで判断してはならない。その生成のあとをかえりみれば、その根は常に人々の生活の中にあった。学術が大きな力たりうるのはそのためであって、生活をはなれた学術は、どこにもない。

開かれた社会といわれる現代にとって、これはまったく自明である。生活と学術との間に、もし距離があるとすれば、何をおいてもこれを埋めねばならない。もしこの距離が形の上の迷信からきているとすれば、その迷信をうち破らねばならぬ。

学術文庫は、内外の迷信を打破し、学術のために新しい天地をひらく意図をもって生まれた。文庫という小さい形と、学術という壮大な城とが、完全に両立するためには、なおいくらかの時を必要とするであろう。しかし、学術をポケットにした社会が、人間の生活にとってより豊かな社会であることは、たしかである。そうした社会の実現のために、文庫の世界に新しいジャンルを加えることができれば幸いである。

一九七六年六月　　野間省一